音読指導自己診断テスト

1	音読は黙読よりも読む速度が遅いので，音読指導はできるだけ早くやめて黙読を中心とした指導に切り替えるべきである。	
2	入試対策として音読は効果的である。	
3	音読させる英文は，音読に適した会話文や物語文やスピ（ーチ文であり，）入試長文問題などは音読させる必要はない。	
4	音読が英語学習のどんな面で有効かを生徒に説明できる。	
5	音読指導は，指導する英文の内容を理解させる前に行っている。	
6	音読指導は，指導する英文の内容を理解させた後に行っている。	
7	音読指導は，次の時間の復習段階で行っている。	
8	音読指導は，モデルの後について言わせるリッスン・アンド・リピートの手法を主として用いて行っている。	
9	リッスン・アンド・リピートによるコーラス・リーディング後，（四方読みなどの手法を用いて）バズ・リーディングまたはペア・リーディングを行っている。	
10	文構造の説明が必要な英文や重要な語句や文法事項を含んだ文の説明や和訳が済んだら，その文を多様な方法で何度も音読させている。	
11	1回の授業で教科書の本文を何回ぐらい音読させていますか。解答欄にその回数を書いてください。	
12	モデルなしで，生徒各自あるいはペアで音読させるまでに，何回ぐらい，モデルを与えて音読させていますか。その回数を回答欄に書いてください。	
13	1回の授業で教科書の本文の音読指導をする際に，平均何種類の手法を用いていますか。解答欄にその種類の数を書いてください。	
14	音読指導を行う場合は，音読する英文の意味内容を表すように気持ちを込めて音読する（音読させる）ようにしている。	
15	本文の音読指導をした後（その日の授業または次の授業）で，何らかの形でアウトプット活動を行っている。	
16	ペアでシャドーイングをさせることがある。	

評価表

日付				
合計点				
日付				
合計点				

フォニックスから **シャドーイング**まで

英語**音読指導**ハンドブック

鈴木寿一・門田修平 編著

大修館書店

まえがき

　音読指導研究は，この20年間で，理論面で長足の進歩があり，実践面でも優れた音読指導実践が行われ，その効果も明らかになってきました。しかし，一般には，音読指導は質量ともにまだ不十分であることも事実です。
　本書は，理論と実践の両面における研究成果を活かして，この現状を改善するために企画されたものです。2009年3月に，私たち2名の編著者が第1回目の会合を持ち，内容構成を考えたことが本書の始まりです。そして，私たち2名に加えて，中学・高校・大学の英語の授業を担当して音読指導を行っておられる優れた音読指導研究者や実践者に執筆を依頼しました。
　序章では，「知っていること」から「できること」へ変えていく必要性が述べられています。第1章は，指導者としての読者自身の現状を把握するための「音読指導自己診断テスト」で，第2章はその解説編です。第3章は効果的な各種音読指導法の紹介，第4章はフォニックスの実際とフラッシュカードの使用法，第5，6章は中学・高校での様々な目的を持つ授業とそこでの音読指導，第7章は教科書以外の素材を用いたシャドーイング指導，第8章は音読やシャドーイング指導のための教材作成法，第9章は実際の授業で起こる音読指導の諸問題と解決策，第10章は音読・シャドーイングのデータ分析法，第11章は音読・シャドーイングの理論背景を解説しています。各章の内容と関係する知見を紹介する「基礎知識」が随所に入っています。
　約2年間，お互いが執筆した原稿に目を通し，20回近い検討会議で忌憚ない意見を交換して，何度も原稿を修正しました。その過程で，執筆者全員が音読指導について多くのことをお互いから学ぶことができました。本書の読者のみなさんも，私たちと同じように，音読指導について多くのことを学んでいただけることでしょう。そして，より良い音読指導が実際の授業で行われ，英語授業が改善されれば，編著者としてこれに勝る喜びはありません。
　最後に，大修館書店の佐藤純子さんには，企画から校正まで大変お世話になりました。心より感謝申し上げます。

2012年9月

　　　　　　　　　　　　　　　　　　　　　　　　鈴木寿一・門田修平

contents —目次

まえがき		*iii*
序章	「知っていること」から「できること」へ	*3*

第Ⅰ部：導入編

第 1 章	音読指導自己診断テスト	*8*
1.1	「音読指導自己診断テスト」に回答	*8*
1.2	自分の音読指導についての考え方や実践を自己評価する	*8*
1.3	「音読指導自己診断テスト」の活かし方	*8*
1.4	「音読指導自己診断テスト」の各項目についての参照ページ	*9*
第 2 章	音読指導Q&A	*12*
2.1	音読指導はなぜ必要か？	*12*
2.2	音読指導の現状と問題点	*13*
2.3	音読にはどんな効果があるか？	*15*
2.4	シャドーイングやパラレル・リーディングにはどんな効果があるか？	*17*
2.5	音読は入試対策として効果があるか？	*20*
2.6	音読・シャドーイングの指導の留意点	*22*
2.7	フォニックスはなぜ必要か？	*23*
2.8	音読指導は授業の中のどの段階で行えばよいか？	*23*
2.9	英文をモデルなしで音読できるようにするには？	*24*
2.10	「音読に適した教材」のみ音読させるべきで，入試長文問題のような音読に適さない教材は音読させない方がいいのでは？	*27*
2.11	いろいろな音読指導法をどのような順序で用いればよいか？	*28*

第Ⅱ部：実践編

第 3 章　各種音読指導法　　*31*

3．1　音読指導法一覧　　*31*

3．2　モデルを十分に提示しながら行う標準的な音読指導法　　*33*
バックワード・イチゴ読み／バックワード・ビルドアップ／リッスン・アンド・リピート／リード・アラウド・リッスン・アンド・リピート／パラレル・リーディング, オーバーラッピング／シャドーイング／ディレード・シャドーイング

3．3　英文を再生する練習をさせてアウトプットにつなげる標準的な音読指導法　　*44*
リード・アンド・ルックアップ／複数文リード・アンド・ルックアップ／空所補充音読（本文の穴埋め音読）／鉛筆置き音読／リピーティング／インテイク・リーディング／ディレード・リピーティング／メモリー・リーディング／リード・アラウド・リッスン・アンド・リピート＋メモリー・リーディング／リード・アンド・ルックアップ＋メモリー・リーディング／フレーズ単位日英通訳演習／日英通訳演習／キーワード付き音読／ストーリー・リプロダクション

3．4　重要な文法事項や構文や表現を短時間で定着させるための音読指導法　　*68*
スピード・リーディング・アラウド／そして，何もなくなった

3．5　本文を発展させるための音読指導法　　*72*
Q and A 音読／主語変換音読／オーラル・インタープリテーション／状況設定音読

3．6　変化をつけるための音読指導法　　*83*
ネイティブ・ピッタシ音読／妨害読み／追っかけ読み／逆さま音読／つっこみ音読／リレー音読／役割別音読／スキャニング音読／輪読

3．7　一人一人の生徒に自分のペースで音読させる音読指導法　　*95*
バズ・リーディング／四方読み

3．8　定着のためのパラレル・リーディングとシャドーイングの指導　　*97*

第 4 章　フォニックスと音読指導　　*114*

4．1　フォニックスによる文字と発音の指導　　*114*

4．2　リーディング力の基礎となる音読力　　*127*

第 5 章	教科書を用いた音読・シャドーイング指導（中学校）	*141*
5.1	会話文の音読・シャドーイング指導	*141*
5.2	説明文の音読・シャドーイング指導	*152*
5.3	物語文の音読・シャドーイング指導	*158*

第 6 章	教科書を用いた音読・シャドーイング指導（高校）	*168*
6.1	英語Ⅰ：物語文をもとにストーリー・リテリング	*168*
6.2	リーディングを主体とした音読・シャドーイング指導法	*174*
6.3	バックワード・デザインによるリーディングとスピーキングの統合	*185*
6.4	論説文をもとにディベート：論理的思考力を伴った英語力の育成	*193*
6.5	「ライティング」における音読・シャドーイング指導	*204*
6.6	「オーラル・コミュニケーション」における音読・シャドーイング指導	*217*
6.7	文法指導における音読指導	*227*
6.8	語彙指導における音読・シャドーイング指導	*233*
6.9	入試長文問題演習における音読・シャドーイング指導	*244*

第 7 章	教科書以外の素材を用いたボトムアップ・シャドーイングの指導法	*260*
7.1	ボトムアップ・シャドーイングの方法	*260*
7.2	授業における実践例	*265*

第 8 章	音読・シャドーイング指導のためのパソコンを活用した教材作成法	*279*
8.1	デジタル音声素材の作成	*279*
8.2	音声録音・再生ソフトによる録音	*279*
8.3	音声ファイル変換ソフトによる音声ファイル形式の相互変換	*280*
8.4	音声編集ソフトによる音声デジタル教材の編集・作成	*280*

第 9 章	音読・シャドーイング指導における諸問題への対処法	*289*
9.1	音読指導をしても，生徒が音読しない	*289*
9.2	音読するときの生徒の声が小さい	*295*

9.3	月日が経つにつれて生徒が音読に熱心に取り組まなくなる	*296*
9.4	教師やCDのあとについてならできるのに，各自あるいはペアでは音読できない	*297*
9.5	意味を考えずに音読する傾向がある	*298*
9.6	一応音読はしているが，平板な音読になっている	*299*
9.7	音読練習をさせると，早く終わった生徒やペアはおしゃべりしたり，遅い生徒やペアは，終わっていないのに，ごまかして着席してしまう	*300*
9.8	家で音読練習をしない生徒がいる	*300*
9.9	音読指導に熱心でない同僚と同じ学年を指導することになった場合	*301*
9.10	音読指導に割く時間を確保できない	*302*
9.11	隣の教室で授業をしている同僚から「やかましい」と言われる	*303*

第Ⅲ部：理論編

第10章	音読・シャドーイングデータの分析手法	*304*
10.1	反応時間にもとづく方法	*304*
10.2	音声分析ソフトを駆使した方法	*311*

第11章	音読・シャドーイングを支える理論的背景	*320*
11.1	書かれた英単語の意味理解に語の発音は必要か？	*320*
11.2	第二言語における文処理の特質	*325*
11.3	第二言語ワーキング・メモリモデルの特質	*332*
11.4	ワーキング・メモリスパンと文処理	*340*
11.5	シャドーイング・音読の効果にはどのようなものがあるか？	*348*
11.6	音読による内在化とは？	*356*
11.7	音声知覚の能動性：運動理論をめぐって	*364*
11.8	スピーキングの心的プロセス	*370*
11.9	教師のモデルを提示することはなぜ意味があるのか？	*376*
11.10	音読・シャドーイングをベースにした第二言語習得理論の構築にむけて	*382*

基礎知識	(1)	リード・アンド・ルックアップによる表現の記憶	**106**
	(2)	通訳トレーニングと英語の学習・教育法	**109**
	(3)	フォニックスとは？	**134**
	(4)	スキーマとは？	**255**
	(5)	ボトムアップ vs. トップダウン・シャドーイング，音読	**268**
	(6)	ディコーディング－難しさと養成方法	**274**
	(7)	CALL 教室での指導	**286**

参考文献　　　　　　　　　　　　　　　　　　　　　　　　　　　**389**

索引　　　　　　　　　　　　　　　　　　　　　　　　　　　　　**403**

【編著者】

鈴木寿一（すずき じゅいち） 京都教育大学名誉教授
序章，1.1-1.4, 2.1-2.3, 2.5, 2.6, 2.8, 2.9.2, 2.10, 2.11, 3.1-3.7, 6.9, 11.2

門田修平（かどた しゅうへい） 関西学院大学名誉教授
序章，基礎知識(2)，基礎知識(5)，10.1, 10.2, 11.1, 11.2, 11.5, 11.7, 11.8, 11.10
基礎知識(1)

【執筆者】（五十音順）

川﨑眞理子（かわさき まりこ） 長岡崇徳大学教授
2.7, 2.9.1, 4.1, 基礎知識(3), 基礎知識(6)

川淵弘二（かわぶち こうじ） 奈良市立富雄中学校教諭・桃山学院教育大学ほか非常勤講師
5.2

氏木道人（うじき みちと） 関西学院大学教授
2.4, 3.8, 基礎知識(4)

髙尾渚（たかお なぎさ） 吹田市立山田中学校教諭
5.1

髙田哲朗（たかだ てつろう） 京都外国語大学ほか非常勤講師
6.5, 9.6, 9.10

竹下厚志（たけした あつし） 環太平洋大学准教授
6.4, 6.8, 9.1

中西弘（なかにし ひろし） 西南学院大学教授
11.3, 11.4

西本有逸（にしもと ゆういつ） 京都教育大学教授
3.5, 11.6

野呂忠司（のろ ただし） 元愛知教育大学・愛知学院大学教授
基礎知識(1)

平尾一成（ひらお かずなり） 甲南高等学校非常勤講師
6.1, 6.7, 9.4, 9.5

松井孝彦（まつい たかひこ） 愛知教育大学教授
4.2

溝畑保之（みぞはた やすゆき） 桃山学院教育大学ほか非常勤講師
6.2, 6.3, 9.1, 9.3, 9.9

三宅滋（みやけ しげる） 関西大学非常勤講師
7.1, 7.2

安木真一（やすぎ しんいち） 京都外国語大学・短期大学教授
3.1-3.7, 6.6

山本玲子（やまもと れいこ） 京都外国語大学・短期大学教授
5.3, 9.1, 9.2, 9.7, 9.8, 9.11, 11.9

吉田信介（よしだ しんすけ） 関西大学名誉教授
8.1-8.4, 基礎知識(7)

フォニックスからシャドーイングまで
英語音読指導ハンドブック

序章
「知っていること」から「できること」へ

教育現場から―日本人英語学習者の現状

　まず，ある大学生（英語専攻の１回生）が書いた英文ドラフトの一部を原文のままでお読みいただきましょう。これは，日本文化を外国人に紹介するオーラル・プレゼンテーションの原稿として授業外に書かれたものです。

　Japan has many good culture. The famous temple, tea ceremony, flower arrangement. And, "origami" is the one of famous culture. Also, many foreign people visit to Kyoto every year. Kyoto has famous temples and culture, for example, "kinkaku temple", "ginkaku temple" "kiyomizu temple". As culture, Maiko is famous. There're so many things about Japanese culture like that.

　What I really want to introduce about culture is tea ceremony. Tea ceremony is that act boils hot water, and it cut off tea, and to treat to it. Tea came Japan in the Heian era and preferd by many great person. Tea ceremony has each type of school and all of them different.（以下省略）

　高校を卒業したばかりの日本人英語学習者の英文のレベルがどのくらいかがよくわかります。ちなみにこの学生は，平均的日本人英語学習者より英語力が間違いなく上の学習者です。

　この英文を読むと，「言いたいことはだいたい分かるからよいのではないか」という人から，「文章構成から語句選択，文法・語法，さらにはスペリングまで，誤りが多すぎて，こんな英文はだめだ」という人まで，評価は人によって大きく分かれることでしょうが，これが実態です。

　この学生の口頭発表能力についてはどうかというと，この英文から推して知るべしといったレベルでした。上の英文を書いた学生は筆者（鈴木）のコメントを元に修正し，それを暗記してプレゼンテーションをしましたが，

ポーズを置くべき箇所にポーズがなく，ポーズを置いてはならない箇所にポーズが入っていました。ポーズの位置がおかしい文だけ，再度，原稿を見ながら音読させましたが，同じ間違いをしていました。また，多音節語の第一アクセントの位置が間違っている語もありました。さらに，プレゼンテーション後の5分程度の質疑応答では，中学レベルの質問にも，単語または句レベルでしか答えられませんでした。1文では答えられない質問（内容は決して難しいものではありませんでした）には，単語や句を並べるのがやっとで，文になっていないばかりか，内容的にもまったく不十分でした。質問されてから答え始めるまでの時間も長く，答え始めても，発話単位間のポーズは数秒もあり，長かったのです。

　この学生が書いた英文や発話を観察すると，単語は知っているようですが，英語と日本語を1語ずつマッチングして覚えてきたために，中学レベルの基本単語でさえ，正しく使えていないことがわかります。また，プレゼンテーション後の口頭での質疑応答を見る限り，文法知識はあっても，文を産出する段階でその文法知識が活かされないことが多いようです。その結果，間違いが多発し，中学1，2年レベルの基礎的な英文ですら答えられなかったのです。

　この学生は決して例外ではありません。筆者が過去10年以上指導してきた英語専攻の大学1回生は，ライティング力とスピーキング力において，大半がこの学生と同じレベルです。入学試験を突破して入学してきたはずの学生が，ライティングやスピーキングでこの程度しかできないのはなぜでしょうか。母語である日本語と英語の違い，授業時間数，クラスサイズ，環境など，いろいろな原因が考えられますが，筆者らは，指導法や学習法にも原因があるのではないかと考えています。

「知っている」から「できる」へ

　日本の英語教育は，これまで「わからせる」ことを重視してきました。実際，「いかに学習者にわからせるか苦労している」と教師はよく言います。学習者に英文の文法構造や意味をわからせ，単語や構文・文法に関する知識を教えればそれで「よし，終わり！」という教師が現在でも多く存在します。「実際に英語が使える」ということは，遠い遠い先の目標で，すぐには達成できないと考えているのです。というより，まったく念頭にないと言ってよいでしょう。

こういった授業を通して「わかった」「知識として覚えた」という状態は，一般に認知心理学の用語では，宣言的知識（declarative knowledge）を身につけた状態であると言われます。昨今の英語教育の言い方をすれば，不十分ながらも accuracy（正確な知識）を身につけた状態です。

　しかし，現実は，「わかった」と思い込んでいるだけで，「知識として正確に覚えた」とは言えない学習者がほとんどといっても過言ではありません。その証拠に，学生たちが書いた英文の誤りに対して，たとえば，「時制が間違っています」とか，「不可算名詞ではありません」，「語順の誤り」などと私が誤りの種類をコメントしても，訂正できない誤りの方が多かったのです。この事実は，宣言的知識の形成も十分にはできていないことを示しています。

　この宣言的知識は，仮にそれが十分に形成されていても，記憶（長期記憶：long-term memory）から意識的に取り出してはじめて利用できる知識です。しかし，近年の研究により，「知っていること」と「できること」とはまったく別物であることがわかってきました。知っていることと，実際の場面でその知識を利用できることとは大いに異なるということが認識されるようになったのです。英語の学習・教育に関して言えば，文法・語彙の知識をいくら持っていても，実際に簡単な英語が聞き取れない，話せない。そうすると，何とか「知っている」状態を「できる」状態に転化することが必要になります。これを上記の認知心理学的な言い方をすれば，「宣言的知識の手続き知識化」となります。要は，いかにして accuracy 状態から，長期記憶中の知識を無意識のうちに利用できる自動化した（automatic な）状態にするか，どのようにして fluency（流暢性）を身につけさせるかを真剣に検討する必要があるのです。

　学生の中には，日本の中学と高校で英語を学び，英語国に住んだ経験もないのに，誤りの少ない良い文章を書き，質問に対しても，多少の誤りを含んでいても，即興で内容がきちんと伝わる答えをすることができる者も存在します。彼らにその学習法を尋ねると，音読やシャドーイングを徹底的に行っていることが多いようです。これは，本書で取り上げる音読やシャドーイング（oral reading and shadowing）が，「知識として正確に覚え」，「知っている」という状態から「できる」という状態に転化するための最適なタスクであることを示す好例でしょう。

「できる」ようになるには？

シャドーイングは，聞こえてきた音声言語をもとに，音読は，目で見た文字言語をもとに，ともにこころ（頭）の中で内的な符号化を行い，どのような発音であるか認識し（これを音声表象（phonetic representation）の形成と呼びます），その後，それを声に出して発声するタスクです。

```
※聞いた音声→
                音声表象の形成  →  発声
   見た文字→
```
　　　　　　図1　シャドーイングと音読とは？

両者を有機的に併用することで，「知っていること」を「できること」につなぐことが可能になります。十分に繰り返しドリルを行うことで，さまざまなコミュニケーション活動の前提となる実際的な音声処理や文字処理が「できる」能力（=fluency）を身につけることができるようになるのです。

英語教育において優れた実践を行う教師は決して少なくありません。そのような教師は，「達人」と呼ばれ，「達人」のビデオが市販されています。しかし，そのような「達人の技」をまねてもうまくいかない場合が多いのです。ここに実践を一般化して理論で裏付けておく必要が生じます。そうすれば，新しく採用された英語教員1年生でも，達人の技を自ら実践できるようになるのです。

第二言語習得と外国語習得

英語の学習（教育）は，次の図が示しているように，第二言語習得（second language acquisition）の一部を構成しています。

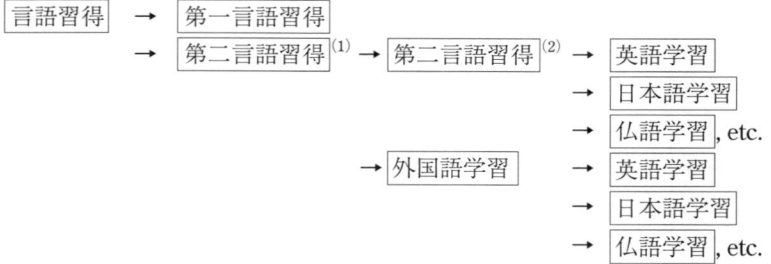

図2　第二言語習得の中の一分野としての英語学習・教育

言語習得には，幼児による母語（第一言語）の習得と，母語の後，2番目以降に学習する第二言語の習得の両方があります。後者は，母語の後に学ぶ言語すべてを含めて第二言語と呼ぶことができます。日本人の場合，日本語の習得後，中学校で学習し始めた英語も，また大学に入ってかじったフランス語やドイツ語もすべて第二言語です。前者の第一言語習得に失敗する子どもはまずいませんが，第二言語の場合は，むしろ習得に失敗する人のほうが多く，第二言語習得はある意味非常に困難であると言えます。さらにこの第二言語習得には，アメリカに滞在して英語を勉強するなど，対象言語が母語として話されている環境で学習する場合（これを「第二言語習得」と呼ぶこともあります）と，日本で英語を学習するなど日常生活で使わない状況で勉強する場合（これを「外国語学習」と呼びます）に分けられます。我が国の英語教育は，この外国語学習環境下で行われるものです。

　では，英語教育の優れた実践を，一般化・理論化する場合，どこまで逆方向に遡る必要があるでしょうか？　赤ちゃんのときに自然にマスターする母語（第一言語）の習得と，小学校高学年など学齢期以降意識的に行う二番目以降の言語（第二言語）の習得とは，質的にまったく異なるものですが，第二言語学習環境と外国語学習環境は，量的な違いはあっても，上記のような質的な差はないというのが，現在の一般的な見解です。そうすると，英語教育実践から得られた知見は，中には，理論的には母語習得も含めた言語習得全般に影響する場合も皆無ではありませんが，一般には，「第二言語習得」というメカニズムの解明に貢献すると考えられます。

第1章
音読指導自己診断テスト

1.1「音読指導自己診断テスト」に回答

　自分の音読指導やそれについての考え方を確認しましょう。まず，表紙裏の見返しにあるテストに定期的に回答できるように，テストのコピーを数枚取ってください。次に，1～15の各項目について，2（自分に当てはまる），1（自分にどちらかと言えば当てはまる），0（自分には当てはまらない）のいずれかをコピーしたテストの解答欄に記入してください。なお，各項目の音読にはシャドーイングが含まれるものと考えて回答してください。

1.2　自分の音読指導についての考え方や実践を自己評価する

　まず，次の表には，表紙裏の見返しの「音読指導自己診断テスト」の各項目の考え方や指導が適切である場合は「＋」，不適切な場合は「－」が書かれていますので，これによって自分の音読に対する考え方や音読指導の適否をチェックしてください。

「音読指導自己診断テスト」の各項目の解答

1	2	3	4	5	6	7	8	9	10	11	12	13	14	15
－	＋	－	＋	－	＋	＋	－	－	＋	＋	＋	＋	＋	＋

　「－」が付いている回答欄に，ご自分の回答の「2」，「1」，「0」の前に「－」をつけてください。次に，各項目の点数を合計しましょう。そして，表紙裏の見返しに印刷されている評価表には，自分の音読指導がどのくらい進歩したかを知るための手段として，毎回の自己診断テストの結果を記録しておきましょう。

1.3「音読指導自己診断テスト」の活かし方

　自己評価の結果はどうでしたか。回答が「1」または「2」になっていて

「－」が付いてしまった項目は，間違った考え方や，望ましくない指導をしていることを意味します。「＋」なのに自分の回答が「０」になっている項目は，正しい考え方なのに思い違いをしていたり，授業で行うべきことをしていないことを意味します。

　大切なことは，あとの1.4「『音読指導自己診断テスト』の各項目についての参照ページ」を読んで，正しい考え方や望ましい指導を理解し，できるところから自分の授業を改善していくことです。そのためには，

　－と書かれている項目すべてに「０」と回答できるまで，＋と書かれている項目すべてに「２」と回答できるまで，

　　「音読指導自己診断テスト」に定期的に回答する（例：各学期末）。
　　　　↓
　　自分の音読指導の問題点を把握・記録
　　　　↓
　　自分の音読指導の改善

と言うプロセスを繰り返します。

1.4「音読指導自己診断テスト」の各項目についての参照ページ

　ここでは，各項目について簡単にコメントを加えておきます。各項目についての詳しい説明が書かれた本書の第２章以降の項目名とページを記しておきますので，それらのページを読んで，各項目がなぜ，「＋」あるいは「－」なのかを把握してください。

項目１　音読は黙読よりも読む速度が遅いので，音読指導はできるだけ早くやめて黙読を中心とした指導に切り替えるべきである。
　　　　（－）→　2.3.2 音読の長期間の指導効果，4.2 リーディング力の基礎となる音読力：単語・チャンクの意味アクセススピードを高める指導

項目２　入試対策として音読は効果的である。
　　　　（＋）→　2.5 音読は入試対策として効果があるか？　11.1 書かれた英単語の意味理解に発音は必要か？

項目３　音読させる英文は，音読に適した会話文や物語文やスピーチ原稿などに限るべきで，入試長文問題などは音読させる必要はない。

　　　　　（－）→　2.10「音読に適した教材」のみ音読させるべきで，入試長文問題のような音読に適さない教材は音読させない方がいいのでは？
項目4　音読が英語学習のどんな面で有効かを生徒に説明できる。
　　　　　（＋）→　2.1 音読指導はなぜ必要か？　2.3 音読にはどんな効果があるか？　2.4 シャドーイングやパラレル・リーディングにはどんな効果があるか？　11.5 シャドーイング・音読の効果にはどのようなものがあるか？
項目5　音読指導は，指導する英文の内容を理解させる前に行っている。
　　　　　（－）→　2.8 音読読指導は授業の中のどの段階で行えばよいか？
項目6　音読指導は，指導する英文の内容を理解させた後に行っている。
　　　　　（＋）→　2.8 音読読指導は授業の中のどの段階で行えばよいか？
項目7　音読指導は，次の時間の復習段階で行っている。
　　　　　（＋）→　2.8 音読読指導は授業の中のどの段階で行えばよいか？
項目8　音読指導は，主としてモデルの後について言わせるリッスン・アンド・リピートの手法を用いて行っている。
　　　　　（－）→　2.7 フォニックスはなぜ必要か？　3.2 指導法4 リード・アラウド・リッスン・アンド・リピート
項目9　リッスン・アンド・リピートによるコーラス・リーディング後，（四方読みなどの手法を用いて）バズ・リーディングまたはペア・リーディングを行うのは効果的であると思う。
　　　　　（－）→　2.6 音読・シャドーイングの指導の留意点
項目10　文構造の説明が必要な英文や重要な語句や文法事項を含んだ文説明や和訳が済んだら，その文を多様な方法で何度も音読させている。
　　　　　（＋）→　2.6 音読・シャドーイングの指導の留意点
項目11　1回の授業で教科書の本文を何回ぐらい音読させていますか。
　　　　　（＋　注：中学では最低10回またはそれ以上，高校では最低5回またはそれ以上が望ましい）
　　　　　→　2.6 音読・シャドーイングの指導の留意点
項目12　モデルなしで，生徒各自あるいはペアで音読させるまでに，何回ぐらい，モデルを与えて音読させていますか。その回数を回答欄に書いてください。
　　　　　（＋　注：この回数は最低5回またはそれ以上が望ましい）

　　　　→　2.6 音読・シャドーイングの指導の留意点

項目13　1回の授業で教科書の本文の音読指導をする際に，平均何種類の手法を用いていますか。
　　　（＋　注：この種類は中学では最低5種類またはそれ以上，高校では最低3種類またはそれ以上が望ましい）→　2.6 音読・シャドーイングの指導の留意点

項目14　音読指導を行う場合は，音読する英文の意味内容を表すように気持ちを込めて音読する（音読させる）ようにしている。
　　　（＋）→　2.6 音読・シャドーイングの指導の留意点　3.5 指導法26 オーラル・インタープリテーション

項目15　本文の音読指導をしたあと（その日の授業または次の授業）で，何らかの形でアウトプット活動を行っている。
　　　（＋）→　2.6 音読・シャドーイングの指導の留意点

項目16　ペアでシャドーイングをさせることがある。
　　　（−）→　2.6 音読・シャドーイングの指導の留意点

第2章

音読指導Q&A

2.1 音読指導はなぜ必要か？

　この問いに答えるために，心理言語学研究が明らかにしたことを概説します。

　人が文章を黙読して理解するには，次のような過程をたどります。すなわち，まず，①眼球による文字知覚，②その文字の塊（単語）を長期記憶内のスペリング情報の中から検索・照合，③それを頭の中で音読，④その単語の意味を想起，という順で単語認知が行われ，次に，統語，意味，スキーマ，談話などの処理が行われて文章の意味を理解します。

　Kadota（1984）は，頭の中で音読することが母語でも外国語でも，黙読による文章理解に不可欠であることを実証しています。すなわち，文章黙読時に，黙読に専念させた場合と，たとえば「la, la, la」などを言わせながら黙読させた場合では，内容理解度テストにおいては，語句のレベルの理解で正解できる質問では差がありませんでしたが，正解するのに1文を越える理解が必要な質問では，前者が後者を有意に上回ったと報告しています（門田，2006b）。一方，リスニングに専念した場合と，「la, la, la」などと言いながらリスニングを行った場合では，両者間の内容理解度には差がないことも報告されています（門田，2006b）。つまり，黙読をする際に「la, la, la」などと言うことは，単に読み手の注意をそらせるのではなく，黙読の際に行われる頭の中での音読を妨害しているのです。言い換えれば，文章の内容を黙読して理解するには，頭の中での音読が不可欠であるということです。

　脳科学も，音読時に活性化する脳の部位（言語理解を司るウエルニッケ野と言語産出を司るブローカー野）が黙読時にも活性化すること，つまり黙読しているときも，人は頭の中で音読していることを示す直接的証拠を提出し，心理言語学の研究成果を支持しています（川島，2003a）。

　また，人が文章を黙読して内容を理解する際の注意資源には限りがあります。母語話者や上級外国語学習者などの熟達した読み手は上の①～④を瞬時

に行い，注意資源のほとんどを内容理解に向けることができ，内容をスピーディに正確に理解できます。一方，母語話者でも小学生や，初級外国語学習者などの熟達していない読み手は，①〜④を瞬時に行えず，注意資源のかなりの部分を使い，その結果，文章理解に充てる注意資源が少なくなり，文章理解がスローで不正確なものになります（門田，2007c）。

　文章理解には①〜④の処理が高速に行われることが不可欠で，それを可能にするのが音読なのです。音読によって，スペリングと発音の結びつきを強化するとともに，学習した語彙や文法などを内在化できるのです。その結果，文章理解のための処理が高速化し，文章理解力と発表能力の基礎ができあがるので，音読は外国語としての英語学習に必要不可欠なのです。

2.2 音読指導の現状と問題点
2.2.1 音読指導の現状

　音読指導の現状は，残念ながら十分に行われているとは言えません。
　「入試で課されない音読の指導はやめるように先輩教員から言われて困っています」，「入試に関係ないと言って，音読練習中に内職する生徒がいます」，「音読指導をしない同僚は進度が速いのですが，音読指導などをしないで，どんどん教科書を先に進めるほうがいいのでしょうか」というような悩みをお持ちの先生方はたくさんおられます。確かに，「入試に課されない音読などする時間があったら，1行でも英文を和訳する練習をするほうが入試で点が取れる」と考えている先生方や生徒はかなりいます。また，「音読すると黙読速度が遅くなるので，スペリングと発音の結びつけが出来たら早くやめるべきだ」と言う人もいます。これらの考え方が間違いであることは，2.1, 2.3, 2.5をお読みいただけば，明らかになりますので，ここでは触れません。

　逆に，音読指導肯定派の先生方でも，「音読は大切ですが，高校では英文が長いので授業では音読指導に時間を割くことができません」とおっしゃる方が多いようです。音読指導の時間をなぜ確保できないのでしょうか。その原因はいろいろありますが，ここでは3つだけ取り上げます。

　第一の原因は「不要な説明や板書が多い」ことです。これが，必要不可欠な音読指導の時間を奪っています。「詳しく説明すれば生徒は理解できる」，「わかりやすく板書し，それを書き写させることで，説明したことが定着する，あるいは定着しやすくなる」と考えがちです。しかし，これは間違いです。単に，詳しい説明を聴いて「わかった」，ノートに書き写して「勉強した」

という錯覚を起こさせるだけです。他教科の場合はともかく，少なくとも英語の場合は，説明や板書は必要最小限に絞って，浮いた時間で練習させて，「わかる」・「できる」ということを実感させる必要があります。

　第二の原因は，教材（教科書）選択段階で，生徒の学力よりもかなり高い教材が選ばれていることです。そのために，本来なら不要な説明までしなければならなくなるのです。教材選択については，教師が「この教科書のレベルは，うちの生徒たちにはちょうど良い」と感じるものより，「うちの生徒たちにはちょっと易しいのではないか」と感じるぐらいのもののほうが良いのです。詳細は，鈴木（1997, 2000）をご参照ください。

　もう一つの原因は，量をこなすことが大切だという考えから来る進度優先主義です。生徒にとって，新出語彙や文法事項などが出てくる核となる教材（教科書やそれ以上のレベルの教材）は，たくさん与える必要はありません。一つの教材をいろいろな角度から繰り返し学習させる方がいいのです。そうしないと，たとえば，その教材に出て来た語彙の発音や意味も覚えられないので，別の英文でそれらが出て来ても，「頭の中での音声化もできず，意味も思い出せない」ということになり，逆効果です（2.1参照）。量をこなすべきは，生徒の学力よりもかなり下のグレイディッド・リーダーズなどを用いた多読（extensive reading）や多聴（extensive listening）です。

2.2.2　音読指導の問題点

　2.2.1では，音読指導があまり行われていないことを指摘しましたが，逆に音読指導がよく行われている場合でも，問題点がいくつもあります。

　現職の先生方の授業を参観する機会が筆者には数多くありますが，かなりの時間が音読指導に割かれていても，その目的が不明確な授業や，授業の中での位置づけや，用いられている音読指導法が不適切である場合が多いのです。たとえば，英文の内容理解や構造理解の前に音読指導が行われていたり，教師のあとについて１，２度言わせただけで，バズ・リーディングやペアによる音読練習が行われている授業が増えています。音読練習中の生徒の間に入って生徒たちの音読を聴くと，単語の発音，強勢の位置，ポーズの位置などが全くでたらめである場合が非常に多いのです。

　また，意味や状況を考えない，聴き手を意識していない音読が大半です。I'm sleepy. や I'm tired. などを大声で言ったり，逆に，活き活きと読むべき文を無表情に音読するのも問題です。

そして，非常に多いのが，音読指導が孤立したり，「終着駅」になっている授業が非常に多いことです。これでは，音読指導の効果は半減します。

以上の問題点についての対処法については，2.6や2.8をご参照ください。

2.3 音読にはどんな効果があるか？
2.3.1 音読の比較的短期間の指導効果

七野（2006）は，高校3年生を対象に，教科書の英文の内容理解後に音読練習（リッスン・アンド・リピート1回，パラレル・リーディング2回）を課し，その後，3週間にわたって週1回，授業の最初の5分間で同じ文章を同じ手法で音読させたあと，空所補充形式でテストしました。（家庭学習ができないように教材は毎回回収しました。）その結果，テスト（54点満点）の平均点は，指導直後29.3（54.3%），1週間後34.4（63.7%），2週間後39.5（73.1%），3週間後45.0（83.3%）と向上しました。直後と3週間後の各成績群別の平均点は大きく上昇し，成績群間の差が縮まりました（図1）。

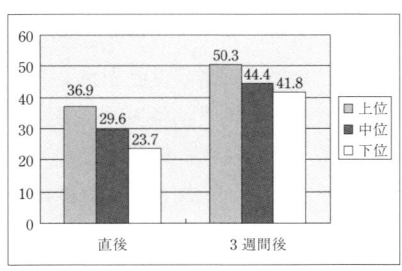
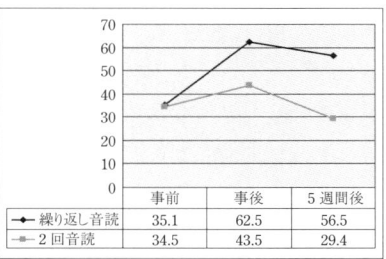

図1　日を置いた反復音読の効果　　図2　毎回の授業中の反復音読の効果

高橋（2007）は，高校2年生（音読クラス）を対象に毎回の授業で，教師やCDの朗読を聴かせながら繰り返し教科書本文を黙読させて内容を理解させた後，いろいろな手法を用いて繰り返し音読させ，その課の学習が終わった時点で七野（2006）と同様のテストを行いました。図2はその結果を示しています。指導直後のテストでは，音読クラスは，通常クラス（英文提示1，2回と和訳・構文の説明多数，音読指導1，2回）よりも有意に英語表現の定着度は高くなりました（$p<0.0005$）。また，予告なしで5週間後に同じテストを行ったところ，両クラスとも指導直後に比べて定着度は低下しましたが，1〜2回音読させた通常クラスよりも，音読クラスの英語表現の定着率は大きくは低下せず，5週間後もその定着率は有意に高かったのです

(p<0.0000)。

　高橋（2006）は，高橋（2007）の両クラスに対して，教科書を閉じた状態で，その課全体の要約文を英語で書かせました。その結果，音読クラスは通常クラスを要約文の語数において37語上回りました（P<0.005）。また，全生徒が書いた要約文の質を5段階で評価したところ，通常クラスは0.91であるのに対して，音読クラスは2.39で有意に優れていました（p<0.01）。

　七野（2006）と高橋（2006, 2007）の研究は，教師またはCDの音読をペースメーカーにして教材の英文を黙読させながら内容を理解させた後，反復して音読させる指導法が英語表現の定着や要約文の作成に効果があることを実証したものです。

2.3.2 音読の長期間の指導効果

　ここでは，半年から1年の長期間の音読指導の効果を実証した研究を紹介します。鈴木（1998b）は，高校3年生を対象に，教科書本文の内容を理解させた後，音読を4回，次の授業で復習として3回，さらにその次の授業で1回，一つの課が終わった段階でさらに1回，パラレル・リーディングを中心に，シャドーイングも含めて合計9回音読させた「大量音読クラス」と，授業中に2～3度音読させた「形式音読クラス」の，①リスニングテスト（30点満点），②理解を伴ったリーディング・スピード（以下，読解速度）を比較しました。その結果を図3と図4に示します。リスニングと読解速度において，6月時点では両クラス間に有意差はありませんでしたが，2月時点では「大量音読クラス」が「形式音読クラス」をリスニングでp<0.05，読解速度でp<0.01で有意に上回りました。1年間にわたって行った高校1年生を対象とした実践でも，同様の結果が出ています。

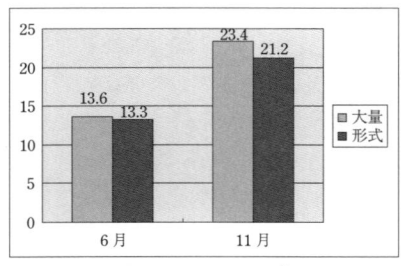

図3　リスニング

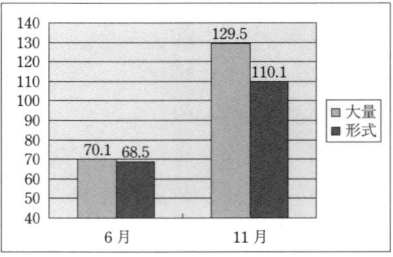

図4　読解速度

Miyasako（2008）は，音読力が向上すると英語力が向上すること，特に成績下位の生徒の伸びが大きいこと，授業時間の4分の1～3分の1を音読指導に充てた結果，内容理解テストの得点と理解を伴った黙読速度が向上したと報告しています。同様の結果は渡辺（1990）にも見られます。

2.3.3 記憶効率に対する効果

川島（2003b）は，英語力を伸ばすだけでなく，記憶効率もアップすることを実証しています。日本語の単語記憶作業を課した後，単語記憶テストでどれだけ単語を覚えているかを調べました。単語記憶作業前に何もしなかった場合と，単語記憶作業前に2分間の音読を行った場合の成績を比較したところ，記憶作業前に2分間の音読を課した場合の方が，課さなかった場合より単語記憶テストの平均点が20％も上回ることを実証しました。この結果から，毎回の授業の最初の2～5分間を音読練習に使うことは，ウォームアップと前時までの言語材料の定着のための復習を兼ねることができ，しかも，その授業で学ぶ新しい言語材料の学習効率もアップさせることが期待でき，まさに「一石三鳥」ということになります。

2.4 シャドーイングやパラレル・リーディングにはどんな効果があるか？

シャドーイング（shadowing → p.41）とは聞き取った音声を少し遅れて，あるいは，聞き取った直後（又はほぼ同時）に可能な限りモデル音と同じように発話再生する訓練法です。また，パラレル・リーディング（parallel reading → p.39）は，聴覚入力の補助としてスクリプトを見ながら行うシャドーイングです。「復唱力」の向上がこれらの復唱訓練の目的ですが，これらを授業に取り入れるのは，以下の学習効果をもたらす狙いがあります。

1. 既習項目の検索（アクセス）を容易にするため

生徒がある項目について「単に知っている」というだけでは，その項目が定着したとは言えません。生徒が他のテキストで学習した単語や文法項目に遭遇した場合でも，即座にそれを理解しコミュニケーションに利用できる状態にあれば，生徒の知識が「定着した状態」に到達したと言えます。言い換えると，単語や英文に多くの注意力を注いで意味の検索・生成をしている段階に留まっていては「使える」知識には程遠く，生徒の学習した語彙や文法知識は，いつでもすぐに取り出せて使える状態であるべきです。

つまり，言語の知識をコミュニケーションのやりとりの中で瞬時に使えるようにするには，それほど注意を向けなくとも自動的に単語や文の意味が検索できる状態にあることが望ましいわけです。たとえば，リーディングの場合，テキストの意味理解に至る過程で文字を音声に変換する処理（音韻符号化）を経なければなりませんが，この音韻符号化が自動的に行えないと，結果的に単語や文の意味アクセスに時間がかかってしまいテキストの意味構築に必要とされる注意資源が不足した状態でテキストを読んでいることになります。そうなればテキストの理解力も低下します（2.1参照）。したがってこのような単語の音韻処理が自動化，高速化されることが，流暢に読めるようになることの前提条件となります。

図5　復唱指導の意義

英文を見ながら音声の復唱を繰り返すパラレル・リーディングの狙いは，このような単語認知の自動化にあります。復唱訓練を何度も行うと，徐々に文字からの音声変換もスムーズに行えるようになり，意味検索に至る単語の処理過程全体の自動化に繋がっていくという効果が期待されます（図5）。

2．音声，単語，文法知識の強化及び内在化

パラレル・リーディングやシャドーイングでモデル音の模倣を何度も試みる指導は，以下の効果をもたらします。

①音声面での強化（既存の音韻知識の精緻化）

プロソディ(ストレス，イントネーション，リズムなど）に注意を払いながら，モデル音声を模倣するプロソディ・シャドーイングは音韻知覚力を向上させます。文字を見ないシャドーイングでは，モデル音のみに注意を払い，それを正確にまねて繰り返し発話することが要求されるので，聞こえてくるモデル音声の特徴の細部に至るまで注意を向けることになります。それにより，英語に対する音韻知覚力を高めるのが狙いです。つまり，生徒はモデル

音の模倣を繰り返すことで，正確に発音する練習を繰り返すことになり，正確な音韻知識をインプットしていくことになります。しかし，この場合，生徒が十分発話できるだけのスピードでシャドーイングを行う必要があります。

②文字－音声のリンクの強化

パラレル・リーディングでは，モデル音のみではなく文字情報も併せて認識しながら発話するので，文字に対応した正確な発音についての情報も同時にインプットすることになります。生徒の多くは，既習単語であっても，綴りに対応して速く正確に発音することができないことが多いのが実情です。文字を見ながら，文字に対応した音声の模倣を繰り返すパラレル・リーディングにより，生徒が特定の文字に対応した音韻情報を容易に引き出せる（文字－音声の関係が強化される）ようになることを狙います。文字－音声というセットで得られた単語知識を習得させることで，リスニングにも応用できる知識を獲得させることが狙いなのです。

③単語－音声－意味のリンクの強化

パラレル・リーディングに加えて，意味内容や統語的側面に注意を向けて行うコンテンツ・シャドーイングによって，意味を同時に想起する訓練を行うことで，単語－音韻－意味の関連を強化します。ある単語に対して正確な音声の知識と語彙知識を保持しているかの確認にもなり，単語力のさらなる定着につながります。

④統語知識の内在化

単語レベルのみではなく，文単位においても音声の繰り返しによる効果は期待できます。繰り返し発話することで，再生される発話がそのたびに修正されます。生徒が特に苦手と感じる文法構造を含んだ英文について，繰り返しシャドーイングしながら，最終的に難なく発話再生できる段階を目指すことで，生徒はその文法構造に慣れていきます。文字だけの情報では獲得し難い苦手な構文について，音声の模倣を通して内在化させることが可能です。

以上のように復唱訓練の意義は，「実際に使える知識」の獲得にあります。知識の処理の効率化という観点で見れば，これらの役割がいかに重要かわかります。しかし，このような効果を得るには学習者のレベルに適した語彙で構成され，適切な速度で読まれるモデル音声を提供することがポイントです。また，実際に指導する場合，様々な復唱訓練を組み合わせて，英語の音韻処理能力の向上を図る必要があります。たとえば，シャドーイングでは主に音

声面を強化し，パラレル・リーディングと組み合わせることで文字言語と音声言語の対応付けも可能です。そしてさらに，正確に音韻符号化が行えるかどうかを確認する意味で音読の訓練は欠かせません。うまく複数の復唱訓練法を組み合わせることで，上で説明した効果がより一層期待できます。

2.5 音読は入試対策として効果があるか？

　結論から先に述べますと，音読は入試対策として非常に効果があります。
　入試では音読やスピーキングテストは課されませんが，センター試験でも，国公私立の各大学が実施する入試でも外国語系や教育系を中心にリスニングテストが課されていますし，読解問題として出題される英文も長文化し，大量の英文を読んで素早く内容を把握する力が求められています。また，読んだ英文の要約や自分の考えを英語でまとめる問題も増えてきています。すでに2.3で，音読は，リスニング力と理解を伴ったリーディング・スピードの向上にも，英語表現の定着やサマリーの作成にも効果的であることを紹介しました。つまり，音読は入試対策としても有効であると言えるのです。ここではさらに，センター試験の自己採点や模試のデータを用いて，音読が入試対策として効果があることを実証した研究を紹介します。
　鈴木（1998b）は，2.3で紹介したようなパラレル・リーディングを中心にシャドーイングも含めた大量の音読指導を行ったクラスと，授業中に2～3度音読させた「形式音読クラス」の①センター試験自己採点結果，②記述形式の模擬試験の平均点を比較しました。その結果は，センター試験自己採点結果では大量音読クラスが形式音読クラスを有意に（p<0.01）上回りました（図6）。また，記述模試の成績では，6月実施分では両クラスに統計的有意差はありませんでしたが，11月実施分では，大量音読クラスが形式音読クラ

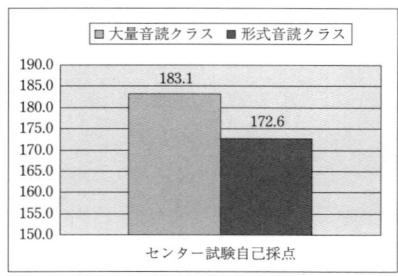

図6　センター試験自己採点

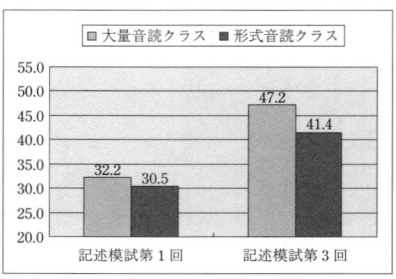

図7　記述模試

スを有意に（p<0.05）上回りました（図7）。

　また，安木（2001）は校外模試を利用して，音読の有効性を検証しました。意味理解が済んだ英文をフレーズ単位に音読する「フレーズ音読」を中心に11種類の音読指導法を駆使して，教科書本文を，本文全体の概要理解に1時間，各パートの指導に4時間かけ，各時間は，要点理解→細部理解→各種フレーズ音読という流れで指導しました。最後の2時間は発展学習として，文法のまとめ→課全体の復習として音読（フレーズ音読＋シャドーイング）→英語による発表活動という流れで指導を行いました。そして，その指導効果を校外模試の英語の成績で調べると，7月の模試の平均点では，通常クラス（授業でも家庭学習でも全文和訳中心，音読練習は1～2回のみ）との平均点差は1.27しかなく，有意差はありませんでした（p=0.671）。しかし，11月の模試では有意差こそありませんでしたが（p=0.108），差は3.88に広がりました。さらに，2月の模試での差は12.57と広がり，「フレーズ音読クラス」が有意に優れていました（p=0.046）。

　2.3で紹介した渡辺（1990），鈴木（1998b），七野（2006），高橋（2006, 2007），Miyasako（2008）らの研究と本節で紹介した鈴木（1998b），安木（2001）による長期間にわたる実証研究から，音読は理解を伴ったリーディング・スピードの向上，リスニング力，そして大学入試に必要な英語力の育成にも効果を発揮すると言えます。

　では，入試対策として音読はなぜ効果があるのでしょうか？　まず，人は文章を黙読するとき，声には出さなくとも頭の中で音読することがわかっています。実際に声に出している音読と全く同じように頭の中で音読する初級言語学習者から，声に出す音読スピードより頭の中での音読スピードがはるかに速い上級言語学習者まで様々ですが，程度の差こそあれ，音読が黙読の基礎になっていることは明らかです。門田（2007c：36-37）は，音読には，①単語認知の自動化，②音韻符号化の高速化，③学習事項（語彙や文法など）の内在化という3つの機能があるとしています。この3つがうまく機能するようになると，初見の文章を黙読する際にも，頭の中での音読がスムーズに行われ，語彙や文法に過大な注意を向けることなく，文章の内容により多くの注意を向けることが可能になります。その結果，理解を伴ったリーディング・スピード，文章の内容理解度，そして総合的な英語力も向上するので，大学入試でも効果を発揮するのです。これが，先に挙げた音読を重視した実践が従来型の授業より効果があった理由です。

2.6 音読・シャドーイングの指導の留意点

　音読・シャドーイング指導の際には以下の点に留意する必要があります。
①授業の中に正しく位置づけます。他の様々な指導とも密接につながりを持たせて指導します。
②音読させる前に十分に聴かせます。
③英文の内容を理解させた後に行います。
④多様な方法で，目的に応じて，適切な順序で何度も行います。
　教師の後について1, 2度言わせただけで，バズ・リーディングやペアによる音読練習が行われている授業が増えていますが，音読練習中の生徒たちの音読を聴くと，単語の発音，強勢の位置，ポーズの位置などが間違っている場合が多く，もっとモデルを与えた上で音読をさせる必要があります。しかし，リッスン・アンド・リピートだけではだめで，いろいろな手法を使って段階を踏まえて指導すべきです。
⑤内容理解後だけでなく，次の授業の最初や各課が終わった段階で，復習として行うことも大切です。また，各授業の最初の3分程度を使ってウォームアップとして既習の教科書の英文を音読させるのも効果があります。
⑥音読をアウトプット活動（学習した英文の重要語句補充，英問英答，口頭和文英訳，サマリー作成，自分の意見発表ほか）に結びつけます。
　　音読の後に適切なアウトプット活動を行うことで，「音読をしっかりやれば，アウトプット活動がうまくでき，アウトプット活動がうまくできると，音読練習への意欲が高くなり，英語力が向上する」という英語学習の好循環が生まれます。
⑦意味，状況を意識して音読するように指導します。
⑧聴き手を意識して英文の内容が伝わる音読をするように指導します。
　⑦，⑧については，意味や状況を考えて，また聴き手を意識した音読を行うことは非常に大切で，立派なコミュニケーション活動になります。I'm sleepy. や I'm tired. などをその内容が伝わるように音読させると，学習者自身の理解も深まるだけでなく，英語がことばとして頭に入ってきます。また，聴き手に意味を伝えることを意識して，強調すべきところや，ポーズの位置や長さにも注意を払って音読させることも大切です。そのためには，教師自らが意味・状況を意識した音読や，聴き手にその内容を伝える音読をして生徒に聴かせる必要があります。（第3章 pp.74-82参照）
⑨ペアでパラレル・リーディング，シャドーイング，リピーティングなどを

させることは，質の低い音読をまねさせることになるので避ける。

2.7 フォニックスはなぜ必要か？

　アルファベット文字と英語の音の関係を学習するフォニックスは，不規則なスペリングの単語が多いことから，英語圏でもその効果を疑問視する意見もありました。しかし，フォニックス指導は，アルファベット文字を読む基本的仕組みを理解させ，定着させることで，頻出する語（不規則なスペリングが多い）を速く正確に読む力と，未知の単語の読み方を予測する力を養います。予測によってとりあえず単語を音にできると，頭の中で復唱でき，記憶しやすくなります。また，スペリングの規則を知っていることで，逆に不規則なものが認識でき，結果的に正しく読む力やスペリング力が身につきます。

　一見不規則な単語も規則的な部分を含んでいます。たとえば，ほとんどの子音字は規則的に読みますし，多音節語は音節に分けると規則的なスペリングの音節が存在します。また，単語をオンセットとライム（clean → cl + ean）に分けるとライムの部分（ean）は複数の読み方があるより小さい部分（ea は bread では /e/, great では /ei/）より規則性が増します。文字より大きな単位での規則の学習も有効です。つづりを視覚的に丸暗記しなくてはならないつづりの英単語は全単語のわずか4％です（Nevills, 2011：72）。

　米国の National Institute for Literacy は，小学校2年生までの体系的明示的なフォニックス指導を推奨しています（Sousa, 2005）。とりわけ読みの学習に困難を覚える学習者は，フォニックス指導の恩恵を受けることがわかっています（Foorman, Francis, Fletcher, Schatschneider & Mehta, 1998）。日本語と英語の読み書きの仕組みが大きく異なることや，英語の読み書きを短期間で学習しなければならない現状を考えると，日本の英語教育においてこそ，体系的明示的なフォニックス指導とできる限り大量の英語の音や文字に触れさせる指導法をバランスよく組み合わせた活動（Balanced Approach）は不可欠です。

2.8 音読指導は授業の中のどの段階で行えばよいか？

　音読指導は，内容理解後と復習（前の授業の復習，一つの課が終わった時点など）の段階で行うのが効果的です。
　ところが，内容理解前に音読が行われている授業がかなり多いのが現状で

す。多くの先生方が，中学や高校時代にそのような音読指導を受け，半ば儀式になっていることも一因でしょう。しかし，特に音読ができない生徒が多いクラスを指導する際，教材の内容理解後だけでなく，内容理解前にも音読指導が行われている場合も少なくありません。その理由として，「音読できない生徒たちは，頭の中で音読できないので，黙読しても英文の内容を理解できないことが多い。だから，内容理解前に音読させるのだ。また，音読させている間に少しは内容も理解できる」という主張もあります。しかし，これは限られた時間の無駄遣いです。

　内容理解前の音読を行うべきではない理由は2つあります。まず，音読ができない生徒たちは，1回ぐらいの音読練習で，音読できるようにはなりません。黙読時に頭の中で音読しながら黙読できるようにもなりません。2回行えば少しは改善できるとしても，授業時間は限られていますから，その分，内容理解後の言語材料の内在化のための大切な音読練習に充てる時間が減ってしまいます。また，内容理解前の音読は，注意資源が音読することに使われ，内容理解には使われないので，当然，内容理解も進みません。

　頭の中で音読ができない生徒たちに英文の内容を理解させるには，以下の手順で指導を行います。

　　(1) 教材の英文の内容に関する質問を1，2問ずつ与える。
　　(2) 句や節単位にポーズを入れた朗読を聴かせる。
　　(3) 生徒はその朗読を聴きながら黙読する。

　(1)〜(3)を繰り返して内容を理解させていきます。この手法は，自力で頭の中での音読ができない学習者を支援し，スペリングと発音を結びつけるのにも役立ちます[1]。同時に英文の内容理解を助け（Suzuki, 1999；2001），時間の節約にもなります。内容と必要な箇所の文構造を理解させた後，浮いた時間で，多様な手法を用いて徹底的に音読させると効果があります。

2.9 英文をモデルなしで音読できるようにするには？

　音読指導では音読のモデルをたくさん聴かせ，まねさせる必要がありますが，最終的にはモデルなしで，自力で学習済みの英文を音読できるように指導する必要があります。ここでは，そのための指導法を単語レベルと文また

---

[1] この手法は，リスニングやリーディングにおいて句や節単位に英文を理解する力を伸ばすのにも効果があります（Suzuki, 1991；1999；2001）。

は文章レベルに分けて述べます。

2.9.1 単語レベルの練習

　新出単語は教師が発音し，学習者はそれを聴いて読み方を覚える。ときにはカタカナを書き添える。これではいつまでたっても自分の力で読めません。とりあえず自分で英語として妥当な読み方ができれば（正しい読み方は不規則な読み方かもしれませんが），自立学習が可能になり，自信にもなります。大学生対象に初見の単語をどれだけ読めるかを調べるために行った非単語音読実験では，母音字に誤読が多く（いわゆるローマ字読みをしている）誤読率が50%を超えるものもありました。さらに，単語を見てから発音するまでに約1秒もかかっていましたので，より速く読む練習も必要です。

　そこで，自分で単語を読んだ後に，正しい発音を聴き，復唱する練習を行ってみました。その前後で前述の非単語音読テストを実施したところ，短時間でも正しい読み方を学習でき，読む速度にも改善が見られました。詳細については p.275，具体的指導法は p.38を参照。

　このような練習は誤った読み方が定着してしまう前に行うのが効果的です。教師が単語を読んで，復唱させるばかりではなく，できるだけ学習者に自分で読ませ，正誤のフィードバックをします。必要に応じてなぜそう読むのか，他に同じ読み方をする単語を知っているかなどのやりとりをして，文字の読み方を意識させます。

　正しい読み方を理解したら，読む速度を向上させる練習をします。学習対象語だけではなく，同じ読み方をする単語（既習語でなくてもよい）も入れて，フラッシュカードなどを使って音読練習をします。たとえば audience, author, automobile, autumn, cause, because, daughter, pause をセットにして au の読み方を定着させます。ここでも誤りがあれば，正しい読み方を自分で考えさせると効果的です。フラッシュカードはパソコンのソフトウェアとしてもいくつかあり，「めっくる」のように無料ダウンロードできるものもあります。パワーポイントを使うこともできます。

2.9.2 文及び文章レベルの練習

文または文章の音読をさせる前に行っておくべきことが3つあります。
① 英文の内容理解
　内容に関する質問を小出しに提示しながら，その答えを求めて何度も聴か

せたり，聴きながら黙読させたりすることが大切です。英語力に関係なく，すべての生徒に必要なことです。

② 単語及び句レベルの音読練習

内容理解が済んだ段階で，フラッシュカードなどを用いて，2.9.1で示されたような単語及び句レベルの音読指導をもう一度行うことです。これは単語や句レベルの音読ができない生徒が多い場合に不可欠な指導です。

③ 文または文章レベルの音読ができるようにするための準備活動

モデルの音読を提示し，チャンクやリズムを意識させます。以下のように進めると効果的です。

教科書の本文をコピーしてプリントを配布し，(1) 教師の音読を聴かせ，生徒にポーズの箇所にスラッシュを入れさせます。次に，(2) チャンクごとに2回ずつ聴かせて，チャンク末のイントネーションを→，↓，↑のいずれかを書き込ませます。それから，(3) チャンクごとに2回ずつ聴かせ，教師が強く読んだ語に下線を引かせます。最後に，(4) 2音節以上の単語を2回ずつ聴かせて，強く読まれた文字の上に○をつけさせます。

例：Forty years ag○,→/my te○acher gave me→/the strength and hope to live.↓）

高校では，長くて音読しにくい文，あるいは，重要な構文や表現を含む英文に絞ってもかまいません。また，(3)(4) については教師が書き込んだものを配布して，(1)(2) だけ生徒に書かせてもかまいません。

以上のような指導を行った後，音読指導に入ります。リード・アラウド・リッスン・アンド・リピートなど，いろいろな手法を用いて音読の練習をさせます（2.11参照）。

ここではリード・アラウド・リッスン・アンド・リピート（p.38）の手法について簡単に説明します。

まず，教師が日本語訳を読み上げ，次に生徒がそれに該当する英語を教師はその後すぐにモデルを提示し，生徒はそれをまねます。教師の後について読ませるだけでは，書かれている英文を自分で音声化しなくてもオウム返しできるので，生徒も教師も，音読できていると勘違いしてしまうことが多いですが，この手法はこのような勘違いを防ぐのに有効です。自分は音読できると思い込んで練習しない生徒に音読できない箇所を悟らせることができ，教師も，生徒の弱点がわかります。

この他に，次章で紹介されている音読手法を組み合わせて指導すれば，初見の英文でも，モデルなしで聴き手に内容を伝える音読が可能になります。

2.10「音読に適した教材」のみ音読させるべきで，入試長文問題のような音読に適さない教材は音読させない方がいいのでは？

結論から述べますと，入試問題の英文でも（というより入試問題の英文こそ）音読させるべきです。

「音読に適した教材」として，会話文，物語，詩などが挙げられることが多いようです。一方，大学入試で出題される論説文などは一文が長く，文構造が複雑で，多音節語が多く含まれているので，「音読に適さない教材」と考える先生方も多いようです。確かに，音読の基礎トレーニングのための教材としては，前者が適切で，後者は適切な教材とは言えないでしょう。

しかし，後者が音読に値しないものとは言えません。書きことばは話しことばから生じたもので，論説文に限らず，どんな文章でも，筆者が何らかの目的を持って，頭の中で音声化したことばを書き記したものですから，本来はどんな文章でも，音読に値しないものなどないと言えるでしょう。

また，単なる音読の基礎トレーニングとしてではなく，学習した言語材料を内在化し，英語力を伸ばすためには，音読は必要不可欠です。日本のように英語を外国語として学習する場合は，英語との接触時間が限られているため，母語を習得したときのように文法や語彙の自然な習得は起こりませんが，音読は文法や語彙，構文などの言語材料の内在化を可能にします。大学入試に出題される長文や新聞記事を読んで理解したり，日常会話レベルを超えた内容のある発話を理解するには，瞬時に文法や語彙，構文を認知できる言語処理能力が必須です。それらを強化するためにも，入試長文問題を含めて，教室で教師が指導する精読や精聴用の教材の英文は，会話文，詩，物語文に限らず，論説文であっても，生徒に音読させる必要があるのです。

また，高校では入試を意識して生徒の学力レベルよりかなり高いレベルの教材が使われますが，生徒の学力レベルと教材のレベルのギャップを埋めるためにも何度も音読させることが必要です。文構造が複雑な文や，和訳することが必要な文は徹底的に音読させることによって，そこで用いられている，まだ十分に身についていない語彙や構文の理解と定着を促進します。その結果，初見の英文を聴いたり，読んだりした場合にでも，理解できるようになり，また，それらを用いて書いたり，話したりすることが可能になります。

物語文，会話文，詩だけでなく，授業で扱われた学習対象となった英文は，文法学習のための例文であれ，入試の長文問題の英文であれ，可能な限り，大量に音読させることが必要です。

2.11 いろいろな音読指導法をどのような順序で用いればよいか？

　音読指導法を適切な順序に並べるには，次の4点を考えるといいでしょう。
① 音声モデルがある指導法から音声モデルがない指導法へ
② 練習単位の小さい指導法から大きい指導法へ
　単語または句から，節，単文または複数の文へ
③ 記憶の負荷が低い指導法から記憶の負荷が高い指導法へ
④ 発音をまねればよい指導法から，意味や情報を伝える指導法へ

　以下に，音読指導に用いる素材別に，音読指導法の代表的なものをいくつか適切な順に並べて例示しておきます。指導法名の前の数字は第3章での指導法番号を，指導法名のうしろのかっこつきの数字は，その指導法が紹介されているページを意味します。下線の指導法は必ず行うべきものです。

(1) 単語から句レベル
リスニングやリーディングの前の語彙指導で用いる。
12　リピーティング（53）
　　　↓
 3　リッスン・アンド・リピート（36）
　　　↓　　既習語の場合は省略可能
 4　<u>リード・アラウド・リッスン・アンド・リピート</u>（38）
　　　↓
18　<u>フレーズ単位日英通訳演習</u>（62）

(2) 1文レベル
重要な構文・文法・表現を含む例文を定着させる場合に用いる
12　リピーティング（53）
　　　↓　　1文が長い場合，7±2音節程度の短い句や節単位で実施
 3　リッスン・アンド・リピート（36）
　　　↓　　短い文で既習語彙から成る文の場合は省略可能

2　バックワード・ビルド・アップ（35）
　　　↓　　１文が長い場合に用いる。
4　リード・アラウド・リッスン・アンド・リピート（38）
　　　↓
23　そして，何もなくなった（70）
　　　↓　　２や４がうまくできないときに用いる。通常は省略可
5　パラレル・リーディング（39）
　　　↓　　速度をだんだん速くして最低３回行う。
6　シャドーイング（41）
　　　↓　　句や節単位にポーズを入れながら，だんだんとポーズを短くしていく。最低３回行う。
　　　　　普通のシャドーイングができるようになったら，14　ディレード・シャドーイング（43）を行う。
8　リード・アンド・ルックアップ（44）
　　　↓　　教師主導型で行う場合は，生徒が英語を言った後，必ずモデルを聴かせて，もう一度リピートさせる。
12　リピーティング（教師主導）（53）または　13　インテイク・リーディング（ペアワーク）（54）
　　　↓　　時間があれば，12のあとに13を行う。
　　　　　13は４や８などで，モデルをまねさせることを十分にさせてから行う。
19　日英通訳演習（63）または　18　フレーズ単位日英通訳演習（62）
　　うまくいかない場合は，18　フレーズ単位日英通訳演習を行う。
　　いずれの場合も，ペアワークで行う。

（3）パラグラフ以上の内容的にまとまった文章

　教科書本文や入試問題の長文などを素材にして，語彙・文構造・文法・などの内在化とともに，リスニングやリーディングによって理解した内容を英語でまとめたり，理解した内容に対する自分の考えなどを話したり書いたりするために音読を行う。

12　リピーティング（53）
　　　↓　　７±２音節程度の短い句や節や文単位で実施
3　リッスン・アンド・リピート（36）

　　　　↓　　内容理解段階で，何度も朗読をペースメーカーに黙読させてあ
　　　　　　れば，省略可能
4　リード・アラウド・リッスン・アンド・リピート（38）
　　　　↓
5　パラレル・リーディング（39）
　　　　↓　　速度をだんだん速くして最低3回行う。
6　シャドーイング（41）
　　　　↓　　句や節単位にポーズを入れながら，だんだんとポーズを短くし
　　　　　　ていく。最低3回行う。
　　　　　　普通のシャドーイングができるようになったら，ディレード・
　　　　　　シャドーイング（43）を行う。
8　リード・アンド・ルックアップ（44）
　　　　　　　中学校では必ず行う。対話文の場合は，9 複数文（役割別）リー
　　　　　　　ド・アンド・ルックアップ（47）を行う。
　　　　↓　　高校では重要な文のみ，または，教材本文のサマリーを音読さ
　　　　　　せる場合に用いる。
　　　　　　教師主導型で行う場合は，生徒が英語を言った後，必ずモデル
　　　　　　を聴かせて，もう一度リピートさせる。
11　鉛筆置き音読（51）
　　　　↓　　ペアワークで行う。鉛筆は1本ずつ増やしていく。
20　キーワード付き音読（65），または 21 ストーリー・リプロダクション
　　　　↓　　（67），または，26 オーラル・インタープリテーション（74）
　　　　　　20，21は，生徒の英語力が高い場合，必ず行う。26は，教材が
　　　　　　この手法を使えるときは，学力に関係なく，必ず行う。
19　日英通訳演習（63）または，18 フレーズ単位日英通訳演習（62）
　　　　　　うまくいかない場合は，18フレーズ単位日英通訳演習を行う。
　　　　　　いずれの場合も，ペアワークで行う。

　ご自身でも，上の4点を使って，ご自分の生徒たちに合った音読指導法を組み合わせて実践してみてください。

第3章
各種音読指導法

　本章では便宜上，音読とシャドーイングを区別しない。また，厳密には音読とは言えないが，音読指導の際によく用いられる「通訳演習」なども含めて，「広い意味での音読指導法」を紹介する。

3.1 音読指導法一覧
　ここでは，語句レベル，構文や文法事項や重要表現など含む1〜2文程度の英文，内容的にまとまりのあるパラグラフレベル以上の英文を素材にした音読指導法を紹介する。

　次の表は，本書で扱う音読指導法を，指導対象素材の長さと練習形態から見て，各指導法が適しているかどうかを表にしたものである。各指導法の「指導対象素材」の欄の◎はその指導素材に「適している指導法」であることを，○はその指導素材に「使用可能な指導法」であることを，空欄はその指導素材に「適していない」ことを意味する。また，「練習形態」の欄の◎はその練習形態に「適している」ことを，○はその練習形態で「使用可能な指導法」であることを，空欄はその指導形態に「適していない」ことを意味する。「練習形態」の欄の「一斉」は全員で声を揃えて行うことを，「ペア」はペアまたは3名以上のグループで行うことを，「個人」は生徒が各自のペースで行うことを意味している。

　なお，これらの手法を組み合わせて，どのような順序で音読指導を行えば良いかについては，教材や学習者の英語力などにより変化するので一概には言えないが，2.11（p.28）に例を挙げてあるので，参考にしていただきたい。

　便宜上，標準的な指導法と，それに変化をつけるための指導法に分けて，指導手順，指導例，留意点他の解説とともに紹介する。

指導法番号	音読指導法名	対象素材			練習形態			
		語句	重要構文・文法などの例文	内容にまとまりのある文章	一斉	ペア	個人	家庭学習
1	バックワード・イチゴ読み p.33	○	◎	○	◎			
2	バックワード・ビルドアップ p.35	○	◎	○	◎			
3	リッスン・アンド・リピート p.36	○	◎	○	◎			
4	リード・アラウド・リッスン・アンド・リピート p.38	◎	◎	○	◎			◎
5	パラレル・リーディング（オーバーラッピング）p.39		◎	○	◎			◎
6	シャドーイング p.41		◎	○	◎			◎
7	ディレード・シャドーイング p.43		◎	○	◎			◎
8	リード・アンド・ルックアップ p.44	○	◎	○	◎	◎	○	◎
9	複数文リード・アンド・ルックアップ p.47		◎	○	◎	◎	○	◎
10	空所補充音読 p.49		○	○		◎	○	○
11	鉛筆置き音読 p.51		○	○		◎	○	○
12	リピーティング p.53		◎	○	◎			
13	インテイク・リーディング p.54		◎	○	○			
14	ディレード・リピーティング p.55		◎	○				◎
15	メモリー・リーディング p.57		◎	○		◎		○
16	リード・アラウド・リッスン・アンド・リピート＋メモリー・リーディング p.59		◎	○	◎			
17	リード・アンド・ルックアップ＋メモリー・リーディング p.60		◎	○	◎			

#	手法							
18	フレーズ単位日英通訳演習 p.62		◎	○	○	◎	○	○
19	日英通訳演習 p.63		◎	○	○	◎	○	◎
20	キーワード付き音読 p.65			○	○	◎	○	○
21	ストーリー・リプロダクション p.67			◎		◎	○	○
22	スピード・リーディング・アラウド p.68		◎		◎		◎	○
23	そして，何もなくなった p.70		◎		◎	◎	◎	○
24	Q and A 音読 p.72		○	○		◎		
25	主語変換音読 p.73		○	○		○	◎	◎
26	オーラル・インタープリテーション p.74	○	○	◎	○	○	○	○
27	状況設定音読 p.82							
28	ネイティブ・ピッタシ音読 p.83			◎			◎	◎
29	妨害読み p.85			◎		◎		
30	追っかけ読み p.86			◎		◎		
31	逆さま音読 p.87		○	○		○	◎	◎
32	つっこみ音読 p.88		○	○		○		
33	リレー音読 p.89			○		○		
34	役割別音読 p.91			○	○	○		
35	スキャニング音読 p.92				○	○	○	
36	輪読 p.94			○		◎*		
37	バズ・リーディング p.95		○	○			◎	
38	四方読み p.96			○	○		◎	○

*＝グループ

3.2 モデルを十分に提示しながら行う標準的な音読指導法

指導法 1　バックワード・イチゴ読み

　通常は省略可。生徒の学力が低く，自力で1語ずつでも音読できない場合に，教師が英文を後ろから前へ，1度に音読する語数を1語ずつ増やしながら音読する手法。後ろから1語ずつ増やしていくことで各語の発音を覚えやすくなるとともに，リズムが崩れにくくなる。英語が苦手な生徒に重要文法

事項や構文から成る長めの例文を暗唱させる場合にも効果がある。
(1) 音読させる対象
　　句や節，重要な文法事項・構文・表現を含んだ例文，教科書本文などのまとまりのある内容を持つ文章の一部。
(2) 指導手順
　　① T：教師が文の最後の1語を音読する。
　　② Ss：教師が音読した語を全員で音読する。
　　③ T：教師が文の最後の2語を音読する。
　　④ Ss：教師が音読した語群を全員で音読する。
　　（以下，1つの文を音読し終わるまで続ける。）
(3) 指導例

［教材英文］
　After the Ainu festival I read a book.（以下省略）
　　　　　New Crown English Series 2 New Edition（三省堂），34
［指導例］
　T：私が英語を言うので繰り返しなさい。book
　Ss：book
　T：a book
　Ss：a book
　T：read a book
　Ss：read a book
　T：I read a book.
　Ss：I read a book.
　（以下省略）

---

(4) 留意点
　　①教科書の本文を全てこの手法で行うのではなく，重要構文や文法事項を含んだ文や，生徒が長くて音読できない文に限って行う。
　　②生徒が自力で音読できる単語からなる文の場合や，生徒の学力が高い場合はこの手法は省略してよい。

指導法2　バックワード・ビルドアップ

　教師が本文を最小の意味単位ごとに数語ずつ，後ろから積み上げながら，1度に音読する語数を増やして音読する。後ろから積み上げることでリズムが崩れにくくなる。1文が長く，うまく音読できない場合や，重要構文や重要文法事項から成る長めの例文を暗唱させる場合にも効果がある。

(1) 音読させる対象

　　句や節，重要な文法事項・構文・表現を含んだ例文，教科書本文などのまとまりのある内容を持つ文章の一部。

(2) 指導手順

　　①T：教師が文の最後から数語ずつ音読する。
　　②Ss：教師が音読した語群を全員で音読する。
　　③T：教師がさらに前の数語から文の最後までを音読する。
　　④Ss：教師が音読した語群を全員で音読する。
　　（以下，1つの文を全部を言えるようになったら，次の文に進む。）

(3) 指導例

［教材英文］

　After the Ainu festival I read a book.（以下省略）
　　　　　　　New Crown English Series 2 New Edition（三省堂），34

［指導例］

　T：私が英語を言うので繰り返しなさい。 read a book
　Ss：read a book
　T：I read a book.
　Ss：I read a book.
　T：the Ainu festival I read a book.
　Ss：the Ainu festival I read a book.
　T：After the Ainu festival I read a book.
　Ss：After the Ainu festival I read a book.

---

(4) 留意点

　　①重要構文や文法事項を含む文や長くて音読できない文に限って行う。
　　②この手法で生徒が音読できない場合は，「指導法1」を用いる。

指導法3　リッスン・アンド・リピート（Listen and repeat）

句または節または文ごとに教師の朗読を聴かせて，生徒に英文を見ながらモデルの後について言わせる。

　注：生徒が英文を見ないで（教科書を閉じて），教師またはCDの朗読モデルをまねてリピートする方法も同じ名称が用いられることが多いが，本書ではそれをリピーティング（p.53）と呼ぶことにする。

(1) 音読させる対象

　単語や句，重要な文法事項・構文・表現を含んだ例文，教科書本文などのまとまりのある内容を持つ文章の一部。

(2) 指導手順

　①T：モデル提示

　②Ss：英文を見ながらモデルをまねて言う。

(3) 指導例

[教材英文]

When I first came to Japan from Canada, my Japanese was not so good. One day, I had a very sore throat.（以下省略）

　　　　　　　　　　　Mainstream English Course I 2nd edition（増進堂），8

[指導例]

○1回目──────────────────────────

T：私のあとについて音読しなさい。When I first came to Japan from Canada,

Ss：When I first came to Japan from Canada,

T：my Japanese was not so good.

Ss：my Japanese was not so good.

T：One day,

Ss：One day,

T：I had a very sore throat,

Ss：I had a very sore throat,

(sore throatがうまく発音できない場合は，1－2語ずつ後ろから前へ長くしていく。→「指導法2」バックワード・ビルドアップ)

(以下省略)

○2回目――――――――――――――――――――
T：今度は少し音読する単位を長くします。When I first came to Japan from Canada, my Japanese was not so good.（既習語ばかりなので1文全体をリピートさせる）
Ss：When I first came to Japan from Canada, my Japanese was not so good.
（以下省略）

(4) 留意点
　①個々の発音だけでなく，リズム，イントネーション，ストレス，ポーズなども忠実にまねさせる。
　②文が長い場合のリピートさせる単位
　　　新出語彙を含む場合：1回目は7±2音節より少ない意味単位でリピートさせる。（→指導例1回目　One day, I had a very sore throat　は9音節だが，sore と throat が新出語なので，one day で区切って I had a very sore throat，7音節でリピートさせる。）2回目は1回目よりも長い意味単位でリピートさせる。
　　　新出語を含まない場合：7±2音節，またはそれを少し超えてよい。（例：指導例1回目 When I first came to Japan from Canada,）既習語ばかりで構成されている英文の場合は，7±2音節を超える長さの意味単位（複数の句または節）ごとにリピートさせる。（→指導例2回目 When I first came to Japan from Canada, my Japanese was not so good.）→⑥この手法の欠点
　③意味を考えずに読むのを防ぐために日本語を与えてもよい。
　　T：日本語→英語→ Ss：英語
　④3回繰り返させても生徒がうまく言えない場合は，それ以上繰り返しても進歩しないし，飽きるので，次に進み，後で戻ってきて，再度練習させるほうがよい。
　⑤教材提示から内容理解段階で十分に聴かせてあれば，あるいは新出語が少ない場合は，この練習は省略して，リード・アラウド・リッスン・アンド・リピート（次ページ）から始めてもよい。
　⑥この手法の欠点は，単調であることと，単に教師またはCDの朗読を

オウム返ししているだけで，自力で音読できているとは限らないことである。次の「指導法4」では，この問題点を解決できる。

指導法4　リード・アラウド・リッスン・アンド・リピート

　教師が句・節・文の日本語訳を言い，それに該当する句・節・文を生徒が音読する。この手法の長所は，意味を意識して音読させることができ，生徒が自力で音読できるかどうかを確かめることができることである。実際，この練習を課すことで，生徒も自分が音読できない単語がどれかを明確にでき，練習が必要であることを自ら認識できるので効果的である。

(1) 音読させる対象

　単語や句，重要な文法事項・構文・表現を含んだ例文，教科書本文などのまとまりのある内容を持つ文章の一部。

(2) 指導手順

　①T：句または節または文の日本語訳を提示
　②Ss：教師が提示した日本語訳に該当する句または節または文の終わりまで 音読する。
　③T：同じ句または節または文を音読する。
　④Ss：教師によるモデルをまねる。

(3) 指導例

[教材英文]

If you need to send the same message / to thirty-four different people, / e-mail is efficient and cheaper / than the telephone.

（以下省略）

Mainstream English Course I 2nd edition（増進堂），64

[指導例]

T：私が言う日本語に該当する部分を音読しなさい。
「あなたが同じメッセージを送る必要があるなら」
Ss：If you need to send the same message
T：If you need to send the same message
Ss：If you need to send the same message
T：「34人の異なった人々に」
Ss：to thirty-four different people,

> T：to thirty-four different people,
> Ss：to thirty-four different people,
> （以下省略）

(4) 留意点
　　①生徒の音読をよく聴いて，生徒がどの語を発音できないか把握する。一斉に音読するので，生徒の音読の大きさで判断する。複数の生徒が読めない場合は，その語，句，節または文のところで声が小さくなるので，生徒が読めない箇所が分かる。
　　②モデルを与えてリピートさせた後も，生徒の音読がまだ不十分であれば，練習単位を小さくして，後ろから前へと積み上げていく。（「指導法2」を参照。）

指導法5　パラレル・リーディング（Parallel reading）/オーバーラッピング（Overlapping）

　教師またはCDの朗読を聴くと同時に，英文を見ながら音読させる。モデルのスピードやリズムやイントネーションなどに近づけるのに有効で，短時間で実施できる。（モデル朗読に1分かかる英文を生徒に2回音読させると，リッスン・アンド・リピートなら4分以上かかるが，この手法は2分ちょっとで終了する。同じ時間内であれば，リッスン・アンド・リピートの2倍の練習が可能。）この指導法をリード・アラウド・リッスン・アンド・リピート（p.38）の後に行うとよい。シャドーイングへの橋渡しの役割も果たす。
(1) 音読させる対象
　　重要な文法事項・構文・表現を含んだ例文，教科書本文などのまとまりのある内容を持つ文章。
(2) 指導手順
　　①T：音読し始める
　　②Ss：（教師が音読し始めると同時に）英文を見ながら教師の音読に遅れないように音読する。
(3) 指導例

> ［教材英文］
> 　If you need to send the same message to thirty-four different people, /

> e-mail is efficient and cheaper / than the telephone.（以下省略）
>
> *Mainstream English Course* I 2nd edition（増進堂），64
>
> ［指導例］
> （ここではTとSsがほぼ同時に声を出すが，ほんの少し遅れてSsがついて来ることを，Tの発する文よりSsが発する文を少しずらして表示する。）
> T：私の朗読を聴きながら同時に教科書の英文を音読しなさい。リズムやイントネーションも忠実にまねてください。ではスタート！
> 　　If you need to send the same message to thirty-four different people,（短いポーズ）
> Ss：If you need to send the same message to thirty-four different people,
> T：e-mail is efficient and cheaper than the telephone.（ポーズ）
> Ss：　e-mail is efficient and cheaper than the telephone.
> （以下省略）

(4) 留意点

①2回行い（できれば3回が望ましい），次の時間にも前の時間の英文を文を2回程度練習させて，可能ならばシャドーイング（p.41）を行う。

②教師が朗読する際，はじめのうちは生徒の実態に応じて，句や節や文の終わりで短いポーズを入れながら朗読する。2回目以降は徐々にポーズの長さを短くし，最終的にはCDの朗読と同じぐらいのポーズまで縮める。最初のポーズの長さは，句末で1秒程度，節末で1から1.5秒，文末で1.5秒，パラグラフ末では2秒程度が目安。

③ポーズとポーズの間の英語部分のスピードは遅くしない。

④CDの朗読は教師の音読に生徒が十分ついて来られるようになってから用いる。教師はCDの朗読並みに音読できるように，CDを用いてよく練習しておく必要がある。

⑤生徒にCD教材を持たせて家でも練習できるようにすると，何度でも好きなだけ練習ができ，授業と家庭学習のつながりができて効果的。

なお，この指導法のさらに詳しいことについては，3.8（p.97）を参照。

指導法6　シャドーイング（Shadowing）

　英文を見ないで，聞こえてきたモデルとほぼ同時に（実際は少し遅れて）英文を再生する。

(1) 音読させる対象

　　重要な文法事項・構文・表現を含んだ例文，教科書本文などのまとまりのある内容を持つ文章。

(2) 指導手順

　Level 1：教師の朗読によるポーズ付きシャドーイング

　　① T：句・節・文末に1から1.5秒程度のポーズを置いて朗読する。

　　② Ss：教師が朗読を始めると同時に，聞こえてきた英文を復唱する。

　Level 2：CDの朗読をモデルに行うシャドーイング

　　① T：CDをスタートさせて，CDの朗読を再生する。

　　② Ss：CDの朗読を復唱していく。

(3) 指導例

［教材英文］

　If you need to send the same message to thirty-four different people, e-mail is efficient and cheaper than the telephone.（以下省略）

　　　　　　　　　　　　Mainstream English Course I 2nd edition（増進堂），64

［指導例］

（指導法 5と同様，ほんの少しSsが遅れてついて来ることを，Tの発する文よりSsが発する文を少しずらして表示する。）

〇 Level 1 ─────────────

　T：教科書を見ないで，私の朗読に合わせて聞こえた英文を言いなさい。リズムやイントネーションもまねなさい。ヨーイ，始め！

　　If you need to send the same message（ポーズ）to thirty-four different people,（ポーズ）

　Ss：　If you need to send the same message to thirty-four different people,

　T：e-mail is efficient and cheaper（ポーズ）than the telephone.（ポーズ）

　Ss：　e-mail is efficient and cheaper than the telephone.　（以下省略）

○ Level 2────────────────────────
　T：CDの朗読に合わせてシャドーイングしなさい。リズムやイントネーションも忠実にまねなさい。ヨーイ，始め！
　CD：If you need to send the same message to thirty-four different people,
　Ss：　If you need to send the same message to thirty-four different people,
　CD：e-mail is efficient and cheaper than the telephone.
　Ss：　e-mail is efficient and cheaper than the telephone.
　（以下省略）

(4) 留意点
　①この手法はペアワークでさせない方がよい。教師またはCDをモデルにして行う。
　②教師の声（CDの音量）はいつもより大きくして，生徒には少し小さめの声で言うように指示する。
　③Level 1, 2とも，最低2回（可能なら3回）以上行い，次の時間およびそれ以降も2回程度実施する。
　④Level 1では，句や節や文の終わりに1秒から1.5秒程度の短いポーズを入れて教師は普通の速さで朗読する。練習が進むにつれて，ポーズの長さを徐々に短くして，CDの朗読に近づける。教師はCDの朗読並みに音読できるよう，CDを用いて練習しておく。
　⑤CDを用いるLevel 2では，生徒の出来具合がよくない場合，途中でポーズボタンを押してCDを止め，短いポーズを入れる。うまくできない文は繰り返し練習させる。
　⑥うまくいかないときは，英文の上に鉛筆を2〜4本置くパラレル・リーディング (p.39) の後，再度行う（鉛筆置き音読 (p.51) 参照）。
　⑦Level 1と2が確実にできるようになった場合に，まだまだ難度の高い練習があることを実感させるために，ディレード・シャドーイング (p.43) を行う。
　⑧生徒にCD教材を持たせて家でも練習できるようにすると，何度でも好きなだけ練習ができ，授業と家庭学習のつながりができて効果的。
　なお，この指導法のさらに詳しいことについては，3.8 (p.97) を参照。

指導法7　ディレード・シャドーイング（Delayed shadowing）

高く上げた教師の片方の手が振り下ろされると同時に，教師またはCDの朗読より，2語〜数語遅れてシャドーイングする。

(1) 音読させる対象

　　重要な文法事項・構文・表現を含んだ例文，教科書本文などのまとまりのある内容を持つ文章。

(2) 指導手順

　　シャドーイング（p.41）のLevel 2ができるようになったら行う。

　　① T：片方の手を高く上げる。

　　② Ss：高く上げた教師の手を見る。

　　③ T：教師が朗読し始め（CDを再生し始め），2から3語過ぎたところで，手を振り下ろす。

　　④ Ss：（教師が手を振り下ろすと同時に）聞こえて来る朗読を聴きながら，最初から復唱していく。

(3) 指導例

［教材英文］

　If you need to send the same message to thirty-four different people, e-mail is efficient and cheaper than the telephone.（以下省略）

　　　　　　Mainstream English Course I 2nd edition（増進堂），64

［指導例］

　T：私が挙げている手を下ろしたら，最初からシャドーイングしなさい。ヨーイ，始め！

　CDまたは教師：If you（T：手を下ろす）to send the same message to thirty-four

　Ss：（教師の手が降りたら）If you need to send the same messages to

　CDまたは教師：different people, e-mail is efficient and cheaper than the telephone.

　Ss：thirty-four different people, e-mail is efficient and cheaper than the telephone.

　（以下省略）

(4) 留意点

①最低2回（可能なら3回）以上行い，次の時間およびそれ以降も2回程度実施する。

②最初は，句・節・文末に1秒から1.5秒程度の短いポーズを入れた教師による朗読をする。その際，朗読スピードを落とさない。練習が進むにつれて，ポーズの長さを徐々に短くして，CD の朗読に近づける。教師は CD の朗読並みに音読できるよう，CD を用いて練習しておく。

③ディレード・シャドーイングは，指導法6の Level 1と2ができるようになった場合に，まだまだ難度の高い練習があることを実感させるために行う。

④生徒に CD 教材を持たせて家でも練習できるようにすると，生徒は自分の力に応じて，自分で何語遅れてディレード・シャドーイングを始めるかを決めることができる。

3.3 英文を再生する練習をさせてアウトプットにつなげる標準的な音読指導法

指導法8　リード・アンド・ルックアップ（Read and look up）

生徒が英文を黙読した後，顔を上げて黙読した英文を誰かに語りかけるように言う。文法項目や重要な構文を含んだ英文や重要表現の定着に特に効果を発揮する。数秒間で英文を黙読（頭の中で音声化）して記憶にとどめ，それを再生する練習で，語彙や構文などの言語材料の内在化に効果がある。

(1) 音読させる対象

重要な文法事項・構文・表現を含んだ例文，教科書本文などのまとまりのある内容を持つ文章。

(2) 指導手順

方法1：教師が黙読時間をコントロールして一斉に言わせる。

①T：句または節または文の日本語訳を提示して（または，日本語を与えずに，どこまで黙読すればよいかを指定して）Read. と指示する。

②Ss：教師が提示した日本語訳に該当する句または節または文の終わりまで（あるいは教師が指定したところまで）黙読（頭の中で音読）する。（T：頭の中で教師が2～3度その部分を頭の中で音読）

③T：（頭の中での音読後）Look up (and say). と指示する。

④Ss：顔を上げて，黙読（頭の中で音読）した英語を教師に語りかけ

るように言う。
⑤T：その英語を言う。
⑥Ss：あとについて言う。
方法2：ペアワークによる方法
①S_1：自分の好きなところまで（一度に言える意味単位の終わりまで）黙読（頭の中で音読）し，英語を見ないで言えるようになったと思ったら，顔を上げて相手に語りかけるようにその文を言う。
②S_2：S_1が言った英語に間違いがないかどうかチェックする。正しければ Good. などと言って，再び Read. と指示して先に進ませる。S_1が間違っている場合は，Read again. と指示して，もう一度トライさせる。できたら次に進む。
③時間が来たら，S_1とS_2は役割を交代し，①②を繰り返す。
(3) 指導例

［教材英文］
If you need to send the same message / to thirty-four different people, / e-mail is efficient and cheaper / than the telephone.
（以下省略）

Mainstream English Course I 2nd edition（増進堂），64

［指導例］
○方法1────────────────────────────
T：私が言う日本語に該当する部分を頭の中で音読しなさい。私が Look up (and say). というまで何度でも頭の中で音読しなさい。私が Look up (and say) と言ったら，顔を上げて英文を言いなさい。そのあと，私が英文を言うので，あとについて言いなさい。では，始めます。「あなたが同じメッセージを送る必要があるなら」Read.
Ss：[If you need to send the same message]（注：[　]内は黙読していることを意味する），[If you need to send the same message] …
T：（教師は頭の中でゆっくり，英文を2～3回繰り返した後）Look up (and say)！
Ss：If you need to send the same message
T：If you need to send the same message
Ss：If you need to send the same message

> T:「34人の異なった人々に」Read.
> Ss:[to thirty-four different people,] …
> T:(教師は頭の中でゆっくり,英文を2〜3回繰り返した後) Look up (and say)!
> Ss:to thirty-four different people,
> T:to thirty-four different people,
> Ss:to thirty-four different people,
> (以下省略)

(4) 留意点

①**方法1の教師主導型で行う場合は,生徒が英文を言った後,必ずモデルを与えて,生徒に後について言わせることが大切である。**モデルを与えないと,この段階で,自分で音読できない文・節・句・語がある生徒は何度練習しても音読できないままになるからである。

②方法1の長所:読めない生徒がいる場合でも,教師のモデルを与えることで,読めるようになるチャンスが与えられることである。

③方法1の短所:生徒の個人差に対応できない点が2つある。

　短所1:各生徒が一気に頭に入れることができるチャンクの長さは個人差があるが,チャンクの長さは教師が指定した長さになって,個人差に対応できないこと。

　短所2:同じ長さのチャンクでも,生徒によってそれを覚えるまでの時間に差があるが,その時間差に対応できないこと。

④方法2は,方法1の後で行うか,方法1を行わなくても,モデルなしで全員が言える場合に用いる。方法1の短所を補うことができる。

⑤方法2の長所

　長所1:各生徒が一気に頭に入れることができるチャンクの長さの個人差に対応できる。

　長所2:同じ長さのチャンクでも,生徒によってそれを覚えるまでの時間の個人差に対応できる。

⑥方法2の短所:間違った発音をしていたり,音読できない語句や文がそのままになる可能性がある。

⑦この手法は,教科書本文全体が比較的短い中学校の場合には使えるが,本文が長くなる高校では使えない場合が多くなる。高校では,本文中

の重要な構文や表現が含まれている文に限って行うのが現実的であろう。
⑧1文ごとのリード・アンド・ルックアップができるようになったら，複数文リード・アンド・ルックアップ（p.47）をさせる。
⑨7±2音節以下の英文の場合はリッスン・アンド・リピートとこの手法の間には効果の差はないが，英文の長さが7±2音節を超えると，この手法の方が英文の定着率が高い。→小松（2000），Wada（2007）。
⑩大切なことは，単に覚えた英語を再生するのではなく，聴き手を意識してその内容を相手に語りかけるように言うことが大切である。詳細は「基礎知識（1）」（p.106）および「指導法26」（p.74）参照。

指導法9　複数文リード・アンド・ルックアップ

　英文を1文ずつ，リード・アンド・ルックアップで言えるようになったら，次に2文まとめて，次に3文まとめて…というように，2文以上をリード・アンド・ルックアップで一気に英文を言わせる練習。スピーチ原稿の暗唱などにも応用できる。対話文の場合は，対話の登場人物の1文から複数文から成るセリフを一気にリード・アンド・ルックアップさせる。こうすることによって，教科書の対話文の役割練習を教科書を見ずに暗唱した状態で行うことができ，さらに対話文の終わりに生徒の一方が1文付け加えて，付け加えられた文に対してもう一方の生徒が適切な文を加える「プラス・ワン・ダイアローグ」も可能になる。この複数文リード・アンド・ルックアップの対話文の指導例は5.1「会話文の音読・シャドーイング指導」を参照。

(1) 音読させる対象

　　教科書本文などのまとまりのある内容を持つ文章，重要構文や和訳を必要とするような文構造が複雑な1文が長い英文。

(2) 指導手順

　　方法1：教師が黙読時間をコントロールして一斉に言わせる。
　　　①T：まとめて言わせる文の日本語訳を提示する。（あるいは，日本語を与えるのではなく，どこまでを黙読すればよいかを指定して)，) Read. と指示する。
　　　②Ss：教師が提示した日本語訳に該当する句または節または文の終わりまで（あるいは教師が指定したところまで）黙読（頭の中で音読）する。(T：頭の中で教師が2～3度ぐらいその部分を頭の中で音読

③ T：(頭の中での音読後) Look up (and say). と指示する。
④ Ss：顔を上げて，黙読（頭の中で音読）した英語を言う。
⑤ T：その英語を言う。
⑥ Ss：後について言う。

方法２：ペアワークによる方法
① S_1：２文でも３文でも自分の好きなだけ黙読（頭の中で音読）して，英語を見ないで言えるようになったと思ったら，顔を上げて言う。
② S_2：S_1が言った英語に間違いがないかどうかチェックする。正しければ Good. などと言って，再び Read. と指示して先に進ませる。S_1が間違っている場合は，Read again. と指示して，もう一度トライさせる。できたら次に進む。
③ 時間が来たら，S_1とS_2は役割を交代し，①②を繰り返す。

(3) 指導例

[教材英文]
　Gestures are a useful means of communication. For instance, a visitor may ask you in English how to get to the nearest post office.　If you cannot answer in English, you can point in the right direction with your finger.（以下省略）

　　　　　　　　　　　Mainstream English Course I 2nd edition（増進堂），7

[指導例]
T：今度は２つか３つの文を一気にリード・アンド・ルックアップしてもらいます。（すでに１文ずつのリード・アンド・ルックアップは済ませてあるという設定）私がいくつ目の文までリード・アンド・ルックアップするかをいいます。私が Read! と言ったら，私が Look up (and say). というまで私が指定した文を何度も頭の中で音読しなさい。私が Look up (and say) と言ったら，顔を上げて英文を言いなさい。そのあと，私が英文を言いますから，後について言いなさい。では，始めます。まず２つ目の文の終わりまで。

Ss：[Gestures are a useful means of communication. For instance, a visitor may ask you in English how to get to the nearest post office.]（注：[　]内は黙読していることを意味する），[Gestures are a useful means of communication. For instance, a visitor may ask you

> in English how to get to the nearest post office.〕 …
> T：(教師は頭の中でゆっくり，英文を2～3回繰り返した後)
> Look up (and say)！
> Ss：Gestures are a useful means of communication. For instance, a visitor may ask you in English how to get to the nearest post office.
> T：Gestures are a useful means of communication. For instance, a visitor may ask you in English how to get to the nearest post office.
> Ss：Gestures are a useful means of communication. For instance, a visitor may ask you in English how to get to the nearest post office.
> T：では，今度は，最初から3文目までやってみましょう。Read!
> (以下省略)

(4) 留意点

　先のリード・アンド・ルックアップ（p.44）と同じことが留意点として言える。

　なお，対話教材の場合は，1文ごとのリード・アンド・ルックアップができるようになったら，ぜひ，1回の一人の発話分（台詞）を一気にリード・アンド・ルックアップさせたい。⑨モノローグの場合も，1文だけのリード・アンド・ルックアップにとどまらず，2文以上のまとまりのある文をリード・アンド・ルックアップさせるとよい。

指導法10　空所補充音読（本文の穴埋め音読）

本文の新出語句や重要語句などを空所にしたプリントを配布して行う。

(1) 音読させる対象

　重要な文法事項・構文・表現を含んだ例文，教科書本文などのまとまりのある内容を持つ文章

(2) 指導手順

　方法1：等間隔で抜いた空所ありの文章を音読する。
　方法2：特定の品詞を抜いた空所ありの文章を音読する。
　方法3：本文の新出単語や重要表現に含まれる単語を抜いてある。
　方法4：方法3と同じ方法だが単語の意味が日本語で書いてある。
　　（靜，1999）で置換モードとして紹介。

(3) 指導例

[教材英文]
If you need to send the same message / to thirty-four different people, / e-mail is efficient and cheaper / than the telephone.
(以下省略)

Mainstream English Course I 2nd edition (増進堂), 64

[配布プリント]
○方法1──────────────────────
If you ( ) to send the same message / ( ) thirty-four different people, / e-mail is ( ) and cheaper / than the telephone.（以下省略）
○方法2──────────────────────
If you ( ) to ( ) the same message / to thirty-four different people, / e-mail ( ) efficient and cheaper / than the telephone.（以下省略）
○方法3──────────────────────
need to →重要熟語　　　efficient →新出単語
If you ( ) ( ) send the same message / to thirty-four different people, / e-mail is ( ) and cheaper / than the telephone.（以下省略）
○方法4──────────────────────
If you（必要である）to send the same message / to thirty-four different people, / e-mail is（効果的な）and cheaper / than the telephone.（以下省略）

[指導例]（各方法はプリントが違うだけで指導法は同じ）
　T：(プリントを配布) ペアになって下さい。
　Ss：(生徒はペアになる)
　T：ジャンケンで負けた人からプリントの文章を音読して下さい。終わったら交代です。よーい，はじめ。
　S_1：If you need to send the same message / to thirty-four different people, / e-mail is efficient and cheaper / than the telephone.
　(最後まで音読し，終了後交代)

(4) 留意点
　①上記のモデルはペアであるが，個人で立ち上がり，実施させてもよい。

②そのパートの重要単語や表現を定着させる意味でも方法3と方法4を基本とし，折にふれ方法1や方法2を組み合わせるとよい。
③様々な音読活動を実施後に本文の定着を確認するアウトプット活動の第一歩として最適な活動である。
④各パートの終わり，1課の終わりなど何度も実施する。
⑤この手法の欠点は，事前に空所を作ったプリントを作成しておく必要があることと，プリントの配布枚数が増えてしまうことである。

指導法 11　鉛筆置き音読

空所補充音読（p.49）の変形版。鉛筆やボールペンなどの筆記用具を英文の上に縦または斜めに置いた状態で音読させる。生徒は見えなくなった箇所を補いながら音読する。プリントを事前に作成する必要がある空所補充音読と対蹠的に，この手法は事前準備が不要である。

(1) 音読させる対象

重要な文法事項・構文・表現を含んだ例文，教科書本文などのまとまりのある内容を持つ文章。

(2) 指導手順

①T：ペアになるように指示する。
②Ss：ペアになる。
③T：窓側 Ss に対して，鉛筆，ボールペン，あるいはシャープペンシルを教材の英文の上に縦あるいは斜め（左上から右下へ，あるいは右上から左下へ）に置くように指示する。廊下側 Ss に対しては，窓側 Ss の音読を聴いて，間違いがないかチェックし，間違いがあれば間違いを指摘するように指示する。間違えた場合は，間違えた箇所を含む文の先頭に戻って，音読し直すよう，窓側 Ss に指示する。
④窓側 Ss：教師の指示に従って用意が出来たら，音読する。
⑤廊下側 Ss：窓側 Ss の音読をチェック。間違っていたら指摘する。
⑥（間違った場合）窓側 Ss：間違えた箇所を含む文の先頭に戻って，音読し直す。
⑦T：終了したら，役割交代させる。（以下同様）

(3) 指導例

> T：ペアになって，廊下側の人は英文の上に筆記用具を1本，縦または斜めに置いて音読しなさい。窓側の人は，パートナーの音読を聴いてチェックし，間違っていれば，「間違い」と言ってあげてください。間違ったら，間違った箇所がある文の先頭に戻ってもう一度音読しなさい。時間は1分間です。「やめ！」と私が指示するまで読み続けなさい。では，スタート！
>
> Ss：If you need to send the same message to thirty-four different people e-mail is efficient and cheaper than the telephone. If you need to communicate with someone who lives in South Africa, then e-mail is probably better than the telephone. If you regularly need to communicate with someone who lives far away, then e-mail is a good idea.（以下省略）
>
> *Mainstream English Course* I 2nd edition（増進堂），64

(4) 留意点

①ペアワークで行うのがよい。生徒各自で一斉にさせてもよいが，正しく音読できているか，特に筆記用具で隠れているところを正しい語を入れて音読しているかのチェックができない。

②何度も繰り返し練習させる方法
  1）縦または斜めに置いた筆記用具を2回目以降は，2～3cmセンチ左右にずらすか，筆記用具の置き方を変える。
  2）英文の上に置く筆記用具の本数を2回目以降は増やしていく。

③筆記用具の代わりに，1～2cm巾に切った短冊状の紙を用いてもよい。また，手の指を用いることも可能。

④授業中だけでなく，宿題としても課し，次の時間の最初に本文の重要箇所を空所にした小テストを実施しても良い。また，次の時間に，教科書を見ずに答える英問英答を行うことを予告しておき，そのための準備のために課すのも良い。復習段階での英問英答の指導例については5.1「会話文の音読・シャドーイング指導」を参照。

指導法 12　リピーティング（Repeating）

　リッスン・アンド・リピート（p.36）の閉本版。モデルの朗読を聴いて，英文を見ずに，すぐに後について言う。

(1) 音読させる対象

　　文法例文・構文例文・教科書本文などのパッセージ

　　　注：中学校の教科書本文は短いので問題ないが，高校の場合は長いので高校段階では重要な文法・構文・表現を含んだ文を対象にする。

(2) 指導手順

　T：生徒に言わせたい句，節，文を聴かせる。
　Ss：聴いた英語を即座にリピートする
　T：もう一度，聴かせる。
　Ss：もう一度，即座にリピートする。

(3) 指導例

> T：私が朗読する英語をよく聴いて，何も見ずにリピートしなさい。では，始めます。
>   If you need to send the same message to thirty-four different people,
> Ss：If you need to send the same message to thirty-four different people,
> T：Repeat again. If you need to send the same message to thirty-four different people,
> Ss：If you need to send the same message to thirty-four different people,
> T：e-mail is efficient and cheaper than the telephone.
> Ss：e-mail is efficient and cheaper than the telephone.
> T：Repeat again. e-mail is efficient and cheaper than the telephone.
> （以下省略）
>
> 　　　　　　　　　　*Mainstream English Course* I 2nd edition（増進堂），64

(4) 留意点

　①リッスン・アンド・リピートやリード・アラウド・リッスン・アンド・リピートの前に，閉本によるこの手法で 7 ± 2 音節以内の短い句や節を指導すると，生徒の発音がスペリングの影響を受けにくくなる。
　②長い節や文単位でリピーティングをさせてうまく行かない場合にはディレード・リピーティング（p.55）を行うと再生率が高くなる。

指導法 13　インテイク・リーディング

　リピーティング（p.53）のペアワーク版である。モデル朗読する生徒とリピーティングする生徒に分かれて行う。モデル朗読をする生徒は，パートナーに英文の意味が正しく伝わるように，個々の音やストレスの位置を含め，単語を正しく発音し，正しい位置に適切な長さのポーズを置いて朗読するという責任を負う。一方，リピーティングする生徒は，聞こえてきたモデルを忠実にまねることが要求される。そして，モデル朗読をした生徒は，相手のリピーティングを注意深く聴いて，細かな誤りも聞き落とすことなく指摘して，再度モデル朗読をする。相手が完全にリピーティングできるようになるまで，この過程を繰り返す。インテイク・リーディングの詳細については斎藤（2011）を参照。

(1) 音読させる対象

　文法例文・構文例文・教科書本文などのパッセージ

　注：中学校の教科書本文は短いので問題ないが，高校の場合は長いのでこの手法が使えるのはパラグラフ１つぐらいになる。高校段階では重要な文法・構文・表現を含んだ文を対象にする。

(2) 指導手順

　S_1：句，節あるいは文を朗読して聴かせる。
　S_2：聴いた英語を即座にリピートする
　S_1：間違っていたら，指摘して，もう一度，聴かせる。
　Ss：もう一度，即座にリピートする。

(3) 指導例

> T：ペアになって下さい。廊下側（または前）にいる人を S_1，窓側（または後ろ）にいる人を S_2 とします。S_1 は英文を音読しなさい。S_2 は，パートナーの音読をよく聴いて，すぐにリピートしなさい。S_1 は S_2 がリピートした英文をチェックし，間違っていれば「間違い」と言ってあげてください。間違ったら，間違った箇所がある句または節または文の先頭に戻ってもう一度音読してあげなさい。S_2 はもう一度リピートしなさい。間違わずに言えるようになるまで，先に進まないこと。文の途中で区切った場合でも，最後には１文まるごと言えるようにしましょう。間違わずに言えるようになったら先に進みなさい。終われば，役割を交代しなさい。では，始め！

S₁：If you need to send the same message
S₂：If you need to send the same message
S₁：If you need to send the same message to thirty-four different people
S₂：If you need to send the same message to thirty-four different people
S₁：e-mail is efficient and cheaper than the telephone.
S₂：e-mail is efficient and cheaper than the telephone.
S₁：（最後は１文全体で） If you need to send the same message to thirty-four different people, e-mail is efficient and cheaper than the telephone.
S₂：If you need to send the same message to thirty-four different people, e-mail is efficient and cheaper than telephone.
S₁：惜しい！ telephone の前は the が必要だよ。If you need to send the same message to thirty-four different people, e-mail is efficient and cheaper than the telephone.
S₂：If you need to send the same message to thirty-four different people, e-mail is efficient than the telephone.（以下省略）

Mainstream English Course I 2nd edition（増進堂），64

(4) 留意点

　この手法を用いる前提として，生徒がどの単語も一応正しく発音でき，適切な箇所でポーズを置いて朗読できるようになっている必要がある。

指導法 14　ディレード・リピーティング

　英文を見ないで（閉本で）モデルの音読を聴き，教師が合図するまで頭の中でその英文を再生し続け，教師の合図と同時に，その英文を声に出して再生する。メモリー強化リピーティングとも呼ばれる（安木, 2010）

(1) 音読させる対象

　　文法例文・構文例文・教科書本文などのパッセージ

　　注：中学校の教科書本文は短いので問題ないが，高校の教科書本文は長いのでこの手法が使えるのはパラグラフ１つぐらいになる。高校では，重要な文法・構文・表現を含んだ文を対象にするのが普通。

(2) 指導手順

　　方法１：教師が英文を音読する，またはCDの音声を流し，閉本のまま生徒が繰り返す。

①T：句（節，文）を音読する。
　②Ss：教師が合図するまで，頭の中でその英文を再生し続ける。
　③T：頭の中でゆっくりと3回ぐらい英文を繰り返してから合図する。
　④Ss：教師が①で音読した英語を声に出して再生する。
方法2：ペアワークによる方法
　①T：句（節，文）を音読する。
　②S_1：Tが合図するまで，頭の中でその英文を再生し続ける。
　③T：頭の中でゆっくりと3回ぐらい英文を繰り返してから合図する。
　④S_1：Tが①で音読した英語を声に出して再生する。
　⑤S_2：S_1が言った英語に間違いがないかどうかチェックする。正しければ Good. などと言う。S_1が言った英語が間違っている場合はその箇所に下線を引く。
　⑥終了したらS_1とS_2は役割を交代し，①〜⑤を繰り返す。
(3) 指導例

［教材英文］

If you need to send the same message / to thirty-four different people, / e-mail is efficient and cheaper / than the telephone.
（以下省略）

Mainstream English Course I 2nd edition（増進堂），64

［指導例］

○方法1――――――――――――――――――――――

T：私が英語を言いますから，教科書を見ないで繰り返しなさい。If you need to send the same message to thirty-four different people, e-mail is efficient and cheaper than the telephone.

Ss：（頭の中で，Tが言った英文を繰り返し再生する）

T：（頭の中でゆっくりと3回ぐらい英文を繰り返してから合図する。）

Ss：If you need to send the same message to thirty-four different people, e-mail is efficient and cheaper than the telephone.

（以下省略）

○方法2の指導例は省略

(4) 留意点
　①上記の例は１文単位で実施しているが，それが無理な場合は節または句単位で実施し，その後１文全体で行う。１文まるごとリピーティングできたら，次の文に進む。
　②負荷の高い活動なので，特に暗誦させたい重要な文で行う。
　③Ｉで始まる文の場合，教師が発話した文を生徒がYou を主語にして言うと，コミュニケーション的な面が出てくる。

指導法 15　メモリー・リーディング

　黙読してから，顔を上げて，数秒後に教師から合図があるまで，頭の中で反復して，教師の合図で黙読した英文を言う。黙読時に１～３回，顔を上げて頭の中で２～３回繰り返し，教師の合図で１回言い，その後教師のモデルを聴いて１回言うので，何度も同じ英文を繰り返すことになるので，重要な文法事項・構文・表現の定着に効果がある。

(1) 音読させる対象
　　文法例文・構文例文・教科書本文などのパッセージ
　　注：中学校の教材は英文が短いので問題ないが，高校の教材はかなり長いのでこの手法が使えるのはパラグラフ２つぐらいになる。

(2) 指導手順
　　方法１：教師が黙読時間をコントロールして一斉に黙読をした後，顔を上げさせ，数秒後に言わせる。
　　①Ｔ：句または節または文の日本語訳を提示して，Read. と指示する。
　　②Ss：教師が提示した日本語訳に該当する句や節または文の終わりまで黙読（頭の中で音読）する。
　　③Ｔ：頭の中で教師が２，３度その部分を頭の中で音読する。
　　　（頭の中での音読後）Look up. と指示する。
　　④Ss：顔を上げて，合図があるまで頭の中で英文を頭の中で繰り返す。
　　⑤Ｔ：Say. と指示する。
　　⑥Ss：黙読（頭の中で音読）した英語を言う。
　　⑦Ｔ：その英語を言う。
　　⑧Ss：後について言う。
　　方法２：ペアワークによる方法
　　①S_1：英文を黙読（頭の中で音読）して，相手の合図で顔を上げて

相手が数秒数えたら，その英語を言う。

②S_2：S_1が言った英語に間違いがないかどうかチェックする。正しければ Good. などと言って，再び Read. と指示して先に進ませる。S_1が間違っている場合は，Read again. と指示して，もう一度トライさせる。できたら次に進む。

③時間が来たら，S_1とS_2は役割を交代し，①②を繰り返す。

(3) 指導例

［教材英文］

If you need to send the same message / to thirty-four different people, / e-mail is efficient and cheaper / than the telephone.
（以下省略）

Mainstream English Course I 2nd edition（増進堂），64

［指導例］

○方法1 ──────────────────────────

T：私が言う日本語に該当する部分を私が Look up. と言うまで頭の中で音読し，Look up. と言ったら，顔を上げなさい。その後，頭の中で英文を繰り返し，私が「はい」と言ったら，その英文を言いなさい。私が英文を言いますから，後について再度言いなさい。
「あなたが同じメッセージを送る必要があるなら」Read.

Ss：[If you need to send the same message]（[ ]内は黙読していることを意味する）[If you need to send the same message] …

T：（頭の中でゆっくり，英文を2〜3回繰り返した後）Look up.

Ss：（合図があるまで，頭の中で数回英文を繰り返す）

T：Say.

Ss：If you need to send the same message

T：If you need to send the same message

Ss：If you need to send the same message

T：「34人の異なった人々に」Read.

Ss：[to thirty-four different people,] …

T：（教師は頭の中でゆっくり，英文を2〜3回繰り返した後）Look up.

Ss：（合図があるまで，頭の中で数回英文を繰り返す）

T：Say.

Ss：to thirty-four different people,
　　　T：to thirty-four different people,
　　　Ss：to thirty-four different people,
　　　（以下省略）

(4) 留意点
　　①顔を上げてから発話するまでの時間は，教師が英文をゆっくり頭の中で数回言うことで調整する。
　　②時間がかかる活動なので，特に暗誦させたい重要な文で行う。
　　③リード・アンド・ルックアップ（p.44）で定着し難い文で実施し，リード・アンド・ルックアップに戻ることで効果を確認する。

指導法 16　リード・アラウド・リッスン・アンド・リピート＋メモリー・リーディング

　リード・アラウド・リッスン・アンド・リピート（p.38）で英文を言わせた後，顔を上げさせ，数秒後にもう一度その英文を言わせる。

(1) 音読させる対象
　　教科書本文などのパラグラフやパッセージ全体，文・節・句・文法例文・構文例文など。

(2) 指導手順
　　①T：句や節または文の日本語訳を提示。
　　②Ss：教師が提示した日本語訳に該当する句や節または文の終わりまで音読する。
　　③T：同じ句や節または文を音読する。
　　④Ss：教師によるモデルをまねる。
　　⑤T：（頭の中で教師が２，３度その部分を頭の中で音読）
　　⑥Ss：（頭の中で英文を繰り返す）
　　⑦T：合図する。
　　⑧Ss：顔を上げ英文を再度言う。

(3) 指導例

　　［教材英文］
　　　If you need to send the same message / to thirty-four different people, /

> e-mail is efficient and cheaper / than the telephone.
> （以下省略）
>
> 　　　　　　　　　*Mainstream English Course* I 2nd edition（増進堂），64
>
> ［指導例］
> 　T：私が言う日本語に該当する部分を音読し，顔を上げて，合図があったら再度音読しなさい。「あなたが同じメッセージを送る必要があるなら」
> 　Ss：If you need to send the same message
> 　T：If you need to send the same message
> 　Ss：If you need to send the same message
> 　T：Look up.（教師は頭の中で英文を２，３回繰り返す）
> 　Ss：（顔を上げて，英文を頭の中で合図があるまで繰り返す）
> 　T：Say again.
> 　Ss：If you need to send the same message
> 　T：「34人の異なった人々に」
> 　Ss：to thirty-four different people,
> 　T：to thirty-four different people,
> 　Ss：to thirty-four different people,
> 　T：Look up.（教師は頭の中で英文を２，３回繰り返す）
> 　Ss：（顔を上げて，英文を頭の中で合図があるまで繰り返す）
> 　T：Say again.
> 　Ss：to thirty-four different people,
> 　　（以下続ける）

（4）留意点
　①リード・アラウド・リッスン・アンド・リピート（p.38）をさらに効果的なものにするときに使用する。
　②意味が確認できている場合は，教師の日本語はなしで実施してもよい。

指導法 17　リード・アンド・ルックアップ＋メモリー・リーディング

教師が黙読時間をコントロールして一斉に黙読をした後，顔を上げさせ，数秒後に言わせる。

(1) 音読させる対象
　　文法例文・構文例文・教科書本文などのパッセージの中で特に大切な文
(2) 指導手順
　　① T：句または節または文の日本語訳を提示して，Read. と指示する。
　　② Ss：日本語訳に該当する句や節または文の終わりまで黙読（頭の中で音読）する。
　　③ T：（2，3度，頭の中で音読後）Look up and say. と指示する。
　　④ Ss：英語を言い，教師の合図があるまで頭の中で英文を繰り返す。
　　⑤ T：Say again. と指示する。
　　⑥ Ss：黙読（頭の中で音読）した英語を言う。
　　⑦ T：その英語を言う。
　　⑧ Ss：後について言う。
(3) 指導例

　　［教材英文］
　　If you need to send the same message / to thirty-four different people, / e-mail is efficient and cheaper / than the telephone.
　　（以下省略）

　　　　　　　　　　　　　　Mainstream English Course I 2nd edition（増進堂），64
　　［指導例］
　　T：日本語を言いますから，それに該当する部分を私が Look up and say. と言うまで何度でも頭の中で音読しなさい。Look up and say. と言われたら，顔を上げて言いなさい。その後，頭の中で英文を繰り返し，私が Say. と言ったら，その英文を再度言います。次に私が英文を言いますから，後について再度言いなさい。「あなたが同じメッセージを送る必要があるなら」Read.
　　Ss：［If you need to send the same message］（［　］内は黙読していることを意味する），［If you need to send the same message］…
　　T：（英文をゆっくり2〜3回頭の中で言った後）Look up and say.
　　Ss：If you need to send the same message
　　T：If you need to send the same message
　　Ss：If you need to send the same message
　　（合図があるまで，頭の中で数回英文を繰り返す）

```
T : Say.
Ss : If you need to send the same message
T : If you need to send the same message
Ss : If you need to send the same message
   （以下省略）
```

(4) 留意点
　①顔を上げてから発話するまでの時間は，教師が英文を頭の中で数回言うことで調整する。
　②時間がかかる活動なので，特に暗誦させたい重要な文で行う。

指導法 18　フレーズ単位日英通訳演習

教科書本文または重要例文の日本語訳をフレーズ単位で聴いて（見て）それに該当する英語を言う。

(1) 音読させる対象
　　教科書本文などのパラグラフやパッセージ全体。重要な文法事項・構文・表現を含む文。
(2) 指導手順
　　ペアで行う。
　　① S_1：フレーズ日本語訳を言う。
　　② S_2：S_1が言った日本語訳に当たる英語を言う。
　　③ S_1：S_2が言った英語が正しければ，次のフレーズに進む。間違っていたら，間違いを指摘して，もう一度言わせる。以下，これを繰り返し，終われば交代。
(3) 指導例

```
［教材英文］
 If you need to send the same message / to thirty-four different people, /
 e-mail is efficient and cheaper / than the telephone.
（以下省略）
                    Mainstream English Course I 2nd edition（増進堂），64
［指導例］
 $S_1$：もし同じメッセージを送る必要があるなら
```

> S_2：If you need to send same message
> S_1：惜しい！ same の前に何か抜けてるよ。Say it again!
> S_2：あ，そうだ！ If you need to send the same message
> S_1：34人の異なる人たちに
> S_2：to thirty-four different people,
> （以下省略）

(4) 留意点
 ①様々な音読を実施した後に実施する。
 ②1人ずつ指名し英語を言わせることもできる。
 ③この後日本語訳を見て英語を書かせる小テストを予告し実施するとこの方法の動機付けとなる。

指導法19　日英通訳演習

　日本語を英語に直して即座に言う練習。厳密には音読練習ではないが，音読練習の後のアウトプット活動として有効なので紹介する。

(1) 音読させる対象
　　文法例文・構文例文・教科書本文などのパッセージ
　　注：中学校の教科書本文は短いので問題ないが，高校の教科書本文は長いので，重要な文法・構文・表現を含んだ文を対象にする。

(2) 指導手順
　　ペアワークで行う。
　　①教師は日英通訳演習ワークシート（以下，ワークシート）を配布し，練習方法を説明する。
　　②S_1はS_2のワークシートを持って，日本語を言う。
　　③S_2は，S_1が日本語で言ったものを英語に直す（実際には，覚えたものを再生する）。
　　④S_1はS_2が言った英文をよく聴いて，合っていたら，次の文に進む。間違っていたら，間違いを指摘し，S_2のワークシートのチェック欄にチェックを入れ，間違った箇所にアンダーラインを引く。
　　⑤間違っている場合，S_2はS_1の指摘を聴いて，もう一度言う。
　　⑥S_1はS_2が言った英文をよく聴いて，間違っていたら，正しい文を音読してやる。

⑦ S_2 はそれをまねる。

以下, ②〜⑦を繰り返し, 終われば役割交代。

(2) 指導例（ペアワークの例）

［教材英文］（ワークシート例）

ページ 文番号	チェック欄	日本語	英語
p. 54 ⑦		マーティン・ルーサー・キングはこのニュースを聞きました。	Martin Luther King heard this news.
p. 54 ⑧		彼は,「彼女を支援しよう。バスを使うのをやめよう」と言いました。	He said, "Let's support her. Let's stop using the buses."
		以下省略	

New Crown English Series 3 New Edition（三省堂）, 54

［指導例］

T：今からペアで「日英通訳演習」をしましょう。廊下側にいる人（または前にいる人）を S_1, 窓側にいる人（または後ろにいる人）を S_2 とします。S_2 は自分のワークシートを S_1 に渡しなさい。S_1 が言う日本語を S_2 は英語に直しなさい。S_1 は S_2 の英語をよく聴いて, 間違っていれば, それを指摘しなさい。そして, S_2 のワークシートにチェックを入れ, 間違った箇所にアンダーラインを引きなさい。S_2 はもう一度英語を言います。それでも間違っていたら S_1 は正しい英語を言ってあげなさい。S_2 はそれをまねます。制限時間は○分です。「止め」と言われたら, 役割を交代しなさい。時間内に終わったら, 最初に戻って時間のある限り, 練習を続けなさい。では始めます。

S_1：マーティン・ルーサー・キングはこのニュースを聞きました。

S_2：Martin Luther King heard this news.

S_1：Good. 彼は,「彼女を支援しよう。バスを使うのをやめよう」と言いました。

S_2：He said, "Let's support her. Let's stop using bus."

S_1：まちがい。（S_2 のワークシートのチェック欄にチェックを入れ, buses の前の the に下線を引き, buses の下にも線を引く。）バスは1台だけじゃないし, バスの前に何か必要だよ。

S_2：He said, "Let's support her. Let's stop using the buses."

　　　　S₁：Very good.（以下省略。終われば，いくつ日本語から英語に直せたか記録用紙に記録させて，役割交代。）

(4) 留意点
　　①ペアワークで行う方が望ましい。ペアワークによるほうが，練習量が多くなることと，日本語を言われてから英語を言うまでの時間の個人差に対応できること，さらに練習が必要な文はどれであるかとか，どこを間違えたかなどが分かる学習の記録を残すことができるからである。
　　②一斉で行う場合は，生徒が英文を言った後，必ず，教師がモデルを示し，生徒に後について言わせる。
　　③一連の音読練習が済んでから，アウトプット活動の一つとして行う。
　　④間違えた場合は，相手を助けてあげるよう指示する。
　　⑤１文が長い場合は，２つに分けて日本語を提示するように生徒を指導する。
　　⑥制限時間は一番遅い生徒が確実に終われるぐらいの時間に設定する。
　　⑦制限時間内は何度でも練習させる。その際，和文を読み上げる生徒は，相手が１回目に間違えた英文や，正しく言えても英語を言うのに時間がかかった英文を優先してその和文を読み上げる。

指導法20　キーワード付き音読

　キーワードのみを提示して，それを見ながら教科書本文を再生する。一連の音読練習後に課すアウトプット活動で，暗唱やスピーキングへの良い橋渡し練習となる。さらにキーワードを減らして本文の内容をできる限り忠実に再現するとストーリー・リプロダクション（p. 67）になる。

(1) 音読させる対象
　　文法例文・構文例文・教科書本文などのパッセージ
(2) 指導手順
　　ペアによる練習
　　　①キーワードのみが書かれたプリントを見ながら英文を再生させる。
　　　②もう一人の生徒は教科書でチェックし，間違えたときは指摘する。
　　　③グループで①②を行う。

(3) 指導例

[教材英文]

Some e-mail fans point out that when we use e-mail, the other person doesn't have to be there because he or she can read our messages any time. True, but don't answering machines do the same thing? Which is nicer, to hear your friend's voice or to read an e-mail letter? Am I strange? I prefer listening to a human voice to reading a message on a computer monitor. If I have to read a letter, I prefer a nice, handwritten one to a typed one. Don't you think we are losing something if we don't hear another person's voice or if we don't speak to each other face to face?

Mainstream English Course I 2nd edition（増進堂）, 62

[指導例]

T：（次のような、キーワードのみを残したワークシートを配布するか、キーワードを板書する。）

```
Some e-mail fans              that
    e-mail,
the other person                        because he or she can
              . True, but            answering machines
                     ?      Which is                    ,
or to read            ?  Am I          ? I
a human voice              a computer monitor.  （以下省略）
```

では、隣同士でペアになってください。まず最初に、廊下側の人がこのワークシートのキーワードを見ながら、教科書本文を再生してください。窓側の人は教科書本文を見ながらよく聴いて、S_1が間違えたら教えてあげてください。制限時間は〇分です。では、始め！

S_1：（ワークシートのキーワードを見ながら、教科書本文を再生する。）

S_2：（教科書本文を見ながらよく聴いて、間違っていたらS_1に教える。）

（時間が来たら、役割交代で同じことを行う。）

(4) 留意点

①いきなりこの練習をするのではなく，最初は「鉛筆置き音読」(p.51)や「空所補充音読（本文の穴埋め音読）」(p.49) を行う。

②キーワードは最初は多めに残し，だんだんと減らしていく。第1レベルは40〜50％ぐらい，第2レベルは30％前後，第3レベルは10〜20％程度残したものを用意するとよい。上の例は第1レベル。

③制限時間は一番遅い生徒が確実に終われるぐらいの時間に設定する。

指導法21　ストーリー・リプロダクション

キーワードを元に教科書を見ないで本文を再生する。

(1) 音読させる対象

　教科書本文などのパラグラフやパッセージ全体。

(2) 指導手順

　①T：本文のキーワードを黒板に記入する。

　②Ss：ペアの相手に黒板のキーワードを見ながら本文を再生する。

　③Ss：代表生徒がキーワードを見ながら全体に向かい本文を再生する。

(3) 指導例

［教材英文］

Hello. After the Ainu festival I read a book. I learned that at one time the Ainu language was disappearing.（以下省略）

New Crown English Series 2 New Edition（三省堂），34

［指導例］

T：（下記のキーワードを黒板に記入）

Ainu festival, book
Ainu language, disappearing

T：それでは私がキーワードを見ながら本文を再生しますので，聞いて下さい。（教師は黒板の方を見てキーワードを見ながら以下のように本文を読み上げる。）

Hello. After the Ainu festival I read a book. I learned that at one time the Ainu language was disappearing.

> T：座席の前後でペアになり向かい合いなさい。後ろの人は黒板を見ながら相手に向かって本文を再生しなさい。終了したら，立つ位置を交代してください。それでは，始め！（例えば S_1 と S_2 の間で次のように行われる）
> S_1：（黒板の方を向いて立っている）Hello. After the Ainu festival I read a book. I learned that at one time the Ainu language was disappearing.
> S_2：（S_1に向かって教科書を開いて立っており，S_1がつまった時にヒントを与える。）
> （終了したら，立つ位置を交代して続ける）

(4) 留意点
　①再生文は完全に本文と一致しなくてもよしとする。
　②本文全体ではなく，特に重要なパラグラフや本文全体のサマリーで実施してもよい。
　③口答ではなく，書く形で実施するのもよい。時間に余裕のある場合は書く活動をした後で口答で実施する。

3.4 重要な文法事項や構文や表現を短時間で定着させるための音読指導法

　3.3で紹介した指導法（8，12〜19）も重要な文法事項や構文，表現を定着させるのに有効な指導法であるが，ここで紹介する指導法は，授業の残り時間があと１分から３分程度しかない時など，短時間で練習させる方法である。

指導法22　スピード・リーディング・アラウド

　今日の授業で，これだけは覚えさせたいという１つ〜３つの英文を時間制限して，できるだけ速く何度も口に出して言わせる方法。特に，後１〜２分で授業が終わるという時に使える。
(1) 音読させる対象
　　文法例文・構文例文・重要表現を含んだ例文
(2) 指導手順
　　①指定した時間で何回言えるか数えながら，できるだけ速く音読するように指示する。
　　②時間を計って，各自回数を数えながら，英文を音読させる。

③「止め」の合図でストップさせて、回数を記録させる。
④②と③を1〜2回繰り返す。
(3) 指導例

> [教材英文]
> Reading aloud makes our brain work more actively than any other activity.　*Mainstream English Course* I 2nd edition（増進堂）, 127
> [指導例]
> T：30秒間で英文を何回音読できるかやってみましょう。私が言う日本語に該当する英文を音読しなさい。その後、私がその英文を音読しますから、もう一度音読しなさい。では、始めます。「音読することは、ほかのどんな活動よりも私たちの脳を活発に働かせます」
> Ss：（指定された英文を見ながら、できるだけ速く音読する）Reading aloud makes our brain work more actively than any other activity.
> T：Reading aloud makes our brain work more actively than any other activity.
> Ss：Reading aloud makes our brain work more actively than any other activity.
> T：では、この英文をできるだけ速く音読しなさい。音読しながら1回読むごとに指を折って回数を数えてください。では、「用意、始め」
> Ss：Reading aloud makes our brain work more actively than any other activity. Reading aloud makes our brain work more actively than any other activity.（以下省略）
> T：止め！ 回数を記録しなさい。では、2回目をやってみましょう。用意、始め！
> （以下省略）

(4) 留意点
①あくまで、制限時間内に各自が何回音読できるかがポイントで、生徒間で競争させてはならない。
②制限時間は音読させる文の長さを考慮して設定する。通常は20〜30秒。
③「止め」の合図までの実際の時間は、1回目が制限時間より10%短く、2回目は制限時間ちょうど、3回目は10%長くする。

（制限時間30秒の例：１回目27秒，２回目30秒，３回目33秒でストップをかける。）このことは決して生徒には知らせない。

④次のような記録用紙を配布して，記入させる。

［記録用紙例］

年	月	日	回数	端数語数	音読した英文（あとで書きなさい）
2011	11	8	5	3	Reading aloud makes our brain work more actively than any other activities.
（以下省略）					

指導法23　そして，何もなくなった（And then there were none）

今日の授業で，これだけは覚えさせたいという１つ〜３つの英文を，前から１〜３語ずつ消しながら，生徒に音読させて覚えさせるための方法。この手法も，１〜２分で授業が終わるというときに使うと効果的である。

(1) 音読させる対象

文法例文・構文例文・重要表現を含んだ例文。

(2) 指導手順

①板書した英文をＴが音読し，Ss に後について２〜３回言わせる。

②①ができれば，最初の１〜３語を消して Ss に最初から１文全部を音読させる。できなければ，Ｔがモデルを与えて Ss に後について言わせる。

③次の１〜３語を消して，Ss に最初から１文まるごと音読させる。できなければ，Ｔがモデルを与えて Ss に後について言わせる。以下，全単語が消されて見えなくなるまでこれを繰り返す。

④全単語が消された段階で，１文まるごと言えれば終了。

(3) 指導例

［教材英文：板書された英文］

Reading aloud makes our brain work more actively than any other activity.　　　*Mainstream English Course* I 2nd edition（増進堂），127

［指導例］

　Ｔ：この英文を前から順に消していきます。みなさんは文の最初から終わりまで英文を音読してください。最後は全部消えます。まず，後について音読しなさい。Reading aloud makes our brain work

第3章 各種音読指導法　71

　　　more actively
Ss：Reading aloud makes our brain work more actively
T：than any other activity.
Ss：than any other activity.
T：Reading aloud makes our brain work more actively than any other activity.
Ss：Reading aloud makes our brain work more actively than any other activity.
T：1～3語ずつ消していきます。みなさんは最初から英語を音読してください。(Reading aloud を消す。黒板には, makes our brain work more actively than any other activity. が残っている。)
Ss：Reading aloud makes our brain work more actively than any other activity.
T：(makes を消す。黒板には, our brain work more actively than any other activity. が残っている。)
Ss：Reading aloud makes our brain work more actively than any other activity.
(中略。more actively を消す。than any other activity が残っている)
Ss：Reading aloud makes our brain work more actively than any other activity.
T：(than any other activity. を消す。黒板には何も残っていない)
Ss：Reading aloud makes our brain work more actively than any other activity.

(4) 留意点
　①この練習のための英文は次の2つの方法がある。
　　1) 説明用に板書した英文を使う。
　　2) これから板書する場合は, バックワード・ビルドアップ (p.35) の手法を用いて, 1～3語ずつ後ろから書き加えながら音読させて, 英文が黒板に全部書かれてから行う。
　②生徒個人で授業内外で行う場合は, 紙などで前から順に単語を1～3語ずつ, 自分の力に応じて隠していけばよい。
　③1回に消す語数は, 生徒の力と英文の長さに応じて決める。場合に

よっては，前からでなくても，文の途中から消していってもよい。このようにしていくと，全部の語句が消える前のいくつかの語が残された段階では，キーワード付き音読（p.65）の短文版になる。以下の例では，便宜上，教師が消した語句は下線で表示する。

例：Reading aloud makes our brain work more actively than any other activity. →＿＿＿ ＿＿ makes our brain work more actively than any other activity. →＿＿＿ ＿＿ makes our brain work more actively ＿＿＿ any other activity. →＿＿＿ ＿＿ makes ＿＿＿ ＿＿ work more actively ＿＿＿ any other activity. →＿＿＿ ＿＿ makes ＿＿＿ ＿＿ work ＿＿＿ actively ＿＿＿ any other activity. →＿＿＿ ＿＿ makes ＿＿＿ ＿＿ work ＿＿＿ actively ＿＿＿ any ＿＿＿ activity. →＿＿＿ ＿＿ makes ＿＿＿ ＿＿ work ＿＿＿ actively ＿＿＿ ＿＿ ＿＿＿ activity. →（以下省略）.

Mainstream English Course I 2nd edition（増進堂），127

3.5 本文を発展させるための音読指導法

指導法 24　Q and A 音読

ペアになって，相手の質問を聴いて，その答えとなる本文の該当箇所を音読する。Q に答えるためには，Q を理解する必要があるので，簡単なコミュニケーション活動となる。

(1) 音読させる対象

教科書本文などのパラグラフ。

(2) 指導手順

ペアで行う。

① S_1：S_2 に，教材の内容について英語で質問する。
② S_2：S_1 の質問の答えとなる箇所を音読する。
③終われば，役割交代。

(3) 指導例

［教材英文］

Martin Luther King, Jr. said this in a speech in 1963. He had a dream

> that is important to all of us. His dream was equality for all Americans, black and white.（以下省略）
>
> *New Crown English Series* 3 New Edition（三省堂），52
>
> ［指導例］
> T：本文の文が答えになるような質問を相手にして，パートナーは答えとなる該当部分を音読しなさい。では，ペアになり座ったまま向かい合って，ジャンケンをしなさい。ジャンケンで勝った人は主語を I に変えてマーティン・ルーサー・キング・ジュニアになったつもりで音読して下さい。終了後交代します。よーい，始め。（例えば S_1 と S_2 の間で次のように行われる）
> S_1：Who said this in a speech in 1963?
> S_2：Martin Luther King, Jr. said this in a speech in 1963.
> S_1：What did he have?
> S_2：He had a dream that is important to all of us.
>
> （以下省略）

(4) 留意点
　①作成する Q は wh-questions が望ましい。
　②単語や句ではなくあくまで文で答えるようにさせる。
　③生徒が Q を作ることができない場合は，教師が Q を用意して与える。
　　詳細は5.1「会話文の音読・シャドーイング指導」を参照。

指導法 25　主語変換音読

　人物を主語にした英文について，英文の主語を変更して，それに伴ってその他の箇所（所有格や目的格が用いられている箇所）も変更して（例えば，三人称の主語を一人称にして）音読する。
(1) 音読させる対象
　　教科書本文などのパラグラフやパッセージ全体。
(2) 指導手順
　　① T：教科書の本文の主語を転換して音読し見本を示す。
　　② S_1：ペアになり，S_2 に対して主語を転換して音読する。
　　③ S_2：S_1 の音読をよく聴いて，S_1 が間違えたら指摘する。

(3) 指導例

[教材英文]
　Martin Luther King, Jr. said this in a speech in 1963. He had a dream that is important to all of us. His dream was equality for all Americans, black and white. (以下省略)

　　　　　　　　　　New Crown English Series 3 New Edition（三省堂），52

[指導例]
　T：私がマーティン・ルーサー・キング・ジュニアになったつもりで，I を主語にして本文を音読するので聴いて下さい。
　I said this in a speech in 1963. I had a dream that is important to all of us. My dream was equality for all Americans, black and white.
　では，やってみましょう。ペアになってジャンケンし，勝った人は主語をIに変えてマーティン・ルーサー・キング・ジュニアになったつもりで音読して下さい。終了後交代します。よーい，始め。
　（例えば S_1 と S_2 の間で次のように行われる）
　S_1：I said this in a speech in 1963. I had a dream that is important to all of us. My dream was equality for all Americans, black and white.
　　（以下省略）
　（終了後交代する）
　S_2：I said this in a speech in 1963. I had a dream that is important to all of us. My dream was equality for all Americans, black and white.

(4) 留意点
　①上記の例では主語を I に変えているが，2人称の you に変えることも可能である。
　②「〜になったつもりで」という言葉を加えて，気持ちを込めて音読させるようにする。

指導法 26　オーラル・インタープリテーション

　オーラル・インタープリテーション（Oral Interpretation）とは，朗読により自分の解釈を表現する方法である。近江（1996：313）は，「文章の場面を思い，同時にその話をしている人の置かれている場所に自分を立たせ，体

を作動させて音読を何度もせよ。次に自分の方に話を引き寄せて語るなどの一連の変身劇を行ってみよ— これだけでも着実に行っていれば，日本人の英語力は現在よりもはるかに伸びるであろう。」と述べている。それは，「散文，詩，戯曲等の文学作品のみならず，あらゆる活字媒体の，主として抜粋を生きた語り（＝ parole）としてとらえ，聞き手にその知的・情緒的・審美的一体を伝えるコミュニケーションである。」（近江, 2003b：53）

オーラル・インタープリテーションの有効性を示した実証的研究にImanishi（2010）があり，オーラル・インタープリテーションによる指導クラスと文法訳読式による指導クラスとでは，語彙・和訳・英訳・内容理解・自由英作文において，前者が後者を有意に上回るという結果が出ている。

(1) 音読させる対象

教科書本文などのパラグラフやパッセージ全体のほか，重要な文法事項・構文・表現・語彙なども対象とすることが可能。

(2) 指導手順

オーラル・インタープリテーションは単元の最終段階で行うべきである。したがって，オーラル・インタープリテーションの指導前に，使用する文章の完全な理解と十分な音声入力が不可欠である。授業の流れは，黙読→解釈のポイント確認→音声身体表現の練習→実演→変身劇となる（近江, 1996）。

①黙読

だらだらと黙読させるのではなく，時間を制限して読ませたい。発音の難しい単語等があればクラス全体で確認しておくことを怠ってはならない。

②解釈のポイント確認

誰が（Who），誰に対して（To whom），いつ（When），どのような場所・空間・距離で（Where），なぜ（Why），どのような内容を（What），どのようにして（How）伝えようとしているのかを生徒に考えさせ，確認する。

③音声身体表現の練習

平板な音読を避けるために，生徒に英文に記号付けをさせる。今西（2010）は以下の10種類を提案している。

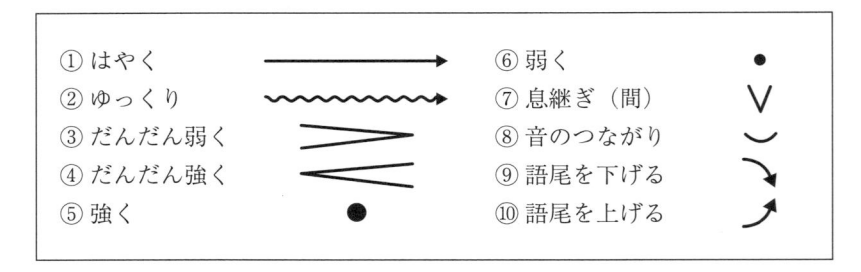

① はやく	→（直線矢印）	⑥ 弱く	●
② ゆっくり	→（波線矢印）	⑦ 息継ぎ（間）	V
③ だんだん弱く	>（大きい>）	⑧ 音のつながり	⌣
④ だんだん強く	<（大きい<）	⑨ 語尾を下げる	↘
⑤ 強く	●	⑩ 語尾を上げる	↗

　次に，これらの記号を頼りにしながらリード・アンド・ルックアップにより，教材を身体内に取り込んで内在化するための，音声と身体によって表現する音声身体表現の練習に入る。その際の留意点を近江（1996：140）は，「テキストを終始見ながら音読していると，自分が語っているという意識が生まれにくい。従って表現が取り込まれにくい。一方，顔を上げ，しかるべき相手に語るつもりで発声し，体も作動させると，途端に言葉が飛翔する感覚が体内に生ずる。つまり『読む』から『語る』に変化する。わずか，顔を上げるか上げないかの行為が，学習者の心中に及ぼす違いには驚くべきものがある。覚えてしまってから顔を上げては意味がない。覚えるために顔を上げるのである。」と述べている。

④実演

　成果を全体あるいはグループで発表し合う。一人が発表している間，他の生徒はしっかりと聞き，仲間の発表を評価する。評価については，近江（1996：167）の評価カードが参考になる。

　次ページの評価カードは，「演技をテープやビデオで繰り返し見聞きできる場合にのみ実際的である」（近江，1996：167）。録音・録画をせずに，その場で評価する場合は，1から9を考慮に入れた全体的印象による評価が現実的である。

⑤変身劇

　変身劇とは mode conversion のことで，素材の誰が（Who），誰に対して（To whom），いつ（When），どのような場所・空間・距離で（Where），なぜ（Why），どのような内容を（What），どのようにして（How）をいろいろと変化させて語らせる方法である。素材を自分に引き寄せて自分の言葉で語らせるのである。

```
　　　　　　　　評価カード（教師用）
　　　　　　　　No. ＿＿＿　Name ＿＿＿＿＿＿＿＿＿＿＿＿
作品のメッセージ伝達への貢献度
　1．発声・共鳴・プロジェクション　　　　　5・4・3・2・1
　2．発音　　　　　　　　　　　　　　　　　5・4・3・2・1
　3．リズム（強弱模様）　　　　　　　　　　5・4・3・2・1
　4．強勢（対照強勢）　　　　　　　　　　　5・4・3・2・1
　5．抑揚（高低模様）　　　　　　　　　　　5・4・3・2・1
　6．全体的な音調・音程・音量・速度　　　　5・4・3・2・1
　7．めりはり　　　　　　　　　　　　　　　5・4・3・2・1
　8．視線・姿勢　　　　　　　　　　　　　　5・4・3・2・1
　9．身体所作　　　　　　　　　　　　　　　5・4・3・2・1
総評：
```

（3）指導例

［教材英文］

　What are these? They are danger signs. These signs are seen in the forests and fields of Cambodia. What is the danger? Landmines.

　Cambodian children like to play in forests and fields, just like you and me. But some of them are killed and others are injured. Landmines do this.

Emma：Landmines are terrible. Are they removed easily?

Ken：No, they aren't. Specialists are needed.

Emma：How do they remove landmines?

Ken：They usually have to do it by hand. See this man. It's slow and dangerous work.

Emma：I can imagine that.

Ken：This language poster was made by Mr Kurimoto, a Japanese volunteer.

Emma：Why did he make it?

Ken：Well, you see, some Cambodian children can't read the danger

signs.
Emma：I see, so they enter dangerous places.
Ken：Right. There are many ways to help people, aren't there?
Emma：Yes, there are.

New Crown English Series 2 New Edition（三省堂）, 72-74

[指導例]

①黙読（省略）

②解釈のポイント確認

　T：（平板に音読する）What are these? They are danger signs. These signs are seen in the forests and fields of Cambodia. What is the danger?

　　　Landmines. Cambodian children like to play in forests and fields, just like you and me. But some of them are killed and others are injured.

　　　Landmines do this. この文章は，誰が誰に対して語っているのかな。

　S₁：健がクラスのみんなに対して。

　T：そうですね。健がクラス全員の前でプレゼンテーションをしています。健はどのようなことを工夫していますか。

　S₂：「危険！地雷あり！」と書かれた標識の写真やカンボジアの子どもたちの写真，地図などを用意している。

　T：そうです。では，健が伝えたいのは何ですか。

　S₃：地雷の恐ろしさ。

　T：その通り。すると，この文章中で重たくて大切にしたい，メッセージ性の強い文はどれですか。

　S₄：（平板な音調で）But some of them are killed and others are injured.

　T：他には。

　S₅：（平板な音調で）Landmines do this.

　T：そうです。この２つの文を音読するときは健の気持ちを込める必要があります。私は先ほど単調で気持ちがこもっていない音読をしましたが，悪いモデルです。最後の２つの文はこんなふうに読む必要があります。（気持ちを込めて）But some of them are killed and others are injured.　Landmines do this.

③音声身体表現の練習
　T：英文に記号を付けることで単調で平板な音読から脱却できます。
　　（以下の記号付き英文を板書する）

> What are these? They are danger signs. These signs are seen in the forests and fields of Cambodia. What is the danger? Landmines. Cambodian children like to play in forests and fields, just like you and me. But some of them are killed and others are injured. Landmines do this.

　T：それでは私に続いて音読しなさい。　What are these?
　Ss：What are these?
　T：違います。健はクラスのみんなに地雷の標識に注目してほしいのだから，these をもっと強く読まないと！　What are these?
　Ss：What are these?
　T：そうです。次。They are danger signs.
　Ss：They are danger signs.
　（以下省略）
　T：次にリード・アンド・ルックアップをします。健がクラスに語りかける気持ちになって音読しましょう。Ready? Read!
　Ss：(黙読する)
　T：Up!
　Ss：(顔を上げて英文を見ないで) What are these?
　（以下省略）

(4) 留意点－1
　①時間の節約のため，記号付き英文をプリントにして配布してもよい。
　②リード・アンド・ルックアップの指導の際，長い英文はフレーズごとに切って指導する。最後に1文全体を言わせるようにする。
　　例：These signs are seen / in the forests and fields of Cambodia. Cambodian children like to play / in forests and fields, / just like you

and me.　But some of them are killed / and others are injured.

④実演
　T：後半の健と留学生エマの会話文ですが，ペアでオーラル・インタープリテーションをしてみましょう。記号付きの英文を見てはいけません。お互いに顔を見合って相手に伝えるという気持ちで実演しなさい。必要な所にはジェスチャーをつけてみましょう。
　S_1：Landmines are terrible.（恐ろしさを表す身震い）
　　　　Are they removed easily?↗（ポイと投げ捨てるしぐさ）
　S_2：No, they aren't.（いいえ，と手と首を横に振る）
　　　　Specialists are needed.（specialists を強調する）
　S_1：How do they remove landmines?↘
　S_2：They usually have to do it by hand.（手作業を難しそうに）
　　　　See this man.　It's slow and dangerous work.（ゆっくりと危なげに）
　S_1：I can imagine that.（宙を見上げ，うなずく）
　S_2：This language poster was made by Mr Kurimoto, a Japanese volunteer.
　S_1：Why did he make it?↘（why を強調する）
　S_2：Well, you see, some Cambodian children can't read the danger signs.
　　　　（文字が読めることを否定するようなしぐさ）
　S_1：I see, so they enter dangerous places.（なるほど，というしぐさ）

```
S₂ : Right.  There are many ways to help people, aren't there?
      ●    ●   ●   ●   ●  ●   ●     ●    ●    ●
S₁ : Yes, there are.
      ●   ●    ●
```

(5) 留意点 - 2
　　①記号付けは，英文に対する読み手の解釈の結果，付けられるものであるから絶対的なものはない。
　　②ジェスチャーを多用し過ぎて言葉がパロールとして出てこないようなことは避けたい。ジェスチャーは言葉を導き出す誘発剤のようなものであって，ジェスチャー・ゲームになっては本末転倒である。

(6) 変身劇

　　T：それでは最後に変身劇に挑戦します。
　　Ss：？？？
　　T：健をドラえもんにエマをのび太くんに変身させます。のび太くんにドラえもんが地雷のことをいろいろと説明するのです。二人はカンボジアに来ているという設定です。まず，ペアで練習しなさい。
　　（ペア練習）
　　T：それでは，何組かに前に出て来て変身劇を実演してもらいます。教科書と同じ写真のピクチャー・ボードがありますから使いなさい。
　　ドラえもん：(地雷の標識を指さしながら) What are these? They are danger signs. These signs are seen in the forests and fields of Cambodia. What is the danger? Landmines. (カンボジアの子ども達を指さしながら) Cambodian children like to play in forests and fields, just like you and me. (片足の男の子を指さしながら) But some of them are killed and others are injured. Landmines do this.
　　のび太くん：(いろいろな地雷を指さしながら) Landmines are terrible. Are they removed easily?
　　ドラえもん：No, they aren't. Specialists are needed.
　　のび太くん：How do they remove landmines?
　　ドラえもん：They usually have to do it by hand. (地雷の撤去作業を指さしながら) See this man. It's slow and dangerous work.

> のび太くん：I can imagine that.
> ドラえもん：（ポスターを指さしながら）This language poster was made by Mr Kurimoto, a Japanese volunteer.
> のび太くん：Why did he make it?
> ドラえもん：（カンボジアの授業風景を指さしながら）Well, you see, some Cambodian children can't read the danger signs.
> のび太くん：I see, so they enter dangerous places.
> ドラえもん：Right. There are many ways to help people, aren't there?
> のび太くん：Yes, there are.

(7) 留意点 − 3
　①ピクチャー・ボードを効果的に使用したい。ボードを見ながら英語がすらすら出てくるようになれば成功である。
　②どのようにすれば，主人公の語りに近づくことができるのか，生徒に考えさせたい。また，語りが教科書の英語と多少異なってもよい。

指導法27　状況設定音読

ペアで状況を設定して音読する。

(1) 音読させる対象
　　短めのダイアログ。
(2) 指導手順
　　ペアで行う。
　　①T：各ペア間で状況を設定し，その状況下で音読するように指示する。
　　②Ss：設定した状況で音読練習して暗唱する。
　　③T：いくつかのペアを指名して，全員の前で演じさせる。
(3) 指導例

> ［教材英文］
> M：Excuse me. Are you Ms. Green?
> G：Yes, I'm Emily Green.
> M：Hi, I'm in your English class. My name is Tanaka Megumi.
> G：I'm sorry. I didn't catch your name.（以下省略）
> 　　　　　　　　　　　　*Hello there! Oral Communication* I（東京書籍），8

[指導例]（多様な音読でほぼ暗唱できる状況まで練習した後で実施する）
　T：ペアになり，教材英文が話されている場所を設定し，その場所で英文が音読されている前提で練習しなさい。暗唱できるようになるまで練習すること。時間は今から10分間です。後で全体の前で演じてもらいます。それでははじめ。
　Ss：（各生徒はそれぞれ場所を設定し，位置関係や声の調子を調整しながら練習する）
　T：それでは代表ペアに実施してもらいます。今回演じてくれるペアは挙手して下さい。それではS_1君とS_2さんのペアお願いします。（2人が前に出る）
　T：S_1君，S_2さんどこでの会話でどのような状況ですか。
　S_1（S_2）：少し混雑した電車の中で向かいの席に相手が座っています。
　（お互いの椅子を少し離して置き向かい合い座る）
　　T：それでは演じて見て下さい。
　（自分たちが設定した状況に合うように気持ちを込めて演じる）
　S_1：Excuse me. Are you Ms. Green?
　S_2：Yes, I'm Emily Green.
　S_1：Hi, I'm in your English class. My name is Tanaka Megumi.
　S_2：I'm sorry. I didn't catch your name.

(4) 留意点
　①実際の場面を意識させながら言わせる。
　②ペアで練習させる前に，全体での音読練習でほぼ完全に音読できるようにいろいろな指導法を組み合わせて指導しておく。

3.6 変化をつけるための音読指導法
指導法28　ネイティブ・ピッタシ音読

　教科書付属の音声CDで本文が読まれる時間を計測後，それと同じ時間で教科書本文を音読するように生徒に指示して音読させる。
(1) 音読させる対象
　　教科書本文などのパラグラフやパッセージ全体。
(2) 指導手順
　T：教科書の本文のCDをセクション単位で流す。

Ss：CD に合わせてパラレル・リーディングを実施する。
　　T：生徒に同じ範囲を先ほどのネイティブのリズム，イントネーションを思い出しながら，同じ時間で読むように指示する。
　　Ss：生徒は先ほどのペースを思い出しながら英文を音読する。
（3）指導例

［教材英文］

If you need to send the same message / to thirty-four different people, / e-mail is efficient and cheaper / than the telephone.
（以下省略）

　　　　　　　　　　　　Mainstream English Course I 2nd edition（増進堂），64

［指導例］
　　T：今から CD を聴きながら，ネイティブ・スピーカーになったつもりで，CD と同時に音読しなさい。この後 CD なしで同じ速度で読んでもらうので，よくこのスピードを覚えて下さい。
　　CD：If you need to send the same message to thirty-four different people, e-mail is efficient and cheaper than the telephone.
　（以下省略）
　　Ss：（CD と同時に音読する）If you need to send the same message to thirty-four different people, e-mail is efficient and cheaper than the telephone.
　　T：今（　）分（　）秒でした。起立して，そのペースを思い出しながら，本文を音読し，終わったら着席しなさい。
　　Ss：（各生徒は CD の朗読ペースを思い出しながら本文を音読する）If you need to send the same message to thirty-four different people, e-mail is efficient and cheaper than the telephone.（終了した生徒から着席）
　　T：S_1君と S_2君がほぼ時間通りに音読できましたね。

（4）留意点
　　①パラレル・リーディング（p.39）やシャドーイング（p.41）をこの練習の前に行っておく。
　　②CD の朗読と同じ時間で音読させるというゲーム性のある活動なので，

CDの朗読とほぼ同じ時間で音読できた生徒をほめることが大切である。

指導法29　妨害読み

ペアになり，それぞれの生徒が別々の場所を音読する。

(1) 音読させる対象

　教科書本文などの特定のパートまたはパラグラフ。

(2) 指導手順

① T：方法の指示

② Ss：ペアになり，S_1が教科書のあるパートを音読し，S_2が教科書の別のパートを音読する。

(3) 指導例

［教材英文］（あらかじめS_1用，S_2用の英文のシートを作っておくとよい）

○シートA（S_1用英文）

Stevie Wonder is an African-American musician/ who is known to everyone.// But he is more than just a musician.// Stevie was born in 1950.（以下省略）

○シートB（S_2用英文）

When he was thirteen years old,/ Stevie made his first album.// This made him a big star.//（以下省略）

TOTAL ENGLISH 3（学校図書），44-45

［指導例］

T：ペアになり座ったまま向かい合い，ジャンケンをしなさい。ジャンケンで勝った人はシートAを，負けた人はシートBを音読しなさい。相手の声に負けないように大きな声で読んで下さい。ではよーいはじめ。（例えばS_1とS_2が同時に次のように音読する）

S_1：Stevie Wonder is an African-American musician/ who is known to everyone.// But he is more than just a musician.// Stevie was born in 1950.

S_2：When he was thirteen years old,/ Stevie made his first album.// This made him a big star.//

(4) 留意点
　　①相手の声や周囲の声に負けないよう大きな声で音読するように持っていくことが大切である。
　　②時には音楽を流すなど，さらに大きな声を出さなければならない状況を作り出してもよい。

指導法 30　追っかけ読み

　ペア・ワークで行う。S_1が１文または指定されたところまで読み終わったら，S_2が最初から読み始め，S_1に追いつき，追い越すように速く読む。S_1はS_2に追いつかれないように速く読む。

(1) 音読させる対象
　　教科書本文などの特定のパートまたはパラグラフ。
(2) 指導手順
　　①Ｔ：ペアを作らせて，指示を与える。
　　②S_1：（先にスタートする）
　　③S_2：（S_1が１文または指定されたところまで音読したら，最初から音読し始め，追いかける）
　　④Ｔ：止め！
(3) 指導例

> Ｔ：窓側（または前の方）にいる人が先にスタートして message まで音読したら，廊下側（または，後ろの方）にいる人は最初から音読し始め，先にスタートした人に追いつき，追い越すように音読しなさい。先にスタートした人は追いつかれないように音読しなさい。時間は１分間です。（注：英文の長さに応じて変える）最後まで音読したら最初に戻り，「止め」と言うまで音読し続けて下さい。では，用意，スタート！
>
> S_1：If you need to send the same message to 34 different people,
> S_2：（S_1が message まで音読し終わったら）If you need to send the same
> S_1：e-mail is efficient and cheaper than the telephone. If you need to
> S_2：message to 34 different people, e-mail is efficient and cheaper than
> S_1：communicate with someone who lives in South Africa,
> S_2：the telephone. If you need to communicate with someone who lives

S₁ : the e-mail is probably better than the telephone.（以下省略）
S₂ : in South Africa,（以下省略）
T：（1分経ったら）止め！

(4) 留意点
　①起立させて行う。（そのほうが声が良く出る。）
　②制限時間は，生徒の音読力と音読させる英文の長さによって変える。
　③終わったペアから座らせるより，1分とか1分○○秒のように一番遅いペアでも最低1回以上音読できるぐらいの時間を設定して行う。終わったペアから座るように指示するより，そのほうが練習量も増えることと，全員同じときに終了できるという利点がある。
　④追いかける生徒には1文遅れてスタートさせればよいが，文が長い場合は，文の途中の意味の切れ目の単語を指定する（上の例を参照）。

指導法 31　逆さま音読

教科書を逆さまにした状態で音読する。
(1) 音読させる対象
　　教科書本文などのパラグラフやパッセージ全体。
(2) 指導手順
　　①T：生徒の前で逆さま音読を実演する。
　　②Ss：立ち上がり教科書を逆さまにして音読し，終了したら着席。
(3) 指導例

［教材英文］

If you need to send the same message / to thirty-four different people, / e-mail is efficient and cheaper / than the telephone.（以下省略）
　　　　　　　　Mainstream English Course I 2nd edition（増進堂），64

［指導例］
　T：これから逆さま音読を実施します。まず私が見本を見せますので見ていて下さい。（教師は教科書を上下反対にした状態で本文の最初の部分を音読）それでは立ち上がり，各自実施し，終了した人から着席して下さい。If you need to send the same message / to thirty-four different people, / e-mail is efficient and cheaper / than the

　　　　telephone.
　　Ss：（立ち上がり各自本文を音読）If you need to send the same message / to thirty-four different people, / e-mail is efficient and cheaper / than the telephone.（終了後着席）

(4) 留意点
　①あくまでスパイス的な音読で，何度も繰り返し行うべきではない。
　②ゲーム性があるのでペアで早さを競ったり，ペアの相手に自分の教科書を反対にして見せて音読してもらってもよい。また，逆さまにするだけでなく，教材を横にするなども考えられる。

指導法32　つっこみ音読

"Pardon me?" 等と相手につっこみを入れられながら音読し，つっこまれたら同じ文を再度音読する。

(1) 音読させる対象
　　教科書本文などのパッセージ。文章が長くなればパラグラフ単位で行う。
(2) 指導手順
　　①T：方法の指示。
　　②Ss：ペアになり，S_1が本文を音読。S_2がつっこみをいれる。
(3) 指導例

［教材英文］
Stevie Wonder is an African-American musician/ who is known to everyone.// But he is more than just a musician.// Stevie was born in 1950.（以下省略）

TOTAL ENGLISH 3（学校図書），44

［指導例］
　T：ペアになり座ったまま向かい合い，ジャンケンをしなさい。負けた人は，相手に向かって音読しなさい。勝った人は教科書の英文を見ずに相手の音読をよく聴いて，相手の英語が分からない，声が小さいと判断したり，あるいはここでつっこもうと思い立ったら文の終わりで，"What?"，"Pardon me?" 等と言いながら，つっこみなさい。つっこまれたら同じ文を再度音読しなさい。終了後交代しま

す。では，よーい，はじめ。(例えば S_1 と S_2 の間で次のように行われる)

　S_1：Stevie Wonder is an African-American musician/ who is known to everyone.//

　S_2：What?

　S_1：Stevie Wonder is an African-American musician/ who is known to everyone.// But he is more than just a musician.// Stevie was born in 1950.

　S_2：Pardon me?

　S_1：Stevie was born in 1950.

　(以下省略)

(4) 留意点

　①慣れてきたら本文を音読する方はリード・アンド・ルックアップ (p.44) で行うよう指導するとよい。

　②つっこみで使う英語は少しずつ増やしていく。

　③Q and A 音読 (p.72) と組み合わせて実施することもできる。

指導法 33　リレー音読

　ペアで行う。相手に分かるように音読することと，他の人の音読をよく聴くことが必要な練習。音読している生徒が突然朗読を止めると，聴いていた生徒がその続きを音読する。リレーのように次々に交代して音読していく。音読を止める箇所は，意味の切れ目であればどこでもよい。例えば，句末，節末，文末，あるいは1文を音読して次の文の句末や節末で止めてもよい。

(1) 音読させる対象

　　教科書本文などの内容的にまとまりがあるパッセージ。

(2) 指導手順

　　ペアによる練習

　　　①ペアを作らせる。

　　　②やり方を説明する。

　　　③スタートさせる。

　　　④ペアの一方が音読を開始し，意味の切れ目で音読を止める。

　　　⑤聴いていたもう一方の生徒は，その続きを音読し始める。意味の切

れ目で音読を止める。
⑥あとは④⑤を繰り返す。

(3) 指導例

［教材英文］

　Some e-mail fans point out that when we use e-mail, the other person doesn't have to be there because he or she can read our messages any time. True, but don't answering machines do the same thing? Which is nicer, to hear your friend's voice or to read an e-mail letter? Am I strange? I prefer listening to a human voice to reading a message on a computer monitor.（以下省略）

Mainstream English Course I 2nd edition（増進堂），62

［指導例］

　T：隣同士でペアになってください。廊下側の人を S_1，窓側の人を S_2 とします。最初に，S_1 が音読を始めます。音読を始めたら，意味の切れ目なら，文の途中でも文の終わりでもいいですから，突然音読をやめていいです。1文以上，一気に音読して，次の文の途中で音読を止めてもかまいません。S_2 は良く聴いていて，S_1 が音読を止めた次の単語から音読してください。今度は S_1 が S_2 の音読をよく聴きます。S_2 は，意味の切れ目ならどこでもいいので音読を止めてください。S_1 はその後を音読してください。これを繰り返します。時間は2分間です。では，始め！

S_1：Some e-mail fans point out

S_2：that when we use e-mail, the other person doesn't have to be there

S_1：because he or she can read our messages any time. True,

S_2：but don't answering machines do the same thing? Which is nicer,

S_1：to hear your friend's voice or to read an e-mail letter?

S_2：Am I strange? I prefer listening to a human voice

S_1：to reading a message on a computer monitor.

（以下省略）

(4) 留意点
　①立たせて音読させる。
　②この練習を行うには，生徒が意味単位を理解できている必要がある。
　③リード・アラウド・リッスン・アンド・リピート（p.38），パラレル・リーディング（p.39），リード・アンド・ルックアップ（p.44）など，モデルを聴きながら音読する練習を十分に行ってから行う。
　④制限時間は遅い生徒でも終了できるぐらいの時間を設定する。
　⑤制限時間内は何度でも練習させる。

指導法 34　役割別音読

教師対生徒，生徒対生徒で対話文を音読する。
(1) 音読させる対象
　　教科書などの対話文。
(2) 指導手順（対話文の登場人物を A，B とする）
　　方法 1　教師対生徒全員で実施
　　　　①T：A のセリフを音読する。
　　　　②Ss：B のセリフを音読する。
　　　　③終了後，役割を逆にして実施
　　方法 2　ALT の音読を録音（または録画）したもの対生徒全員で実施
　　　　①T：ALT の音読を録音または録画した A のセリフを流す。
　　　　②Ss：B のセリフを音読する。
　　　　③Ss：（終了後立場を逆にして実施）A のセリフを音読する。
　　　　④T：ALT の音読を録音または録画した B のセリフを流す。
　　方法 3　クラスを 2 つのグループに分けて，一方が A のセリフを，もう一方が B のセリフを音読する。
　　　　①T：一方のグループに A のセリフを，もう一方のグループに B のセリフを音読するよう指示する。
　　　　②S_1：A のセリフを音読する。
　　　　③S_2：B のセリフを音読する。
　　　　④（以下続ける，終了後，役割を逆にして実施）
　　方法 4　ペアで実施
　　　　①S_1：A のセリフを音読する。
　　　　②S_2：B のセリフを音読する。

③（以下続ける，終了後，役割を逆にして実施）
方法5　録音または録画したALTの音読対生徒個人（閉本）で実施
① ALT：Aのセリフを音読する。
② S_1：（1人ずつ）Bのセリフを音読する。

(3) 指導例

[教材英文]
Mrs. Smith：Why are you late home today?
John：I was scolded by my teacher and was made to stay after school.
Mrs. Smith：Why?
John：I answered her question. None of my classmates did.
Mrs. Smith：Then you should have been praised, shouldn't you?
John：But her question was "Who did this graffiti on my desk?"
『クリスタル総合英語』（増進堂），166

[指導例]（方法1のみ示す）
T：私がスミスさんになるので，皆さんはジョンになって音読して下さい。 Why are you late home today?
Ss：I was scolded by my teacher and was made to stay after school.
T：Why?（以下続ける）

(4) 留意点
①最後は方法5に持っていけるように何度も様々な形で繰り返す。次のパートに入ってからも，授業の最初に実施する。
②両方のパートを必ず練習させる。

指導法35　スキャニング音読

教師が読み上げた語句，または教師が言った日本語訳に該当する英文を探して音読する。教科書の1課分全部終わった段階で重要語句や表現の復習として，スキャニングの練習を兼ねて行う。

(1) 音読させる対象
　　教科書本文などのパラグラフやパッセージ全体，単語・フレーズ・文法例文・構文例文・重要表現を含んだ例文など。
(2) 指導手順

① T：音読させたい語句を読み上げるか，あるいはその日本語訳を言う。3から10秒程度（探させるページの英文の分量に応じて時間を短くしたり，長くしたりして）待ってから，合図する。
② Ss：教師が音読した語句または日本語に該当する語句を含む文を探し出して，教師が合図すると同時に，その文を音読する。
③ T：音読すべき箇所を明示して，教師が音読すると同時に，パラレル・リーディングまたはシャドーイングを3回させる。
④ Ss：教師のモデルを聴いて，同時にパラレル・リーディングまたはシャドーイングをする。

(3) 指導例

［教材英文］

Martin Luther King, Jr. said this in a speech in 1963. He had a dream that is important to all of us. His dream was equality for all Americans, black and white.（以下省略）

New Crown English Series 3 New Editon（三省堂），52

［指導例］

T：私がこの左右見開きのページに書かれている語句の意味を日本語で言います。その語句を探して，私が Read aloud と言ったら，その語句が含まれている文を音読しなさい。では始めます。「私たちみんなにとって重要な」

Ss：（生徒はその語句が含まれている文を探す）

T：Read aloud!

Ss：He had a dream that is important to all of us.

T：左ページの1行目の終わりから3つ目の He からです。3回読みますからパラレル・リーディング（またはシャドーイング）しましょう。はい！ He had a dream that is important to all of us.

Ss：He had a dream that is important to all of us.

T：He had a dream that is important to all of us.

Ss：He had a dream that is important to all of us.

T：He had a dream that is important to all of us.

Ss：He had a dream that is important to all of us.

T：では次の語句です。（以下省略）

(4) 留意点
　①教科書の1課分全部終わった段階で重要語句や表現の復習として行う。
　②前の学期に学習した課を対象に行ってもよい。また，前の学年で用いた教科書を持って来させて，毎時間2分程度，行うと復習になってよい。

指導法36　輪読

　4，5人のグループに分かれて，グループ内で一人ずつ順番に1文ずつ音読する。
(1) 音読させる対象
　　教科書本文などのパラグラフやパッセージ全体。
(2) 指導手順
　　①T：グループに分かれるように指示する。
　　②Ss：各グループに分かれ，1文ずつ順番に音読する。
(3) 指導例

[教材英文]

　Hello. After the Ainu festival I read a book. I learned that at one time the Ainu language was disappearing.（以下省略）
　　　　　　　　New Crown English Series 2 New Edition（三省堂），34

[指導例]

　Ss：（生徒は各グループに分かれる）

　T：ではジャンケンをして下さい。勝った人から本文を，グループ内で右回りの順番で音読して下さい。私が終わりと言うまで3分間実施します。それではよーい始め。（各グループで次のような活動を行う）

　S_1：Hello.
　S_2：After the Ainu festival I read a book.
　S_3：I learned that at one time the Ainu language was disappearing.
　（以下続ける）

(4) 留意点
　①グループの中で音読する事で，スローラーナーにはグループ内で援助するように指導していく。
　②教師は巡回し，活動がきっちり行われるよう指導する。
　③この活動に入る前に，リード・アラウド・リッスン・アンド・リピート（p.38），パラレル・リーディング（p.39），リード・アンド・ルックアップ（p.44）ほか，モデルをたくさん聴きながら音読する練習を十分に行って，きちんと音読できるようになっていることが必要。

3.7 一人一人の生徒に自分のペースで音読させる音読指導法
指導法 37　バズ・リーディング

　各自が自分のペースで音読する。時間や回数を決めて実施する。自分で音声化できることを目標とし，全体で十分に音読指導をしてから実施する。
(1) 音読させる対象
　　教科書本文などのパラグラフやパッセージ全体。
(2) 指導手順
　　①T：生徒を起立させる。時間を設定して各自のペースで音読させる。
　　②Ss：生徒は各自本文を音読し，時間が来たら着席する。
(3) 指導例

［教材英文］
　Hello. After the Ainu festival I read a book. I learned that at one time the Ainu language was disappearing.（以下省略）
　　　　　　　　New Crown English Series 2 New Edition（三省堂），34

［指導例］
　T：立って下さい。自分のペースで3分間本文を音読しなさい。最後まで音読したら最初に戻って下さい。競争ではありませんので急いで読む必要はありません。ではよーい，はじめ。
　Ss：（各自自分のペースで）Hello. After the Ainu festival I read a book. I learned that at one time the Ainu language was disappearing.
　T：それではやめ。着席して下さい。

(4) 留意点

リード・アラウド・リッスン・アンド・リピート（p.38）ほかの指導法を用いて，自分で音声化できるまで十分指導してから実施する。

指導法 38　四方読み

バズ・リーディングの変形。立って行う。一度目は前を，二度目は右を，三度目は後ろを，四度目は左を向いて音読することで，単調さを多少避けることができる。また，教師は進捗状態を把握する事ができる。

(1) 音読させる対象

教科書本文などのパラグラフやパッセージ全体，単語・フレーズ・文法例文・構文例文など。

(2) 指導手順

① T：生徒に四方読みの方法を指示する。
② Ss：立ち上がり，四方読みを開始する。
③ T：ほぼ全員が終わった時点で終了の合図をする。

(3) 指導例

教材英文

If you need to send the same message / to thirty-four different people, / e-mail is efficient and cheaper / than the telephone.（以下省略）

Mainstream English Course I 2nd edition（増進堂），64

［指導例］

T：これから四方読みを実施します。一度目は前を，二度目は右を，三度目は後ろを，四度目は左を向いて音読しなさい。このようにします。（教師は，本文の一部を使って，実際に回転しながら本文を音読し，モデルを示す）それでは立って下さい。よーい始め。

Ss：（各生徒が実施）（前を向いて）If you need to send the same message to thirty-four different people, e-mail is efficient and cheaper than the telephone.（以下省略）

（文章を最後まで音読したら，右を向いて同じ文章を音読する。）
（文章を最後まで音読したら，後ろを向いて同じ文章を音読する。）
（文章を最後まで音読したら，左を向いて同じ文章を音読する。）

T：（8割〜9割の生徒が終了した時点で）では，このあたりで終了します。

(4) 留意点
　①生徒によって差が出やすいので1文単位で実施するか，長くてもパラグラフ単位で実施する。
　②パラグラフ単位で実施するときに，生徒によって終了時間に差がある場合は，上記のように8～9割の生徒が終了した時点で合図し着席させる。
　③リード・アラウド・リッスン・アンド・リピート（p.38），パラレル・リーディング（p.39），リード・アンド・ルックアップ（p.44）ほか，モデルを聴きながらの音読を十分にさせてから四方読みを実施しないと，生徒は間違った音節にストレスを置いて音読してしまう。この間違いは実際のコミュニケーションにおいて致命的となるので，注意する必要がある。また，新出語の発音を間違えたり，とばして音読する生徒も多いので，バズ・リーディング（p.95）や四方読みを早く導入することは問題がある。

3.8 定着のためのパラレル・リーディングとシャドーイングの指導

　テキストでリーディングを学習した後，生徒によっては，まだ様々な弱点がある状態であろう。また，生徒によって弱点も異なるであろう。以下のシャドーイング，パラレル・リーディング活動で，生徒は1）語彙の理解，2）フレーズ単位の意味構築，3）文法項目の理解，4）文字と音声の正確な対応，5）テキスト全体のfluencyの向上といった点を包括的に補強，修正できる。

3.8.1 指導にあたっての留意点
1) 必ず教師が模範となり練習方法をデモンストレーションする。生徒がシャドーイングしている間，教師はシャドーイングしながら巡回し，生徒が積極的に練習するよう促す。
2) CDや教師の音読モデルを無視して音読しないよう，生徒にはモデルをよく聴くように指示する。つまり，聞いた音を保持し，それを使ってまねるように音読するので，「聞いた音声を基に文を音読する」という説明がよい。
3) モデルの速さは生徒がついてこられる速度にし，回数を重ねるごとに徐々に速度を上げていく。初めは，生徒が遅いと感じる速度でよい。
4) パラレル・リーディングにある程度慣れてからシャドーイングをさせる。

つまり，パラレル・リーディングは，シャドーイングの準備として考え，シャドーイングができるというのが最終目標となる。
5) パラレル・リーディングが充分にできれば，次にシャドーイングに挑戦させることで，さらなる復唱の自動化を試みる。

3.8.2 実践案

以下に紹介する練習方法は20分程度を想定している。授業中，以下のOptionから選んで実践してほしい。時間があれば，パラレル・リーディングとシャドーイングを組み合わせて行う。Option 1と2では，特に苦手な部分に生徒自身が気づいて，それを順次ペアで修正していく活動である。以下の教材例のようにチャンクに句切ったテキストを見ながら，パラレル・リーディングを行う（シャドーイングではテキストを配る必要はないが，配ったほうが読めない箇所を確認しやすい）。以下の○や下線は生徒が実際に確認した例である。

(Shadowing for sounds)
To be a cartoonist, / it is important / to observe everything/ very carefully.// Some cartoonists / collect materials/ to use in their cartoons. //Others / do a lot of sketching. // As for me,/I do / "mental drawing" // It sometimes/ becomes a real burden. // I cannot stop doing it.// While I am talking with someone, / I find that / I draw / that person / in my mind. // My eyes / trace the outline / of a man's collar, / or a woman's arm / resting on / the edge of a chair. // It actually is/ a form of sketching,/ and I believe that/ it is the next best thing / to drawing itself. //

- -

(Shadowing for contents)
To be a cartoonist, / it is important / to observe everything/ very carefully.// Some cartoonists / collect materials/ to use in their cartoons. //Others / do a lot of sketching // As for me,/I do....

Polestar English Course I Revised Edition（数研出版），18

Option 1：音声面のみに注意してパラレル・リーディングを行う
　（Shadowing for sounds の箇所を使用）
1) Warm-up として全員起立し，速音読（自分ができる最大限の速さで読む活動）を行い，読み終えた者から着席していく。この活動の意味は，声を出すことへの心の準備と速く読むことに意識を向けさせる効果がある。
2) 教師の合図でモデル音に合わせてパラレル・リーディングを開始する。
3) 自己評価で読み方が分かりにくい単語やフレーズ〔音声が再生できなかった箇所〕に印を付ける。フレーズは下線，単語は○で囲む。
4) その箇所を各自音読させて読み方を確認後，ペアで読み方を教え合う。
＊時間があれば，音声変化のために聞き取りにくい箇所，発話が困難な箇所を生徒に指摘させるか，例えば以下のような点を教師が解説する。
　use in => 連結　「ユーズィン」
　lot of => t の有声音化　「ロッロヴ」
　that person => t の脱落　「ザァッ」
　resting on =>g の脱落，連結「レスティンノン」
　　生徒は，これらの音声変化を教師のモデルをまねて練習する。
5) もう一度，改善するためのパラレル・リーディングを行う。印を付けた箇所を改善するように注意させて，パラレル・リーディングをさせる。

Option 2：意味を同時に想起させるコンテンツ・パラレル・リーディングを行う（Shadowing for contents の箇所を使用）
1) Warm-up として音声のみに注意するパラレル・リーディングを1回行う。
2) 意味を思い浮かべながらパラレル・リーディングをするように指示する。教師の合図で一斉にモデルに合わせて開始する。
3) 自己評価で意味がとれなかった箇所に印を付ける。フレーズは下線を引き，単語は○で囲む。
4) その箇所を各自黙読させて，単語の意味が分からないのか，フレーズ間の文法的意味的関係が分からないのかを確認する。ペアでその箇所を教え合う。時間があれば，必要な箇所の説明を再度教師が行う。
5) もう一度，改善するためのコンテンツ・パラレル・リーディングを行う。各自が印を付けた箇所を改善するように行う。

Option 3：パラレル・リーディングをペアで評価し合う
　Option 1と2を行った後，次のレッスンで評価を行うか，自宅で練習させる課題を出しておいてクラスで評価のみを行うとよい。

1) 次のページのように評価用のテキストと日本語訳が付いたシャドーイングするテキスト本文を前半と後半に分けたプリントを配り，ペアで行う。前半と後半を各々，別の生徒が担当する。
2) まず，音声がどれほどモデルに近いか評価し合う。前半を担当する生徒からパラレル・リーディングを始めて，もう一人が評価用のテキストを見ながら正確に音声が再生できていない語に下線を引く。それをもとに相手の Evaluation sheet の（a）（b）の欄で評価する。交代して同じことを行う。
3) 次に，コンテンツ・パラレル・リーディングを交代で行い，その後，コンテンツ・パラレル・リーディングをした生徒がテキストの内容について本文を見ずに口頭で説明する。評価する側は，相手が担当した部分の訳を見ながら，どれだけ内容を想起できたかをプリントの評価基準に従い評価する。Evaluation sheet の（c）の欄に評価する（内容が説明できた文ごとに1点）。
4) Evaluation sheet を回収する。

（Evaluation Sheet）　　　　　　　　Name：＿＿＿＿＿＿＿＿＿＿

Evaluation criteria：

a) How many words were NOT repeated successfully?
   4：Less than 5　　3：4-6　　2：11-15　　1：More than 16
b) How well or clear was your pronunciation?
   4：Good（Native-like）　　3：Ok（Almost correct）
   2：Trying but wrong　　　1：Not trying
c) Contents Parallel Reading （　　　pt.）
d) Contents Shadowing：Correct / Incorrect

Who evaluated this?　＿＿＿＿＿＿＿＿＿＿＿＿＿＿＿＿

（A がシャドーイングするテキスト / テキストの前半）

To be a cartoonist, it is important to observe everything very carefully. // Some cartoonists collect materials to use in their cartoons. // Others do a lot of sketching. // As for me, I do "mental drawing." // It sometimes becomes a real burden. // I cannot stop doing it. //

(Bのシャドーイングのチェック / 評価用)
　　While I am talking with someone, I find that I draw that person in my mind. // My eyes trace the outline of a man's collar, or a woman's arm resting on the edge of a chair. // It actually is a form of sketching, // and I believe that it is the next best thing to drawing itself. //
　　誰かと話しているとき，その人を心の中で描いています。［1 pt.］
　　目である男性の袖や椅子の腕置きの女性の腕の形をおっていきます。
　　［1 pt.］
　　それは実際…

(Bがシャドーイングするテキスト / テキストの後半)
　　While I am talking with someone, I find that I draw that person in my mind. // My eyes trace the outline of a man's collar, or a woman's arm resting on the edge of a chair. // It acutually is a form of sketching, // and I believe that it is the next best thing to drawing itself. //
(Aのシャドーイングのチェック / 評価用)
　　To be a cartoonist, it is important to observe everything very carefully. // Some cartoonists collect materials to use in their cartoons. // Others do a lot of sketching…
　　漫画家になるには，全てのものを注意深く観察する必要があります。
　　［1 pt.］
　　漫画家の中には…

Option 4：シャドーイングによる定着
1) まず warm-up として，CD でモデル音を聞かせる前に，教師がモデルとなり，クラスで一斉にシャドーイングをさせる。
2) その後，一斉に2回程度，モデルを聞きながらシャドーイングさせる。難しければ，イントネーションとアクセントをまねるように呟く（マンブリング）程度でよい。モデルの速度は，パラレル・リーディングと同じか，それよりも遅くてよい。初めは動機付けのために，成功体験を味わえる適度な速度で行う。シャドーイングするときは，全員が黒板のほうを向くように指示して，全員が口を動かしているか確認する。

3) 時間があれば，生徒が発音しにくい箇所に下線を引かせて（この場合は，スクリプトを配っておく必要があるが），ペアで読み方を教え合う。また音声変化のために聞き取りにくい箇所の読み方を教師が解説し，再度これらの音声に注意してシャドーイングさせる。
4) その後，スクリプトを見ずにシャドーイングをしながら意味を想起するコンテンツ・シャドーイング をさせる。時間があれば，シャドーイングで意味が簡単に想起できるように，難しいと思われる箇所について再度教師が訳を簡単に説明しておく。またペアでフレーズ・リーディング（スラッシュ毎に一人が読んで一人が訳す）などで文の意味を簡単に再確認した後にコンテンツ・シャドーイングをさせる。

Option 5：シャドーイングをペアで評価し合う

これは，Option 4 の次の授業で行うか，自宅で練習させておいてクラスで評価のみを行うとよい。

1) パラレル・リーディングと同じような評価用紙を配り，ペアでシャドーイングの評価を行う（シャドーイングをする生徒は用紙を見ないか，シャドーイングする本文は載せないようにする）。前半と後半に分ける。再生できた単語数（a）と音声全般（b）について用紙に従い評価する。
2) コンテンツ・シャドーイングについては，以下のように内容に関する簡単な質問を出し，次の手順で進めて評価する。
  （問題の提示→コンテンツ・シャドーイング→解答）
  ［例］発問：「漫画を描くために作者は何をしますか。どのようにそれをしますか」⇒コンテンツ・シャドーイング⇒解答⇒評価用紙の（d）に正解かどうかを書き込む。

Option 6：教師が評価する場合

学期末などに評価に取り入れたい場合に行う。2名ずつ同時にシャドーイングさせる。再生する対象となる単語を予め決めておいて（5文字間隔など），その箇所のみ再生されているかどうかを聞き取るか（門田，2007：238-240のチェックポイント法を参照），または，評価するテキストを生徒には知らせずに4つの部分に分けておいて1) と3) を S_1, 2) と4) を S_2 と決めておいて，2人に同時にシャドーイングさせる。1) のときは S_1 を聴いて評価し，2) のときは S_2 を聴いて評価，3) のときは再度 S_1 を評価し，4) のときは S_2 を評価して，順に再生率を確認する。また当該テキストの速読のタイム，音読のタイムを練習前と練習後に測り，それを評価に入れるのもよい。

それにより，生徒も fluency が高まったことを自覚できる。

Option 7：シャドーイングのペアワークが困難な場合

ペアで進めることが困難な場合は以下のように進める。

1) 教師の音読か CD を聞きながらテキストをモデルのスピードに合わせて黙読させ，意味がとれなかった箇所を生徒自身に確認させメモをさせる。その後，単語の意味が分からないのか，フレーズ間の文法的意味的関係が分からないのかを各自確認させる。次に生徒に音読させ，正しく読めない箇所に印を付けさせる。音が取れない箇所は S，語彙の意味 V，文法 G，フレーズの解釈 P など記号を決めておく。訳を配り各自で確認させるか，この部分のみペアで教え合うように指示してもよい。
2) 教師がモデルとなり音読し正しい読み方をまず聞かせる。
3) 記入済のプリントを見ながらパラレル・リーディングを一斉に行い，自分が苦手な S と印を付けた箇所に注意して練習させる。
4) コンテンツ・パラレル・リーディングを一斉に行い，プリントで意味が取れない V，G，P の印が付いた箇所に特に注意させる。
5) 最後にシャドーイングとコンテンツ・シャドーイングを時間の許す限り行い，評価させたい場合は，次のレッスンで Option 5 を行う。

Option 8：ピンポイントに弱点を補強するペア・シャドーイング

以下の方法は『英語授業の大技・小技』（靜，1999）で紹介されている「置き換えモードの音読」，本書では3.3の「指導法10　空所補充音読」の方法4をシャドーイングに応用したものである。

［プリント例1：覚えたい単語やフレーズだけを抜く］

To be a（漫画家），/ it is important / to（観察する）everything / very carefully. // Some cartoonists /（集める）materials / to use in their（漫画）． // Others　/ do a lot of（スケッチ）． //（私の場合は），/ …
　　　　　　　　　　　Polestar English Course I Revised Edition（数研出版），18

---

1) プリントを見ながら教師の声に合わせてパラレル・リーディングを行う。そのとき（　）の単語の読み方を覚えるように意識させる。
2) 何回か繰り返してから，ペアの1人が上のプリントを見ながら（　）の箇所を自分の力で英語に直して音読する。それをペアの相手が聞きながらシャドーイングを行い，単語の読み方を覚えていく。その後，交代し，

ペアで何も見なくても（　）の単語を完全に発話再生できるまで行う。
[プリント例2：覚えたい構文や文法事項を抜く]
　構文や文法事項をピンポイントに上記と同じ方法で行えば，文法事項の定着にも効果がある。この場合，難しければ訳を下に書いたものを作成する。

A：
（　）be a cartoonist, /（　）is important /（　）observe everything / very carefully… I（　）stop（　）it. //（　）I am（　）with someone, / I find（　）/　I draw / that person / in my mind…

B：
To ……, / it …… / to …… / …… ……cannot……doing…… // While …… talking …… / …… that /……

教師がモデル音声となりAを数回，Bを数回パラレル・リーディングさせる。生徒がだいたい覚えた時点でペアにさせる。
1) プリントを点線で半分に折る。Aを見て1人がモデルとして音読し，Bを見てもう1人がシャドーイングする。AとBを交替する。
2) 慣れてくればモデルとなる生徒はBを見て記憶をたどり音読する。ペアのもう1人はAかBのどちらを見てもよいが，なるべくBのほうを見てシャドーイングに挑戦させる。

Option 9：フレーズごとのリピーティング
　習った箇所について，教師がチャンクごとに英文を読み上げ，生徒はテキストを閉じて，チャンクごとに教師の発話を聞き終えてから　その箇所をリピートする。次に，もう一度教師がチャンクごとに読み上げ，今度は，生徒が教師のチャンクの発声の直後にその訳を言う。その後，生徒はペアになり，フレーズごとに区切ったスクリプトを見ながら，1人は教師のチャンクごとの発話後にリピートし，もう1人はペアの生徒がリピートできたかどうかを確認する。うまくリピートできなかった箇所はスクリプトに記しておく（予めスクリプトを交換させておく）。交代し同じ作業を繰り返す。
　その後に各自がリピートできなかったチャンクを練習する意味で，ペアで，または教師の読みあげる音読を聞いてパラレル・リーディングを行う（ペアの場合，1人がスクリプトを見ながら音読し，もう1人がそれを聞きながらスクリプトを見てリピートする）。読めない箇所を各自練習した後に，再度，

教師の発話に続いて全員でリピーティングに挑戦する。

Option 10：シャドーイング大会

　声を出すことにクラス全体が慣れてきて，生徒が恥ずかしがらずに声が出せる雰囲気がクラスにできれば，シャドーイング大会なども行うとよい。3人ずつのチームで前に出てシャドーイングを披露し，どのチームが一番うまいか競うことや，勝ち抜き戦で2人ずつ前に出てきてうまく復唱できたほうが残っていくなども動機付けとして行えるだろう。

基礎知識（1）
リード・アンド・ルックアップによる表現の記憶

　リード・アンド・ルックアップ（Read and Look up）とは，文字通り言えば，英文を読んだ後，顔を上げて英文を言ってみる方法である。しかし，形式的に行われている場合が多く，このリード・アンド・ルックアップ法の理論やねらいが理解されないままに行われていることが多い。Via（1976）が唱えるように，コミュニケーションで使える表情豊かな表現として覚えることが大切である。この観点から指導法を提案する。

1．Read and Look up の指導の実際と問題点
　インターネットで「Read and Look up」を検索してみると，その指導法として，下記の手順とよく似た練習方法が紹介されている。
　①生徒は教科書を見ながら1文を音読する。
　②次に，生徒は教科書から目を離して，同じ文を繰り返す。
　③（ペアの場合）相手は，教科書を見ながら正しいかチェックする。
リード・アンド・ルックアップを，「テキストを読み，読んだところを目を上げて言う」というような表面的理解でとらえており，ウェスト（1968）の考えを十分理解していないと言わざるを得ない。これで，本当に覚えたことが自分の血となり肉となり，コミュニケーションの場で使えるように記憶できるのだろうか。

　筆者は大学時代，英語劇に参加したことがある。自分のセリフを理解した後，何度も音読して，顔を上げて言う練習をした。覚えたと思って，いざ立ち稽古を始めると，台詞を言ってから，表情を作るとか，動作をする始末であった。台詞と気持ちと動作がうまく調和するまでに半年以上かかった。また，自分の台詞に気をとられ，相手の話を注意して聞けなくて，途中で相手の話を遮ったりすることもあったし，既に相手の台詞が終わったのに自分の台詞を始められないこともあった。その後，Richard Via 氏のワークショップや野村陽子さんのドラマメソッドの研修会に参加してどのようにしたら丸暗記ではない効果的なリード・アンド・ルックアップができるか，自分なりの理解ができるようになった。次に理論的にそのプロセスについて考察する。

2．リード・アンド・ルックアップの理論とねらい
　白畑ほか（1999）によると，リード・アンド・ルックアップは「読みの練

習において，まずテキストを見て黙読し，次に文字から目を離して顔を上げ，誰かに語りかけるようにその文を言う練習方法（p.253）」と定義されている。ここで注目したいのは，「黙読」と「誰かに語りかけるように」の2点である。この定義はウェスト（1968）の考えに基づいたものであろう。ウェストはリード・アンド・ルックアップという方法の重要な点を下記のように指摘している。

> 第1には，このようにして生徒が話す場合には「伝達」あるいは「行為」として実際に話しかけるように話しているということであり，第2には，句の中の単語，あるいは文全体の単語を頭に入れていなければならないということである。つまり，「本から口へ」ではなく，「本から頭へ，そして頭から口へ」という関連なのである。その記憶の「間合い」（interval）が学習作用のなかばを構成する。（p.11）

ただ単に目で見た文を繰り返すのは，コミュニケーションではない。実際にメッセージを伝えるために誰かに話しかける，または誰かに話しかけているつもりで話すことが大切である。というのは，ただ繰り返すだけなら自分の言っている意味を意識しなくてもできるが，話しかける時には自分の伝えたい意味・内容をたえず意識する必要があるからである。

「黙読」とは，ウェストの言う「頭」の中での様々な処理と考えられる。文またはその一部を見て意味を考え，状況をイメージし，書き手や話し手の気持ちを考え，表出する前に心の中で何度も繰り返し言ってみることが黙読の頭の中での処理である。できると思ったら，顔を上げて，黙読でつかんだ意味や気持ちを意識しながら，誰かに話しかけるのである。國弘（1999）が主張する只管朗読は，リード・アンド・ルックアップでの「顔を上げて，語りかける（look up and talk）」と同じである。國弘（1999）は，英文を音読する際，「一通り意味の分かった英文（p.47）」を条件にしている。「音読を繰り返すことによって，英語の語順に従って，心の中に絵が描けるようになって（p.78）」いかなければならないと言う。即ち，日本語を介さずイメージ化できるようにすることである。さらに，國弘（1999）は「イメージを鮮明にしていくという心構えは是非とも必要（p.79）」だと主張する。冠詞の違いや単数複数の違いもイメージとしてその差を感じ分けられなければならないと言う（p.79）。

このようなリード・アンド・ルックアップによる覚え方は，単に文字から音声へ変換する音読より時間がかかるが，この方法で身に付けた表現は実際のコミュニケーション活動で自然に使えるようになる。

3. 対話文を使ったリード・アンド・ルックアップの方法

　ペアになって対話文を覚えるには，リード・アンド・ルックアップは有効な方法だが，ただ語りかけるだけでは十分ではない。相手の話している内容が分からなければ，相手が話し終えたのか，まだ話し中なのか分からないので，相手の話を遮ってみたり，間を置きすぎて話し始めたりしてしまう。Via (1976) はコミュニケーションにおける「聞く」ことの重要性を考慮してリッスン (Listen) を加えた。これがトーク・アンド・リッスン (Talk and listen) で，対話者同士が相手の話に注意を払って聴くようにするため，下記の教材例のように，相手の台詞が書かれていないトーク・アンド・リッスン・カードを使って練習する。なお，Viaの言うトーク (Talk) とは，Westのリード・アンド・ルックアップのことである (Via, 1976：19)。

[教材例]

(A)		(B)	
1	You can do it.	1	
2		2	No, I can't.
3	Yes, you can!	3	
4		4	Do you really think I can do it?
5	Yes, yes.	5	
6		6	Oh, I can't do it

Talk and Listen Card（Nomura, 1983：20-21）

[指導の流れ]

①Aは自分の台詞を黙読し，文の意味・話し手の気持ち・状況を考える (read)。事前に指導者が「(B) はバンジー・ジャンプをしようとしている」のような状況設定をするのも効果がある。

②一度心の中で言ってみて覚える (read)。覚えたら，Aは顔を上げ，話しかける相手とアイコンタクトをする。意味や内容や気持ちをイメージしながら，覚えている限りのことを語りかける (look up/talk)。

③Bは，カードの自分の台詞を見るのではなく，話し手とアイコンタクトをして，話し手の語りかけを聞き (listen) 理解しようとする。

④最初話す時，時間を取って何度でもテキストにあたってよい。文が長ければ，いくつに切ってもよい。

⑤Aが自分の台詞を終えたら，Bは同様に自分の台詞を黙読して，Aに語りかける。Bは自分の表出に対する相手の反応に耳を傾ける (listen) ことにもなる。

（Nomura, 1983：4-5を改作）

基礎知識（2）
通訳トレーニングと英語の学習・教育法

　通訳には，一般に逐次・同時の2種類があり，それぞれ異なった性質を持つと考えられる。特に前者はリピーティングと，後者はシャドーイングとの類似性があると考えられる。ここでは，逐次・同時の通訳の認知的な特性について簡単にまとめ，シャドーイングとリピーティングとの関係について整理した上で，わが国の高校以上の英語教育において参考になる，主な通訳トレーニング法を紹介する。

1．はじめに
　通訳とは，「ある言語で語られる情報を聞き取り，理解し，記憶し，その内容を別の言語に置き換えて，聞き手に伝えるプロセス」（日本通訳協会,2007：73）だと定義される。同時通訳（simultaneous interpretation）と逐次通訳（consecutive interpretation）の2つに大別できるが，一般には前者の同時通訳の方がはるかに難しい作業だと考えられている。事実，同時通訳の方が集中力の必要な，「神業」に近い「永遠に完成することのない奥の深い業」だと言われる（同書：7）。ただ実際には，同時通訳については，両言語を同時に聞いて突き合わせるような人はおそらくいないので，誤訳をしても「お咎めなく逃げられる」が，逐次通訳では，通訳のための時間が確保される分，リスニング力，背景知識の有無，通訳技術，表現力など全てが試されるため，通訳者にとって緊張感ははるかに大きいという（同書：7）。
　本節では，まず同時通訳，逐次通訳と，シャドーイング，リピーティングとの関係について述べる。その上で，通訳者養成のためにこれまで行われてきたトレーニング方法の中で，学校での英語の学習・教育に取り込むことができるものについて解説したい。

2．同時通訳・逐次通訳とシャドーイング・リピーティングの関係
　同時通訳と逐次通訳を，それぞれのタスクの種類・性質，および記憶（ワーキング・メモリ）への負担という観点から分類すると次表のようになる。

表1　同時・逐次の通訳と各タスクの種類・性質・記憶への負荷

	同時通訳	逐次通訳
タスクの種類	二重処理	一重処理
タスクの性質	オンライン（on-line）	オフライン（off-line）
記憶への負荷	小さい	大きい

　同時通訳が二重処理であるというのは，聴いて，それを他の言語に訳出するという2つの作業を同時並列的（パラレル：parallel）に実施する課題であるからである。これに対して，逐次通訳は聴く，訳すという作業が交互に順番に行われる（シリアル：serial）という意味である。このようなパラレル，シリアルの概念は，文の統語処理プロセスを説明しようとするモデルにもしばしば利用される（門田，2010：345-347）。

　次に，同時通訳が，オンラインであるというのは，英文を聴取するやいなや，多少の遅れはあるもののほぼ同時に，訳出のタスクも実行するからである。これに対し，逐次通訳は文の意味を聞き取った後で，他の言語に移し替えるというオフライン的な性質を備えている。これらの意味で，同時通訳は，聴きながらできるだけすぐ繰り返すというシャドーイングの作業に，逐次通訳は，文を聞き取った後，ポーズの間に再生するというリピーティングの作業（門田，2007c：28-32）に対応していると言えよう。

　以上の考察から分かることは，逐次通訳は，意識的に内容を記憶するといった顕在学習（explicit learning）の側面を含んでいるが，同時通訳は処理内容を意識するだけの心的余裕がなく，いつの間にか情報が定着していたという無意識的な潜在学習（implicit learning）的な性質を持っているということである。これらは，そのままリピーティングとシャドーイングの学習効果に反映されるのではないかと予想できる（門田，2012：178）。

3．英語の学習・教育に応用可能な通訳トレーニング法

　通訳のための訓練では，以上述べたシャドーイング・リピーティングだけでなくその他様々な練習方法が実践されている（日本通訳協会，2007）。

(1) クイック・レスポンス

口頭で英語から日本語，日本語から英語へと素早く変換していく訓練である。即時反応能力の強化と語彙・表現力の増強が目的である。語句レベル，短い文レベルがあるが，語句レベルだとそのまま高校・大学の英語教育でも実施可能である（例：infected with HIV－「HIVに感染した」，avoid the virus－「ウィルスを予防する」）。

(2) トランスクリプション

音声を聴きながら適宜一時停止して書き取る一種のディクテーション（dictation）である。徐々にポーズからポーズの幅を広くし、一度に聞き取る量を多くして、一時的な記憶力を鍛えつつ、文字化する練習である。

(3) リプロダクションとパラフレージング

リプロダクションとは、ある程度（約10語）の長さの英文を聞き、それをそのまま再生するもので、一般には上記で取り上げたリピーティングの練習と同じものである。また、パラフレージングとは、ある程度の長さの英文を聞いた後で、原文とはできるだけ異なる表現で口頭再生するトレーニングである（例：Thank you very much for your very kind introduction. → I appreciate your kind introduction.）。Hase（2009）によるパラフレージングは、教師が分かり易く原文を書き換えることで、英文読解力を鍛えようとするものであった。それに対し、これはその音声版で、話し手のアウトプットの表現力育成を図ろうとするものである。

(4) メモ取り

音声を聞きながら訳出に必要な情報をメモに取る練習である。いかにも通訳トレーニングらしい方法であるが、これも実際にやるとなるとなかなか難しい。英文を聴かせると同時に効率よくメモを取らせ、その後メモをもとに英文の意味内容を日本語で説明する練習も、やや高度な練習ではあるが有益であろう。(^_^)（感謝），∴（ゆえに），＞（より大きい），＜（より小さい）などの記号を使ったメモ取りの方法を簡単に解説しておくとよいであろう。

(5) ディクトグロス

ディクトグロス（dictogloss）とは、一種の書き取りであるが、一定量の英文を聴いて、必要なメモを取り、そのメモをもとにオリジナルのテキストを筆記再生するトレーニングである。やや上級の学習者向けであるが、わが国では、関西大学の染谷氏の実践が有名である（染谷, 2008）。以下に氏の方法をやや詳しく紹介する。

[Part 1]（約10分）

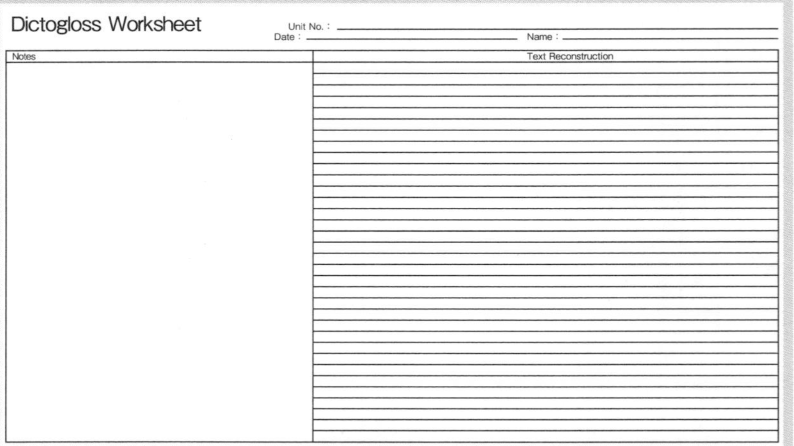

```
Dictogloss Worksheet     Unit No.: _____
                         Date: _____        Name: _____
Notes                    | Text Reconstruction
```

図1　ディクトグロス用ワークシートの例

①図1のようなワークシートを配布してもらい，その後英文を3回聞く。1回目は黙って聞いて全体の概要をつかみ，2回目と3回目は音声の後についてシャドーイングする。

②次に，ワークシートの左側のNotes欄に，キーワードをメモしながら聞き（4回目），最後にもう一度（5回目），メモを補足しながら聞く。

[Part 2]（約50分）

③今度はメモをもとに，各自もとの英文を復元する。英文は，ワークシートの右側の欄に記入させる。復元した英文は，意味が正しければよく，必ずしも原文と同一でなくてもよいとする。

④その後，グループを形成して，今度は共同で英文の内容を検討し，最終的にグループとして，完全な英文のスクリプトを完成させる。

[Part 3]（約30分）

⑤復元した英文のうちいくつかを例に，文法上の間違い例などを教師がコメントし，それをもとに再度訂正する。

⑥この練習で学んだこと，気づいたことなどを，個人のワークシートの空きスペースに記入させ，回収する。

他にも，(6) スラッシュ・リーディング，(7) サマライジングなどがあるが，これらはすでに，リーディングトレーニングとして，門田・野呂・氏木(2010)で取り上げているのでここでは省略する。

4．おわりに：通訳トレーニングを英語の学習・教育法の開発に取り込むこと

　通訳トレーニング法を，大学レベルの英語教育課程において取り入れているユニークな大学が，神戸女学院大学である。取り入れる理由は，それが高度な英語運用力を育てるための有効な方法を含むからであるという。逐次通訳訓練では主に，スラッシュ・リーディング，サイト・トランスレーションとメモ取り技術を習得する。そうして取られたメモをもとに，プレゼンテーションをする。また，同時通訳訓練では，元の音声を，聞く→理解する→別の言語に転換する→発声する，という一連の作業を繰り返し練習する。前提として，英文音声のリスニングは，速度を問わず100％に近い自動性が必要となるという（http://www.kobe-c.ac.jp/ggpe/gp/training.html を参照）。

　このようなトレーニングにより，集中力，思考力を培い，知識の蓄積を行いながらも，段階的に英語力を養成しようとする通訳法のための学習・教育法は，インプットの英語レベルをわが国の学習者の実態に合わせて大幅にやさしくすることで，高校・大学レベルの授業へも応用可能なものになると思われる。

第4章
フォニックスと音読指導

4.1 フォニックスによる文字と発音の指導

　音読するためには，各単語の発音を知っていて，速やかに発音する必要がある。現状では，指導者が新出単語の発音を聞かせて，練習していることが多いのではないだろうか。すなわち一つひとつの単語の読み方を記憶から呼び出して読んでいる。このような暗記には限界があり，初見の単語は読めない。結局ローマ字の規則を代用して音読する学習が非常に多い。本来，漢字と違って，音を表すアルファベット文字は，初見の単語でも原則に従い読めるはずであり，自力でこの規則にたどり着く学習者もいるが，多くは規則に気付かないままである（2.9.1「単語レベルの練習」参照）。

　英語のスペリングは不規則で，読み方の規則を教えることを疑問視する声もあるが，2004年発行の中学校検定教科書（全6社中，主要4社）中の語彙の約75％は基本的なフォニックス・ルールを適用して読める（八幡他，2007）。また，英語を母語とする子どもたちに対しても就学前後に明示的体系的なフォニックス指導の効果が実証されている（National Reading Panel, 2000；「基礎知識（3）フォニックスとは？」p.134参照）。いうまでもなく，文字の学習進度は個人差が大きい。だからこそ生徒の学習状況を注意深く観察し，学習に苦労している生徒に対して早期に支援を行い，その後の学習を効果的に進めたい（4.1.3「スローラーナーの支援，リメディアル指導」p.124参照）。

■**フォニックス指導の主な効果：**
　①自分で読めることで自立学習が可能になり，読む量を増やせる。
　②単語や文を音読できることで，記憶を助ける。
　③スペリングを丸暗記する負担が軽減される。
　④基本的な読み方を知ることで，スペリングや読み方に注意が向けられる。
　　（音声をペースメーカーにした黙読時や，パラレル・リーディング時に「このつづりはこう読むんだ。」のような気づきが起こりうる。）

⑤文字が表す音を教えていくので，正しい発音も学ぶ。
■**フォニックス指導の失敗原因：**
　フォニックスの指導後も読めない原因は，次のようなものが考えられる。
①十分な音声活動をせず，文字を書く練習やルールの指導を行っている。
②ルールを覚えることが目的となっている。
③単語を読む練習に，意味理解を伴っていない。
④学んだフォニックス・ルール（ルールの詳細は p.140参照）を使って自分で読む機会を与えていない。すなわち，ルールを「知っている」だけで，「使える」状態ではないのである。フォニックス指導をしても，その後は指導者が読んで，復唱させる授業を行ったのでは，生徒は学習したルールを活用する機会がないまま忘れてしまう。

■**フォニックス指導の留意点：**
①指導に先立ち，音声インプットを十分に行い，英語の音に慣れる。
②既知の単語を基本素材とし，意味を伴った活動を心がける。
③目的はルールを覚えることではなく，ルールを使って読むことである。
④指導者は正しく発音し，時には分かりやすくするために誇張して発音するなどして，正しく発音するよう指導する。
⑤自力での読み書きを促し，読めた場合はこれを評価する。
⑥速く正確に読めるまで練習する（ディコーディングの自動化）。未習語や無意味語も使ってルールごと，類似スペリングごとなどにまとめての練習もする。初めて見る単語を音にできるようになることが目標。

　日本人教師もネイティブ・スピーカーも指導者はフォニックスの知識と指導法を身につけている必要がある。どの単語がルールに従っているのか，どの単語を例外として扱うべきか，生徒にとって何が難しいのかを認識し，自発的な読み書きを支援していかなければならない。

4.1.1 フォニックス指導の準備

　読みの学習の前提条件は，音韻認識と文字知識である。学習開始年齢にかかわらず，「十分な量の音声に触れる活動」と，「文字認識の自動化をはかる活動」，さらに「文字が表す基本の音の指導」を並行して行い，フォニックスのルール指導に備える。

（1）英語の音を知る（音節認識）

　学習開始時期にかかわらず，まず英語の音声的特徴を知ることが大切であ

る。歌や詩や絵本を使って，英語の音を聞かせることから始め，だんだんと言えるところから声に出すよう促す。

[指導例]

(a) チャンツや歌を使って

　歌詞や詩や絵本は，英語のリズムやライミングが効果的に使われている。古くから歌い継がれている Mother Goose の詩なども，英語の音声的特徴を体感できる良い教材である。教科書中の歌や詩も活用したい。

・聞きながら，リズムに合わせてからだを動かす。

・特定の語が聞こえたら手をたたく。

・特定の音が聞こえたら手をたたく。

（最頭の音，最尾の音，語中の音の順に難しくなる。）

（文字は提示し，文字を目にする機会を増やすために，指導者は適宜，文字を指さしながら読んだり歌ったりする。）

(b) 外来語や絵辞典などを使って

　日本語との対比により効果的に違いが認識できる。特に音節数の違いや強弱，最初の音，最後の音に注意を向けさせる。

T : How many times do you clap for 'cat'?
　（できるだけ短く発音し，1回手を叩いて見せる。）
T : How many times do you clap for 'one'?
　（最初は1拍の単語，2拍の単語と教師が準備した単語を使う。
　慣れたら，生徒が外来語や国名を言い，指導者が英語の発音を聞かせる。）

2音節以上の単語は強い音節を強調して，強く手をたたく。

　　　　Japan, Brazil, Korea　2拍，　●● （弱強）
　　　　Baseball, notebook, toilet　2拍，　●● （強弱）
　　　　Computer, banana, tomato　3拍，　●●● （弱強弱）

（英語の音節や，日本語のモーラという用語は使わず，「何拍？」，あるいは「何回手をたたく？」と表現する。指導者が例を示すことで生徒は理解する。）

(c) 外来語を英語らしく（外来語や絵辞典や辞書の巻末ページを使って）

　英語のリズムや強勢を表現する練習である。（英語からの）外来語の本当の発音はどんな発音か考える。カタカナではRかLか分からないし，強勢位置も不明である。指導者は必ず正しい発音を確認しておかなければならない。

T：How do you say ディズニーランド in English?
単語例）ミッキーマウス（Mickey Mouse），ドナルドダック（Donald Duck），リトルマーメイド（Little Mermaid）

（2）英語の文字を知る

　アルファベットの大文字は日常生活でも見かけることがあり，ローマ字を学習している場合やコンピュータのキーボードでローマ字入力ができる場合は，大文字は認識できることがある。しかし，一般的には見ているだけで学習することはあまりない。また小文字は知らないことが多い。文字は「知っている」だけでなく，速く正確に認識できるようになるまで練習する。

(a) アルファベット文字の名前

　文字を追いながら聞いたり，復唱したりすることで，音と文字のつながりが理解できてくる。アルファベットの歌を歌える生徒も正確に発音できていないことが多いので，発音練習を兼ねて指導する。また，AからZまで言えるだけではなく，任意の文字を速く正確に認識できることを目標とする。

〈留意点〉　注意すべき発音

①長音（「ー」）や促音（「っ」）で代用しがちな A, H, J, K, O。

②近い音で代用しがちな C, F, L, R, U, V, Z などである。また名前が似ている L, M, N も混同しやすい。

(b) 大文字小文字と3種類の小文字のサイズ

　大文字と小文字を対応させて習得させると同時に，英語の小文字には3種類の大きさがあることにも注目させる。背が低い文字：a c e i m n o r s u v w x z。背が高い文字：b d f h k l t。しっぽのついた文字：g j p q y。アルファベットの小文字のチャートを見ながら，体を動かす活動などで，3種類の小文字サイズを認識させる。

> T：'a' is short, so you sit on your chair. 'b' is tall, so you stand up. 'g' has a tail（'g' の下の曲線部を指さす），so you squat down on the floor.

(c) 仲間探し

　アルファベットをAから順番に指導する必要はない。またA〜G，H〜Nのように切り分けて導入するより，すべてを導入し，各学習者が覚えやすいものから覚えていけるようにするほうが効果的であろう。文字の特徴に注目し記憶を助ける方法に「仲間探し」がある。上述の小文字のサイズの他に

形や音，大文字と小文字の関係など様々な仲間がある。以下に例を示す。

　　　ひと筆書きできる文字：a, b, c, d, e, g など
　　　直線のみの文字：k, (t), v, w, x, y, z など
　　　大文字と小文字が似ている文字：cC, fF, jJ, kK など

(d) 紛らわしい文字

形が類似しているもの（bとd, gとpとq, hとnとmとuとw, sとz, nとr, lとI, MとW）や，日本語の文字と混同するもの（Jと'し'やEとヨ）は特に注意して反復練習を行う。アルファベット・チャートやキーボードを使って，先生やパートナーが言う文字を指差す。

例1）T：I'll say an alphabet. Please point to the letter.

例2）T：Get into pairs. Use one chart. I'll say an alphabet. Please point to the letter quickly. This is a race!

例3）T：Get into pairs. You are A and you are B. Person A, please say an alphabet. Person B, please point to the letter. Try 5 letters, then switch the roles.

---

(3) 文字が表す音があることを知る

文字が表す音とキーワード（フォニックス・アルファベット・ジングル）を指導し，アルファベットの仕組みを理解させる。これは筆記による学習から脱却し，アルファベットの特徴を踏まえた学習を実現する第一段階である。

(a) フォニックス・アルファベット・ジングル（フォニックス基本ルール）

Aは短母音として / æ / という音を表す。例えば apple の最初の音である。親しみのあるキーワードとともに練習して覚える。十分に定着するまで，授業の開始時にリズムよく復唱する。

T：Let's say the alphabet jingle.
S：A says / æ /, / æ / apple. B says /b/, /b/ bear………

フォニックス・アルファベット（例）

A says / æ / apple.	O says /ɑ/ octopus
B says /b/ bed	P says /p/ pig

C says /c/ cup	Q says /k/ queen
D says /d/ dog	R says /r/ rabbit
E says /e/ egg	S says /s/ sun
G says /g/ gorilla	T says /t/ tiger
H says /h/ hat	U says /ʌ/ umbrella
I says /ɪ/ ink	V says /v/ violin
J says /dʒ/ jet	W says /w/ witch
K says /k/ king	X says /ks/ fox
L says /l/ lion	Y says /j/ yellow
M says /m/ monkey	Z says /z/ zebra
N says /n/ net	
（A, ~~~~ や，A for ~~ や，A is for ~~ などいろいろな言い方がある。）	（「フォニックス・アルファベットカード」B5判，松香フォニックス研究所）アルファベットカードは多数市販されている。

(b) 単語探し

特定の音で始まる単語を探す。B for /b/ /b/ box, best, bed, 等，順に言う。

> T : Get into groups. Stand up. The first person will say B for /b/ bxx. The next person will say B for /b/ b~~. When the last person says B for /b/---, the group can sit down.

〈留意点〉

①この活動ができるくらいの語彙がないと意味理解を伴ったフォニックス指導は難しい。

②（1）英語の音を知る，において音の活動として行ってもよい。

③語彙を増やすためにも，意味を伝えやすい新語や，既習の歌や絵本の単語を活用する。

4.1.2 フォニックス・ルールの指導

4.1.1の活動により十分な音声指導とアルファベット文字の指導を行った後，フォニックス・ルールを指導する。中学校では，集中的に指導する方法とテキスト内の単語に合わせて随時行う方法がある。前者は1授業時間のうち15

分程度を使用し，体系的に1回または2回で1つのルールを指導する。後者は教科書中の単語に合わせて適宜ルールを導入していく。ルールの分類はいろいろあるが，1例を「基礎知識（3）フォニックスとは？」の表2（p.140）に示す。

　体系的に指導する場合でも，表中のルールをすべて指導する方法と，重要なルールを選択して指導し，残りはテキストの単語に合わせて指導する方法がある。前者のように集中的に指導する場合は，文字指導を引き続き行ってもよいし，さらに教科書を使って音声中心の学習を進め，語彙や表現の学習が進んだ1学期後半に行うのもよい。

　いずれの場合も，フォニックスの学習により自立学習が可能になるので，中学校では1年の夏休みまでにある程度のルール運用能力を身につけさせたい。そしてある程度ルールが定着し，語彙が増えた頃に，ルールごとに知っている単語を記入すると，ルールがきっちり整理できる（図1参照）。繰り返しになるが，指導者は常にルールを意識し，自発的な読みを促し，読めない場合はルールを思い出させるための支援を行う。

　小学校から文字を意識した活動を行うと，多量の音声インプットと合わせて，緩やかな進度で文字の学習を進めることができる。フォニックス指導の準備の部分に時間をかけることになるが，高学年では頻出ルールの指導や，ローマ字とは違う読み方をすることに注意を向けさせる活動が効果的である。

（1）指導案（集中指導）

　　1ルール＝15分×1〜2回

　○ Silent E　　1回目

〈語彙の導入〉
　T：（ケーキの絵を見せる）What's this?
　S：ケーキ。
　T：Let's say in English. /keik/
　S：cake（name, five, nine, stone, home, cute, flute 他）
　　　（市販の絵カードと単語カードを使う。生徒が知っている単語や，日本語を介さずに容易に意味を理解できる単語を選ぶ。表1参照）
〈聞いて理解する活動から，発音する活動へ〉
　T：（カードを並べる，ボードに貼る，またはテキストを使う）
　　I'll say the English, you point to the picture. CAKE.

S：(指さす)
　　T：I'll say the English; you point to the picture and say the English.
　　　　NAME /neim/.
　　S：(指さしながら) NAME
〈ペアやグループで〉
　　T：Make pairs (groups). I'll say the English; you point to the picture
　　　　and say the English quickly. This is a race.
　　S：(指さす)
〈ルールの導入〉音の足し算（音を足して単語にする）
　　T：(右のように cake と板書するか，
　　　　文字カードを貼って書き足す。)
　　(a を指さして)
　　　The first vowel sound is the name
　　　of the letter /eɪ/ and
　　(e を指さして)
　　'e' is silent.（人差し指を唇にあてて，沈黙のジェスチャー）
　　(a と e を順に指して)
　　'a-e' is
　(最後に e がつくとその前の母音字の読み方は，アルファベットの名前
　と同じになります。そして，最後の e は発音しません。)
　　S：/eɪ/.
　　T：(C を指して) What's the sound?
　　S：/k/（同様に k は /k/）
　　T：Now how do you read this word?（単語全体を指して）
　　S：/keɪk/（同様に e-e is /iː/, i-e is /aɪ/, o-e is /ou/, u-e is /juː/ も導入）
　（うまく音を足せない学習者については (4.1.3 参照。)
〈読む練習〉
　　導入した単語を読む。

〈留意点〉
　①テンポよく，だんだん速く練習する。
　②生徒を教師役にする。個人／ペア／グループ活動等，形態を変えて，速
　　く正確に言えるよう反復練習をする。

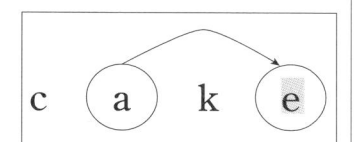

○ Silent E　2回目
前回練習した単語を読み，次に聞いた単語の母音字を選ぶ（書く）。

〈復習〉
　単語カードを読む
　ルールを復習する（cake の a と e 指して）
　T：What's the sound?
〈聞く練習〉
　T：Listen and circle the vowel letters.
　T：/teɪp/　　プリント例：　t $\begin{pmatrix} a \\ e \end{pmatrix}$　p　e
（解答できない生徒がいる場合，/t/ /eɪ/ /p/ と音素に分けてはっきり発音してきかせる。'a-e' is?　'e-e' is? とルールを確認する。「テープ」と認識していると a ではなく e と誤答する。）
〈速く読む練習〉
　リズムよく速く読むことで，語尾に母音が付かず，英語らしく発音できる。

cake ↓ fine
bake ↓ nine
lake ↓ wine
✋　　✋

T：Read aloud quickly. Clap hands after reading three words.　cake-bake-lake-#, fine-nine-wine-#
　（# は手をたたく）
最終的には
dake-gake-jake-nake-pake-vake-yake-zake, gine-hine-jine-kine-yine-zine,, bope-fope-gope-jope-wope-yope-zope など実在しない単語も練習する。
〈書く練習〉　聞いて書く→絵を見て書く
最初は□□□e のようなワークシートを使うか，板書しておくと，サイレント e を確認しやすい。
　T：I'll say a word.　Please write the word.
　T：Look at the picture card and write the word in English.　（必要時，単語を発音する，1 音ずつ発音する，ルールを復習するなどの支援を行う。）

表1　Silent E ルールを適用して読める1音節語

Silent E		ルールを適用して読める	適用できない
a-e	/eɪ/	age bake cake crane date face game gate lake late make name page place plane plate safe sale same save shape slave space take wake	have
e-e	/iː/	なし	なし
i-e	/aɪ/	bike drive fine five ice life like line mine nice nine rice price shrine side site size smile time while white write	give live
o-e	/oʊ/	close hole home hope nose slope stone whole phone those	come done gone lose love move one some
u-e	/juː/	cute flute huge June rule tube use	なし

中学校6社（H18年版）に2回以上出てくる単語（固有名詞，動詞の活用形は除外）

（2）指導案（教科書にそって）

　テキストに出てくる単語に適用するルールや，関連するルールを指導する。頻出するスペリングや読み間違いの多いものを優先的に指導したい。
　いろいろなスポーツが出てくる。ほとんど意味は分かっているであろうが，カタカナで使っているので，発音指導と読みの指導を行う。

T：（football の絵カードを見せる）Do you know the sport?
S：フットボール
T：Let's say it in English. football
S：football
T：（football の単語カード foot の部分を使う）What is the initial letter?
S：F
T：what is the sound?
S：/f/　　　（同様に t を確認する）
T：Then, what is the sound?（'oo' を指す）
S：う
T：It's /ʊ/. 'oo' is /ʊ/. Can you read 'book'?
　（oo の音は日本語の「う」とは異なることに気づかせ，指導する。）
　（book, look, hook など意味を知っている単語も読ませる。）

> T : 'oo' has another sound. Do you know 食べ物 in English?
> S : フード
> T : That's right.（food と板書，'oo' を指さして）It's food.
> （boot, moon, room なども読ませる。）
> （同様に Baseball で Silent e のルールを導入できる（指導案1　参照））

〈留意点〉
　①指導対象外の単語でも読める部分（子音など）は学習者に読ませる。
　②ルールを知らない語や特殊なスペリングは指導者が読む。
　　　例：Volley は v＋o＋l までは子音と短母音の既習ルールであるから，生徒に読ませ，ey は指導者が発音する。

（3）ルールの整理（チャートをつくる）

　図1のようなルール・チャートに，学習した単語を分類して記入する。ある程度教科書の学習が進んだ後で，復習のために記入し，読み方が分からないときは，チャートを参考にする習慣をつけ，単元の終わりごとに新たに記入していくとよい。

```
         例 cake               例
         name like
         nine five

         サイレント          Rのついた
         e: a-e e-e           母音
         o-e u-e              or ar ir ur
                              wor er ear

         礼儀正しい母音      連続子音
         ai ay ee ea ey      bl cl gr fr
         ow oa ie ue ui      st sk tr
                              spr

         2文字子音           2文字母音
         ch ph sh            oo oo ow
         wh th th            ou oi oy au
         ck ng               aw

         例 check
         ship whale
```

Where do these words go?
➢ fine
➢ skirt
➢ card
➢ key
➢ book
➢ see
➢ sing
➢ sound
➢ snow
➢ pace
➢ now
➢ boat
➢ toy
➢ room
➢ toy
➢ year
➢ Australia
➢ surf
➢ fruit

Active Phonics より

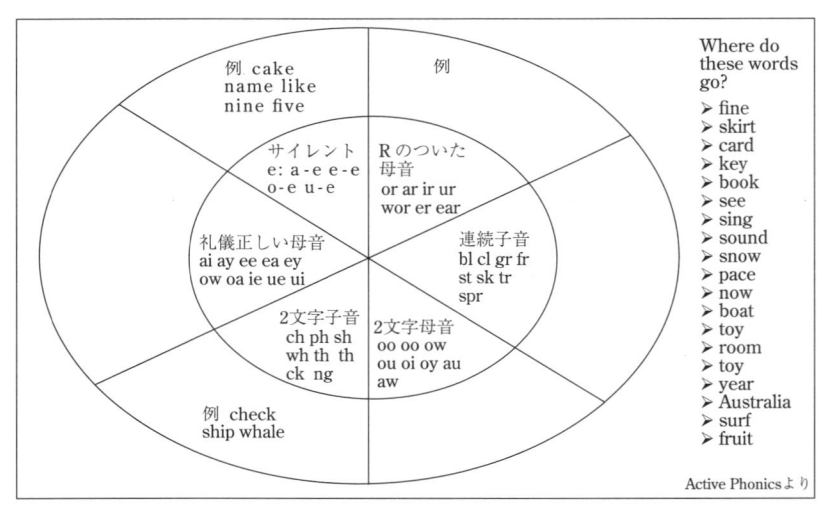

図1　ルール・チャート

4.1.3　スローラーナーの支援，リメディアル指導

　英語を読むことは，指導者が考えているよりずっと難しいこと（「基礎知

識（3）フォニックスとは？」参照）を認識して十分に支援をしたい。英語が読めない場合，まず，4.1.1の読む準備の段階でつまずいていると考えられる。問題が音の認識にあるのか，文字の認識にあるのか，あるいは音と文字の対応にあるのかを観察し，適切なサポートを行う。/p/ と /e/ と /t/ の3つの音が発音できても，/pet/ と1つに発音できない事例は比較的多い。このような学習者に対しては，既習語を多く読む練習も必要である。また，つなげやすい音（摩擦音）から練習するのもよい。P（破裂音）＋A＋T より S（摩擦音）＋A＋T のほうが簡単に発音できる。

　ここでは高校での支援方法の例を示す。読めない単語はただ単に読み方を教えるだけでは，未知の単語を読む力がつかず，自立した学習者に成長させることができない。また，正しく発音していなかったり，我流の発音で覚えていたりする場合も，指導を通じて，正しく記憶し直すよう指導する。

■音読時のフォニックス指導
　生徒に音読をさせ，躊躇したり，読めなかったりしたときにヒントを与えて読めるように導く。

［教材英文］

　The <u>Nile</u> is the longest river in the world. It is about 6,690 kilometers long and runs through <u>nine</u> countries to the Mediterranean Sea. For <u>thousands</u> of years the Nile has been important to Egyptians who need it for farming and for <u>transportation</u>.

Crown English Series I New Edition （三省堂），39

〈Nile が読めないとき〉
　T：You can see a similar word on line 2.
　　 次の行に似た単語がありますね。
　　 (nine と板書する) This is number….?
　S：nine
　T：Right. So, what is the sound of 'n'?
　S：/n/
　T：（右の図のように i と Silent e をつなぐ）（i と e をさす）What's the sound for 'i-e'? （答えが出ないときは，/n/ /aɪ/ /n/ と分けて発音

> してきかせる）
>
> S：/aɪ/
>
> T：That's right. Then how do you read 'Nile'?
> （ゆっくりと文字を指差しながら発音させる）
> そうです。すると 'Nile' は？
>
> S：/n/……/ aɪ/……/l/　/n/../ aɪ/../l/　/naɪl/
>
> T：Good. Now you can read 'nine' and 'Nile.'
>
> 〈Transportation が読めない場合〉（短く区切って読む）
>
> T：（trans port ation と分けて板書） How do you read 'trans'?
>
> S：/træns/
>
> T：How do you read 'port'?
>
> S：/pɔːrt/ （これは読めないが，important が読めているなら important を板書して下記同様に参考にさせる）
>
> T：How about 'ation'?（station と板書）Can you read this?
>
> S：/steɪʃən/
>
> T：How do you read this part?（ation を指さす）
>
> S：/eɪʃən/
>
> T：How do you read this part?（'portation' を指さす）は？
>
> S：/pɔːrteɪʃən/
>
> T：Now you can read the whole word.（trans-port-ation をゆっくりと指さす）
>
> S：/træns/ /pɔːrteɪʃən/

〈留意点〉

①誤って読んだ場合は，指導者がすぐに正しい読み方を示すのではなく，他の単語を例示して誤りを認識させる。例えば thousand を /oʊ/ と読んだ場合，ou は /aʊ/ と読むことに気づかせるために，house や about を示して ou の部分の読み方を応用できることに気づかせる。

②ルールが適用できない単語（ここでは through と countries）はどのような発音か推測させる。基本的なルールに従って読めた場合はこれを評価したうえで，特殊なスペリングとして覚えておくよう伝える。

③-ine や -ile のようなライミング（family words：dine, fine, line, mine, pine, wine; file, mile, pile, tile）も指導に活用する。

④生徒に自分の力で音読させると，なんとか読めても単語ごとに読んで，流ちょうさに欠けてしまいがちである。指導者は必ず，生徒が読んだ後で文として正しい音を聞かせる。

4.2 リーディング力の基礎となる音読力
4.2.1 中学生がリーディングの際に戸惑う点は？

2011年度から，小学校では音声中心の BICS レベルの表現を学習し，中学校では文字の導入を行いながら，BICS レベルから CALP レベルの学習へと進んでいく。BICS（基本的対人伝達能力：Basic Interpersonal Communicative Skills）は日常会話などの抽象度の低い内容を扱う能力を意味する。CALP（認知・学習言語能力：Cognitive Academic Language Proficiency）は抽象的な思考が要求される認知活動と関連する内容を扱う能力を意味する。

BICS レベルの表現では１文が短い。そのため，学習者は特に文字を介在しなくとも，教師や CD などによる範読を聞き，戸惑う様子も見せず１文全体を覚えてしまう。しかし，CALP レベルの表現は１文が長く，複数のチャンクや節から文ができている。そのため，範読のみでは１文全体を覚えることができなくなってしまう。さらに，文字を見て読もうとしても，ゆっくりとした，たどたどしい読み方になったり，チャンクの途中などといった不適切な箇所で間を開けて読んだりする様子が見られる。また，たとえ BICS レベルでも，長い１文が出てくると，英語が分からないと言う生徒もいる。

英文を丸暗記できなくなるに従い，「アルファベットの文字列を（すばやく）音声化できない」という問題や「単語以上文以下の，意味のまとまり（チャンク）を見つけられない」という問題が現れる。将来の英語力の基礎を身に付ける中学校の授業では，生徒にこういった問題を抱えさせたくないものである。そこで，フォニックス・ルールを活用しながら単語やチャンクをすばやく読み，理解できるようになるための練習と，統語構造を意識しながら文の意味をすばやくつかむことができるようになるための練習を行う。

4.2.2 単語やチャンクへの意味アクセススピードを速める音読練習

授業内で単語の音読練習をさせる際，フラッシュカードがよく用いられる。フラッシュカードは，単語や日本語訳が書かれたカードを文字通りフラッシュさせることにより，単語やチャンクへの意味アクセススピードを速める練習として効果的な教具である。また，昨今では，通訳トレーニングで使用

されるクイック・レスポンスの手法を用いた単語の音読練習も行われている。
これらの利点と欠点を端的にまとめると次のようになると思われる。

練習法	利　点	欠　点
クイック・レスポンス	・自動化を図ることができる ・教材の作成が容易である ・一度に多くの単語やチャンクの練習が可能である ・練習シートに書き込みができる ・家庭学習で使用できる	・発音の指導や修正が難しい ・単語をランダムに提示しづらい
フラッシュカード	・自動化を図ることができる ・発音の指導や修正が容易 ・単語をランダムに提示できる ・特定の単語のみ練習できる	・教材の作成が容易ではない ・一度に多くの単語やチャンクの練習をするには難がある ・生徒が自由に書き込めない

音とアルファベット文字の対応規則を明示的に指導する際には，クイック・レスポンスで使用する練習シートを活用し練習させ，授業中で扱うPartに登場する単語はフラッシュカードで練習させるとよい。

ここでは，クイック・レスポンスの手法を用いた単語の練習法とフラッシュカードを用いた単語の練習法について順に述べる。

4.2.3 クイック・レスポンスの手法を用いた単語の練習法
(1) 練習の流れ
〈新単元に入る前の時間〉
①クイック・レスポンス用シート（重要な単語やチャンクを抽出し，それぞれに番号をつけて表にしたもの）を配布し，フォニックス・ルールが適用できる単語を確認する。
②フォニックス・ルールが適用できる部分に下線を引かせる。
③フォニックス・ルールを想起させながら，その単語を音読させる。
④教師やCDの範読を聞かせながら音読練習をさせる。
⑤2分間，リストの英語を見ながら各自で音読させる。
⑥2分以内にリストの最後まで終了したら，再度No.1から音読させる。
⑦制限時間終了後，それぞれの単語を何度読めたか記録させる。
〈毎時間の導入の時間〉（授業開始後の帯時間を使った練習）
①クイック・レスポンス用シートを見ながら，リストに書かれている単

語やチャンクを，1つずつ順に「教師の範読→生徒の音読→教師の範読→生徒の音読」の手順ですばやく音読させる。
②2分間，リストに書かれている日本語を見て，その日本語が表す単語やチャンクをすばやく音読させる。
③2分以内にリストの最後まで終了したら，再度 No.1 から音読させる。
④制限時間終了後，それぞれの単語を何度読めたか記録させる。

(2) **教材例**（クイック・レスポンス用シート：一部抜粋）

No	English	EE	EJ	Japanese	JE	JE	JE	JE	JE	No
29	with a guitar			ギターで						29
30	church			教会						30
31	Can we do that?			そんなことをしてもいいかな						31
32	dark			暗い						32
33	quiet			静かな						33
34	sky			空						34
35	through…			…を通して						35
36	through the window			窓から，窓越しに						36
37	bright			鮮やかな，輝いている						37

New Horizon English Course 2（東京書籍），60-61

〈留意点〉
①単元全体から重要な単語とチャンクを抽出してリストに掲載する（参考：この単元の場合は No. 46まで）。
②生徒の実態に応じて，チャンクの数を増減してもかまわない。
③ EE は英語の音読の回数記録欄，EJ は英語を見て日本語を言う練習の回数記録欄，JE は日本語を見て英語を言う練習の回数記録欄を表す。
④意味を伴った言語産出が脳内での単語の記憶を強めるという考えに従い，JE の練習を多く行わせる。

(3) **指導例**（新単元に入る前の時間）

T：フォニックス・ルールが適用できる箇所に下線を引きましょう。
T：どこに線を引きましたか？
S_1：dark の ar。
T：なるほど。ar はどうやって読みましたか？
S_1：/ɑː/。
T：そうですね。では，CD の発音を聞いて繰り返し発音しましょう。
T：他には，どこに線を引きましたか？

> （中略）
> T：では，一度通して音読練習をしましょう。Repeat after me.
> （中略）
> T：OK. Now, let's practice in pronunciation for 2 minutes. Let's begin.

〈留意点〉
①15分から20分ほどで次の単元で学習するすべての単語とチャンクに含まれるフォニックス・ルールを確認する。
②フォニックス・ルールが適用できる部分に下線を引かせ，次時以降や家庭学習の際にルールを想起させるよう指導する。
③新単元に入る前に，十分に時間をかけて音読練習をさせる。
④各単元のPart 1では，すべての単語とチャンクについて「英語を見て日本語の意味を2分間で確認」させ，本文理解の助けとする。Part 2以降では，すべての単語とチャンクについて「日本語を見て英語の音読練習を2分間」行わせる。発話する側は教科書等で隠させる。
⑤毎時間の音読練習の際，クイック・レスポンス用シートを見ながら音読練習をさせて，フォニックス・ルールを常に意識させるようにする。

4.2.4 フラッシュカードを用いた単語の練習法
（1）練習の流れ
①教師の範読に続き単語を2度ずつすばやく音読させる。
②教師がフラッシュカードで提示した単語を，すばやく英語で発音させる。このとき，生徒の声をよく聞き，声が小さかったり異なる発音が聞こえたりした場合は，もう一度モデルを与えてリピートさせる。
③一通りカードをフラッシュさせ終わったら，カードをシャッフルしてもう一度②から練習を始める。

〈留意点〉
①発音練習の際は，CDに録音されているネイティブの発音をモデルとして使用してもよい。
②フラッシュさせた単語を発音させるのは基本的に1度でよいが，モデルと異なる発音が聞こえた際には，2度，3度…と繰り返し練習させ，発音の修正を図るようにする。
③一通り発音練習が終わった後，声が小さかった単語や異なった発音をし

た単語のカードだけをフラッシュさせるとよい。

(2) 指導例

> T：Everyone, let's practice in pronunciation. Repeat after me. "dark"
> S：dark
> T：dark
> S：dark
> 　（中略）
> T：OK. Next, look at these cards and read the words aloud.
> 　（dark のカードをフラッシュさせる）
> S：dark
> T：（quiet のカードをフラッシュさせる）
> S："qui – eto"
> T：Be careful about the last "t" sound. Repeat "quiet".
> S：quiet
> 　（後略）

(3) フラッシュのさせ方

　ここでは，2通りのフラッシュのさせ方を紹介する。どちらの方法においても，すばやくフラッシュさせるには教師自身の訓練が必要となる。教師の技術の1つとして，どちらかの方法を身に付けておくとよい。

　①カードの両端を指で持ち，単語やチャンクの書かれている面を下にして地面と水平の状態で構える。すばやく指でカードを垂直に立てて単語やチャンクの面を生徒に示し，すぐにカードを水平の状態に戻す。

　②単語やチャンクの書かれている面の前に，同じ大きさで何も書かれていないカードを置く。そのカードをずらして単語やチャンクを生徒に示し，すぐに何も書かれていないカードを戻す。

〈留意点〉
①上記①の方法では，教卓の上に置いたカードを1枚ずつ持ち上げることで，地面と水平の状態で構えることができる。見せ終わったカードは，教卓の手前側に置くとよい。
②上記②の方法では，カードがたくさんある場合に扱いが難しくなることがある。そういった際には，自分が扱える枚数のみを手に持ち，フラッシュさせてもよい。

4.2.5 文をチャンクごとに理解するスピードを速める音読練習
クイック・レスポンスの手法を文レベルで行う方法を紹介する。
(1) 練習の流れ
①日本語訳を隠させ，教師が読むチャンクの日本語訳を口頭で言わせる。
②教師の範読に続いて，チャンクの音読練習をさせながら，文法事項等について指導をする。
③教師の範読に続いて，チャンクの音読練習をさらに2度ほど行う。
④2分間，シートのチャンクの日本語を見て，すばやく英語で言わせる。
⑤2分以内に最後まで終了したら，再度No.1から英語で言わせる。
⑥制限時間終了後，発話できなかったチャンクのNoに印を付けさせ，家庭学習で復習をするよう指導する。
(2) 教材例（本文のクイック・レスポンスシート：次頁）
〈留意点〉
①チャンクは学習初期の段階では「V＋O」で区切るとよい。しかし，「V＋O」が長い場合，Vが多義語でない場合は「S＋V」で区切るとよい。
②学習が進むに従い「不定詞の前」「前置詞の前」等，チャンクを長くしていくとよい。
③1文の出だしのチャンク以外は，5文字程度のインデントを挿入すると内容理解に効果がある。

Did you hear about Kumi?	1	あなたは久美について聞きましたか。
Yes.	2	はい。
A bike	3	一台の自転車が
fell on her	4	彼女の上に倒れました
near the station.	5	駅の近くで。
Right.	6	その通りです。
Poor Kumi	7	かわいそうな久美は
broke her arm.	8	彼女の腕を折りました。
Too many people	9	あまりにも多くの人々が
park their bikes	10	彼らの自転車を駐車します
there.	11	そこに。
I think	12	私は思います
we need	13	私たちは必要としていると
another parking area.	14	もう一つの駐輪場を。
I think so, too.	15	私もそう思います。

New Horizon English Course 2（東京書籍），51

④日本語訳は学習初期の段階では逐語訳にするとよい。冠詞や代名詞等の理解が深まった段階で，自然な日本語にしていくとよい。

（3）指導例

> T：Now, everyone. Translate English phrases into Japanese. OK?
> 　　"Did you hear about Kumi?"
> S：「あなたは久美について聞きましたか。」
> T："Yes."
> S：「はい。」
> 　　（中略）
> T：OK. Then, let's make English phrases from Japanese for 2 minutes.
> 　　Let's begin.

〈留意点〉
　①日本語訳を言わせる際に顔を上げさせてもよい。
　②常に英語の語順が「～は－する…を」を基本とすることを伝え，英語の統語体系に親しませるよう配慮する。
　③前時の復習として本シートを活用してもよい。
　④2度目以降の練習では，チャンクの幅を広げていくようにするとよい。

基礎知識（3）
フォニックスとは？

1. 英語の読み書き
（1）英語母語話者の場合

　英語を母語とする人々にとっても「読む」ことは難しい。アルファベットは文字の名前とは別に，文字が表す音があり，AからZまで言えても，単語は読めないからである。さらに英語は他のアルファベット文字言語と比較しても文字と音の関係が複雑で，識字能力の獲得には時間がかかることが分かっている（門田・野呂，2001）。文字と音の関係が規則正しいイタリア語やドイツ語では，小学校1年終了時にほぼ全員が初見の単語が読めるが，英語は3年時でも読み書きに問題が残る場合もある。米国における調査によると20～30％の児童にとって「読む」ことは非常に困難な作業である（Sousa, 2005）。したがって，英語圏では小学校入学前後から，明示的体系的な読みの指導が始まり，子どもたちは数年間かけて完全な習得を目指す。

（2）日本語が母語で，日本語が読める場合

　前述のとおり英語の読み方の複雑さに加えて，日本語と英語の違いも学習を難しくする。日本語はかな文字に限れば，「あ」はいつも同じ音を表すので，3歳前後で文字の音読が始まり，小学校入学時にはひらがなの読み書きができる児童が多い。このような事情から，日本語の「読む」ことの難しさは最近まで認識されていなかった。おのずと，英語の文字指導の重要性が軽視され，短時間の指導に終わったり，アルファベットの学習にとどまったりしてきた。また日本人にとっては，日本語と英語の音のしくみ（音韻体系）の違いも読みの学習に影響する。

　右はbookは読めるがtookは読めない高校生とのやりとりであるが，決して珍しい事例ではない。bookの読み方を「ブック」と記憶していたので，音とアルファベットが対応していなかった。その結果，類似した単語の読みへの応用が利かないばかりか，未習の単語は，読めるはずがないと信じていた。

> T：/bʊk/ の最初の音は？
> S：ブ
> T：最後の音は？
> S：ク
> T：じゃあ，真ん中の音は？
> S：？？？（沈黙）
> T：考えていることを言ってみて？
> S：小さい「っ」ですけど…。

2. 読みの指導の前に

　母語の場合，まず話しことばを獲得し，次に読めるようになる。日本語ならば「さかな」という語が3つの音（音節）から成り，それぞれを表す文字があることがわかると，読みの学習が始まる。アルファベット言語ならば，「fish」という語が3つの音（音素）からなることに気づき，それぞれの音がアルファベット文字（または複数の文字）に対応するということが理解できている（アルファベット原理の理解：alphabetic principle）ことが，読み学習の前提条件である。

3. 音韻認識（phonological awareness）と音素認識（phonemic awareness）

　音韻認識とは，聞こえてくるひと固まりの話しことばを，単語に分け，さらに音節（candy = can + dy），オンセットとライム（black = bl + ack），最後には音素（red = r + e + d）に分けることができることを認識することである。イントネーションやアクセント（強勢）やライミングが分かることも音韻認識に含む。子どもの読みの発達においては，まず単語の最初の音が分かり，やがてライミングが分かるようになる。その後音節に分けたり，音節をつないだりできるようになる。

　音素認識とは，音韻認識の中でも単語が音素の集合であることが分かることをいう。また各音素を取ったり，足したりする力も含む。読みの学習の初期段階では，音素認識力が大きな役割を果たす。ちなみに英語ネイティブ・スピーカーでも，中高生で正しく速く読める者は優れた音韻認識力を有することがわかっている（Shaywitz, 2003）。

4. 英語圏での指導方法

　米国を例にとると，識字（読み）の指導方法は大きく分けて2通りあり，いずれが効果的かは議論が重ねられてきた。

(1) フォニックス・アプローチ（Phonics approach）

　フォニックスとは，音とアルファベット文字の対応規則と，その規則を使って読んだり書いたりすることを明示的，体系的に指導する方法である。英語はすでに述べた通り，文字と音の対応が不規則で，ルールの指導はあまり効果がないという意見も多く，英語圏においてもフォニックス指導法かホール・ランゲージ指導法かは議論の尽きないところである。フォニックス指導法は1967年にChallがディコーディング，すなわち文字を解読するため

の指導は必須であり，最も効果的な方法がフォニックスであるとした，いわゆるボトムアップ的アプローチである。

基本概念はこれで全てではないが，次の通りである。

- 話しことばと書きことばとは非常に異なり，それぞれ異なるスキルを要する。
- アルファベット文字のしくみは，文字にふれるだけでは学習できず，指導しなければならない。
- 読みにおいて最も重要なスキルは，単語を正確に，速くスムーズに読むスキルである。

一方，英単語を音読する方法は，5通りある（Ehri,1998）。

1）1つ1つの文字が表す音を足して，単語として読む。
2）頻出する文字列が表す音を利用して読む。
3）丸ごと記憶している単語の読み方を想起して読む。
4）丸ごと読み方を記憶している単語の読み方を想起して類似した単語を読む。
5）文脈から類推して読む。

読み書き学習の初期に1）と2）の読み方を指導するのがフォニックス指導法である。熟達した読み手は，1）や2）だけではなく，3），4）及び5）を含めたすべての読み方を駆使して読む。しかし，このような熟達した読み手にとっても，語や文を記憶しておくためや，音読を誤った場合に自己修正するために，ディコーディング能力は不可欠である。

(2) ホール・ランゲージ・アプローチ（Whole language approach）

同時期にGoodman（1967）は心理言語学的な見地から，書きことばを理解することが読むという行為の中心で，話すことと同様，読むことも自然に獲得されるとした。これはトップダウン的アプローチで，絵本などのオーセンティックな読み物を活用するホール・ランゲージ指導法の基礎となった。1970年代から1990年代初頭までフォニックス指導が盛んであったが，1990年から2000年はホール・ランゲージ指導法が優位であった（Sousa, 2005）。

(3) バランスト・アプローチ（Balanced approach）

しかし，近年は2000年にNational Reading Panel（NICHD, 2000）がまとめた読みに関する研究報告に基づき，両方を取り入れた指導法（Balanced reading：Rasinski & Padak, 2008）が推奨されている。基本概念は，1）様々な方法で指導する，2）音韻認識能力とアルファベット文字のしくみの理解が必須，3）フォニックス指導によるスペリング力や単語分析力をつける，

4) 意味を理解するために読む，5) 豊富に読書を楽しみ，想像的論理的思考力を育てる，である。すなわち，体系的な音と文字の規則の指導と多量に読ませることで正確で流ちょうな読み能力を育てるのである。

5. 日本の英語学習者への読みの指導

英語が苦手という学習者の多くは英語の単語が読めていない。そしてその多くは，読み方を知らない。彼らは，丸ごと読み方を教えられ，記憶したり，自分なりに例えばローマ字の知識をたよりに読んだりしている（Kawasaki, 2009b）。

単語を音読できないと，授業の予習復習や，英単語や文を記憶することが難しく，学習が進まない。英語母語話者の語彙習得については，文字を音に変換して反復する能力（音韻処理能力）が重要な役割を果たすことは広く知られている（Gathercole & Baddeley, 1989）。ここにはワーキング・メモリの下位システムが関与している（11.3，11.4参照）。日本語を母語とする幼児においても，語の反復力と語彙力には相関がある（佐藤・兼築，2005）。

また，カタカナに変換して単語の読み方を覚えている場合，正しく発音できなかったり，日本語のような発音になったりするため，その単語を聞いたときには意味が分からないし，発音したときには聞き手に分かってもらえない。そして正しく書くこともできない，という4技能の乖離状態に陥る。

6. 日本でのフォニックス指導　小中高の連携

日本の英語教育現場で，英語の読みを学習する場合，英語圏で英語を母語とする子どもたちが学習する場合と比較して，2つ大きく異なる点がある。まず，第一に，話しことばを獲得した上で読みを学習するのではなく，ほぼ同時進行で学習しなくてはならないこと，第二に日常的に英語の音声や文字に触れる機会が希薄であることである。したがって，英語圏での指導以上に，時間をかけて明示的に基本的なフォニックスのルールを指導するべきではないだろうか。アルファベット文字は，ひらがなや漢字のように「書いて覚える」文字体系ではない。

小学校5，6年生では2011年度より外国語活動が始まったが，文字指導は「児童の学習負担に配慮しつつ，音声によるコミュニケーションを補助するものとして用いること」とされている。しかしながら，英語の読みの獲得には非常に時間がかかることに鑑みれば，低学年より英語の音韻体系に親しみ，歌や絵本を使って，音韻認識力を高める活動を行うことが望ましく，その際，

自然な形でアルファベット文字が児童の目に触れるようにして，親しませておきたい。その後アルファベットを指導し，以後時間をかけて丁寧に簡単な単語を読めるように指導し，中学校での学習につなげたい。

　現在フォニックスを指導している現場では，Synthetic Phonics を採用していることが多いようである。文字どおり音を「合成」する手法で，文字の音 a=/æ/, b=/b/, c=/k/, d=/d/, e=/e/, f=/f/, g=/g/ を学習し，それらを組み合わせて発音する。dog = /d/ + /o/ + /g/ = /dog/ と，読ませる。また，少し大きな単位である onset（最初の文字，dog の d）と body（母音字と続く子音字，dog の og）が類似するものを集めて指導する方法もある。

7. フォニックス・ルール

　フォニックス・ルールの代表的なものを表2に示す。特にアルファベット26文字の音は基本であるから，繰り返し練習して定着をはかる。その他，ローマ字読みの影響を受けやすい母音字（短母音の a, o, u, rain の ai, found の ou, fur と far など）も注意深く指導する。フォニックス指導の主な効果及び指導上の留意点は4.1 (p.114) を参照されたい。また，母音字の読み方は表中のルールが適応されないものも多いが，少し大きい単位にすると規則性が高くなる。すなわち find, mind を ind グループ，bright, fight, light, night, right を ight グループ等として指導する。また，音素単位のルールが適用できる say, day や mine, wine などもこの単位で読むことにより，一文字ずつ読むよりも速く読める。このような phonogram（同じ音を表す文字列）を利用する読みの指導をフォニックス指導の中心に据えるとする考え方もある（Adams, 1990）。なお，多音節語も基本のルールをヒントにある程度正しく音声化できるようになる。ただし強勢位置や，強勢のない母音があいまい母音（about の a の音）として発音することは，文の音読等でモデルを示して学習させなければならない。

　指導において最も重要なことは，指導者はフォニックス・ルールを熟知し，適切な時期に適切なルールを指導し，学習者が英語を読むときには常に既習のルールを適用して自力で読み進むよう導くことである。

8. スローラーナーの支援について

　中学校や高校で他の教科と比べて英語が極端に不得意な生徒がいるが，彼らは読み書きの学習に困難をきたしている可能性がある。英語圏では，小学校3年生で基本的な読む力が備わっていることがひとつの目安である。読む

ことに困難をきたす子ども（発達性読み書き障害，読み書き困難等）が約10％から20％に上る。発達性の障害は完治することはなく，低学年時に適切な支援を受けなければ，就学中（中学校卒業まで）に困難を克服することは難しく，学習が遅延するとされている。逆に小学校3年生までに適切な支援教育を受ければ，通常の環境で学習し発達していく。しかし日本では読み書き障害の現状把握，早期診断方法，ならびに支援方法，の全てにおいて不十分である。先に述べたとおり，日本語のかな文字は音と文字のつながりが規則的で，読み書き障害が表出しにくいとされている。現在，読み書き障害単独の調査は行われていないが，「通常の学級に在籍する特別な教育的支援を必要とする児童生徒の全国実態調査」（文部科学省，2002）の「知的発達に遅れはないものの学習面で著しい困難を示すと担任教師が回答した児童生徒の割合」（学習障害の割合）は4.5％で，そのほとんどが読み書きに問題があると考えられている。欧米に比べて確かに少ない。

このように読みの学習の難しさが理解されにくい状況に加えて，英語の読みの学習においては，読めない原因が学習者の問題か，指導法の問題かの判断も必要になるため，取り上げられることがさらに少ない。しかしフォニックスを指導していると，視覚面（文字の識別）や音声面（音の識別）でとまどう学習者に出会う。まず視覚面では，b, d, p, qやh, n, rなどの区別が難しい。すでに述べた通り，読解のためには，文字や単語をゆっくり考えて識別できるだけでは不十分で，自動的に迅速かつ正確に処理できるようになるまで，練習しなくてはならない。次に聴覚面では，識字力の前提とされる話しことばの音韻認識力（Adams, 1990）に問題があり，音声指導が十分に行われていない授業では，この能力が不十分になる場合が多い。

これらの困難は，学習の初期段階で補足的な指導をすることで，克服できる。文字の識別は，大文字と小文字や小文字同士の類似点や相違点を分析させ，ドリル練習のためのゲーム等を取り入れたボトムアップ的な指導と，文字を見せながらの本の読み聞かせや，音声を聞きながら文字を指で追わせる活動等のトップダウン的な指導とを併用して文字の認識力を高める（Heilman, 1976；松香訳，1981）。

音の識別については，2つの単語の最初の音が同じか否かの判断や，最初の音の識別，あるいはしりとり（綴りではなく音）などで理解を高める。また，例えば，fiveという単語の最初の音を取り出せない場合は，/f/を長く/fffffffaiv/と発音して聞かせる。逆に，f-i-v-(e)の3つの音を自然につなげられない場合は，f+ive（オンセット＋ライム）のオンセット/f/を発音さ

せながら，ライム部分をいってみるよう促す。この際，fのように次の母音につなげやすい音（連続してだせる音，f, m, n, s, v, z。/h/ は最も難しい）から始めるなど，指導順序は十分吟味するとよい。

表2　フォニックス・ルール表

	グループ*	ルール*	文字・文字列	キーワード　例
1	1文字1音（One letter one sound）	子音（Consonants）	b, c（/k/&/s/），d, f, g（/d/, /f/, /g/）	bear, cow, city, fish, goat, giant 他
		5つの短母音（Short vowels）	a, e, i, o, u	jam, bed, six, mop, run
2	アルファベット文字名読みの母音（Letter name vowels）	サイレント e（Silent E）	a-e, e-e, i-e, o-u, u-e	cake, Pete（名前），five, rose, cube
		礼儀正しい母音（Polite vowels）**	ai, ay, ea, ee, ie, oa, ow, ue, ui	rain, May, tea, sleep, pie, boat, snow, blue***, fruit***
3	2文字新しい音（Two letter one sound）	2文字子音（Consonant digraphs）	ch, sh, ph, wh, th（有声＆無声），ck, ng	chain, ship, phone, white, this, think, back, sing
		2文字母音（Vowel digraphs）	oo（2通りの発音），ou, ow, oi, oy, au, aw	book, room, town, house, coin, boy, August, straw
4	混ざり合った音（Blended sound）	連続子音（Consonant blends）	bl, gr, sk, tr, spr	black, green, skate, tree, spring
		Rのついた母音（Murmuring vowels）	ar, or, ir, wor, ear, er	car, fork, girl, word, ear, flower
5	その他（例）	i の文字名読み	ind, igh, y	my, by, fly
6	語尾の変化	複数の s	/s/ /z/ /iz/	cups, pens, buses
		三人称単数の s	同上	jumps, plays, washes
		過去形	/t/ /id/ /d/	jumped, started, played

*フォニックスのグループ名やルール名は指導書や教材によって多少異なる。
** Polite vowels（礼儀正しい母音）は，母音字が並列して歩いているとき，2つ目の母音字が，初めの母音字にお先にどうぞといって，自らは音を出さず，初めの母音字がアルファベット文字の音を出す，ということを表すルール名。
*** blue, fruit などの /u:/ は本来は /ju:/ であったものが発音しやすい /u:/ になったもの。『Active Phonics』（松香・宮，2001）をもとに一部変更。

第5章
教科書を用いた音読・シャドーイング指導（中学校）

英語に対して興味を持てない生徒をどうサポートするか，また楽しく，力のつく授業をどう進めるのかが大きな課題である。教科書本文を体にしみこませるように，様々な工夫をしながら音読やシャドーイングを行うことは，その課題に対する解決策の一つで，基礎学力の定着に非常に有効である。

5.1 会話文の音読・シャドーイング指導

教師中心の一斉授業だけでは，生徒の学習意欲を向上させることは難しいので，ペアワークを行う必要がある。ペアワークは練習量を増やすことができ，また，生徒同士が助け合いながら学習を進めるので，良い人間関係を築くことができるという意味でも積極的に取り入れるべきである。対話文は特にペアワークに向いているが，ペアワークに入る前の一斉指導を充実させる必要がある。筆者は，一斉指導で次の2点を心がけている。

①教科書本文の内容理解段階では，簡易アナライザ（→ p.143）を用いて生徒の理解度を確認しながら，正答はすぐには提示せず，必要に応じてヒントを与えて，繰り返し教材を聴かせたり，聴きながら黙読させる。

②一斉指導後のペアによる音読練習やQ＆A，プラス・ワン・ダイアローグなどの活動を生徒がうまく進めることができるように，その前段階で多様な手法を用いて，たくさんモデルを聴きながら音読させる。

ここでは，一斉指導とペアによる活動を中心とした指導を紹介する。

5.1.1 授業の流れ
①リスニングによる内容理解（本文を見ずに）
②リスニングしながら黙読による内容理解（本文を見る）
③音読練習
④まとめ　T or F Quiz（Reading and Correction）
⑤復習（英問英答）

⑥ Activity プラス・ワン・ダイアローグ

5.1.2 教材例

> *Emma*：Landmines are terrible. Are they removed easily?
> *Ken*：No, they aren't. Specialists are needed.
> *Emma*：How do they remove landmines?
> *Ken*：They usually have to do it by hand. See this man. It's slow and dangerous work.
> *Emma*：I can imagine that.
> 　　　　　　　　*New Crown English Series* 2 New Edition（三省堂），73

5.1.3 指導例
(1) リスニングによる内容理解
　教科書を閉じた状態で，CD の本文を聴かせる。リスニング前に 1 つずつ内容を問う次のような質問をリスニング・ポイントとして与えてから聴かせる。リスニングは質問の数と同じ回数行う。
〈Comprehension Check のための質問例〉

> ① 地雷を撤去することはどうだと言っていますか。
> ② 地雷の撤去は誰によって行われますか。
> ③ 地雷の撤去は何を使って行われますか。
> ④ 地雷の撤去はどんな作業ですか。
> ⑤ Emma はどんなことを想像できると言っていますか。

〈対話例〉

> T：1 つ目の質問です。"地雷を撤去するのはどうだ"と言っていますか。
> Ss：（質問の箇所に注意して CD を 1 回リスニングする）
> T：1 つ目の質問は"地雷を撤去するのはどうだと言っていますか"でした。では，2 つ目の質問です。"地雷の撤去は誰によって行われますか"。
> Ss：（質問の箇所に注意して CD を 1 回リスニングする）

(以下，同じような手順で③〜⑤の質問とリスニングを繰り返す)

〈留意点〉
　①新出単語（landmines, terrible, remove, imagine）はリスニングを行う前に導入する。ただし，推測可能な語であれば，事前の導入は行わない。
　②教科書は閉じた状態で行う。
　③本文を聴かせる前に，リスニング・ポイントを与えてから聴かせる。

(2) リスニングしながらの黙読による内容理解

　(1) の Comprehension Check のための質問をプリントにして配布し，生徒は CD を聴きながら教科書を黙読した後，答えを記入する。その後，教科書を利用した「簡易アナライザ」（下記参照）で生徒の理解度をチェックする。

〈対話例〉

> T：1つ目の質問は"地雷を撤去するのはどうだ"と言っていますか，でした。答えが分かった人は教科書の表を，分からない人は裏を，答えに自信のない人は背表紙を見せてください（簡易アナライザ）。3・2・1。
> Ss：（生徒は自分の書いた答えの自信度によって，表・裏・背表紙を見せる）
> T：（自信がない，分からないという生徒がいる場合，ヒントを与えてもう1度本文を聴きながら黙読させる）
> 　　もう1度 CD を聞きます。Emma と Ken の会話の最初の方に注目して聴いてください。
> Ss：（質問の箇所に注意して CD を1回リスニングする）
> T：分かりましたか？　では，もう1度確認します。教科書で答えを示して下さい。はい，3・2・1。
> Ss：（生徒は自分の書いた答えの自信度によって，表・裏・背表紙を見せる）
> T：地雷の撤去はどうだと言っていますか？ S_1
> S_1：難しい。
> T：　そうですね。Are they removed easily? － No, they aren't. と答えていますね。"easily：簡単に"に対して No と答えていますね。
> 　　（以下，同じような手順で②〜⑤の質問とリスニングを繰り返す）

〈留意点〉
　①教科書を「簡易アナライザ」として用いる。
　②理解度チェックに「簡易アナライザ」を使う場合，次の点に留意する。
　　・「分からない」生徒がいたら，必ずヒントを与えて，もう一度聴かせたり読ませたりする。
　　・教科書で答えを提示していない生徒がいたら，必ず反応を促す。その生徒の反応が，「分からない」あるいは「自信がない」であれば，ヒントを与えて，もう一度聴かせる。

(3) 音読練習１：リッスン・アンド・リピート
　句・節または文ごとに２回ずつ行う。

T：Listen and repeat, "Landmines are terrible".
Ss：Landmines are terrible.（terrible が発音できていない生徒が多い場合）
T：terrible
Ss：terrible
T：terrible
Ss：terrible
（生徒が上手く発音できない単語やフレーズはその部分だけ練習させ，再度１文まるごとを練習させる）
T：Landmines are terrible.
Ss：Landmines are terrible.
T：Landmines are terrible.
Ss：Landmines are terrible.
（同じようにして最後まで行う）

〈留意点〉
　①教科書を開く。
　②生徒自ら発音できない単語やチャンク単位ごとのリッスン・アンド・リピートを行った後，１文ごとに行う。
　③音読する単位が短い場合は，教師の音読のオウム返しになる可能性があるので，２つの句を１つの音読のチャンクにしてリピートさせる。

(4) 音読練習２：リード・アラウド・リッスン・アンド・リピート　（２回）
　T：日本語→ Ss：英語→ T：英語［モデル］→ Ss：英語の順序で行う。

> T：私が日本語を言いますので，それに該当する箇所を音読してください。その後，もう1度私が音読しますので，リピートしてください。
> （1回目）
> T：地雷は恐ろしいね。
> Ss：Landmines are terrible.
> T：Landmines are terrible.
> Ss：Landmines are terrible.　（以下省略）
> （2回目）
> T：今度は，1回目より長くなる部分があります。私の日本語を良く聴いて，それに該当する箇所を音読してください。
> 　地雷は恐ろしいね。地雷は簡単に取り除けないの？
> Ss：Landmines are terrible. Are they removed easily?
> T：Landmines are terrible. Are they removed easily?
> Ss：Landmines are terrible. Are they removed easily?　（以下省略）

〈留意点〉
①意味を考えずに空読みするのを防ぐために，日本語を与える。
②1回目は，文が短い場合は1文。長い場合は，1フレーズごとに行う。一通り終わったら2回目は，1フレーズごとまたは2フレーズ，あるいは1クローズ，文が短い場合は2文をひとまとめにして行うなど，変化をつける。そうすることで，意味を意識して音読しているかどうかが分かる。
③生徒が上手く文を再生できた場合でも，スローラーナーのために必ずもう一度教師がモデルを与え，リピートさせるようにする。
④この音読練習2以降，教師は感情を込めて音読し，生徒にも感情を込めて音読するように指示する。

(5) 音読練習3：パラレル・リーディング

（2～3回：CDのネイティブ・スピーカーによる朗読を聴かせる）

> T：今からパラレル・リーディングをします。CDが本文を読み始めると同時に，みなさんも本文を音読し始めてください。では，始めます。
> CD & Ss：Landmines are terrible.

> CD & Ss：Are they removed easily?
> CD & Ss：No, they aren't. Specialists are needed. （以下省略）

〈留意点〉
　①最初は，音読するチャンクごとにポーズを長めに取って（単語や音節のスピードを遅くするのではなく），教師が音読し，最終的には自然なポーズに近づけ，自然な速さで読めるようにする。
　②イントネーションや強弱なども教師（CD）の発話に合わせるように指導する。

(6) 音読練習4：シャドーイング（2～3回：CDのネイティブ・スピーカーによる朗読を聴かせる）

> T：では，教科書を閉じてください。今からシャドーイングを行います。では，始めます。（実際にはSsはほんの少しTより遅れて発話するので，それを表すために，Tよりも数文字分ずらして表示しています）
> CD：Landmines are terrible. Are they removed easily? No, they aren't.
> Ss：　Landmines are terrible. Are they removed easily? No, they aren't.
> CD：Specialists are needed. How do they remove landmines? They
> Ss：　Specialists are needed. How do they remove landmines? They
> CD：usually have to do it by hand. See this man. It's slow and dangerous
> Ss：　usually have to do it by hand. See this man. It's slow and dangerous
> CD：work. I can imagine that.
> Ss：　work. I can imagine that.
> 　（生徒が，通常のシャドーイングができるようであれば，数語遅らせてスタートさせる。教師が挙げた手を下ろして，生徒にスタートさせる）
> T：では，今度は私が手を挙げますから，私が手を降ろしたら，最初からシャドーイングしてください。私の手をよく見て…。では始めます。
> T：Landmines（ここで手を下ろす）are terrible. Are they removed easily?
> Ss：　　　　　　　　　　　　Landmines are terrible. Are they removed easily?
> T：No, they aren't. Specialists are needed. How do they remove
> Ss：　No, they aren't. Specialists are needed. How do they remove
> T：landmines? They usually have to do it by hand. See this man. It's slow
> Ss：landmines? They usually have to do it by hand. See this man. It's slow

> T : and dangerous work. I can imagine that.
> Ss :   and dangerous work. I can imagine that.

〈留意点〉

① 教科書を閉じた状態（本文を見ない状態）で行う。
② 最初，教師は生徒がスムーズについてこられるようにフレーズやクローズ，文と文の間で少しポーズを置いて読む。徐々にポーズを短くし，最終的にはCD（ネイティブ・スピーカー）の朗読と同じ速さでシャドーイングさせることを目標とする。
③ 上手くできるようになってきたら，教師の発話から1～3語分遅れて生徒にスタートさせ，難易度を上げても良い。

(7) 音読練習5：リード・アンド・ルックアップ（2回）

> T : 私が日本語訳を言ってRead! と言ったら，その英文を3回黙読しなさい。次に，Look up and say! と言ったら顔を上げて，教科書を見ずにその英文を声に出して言いなさい。その後，もう一度モデルを示しますのでリピートしなさい。では，始めます。
> 「地雷は恐ろしいね」Read!
> Ss :（頭の中で3回 "Landmines are terrible." と繰り返し黙読）
> T : Look up and say!
> Ss : Landmines are terrible.（顔を上げて1文を読み上げる）
> T : Landmines are terrible.
> Ss : Landmines are terrible.
> （以下省略）
> T : では，次にそれぞれのパートごとのリード・アンド・ルックアップを行います。
> 「地雷は恐ろしいね」Read!
> Ss :（頭の中で3回 "Landmines are terrible." と繰り返し黙読）
> T : Look up and say!
> Ss : Landmines are terrible.
> T : Landmines are terrible.
> Ss : Landmines are terrible.
> （中略）

> T:「専門家たちは手で地雷除去を行わなければならないんだ。」「この男性を見て。」「とてもゆっくりとした危険な作業なんだ。」Read!
> Ss:（頭の中で3回 "They usually have to do it by hand. See this man. It's slow and dangerous work." と繰り返し黙読）
> T: Look up and say!
> Ss: They usually have to do it by hand. See this man. It's slow and dangerous work.
> T: They usually have to do it by hand. See this man. It's slow and dangerous work.
> Ss: They usually have to do it by hand. See this man. It's slow and dangerous work.
> （以下省略）

〈留意点〉
①生徒に黙読させる前に必ず日本語の訳を与える。
②黙読させる時は，高速で3回黙読させる。
③必ず教師のモデルを与えてリピートさせる。
④会話文の場合，1文ずつの練習後にパートごとのリード・アンド・ルックアップを行う。

(8) 音読練習6：日英通訳演習（ペアワーク）（1回）

ワークシートを配布する。生徒同士で行う。片方の生徒（S_1）がもう一方の生徒（S_2）のワークシートを持って，1文ずつ日本語を言う。S_2は何も見ずにその日本語にあたる英語を言う。S_1はS_2が言った英語が正しいかどうかチェックし，間違っていたら教える。最後まで終われば，役割交代。

〈留意点〉
①時間を制限して行う。制限時間はスローラーナーが最後までできるだけの時間を設定する。制限時間内は練習を続けさせ，ダイアローグを何回といくつの文を言うことができたかを記録させる。
②パートナーが途中で詰まった場合は，ヒントを与えて，もう一度最初から全て言えるように協力する。
③相手が言えなかった英文の横にチェックを入れ，復習させるようにする。
④スローラーナー同士にならないように配慮する。

〈ワークシート〉

Emma	Ken
地雷は恐ろしいね。 地雷は簡単に取り除けないの？	Landmines are terrible. Are they removed easily?
No, they aren't. Specialists are needed.	できないよ。 専門家が必要とされるんだ。
彼らは，どうやって地雷を取り除くの？	How do they remove landmines?
They usually have to do it by hand. See this man. It's slow and dangerous work.	彼らは普通，それを手でやらなければならない。この男の人を見てごらん。 時間がかかるし危険な作業だよ。
私も想像できるわ。	I can imagine that.

(9) まとめ：T or F Quiz (Reading and Correction)

下のようなワークシートを用いて，本文の内容と異なる記述を正しく直させる。3～4分程度で各自で訂正させる。教科書は閉じて行う。

〈間違い探し〉
☆それぞれの英文が本文の内容と合っていない場合，本文の内容と合うように正しい文に書き直しなさい。
① Landmines are not terrible.
② Removing landmines is easy.
③ We have to remove landmines by machine.
④ To remove landmines is fast and easy work.
⑤ Emma can't imagine the work is very dangerous.

〈留意点〉
①教科書を閉じて行わせる。
②訂正の仕方は様々あるが，本文の内容と一致していれば良い。どのように訂正したか，生徒から様々な意見を聞き出す。例えば，② Removing landmines is easy. は，(1) Removing landmines is not easy. という答えと (2) Removing landmines is difficult. という答えの2つがあった。

以下は，次の時間に行う。

(10) 復習：英問英答（次の時間の最初に行う）
　ワークシート配布→英問の音読練習→前時に学習した本文の音読練習→ペアによる英問英答という順序で行う。
　まず，次のようなワークシートを配布する。中央の空欄は英語の質問に正しく答えることができたときに✓を入れるための欄である。

Question		Answer
How are the landmines?		Landmines (They) are terrible.
Are they removed easily?		No, they aren't.
Who are needed to remove landmines?		Specialists are needed.
How do they remove landmines?		They usually remove them by hand.
How is the work?		It's slow and dangerous work.

(11) 英問の音読練習
　ワークシートを配布したら，答えが見えないように真ん中で用紙を二つ折りにさせる。次に英問を音読練習させる。後にペアワークで英問英答を行うための準備と，どんなことが問われるかを明確にするために行う。

> T：では，Question の意味を確認しながら音読練習します。Repeat after me.
> 　「地雷とはどのようなものですか」"How are the landmines?"
> Ss：How are the landmines?
> T：「それらは簡単に取り除けますか」"Are they removed easily?"
> Ss：Are they removed easily?（英問が既習の語ばかりで構成されている場合は，リッスン・アンド・リピートは省略可）
> （以下省略）
> T：次は日本語の意味だけ言いますので，質問を音読しなさい。その後，私の後について音読しなさい。「地雷とはどのようなものですか」
> Ss：How are the landmines?
> T：How are the landmines?
> Ss：How are the landmines?　（以下省略）

〈留意点〉
　確実に英問が音読できるようにする。

(12) 前時の復習（音読練習）

> T：では，本文の内容を思い出しながらパラレル・リーディングをしましょう。質問の答えになる部分があるので，しっかり意味を確認しながら読みましょう。
> T & Ss：Landmines are terrible.
> T & Ss：Are they removed easily?
> T & Ss：No, they aren't. Specialists are needed.　（以下省略）
> T：もう一度，しましょう。(シャドーイングでもよい)
> （以下省略）

(13) ペアワークによる英問英答

　生徒同士で行う。片方の生徒（S_1）がもう一方の生徒（S_2）のワークシートを持って質問する。S_2は何も見ずに質問に答える。S_1はS_2が言った英語が正しいかどうかチェックし，間違っていたら教える。終われば交代。

> T：ペアワークです。1人がワークシートを見ながら質問してください。答える人は何も見ないで英語で答えます。相手が答えられたらチェック欄に○を記入しなさい。相手が答えに詰まった場合は，日本語の意味を与えるか，語句を教えてあげなさい。言えなかった語句には下線を引きなさい。制限時間は2分間です。時間内に答え終わった場合は，最初の質問に戻って，時間があるかぎり，答え続けなさい。Stop! Time is up. と言われたら止めて，時間内に延べいくつの質問に答えることができたかを記録しなさい。では，始め！
> Ss：（生徒同士で英問英答を行う）
> T：Stop!　Time is up.
> Ss：（延べいくつの質問に答えることができたかを記録する）
> T：では，役割を交代しましょう。(以下省略)

〈留意点〉
　①$S_1 \rightarrow S_2$，$S_2 \rightarrow S_1$で時間を制限して行う。制限時間はスローラーナーが

最後までできるだけの時間を設定する。制限時間内は練習を続けさせ，ダイアローグを何回といくつの文を言うことができたかを記録させる。
②パートナーが途中で詰まった場合は，ヒントを与えて，もう一度最初から全て言えるように協力する。
③相手が言えなかった英文の横にチェックを入れ，復習させるようにする。
④スローラーナー同士にならないように配慮する。

(14) Activity プラス・ワン・ダイアローグ
　最後に1文入れるなら，自分はどんなことを言うか考えさせ，1文を作らせる。今回の内容であれば，Emma の "I can imagine that." の代わりに，どのような台詞を自分なら言うかを考えさせておいてから，Emma 役と Ken 役に分かれて，ダイアローグ全体を何も見ないで行わせる。

5.2 説明文の音読・シャドーイング指導

　説明文はいろいろ発展させることで，知的で活発な活動にしていきたい。主語を三人称や複数に変えたり，動詞の時制を変えさせることもできる。また，本文が答えとなる質問文を作らせることもできる。
　こういった活動は，ペアワークによるコミュニケーション活動で協同しながら学習させたい。ペアは学力と希望によって組み合わされたリーダーとパートナーによる固定制にするとよい（中嶋，1997）。学力差のある生徒が互いに協力し合うことで，共に伸びようとする態度が育ち，活気のある授業となり，結果的に学力も向上させることができる。
　卒業時のアンケートでは，学力レベルに関係なく，「ペアワークが一番楽しく」，「教科書の音読練習が最も効果的で，英語力を高め，入試に十分対応できる力がついた」という答えが多かった。定期テストにおいても，30点台から約半年で70～80点台に伸びた生徒たちもいた。このことから，ペアワークによる教科書の音読・シャドーイング指導は学習意欲を高めるだけでなく，高校入試に対応できる力を伸ばすことにも非常に有効であると言えよう。

5.2.1 授業の流れ

　ここでは，教科書本文の内容理解後の音読練習を中心に据えて，その後，本文の内容理解をさらに深めるために会話文を作成することを目標とした授業を紹介する。初めての英文に対応できるよう予習はさせていない。なお，新出文法事項の指導は事前に終えてある。大まかな授業の流れを以下に示す。

①教科書本文のオーラル・イントロダクションと Q & A
②フラッシュカードを使った新出語の練習
③音読練習1（リッスン・アンド・リピートを，フレーズごとに行う）
④音読練習2（日本文を聞いて英文で答える通訳トレーニング）
⑤音読練習3（全体でのリード・アンド・ルックアップ）
⑥音読練習4（パラレル・リーディングとシャドーイング）
⑦音読練習5（ペアで行う空所補充音読）
⑧会話文作成（ペアやグループで会話文を作り，音読する）

5.2.2 教材例

I'm studying sign language. Through this study, I learned signs. But I learned much more.

I learned that sign language is not about just signs. For example, my teacher taught me how to sign the word 'happy'. My hands were in the right place, but other students couldn't understand me well. My teacher said, "Smile when you sign 'happy'. Then people will understand you better." From this, I learned that facial expressions and gestures are important for communication.

New Crown English Series 3 New Edition（三省堂），71

5.2.3 指導例
(1) 教師によるオーラル・イントロダクション

T：Everyone, face up. Look at me. Turn to me.（全員を注目させる）
　Ok. Today's target is to read aloud the textbook, Lesson 8 section 2.（本時の目標を提示する）Do you remember some signs?（sign をして見せながら）What is this?
S₁：わかった！　ありがとう。
T：In English?
S₁：Thank you.
T：Good job. And next,（sign をして見せながら）what is this? What's

>   the meaning? What's the sign, S_2, do you remember this sign?
> S_2 : happy
> T : Yes. I'm happy. How about this? I'm happy…?
> S_3 : to meet you.
> T : That's right. I'm happy to meet you. Everyone, repeat after me, using the sign. I'm happy to meet you.
> Ss : I'm happy to meet you. (sign をしながら)
> T : But when I sign like this, my hands are in the right place, but my facial expression is wrong. For example, (しかめっ面で) how do you feel? Do you feel happy?
> S_4 : No, I don't feel happy.
> T : Of course. Smile when you are happy. Facial expressions and gestures are important for communication. Ok?

(2) フラッシュカードを使った新出語の練習

　フラッシュカードを用いて新出語の練習を行う。単に音声をリピートするだけではなく，語形変化や発音，派生語，つづり確認など変化を持たせるとよい。カードの提示も縦や逆さまに見せたりしてあきさせない工夫をする。

> T : I have some new words. Look at the cards. Repeat after me. facial
> Ss : facial
> T : fの発音に気を付けて！ Repeat after me. facial
> Ss : facial
> T : couldn't
> Ss : couldn't
> T : 何の短縮形？
> Ss : could not
> T : OK. communication
> Ss : communication
> T : Where's the stress?
> Ss : a
> T : Right. Everyone, write 'communication' with your finger.
> Ss : (指で書く)

第5章 教科書を用いた音読・シャドーイング指導（中学校）

```
T：Read aloud again.（カードを見せながら）
Ss：　communication　（生徒が先に発音する）
T：communication　（モデルを与える）
Ss：communication（まねる）（以下省略）
（2回目はカードを逆さまに提示して，同様に行う。→逆さま音読）
T：Now, say this in English.（日本語を見せて）
Ss：（カードの日本語を見て英語を言う）communication
T：communication　（モデルを与える）
Ss：communication（まねる）　（以下省略）
```

(3) 音読練習1：リッスン・アンド・リピート

　CDを使って本文を通して聞いたあと，ワークシートを使って教師に続いて，フレーズごとにリッスン・アンド・リピートを行う。特にスローラーナーがカラ読みにならないよう，生徒のリピート後さらにもう一度教師が繰り返して読むようにする。そうすることで，自分の言った英文を確認するようにする。2回目は語順を確認しながら読み上げるようにする。

```
T：Let's try the reading aloud exercise.　Repeat after me.
　　I'm studying sign language.
Ss：I'm studying sign language.
T：I'm studying sign language.（教師による繰り返し）Through this study
Ss：Through this study
T：'th' sound（発音の確認）Through this study, I learned signs.
Ss：Through this study, I learned signs.
T：I learned signs. Through this study, I learned signs. But I learned
　　much more.
Ss：But I learned much more.
T：But I learned much more.　（以下省略）
```

〈ワークシートの例〉

```
　　I'm studying sign language.　　　私は手話を勉強しています。
　　　Through this study,　　　　　　　この勉強を通して，
```

> | | |
> |---|---|
> | I learned signs. | 手話をいくつか学びました。 |
> | But I learned much more. | でも，もっと多くのことを学びました。 |
> | I learned | 私は，　　　ということを学びました。 |
> | that sign language is not about just signs. | 手話言語が手話だけではない |
> | For example, | 例えば， |
> | my teacher taught me how to sign the word 'happy'. | 先生が「うれしい」のやり方を教えた。 |
> | My hands were in the right place, | 私の手は正しい位置にあった |
> | but other students couldn't understand me well. | が，他の生徒はよくわからなかった。 |
> | （以下省略） | |

(4) 音読練習２：日英通訳演習

教師が和訳をフレーズごとに読み上げ，即座に対応する英語を答えさせる。その後，教師がモデルを提示し，生徒にリピートさせる。２回目はランダムに日本語を読み上げるのも効果的である。また，１，２回目でかなりできていれば，３回目はペアワークで行ってもよい。

> T：Let's go to the Translation Training.
> 「私は手話を勉強しています」
> Ss：I'm studying sign language.
> T：I'm studying sign language.
> Ss：I'm studying sign language.
> T：Ok.「この勉強を通して」
> Ss：Through this study
> T：Through this study
> Ss：Through this study
> T：「手話をいくつか学んだ」
> Ss：I learned signs.
> T：I learned signs.
> Ss：I learned signs. （以下省略）

(5) 音読練習３：全体読みでのリード・アンド・ルックアップ＋メモリー・リーディング（p.60）

全員を立たせて行う。慣れれば，フレーズから文レベルへと長くしていくようにする。難しいと思われる文は，語順を意識して，チャンクごとにヒン

トを出す。易しいフレーズや文の時は，Look up してからの間を長く取ったり，途中で "What day is it today?" などの Q & A を突然交えたりする。わざと混乱させることで集中力が高まる。ペアワークで行うこともできる。

T：Let's try Read and Look-up. Everyone, stand up again. Ok. Turn to me. First sentence, read. （頭の中で教師が 3 回ぐらい音読してから）Look up. Three, two, one, say the sentence. （短めの間合い）
Ss：I'm studying sign language.
T：I'm studying sign language.
Ss：I'm studying sign language.
T：Second sentence, read. （頭の中で教師が 3 回ぐらい音読してから）Look up. Five, four, three, two, one. Say the sentence. （文が長いので長めの間を取る）
Ss：Through this study I learned signs.
T：Through this study I learned signs.
Ss：Through this study I learned signs.
（中略）
T：Next, read…. （頭の中で教師が 3 回ぐらい音読してから）Look up. Three, two, one, say the sentence.
Ss：I learned that sign language is not about just signs.
T：I learned that sign language is not about just signs.
Ss：I learned that sign language is not about just signs.
T：Next, read…. （頭の中で教師が 3 回ぐらい音読してから）Look up. Three, two, one, say the sentence.
Ss：For example, my teacher taught me how to sign the word 'happy'.
T：For example, my teacher taught me how to sign the word 'happy'.
Ss：For example, my teacher taught me how to sign the word 'happy'.
（以下省略）

---

(6) 音読練習 4：パラレル・リーディングとシャドーイング

CD の音声に合わせてパラレル・リーディングを行った後，シャドーイングを行う。ペアで行う場合は CD の音声に合わせて正確に言えているかどうかを互いにチェックさせるとよい。

(7) 音読練習5：ペアで行う空所補充音読

　空欄補充のワークシートを使い，本文を再生しながら音読させる。空所はテキストの題材によって，新出語→内容語→機能語の順に難しくしたり，機械的に5～3語間隔で空所を作るようにしてもよい。時間を設定して何回読めるかをペアで互いにチェックしながら取り組むのも効果的である。
〈ワークシートの例〉

　　I'm studying sign language. _____ this study, I learned _____. But I learned much _____.　I learned that sign language _____ not about just signs.
　　（以下省略）

---

(8) 会話文作成（ペアやグループで会話文を作り，音読する）

　ワークシートを利用して，教科書本文が答えとなるような会話文を作成する。質問文については，別のペアと相談やチェックをさせて，できた英文を周りで確認，共有させるようにするとより高い協同学習を行うことができる。
〈ワークシートの例〉

A：（例）What are you doing?　（生徒配布分は空欄）
B：I'm studying sign language.
A：（例）What did you learn through this study?　（同上）
B：Through this study, I learned signs.　But I learned much more.
A：（例）What?　（同上）
B：I learned that sign language is not about just signs.
A：（例）For example?　（同上）
B：My teacher taught me how to sign the word 'happy'.
（以下省略）

5.3 物語文の音読・シャドーイング指導

　中学校での物語文の登場人物のセリフ部分の音読や物語展開に応じた情動豊かな表現活動としての音読は，意味を意識しながら音のつながりやプロソディーに慣れさせる格好のタスクである。日本語による説明なしにオーラル・インタープリテーションを繰り返すことが有効である（Yamamoto, 2009）。

読み聞かせは小学校英語の代表的な活動で，その経験を積み重ねてきた生徒は，教師による読み聞かせを楽しみながら想像して聴く素地ができている。指導者が通常の単元の指導法との差異を際立たせることで，学習者はその素地を生かし，純粋に物語世界に浸り，意味を自ら理解することができる。

　ジェスチャーや抑揚を伴う読み聞かせ，教師と生徒間のＱ＆Ａを含むインタラクション，イラストなどが，意味を想像するための足がかりとなる。全文を日本語に訳すのではなく，物語をイメージとして持った状態で，生徒自身もオーラル・インタープリテーションに挑戦する。その中で個々の生徒の中に新たな心的表象が描かれ，この過程が，既習語彙や新出語彙の内在化にもつながる。意味内容に集中させるため，物語は全文を一気に読ませる。

5.3.1 授業の流れ

①オーラル・インタープリテーションにより物語全体を読み聞かせる。
②物語の展開に沿ったピクチャー・カードを並べ替えるグループワークの中で，生徒同士の意見交流を通し大まかな物語展開を把握する。
③教師がピクチャー・カードを拡大したものを見せながら，教科書を見ないでジェスチャーも入れながら物語全体を読み聞かせる。
④教師と生徒のＱ＆Ａを交えたインタラクションを通して内容理解をする。
⑤音読練習１（モデルをまねてのパラレル・リーディングを，チャンクごとのポーズを徐々に短縮しながら行う）
⑥音読練習２（モデルをまねてのシャドーイング）
⑦音読練習３（個人がモデルなしでタイムを計りながらバズ・リーディング）
⑧グループで音読担当を決める
⑨次時のグループ音読を予告
⑩次時（グループごとにピクチャー・カードを使って音読発表）

5.3.2 教材例

　There was an old shrine in a village. One day a storm came and washed the shrine away. The next day people looked for the shrine. But they only found a big hole. People looked into the hole. It was deep and dark. Someone called into it, "Hello? Can anyone hear me?" No echo came back. A boy threw a stone into the hole. He listened, but there was no sound.

People heard about the hole on TV. They came from far away to see it. One day a man said to the people of the village, "I'll build a new shrine for you. But you must give me the hole." The people of the village agreed. The man advertised the hole as a new dump. People gave money to the man and dumped things into the hole. They dumped garbage, test papers, old love letters and so on. Trucks came from many places. They dumped industrial waste, nuclear waste and many other things.

A few years went by, but the hole did not fill up. People stopped worrying about garbage because they now had the perfect dump. The sea and sky became clean and beautiful. The village became a city.

One day a young man was working on the roof of a new building. He heard a voice from the sky. "Hello? Can anyone hear me?" it said. He looked up, but he only saw the blue sky. He started working again. Something fell down from the sky and hit the roof near him. But he did not notice. It was the stone!

"Can Anyone Hear Me?"
原作　星新一「おーい でてこーい」
(新潮文庫刊『ボッコちゃん』所収)
New Horizon English Course 2 (東京書籍), 88-91

5.3.3 指導例

1回目は，教科書の英文を黙読させながら，教師のオーラル・インタープリテーションによる読み聞かせを聴かせる。2回目は，教科書を閉じて，教師のジェスチャー（あとの教材例のゴシック体部分）を見ながら聴かせる。

(1) 1回目のオーラル・インタープリテーションとストーリー展開把握

物語文の新出語彙は教科書に和訳と共に掲載されているので，それ以上の明示的説明は与えない。生徒には，教師のオーラル・インタープリテーションの手法を用いた物語の朗読を聴きながら，英文を黙読させる。その後，グループワークの中でストーリー展開を確認する。教科書の新出語彙とその意味を見ながら聞かせるのが目的であるため，最初から教科書を開かせている。

＜教師によるオーラル・インタープリテーションの例＞

There was an old shrine in a village. One day a storm came and washed the
　　　　　ゆっくり　　　　　　　　　　　恐ろしそうに
shrine away.　The next day people looked for the shrine. But they only found a
　　　　　↑間をおいて
big hole. People looked into the hole. It was deep and dark. Someone called
驚いたように　　　　　　　　　　　　　　　　　ゆっくり・強調
into it, "Hello? Can anyone hear me?" No echo came back. A boy threw a
　　　　　　大きな声で　　　　　↑間をおく　声をひそめる
stone into the hole. He listened, but there was no sound.
　　　　　　　　　　　　　　　　　　　ゆっくり・声をひくく

　People heard about the hole on TV. They came from far away to see it.
One day a man said to the people of the village, "I'll build a new shrine for you.
↑雰囲気を変えて　　　　　　　　　　↑声色を変える　　強調
But you must give me the hole." The people of the village agreed. The man
　　　強調
advertised the hole as a new dump. People gave money to the man and
dumped things into the hole. They dumped garbage, test papers, old love
letters and so on.

… They dumped industrial waste, nuclear waste and many other things.
　　　　　　　　　　それぞれの項目をゆっくり強調して

　A few years went by, but the hole did not fill up. People stopped worrying
↑間をおいて
about garbage because they now had the perfect dump. The sea and sky became
　　　　　　　　　　　　　楽しげに　　　　　頭韻を強調して
clean and beautiful. The village became a city.
ゆっくり、楽しげに　　villageとcityの対比を際立たせて
　One day a young man was working on the roof of a new building. He heard
　↑雰囲気を変えて　　構文が取りにくいのでチャンクごとの間を強調
a voice from the sky. "Hello? Can anyone hear me?" it said. He looked up,
　　　　　　　　　　　　　　　　先ほどと同じ声色で強調
but he only saw the blue sky. He started working again. Something fell down from
　　　　　　母音を伸ばして強調　　早口で淡々と　　ゆっくり恐ろしげな声で
the sky and hit the roof near him. But he did not notice. It was the stone!
　　　　　　　　　　　　　　ゆっくり　　　低く、ゆっくりと
　　　　　　　　　　　　　　　　　　　余韻を残す

〈対話例〉

> T：(物語を読み聞かせたあと) Do you understand? Put your desks together group by group. Now, pass the picture cards. Arrange the cards in the right order. Ready? Go!
> Ss：(各グループごとにピクチャー・カードを並べる)
> T：Oh, group 3 is the first!(全グループが終了したのを確認して)
>   Will you put these bigger cards on the black board, group 3?
> Ss：Sure.(指名されたグループが大きなピクチャー・カードを黒板に貼る)
> T：Thank you. Move your desks again.

(2) オーラル・インタープリテーション2回目と内容把握

　黒板のピクチャー・カードを見ながら，ジェスチャーを伴ったオーラル・インタープリテーションにより物語を聞かせ，質問を織り交ぜた教師とのインタラクションを通して内容把握を行う。

> T：Now, close the textbooks. Look at these cards, and listen again.
>   (再度物語を読み聞かせる)

〈教師によるオーラル・インタープリテーションの例〉

　There was an old shrine in a village. One day a storm came and washed the
　　　　　　　　ゆっくり　　　　　　　　　　　　　　恐ろしそうに
shrine away. The next day people looked for the shrine. But they only found
　　　　　　　↑間をおいて　　　　　　　回りを見回す
a big hole. People looked into the hole. It was deep and dark. Someone called
　　　　　　驚いたように　　　　手をかざして見下ろす　　ゆっくり・強調
into it, "Hello? Can anyone hear me?" No echo came back. A boy threw a
　　　　　口に手を当て大きな声で　　　↑間をおく　声をひそめる　　投げる仕草
stone into the hole. He listened, but there was no sound.
　　　　　　　　手を耳にあてる　　　　　ゆっくり・声をひくく
　People heard about the hole on TV. They came from far away to see it.
　　　　　　　　　　　　　　　　　　　手招きする　　遠くへ手を伸ばす
One day a man said to the people of the village, "I'll build a new shrine for you.
　↑雰囲気を変えて　　　　　　　　　　　　↑声色を変える　　　強調

But you must give me the hole." The people of the village agreed. The man
　強調　　自分を指さす　　　　　　　　　　　　　　　　　うなずく
advertised the hole as a new dump. People gave money to the man and dumped
　　教室のごみばこに捨てる身振りをする　　指で金のジェスチャーをし，突き出す
things into the hole. They dumped garbage, test papers, old love letters and
so on. … They dumped industrial waste, nuclear waste and many other things.
　　　　　　　　　　　　それぞれの項目をゆっくり強調して

　　A few years went by, but the hole did not fill up. People stopped worrying
↑間をおいて　　　　　　　手のひらを水平にし，上へ
about garbage because they now had the perfect dump. The sea and sky became
　　　　　　　　　　　　　　　　楽しげに　　　　　　頭韻を強調して
clean and beautiful. The village became a city.
ゆっくり，楽しげに　　villageとcityの対比を際立たせて

　　One day a young man was working on the roof of a new building. He heard
↑雰囲気を変えて　　　構文が取りにくいのでチャンクごとの間を強調
a voice from the sky. "Hello? Can anyone hear me?" it said. He looked up,
上を見上げ手を耳に　　　　先ほどと同じ声色で強調　　　　　　　見上げる
but he only saw the blue sky. He started working again. Something fell down
　　　　　　　　　　母音を伸ばして強調　　早口で淡々と　　ゆっくり恐ろしげな声で
from the sky and hit the roof near him. But he did not notice. It was the stone!
　こぶしを上から下ろし教卓に当てる　　　　　　ゆっくり　　　　　低く，ゆっくりと
　　　　　　　　　　　　　　　　　　　　　　　　　　　　　　　　　余韻を残す

〈対話例〉

T：I will ask some questions.
　　　Q1　What is this?（図1のピクチャー・カード1を指さす）
S_1：神社。
T：Yes. 神社 is a shrine in English.
　　　（shrineのフラッシュカードを黒板に貼る）Next question.
　　　Q2　After the storm, what did people find?
S_2：Hole.
T：That's right. Deep and dark hole.（deep, holeのフラッシュカードを
　　ピクチャー・カード2の下に張る）
　　　Q3　What did people throw into the hole?
S_2：Garbage.
T：Good.（garbageのフラッシュカードの裏面「ごみ」を示した後，ピク

チャー・カード5の下に貼る) What's more?
S₂：Test.
T：(ピクチャー・カード5のテストの絵を指さしながら) Test papers. And…?
S₃：Love letter.
T：(ピクチャー・カード5の love letter の絵を指さしながら) Yes, that's right. Why did they throw test papers or love letters away, S₄?
S₄：Dangerous. Mother looks. 隠す所がないから。
T：Good guess. I want such a hole, too. What's more?
　　Q4　What did the young man working on the roof of building hear?
S₅：Voice."Hello? Can anyone hear me?"
T：Who said so?
S₆：That man!
T：(ピクチャー・カード2をさして) This man, yes. What will happen next?
S₇：Garbage.
T：Garbage "falls down".
S₇：Garbage falls down.
S₈：Love letters fall down.
S₉：Industrial waste, nuclear waste and many other things fall down.
T：Yes, the end of the world. Hoshi Shinichi wrote this story about 50 years ago. But I think this theme is quite new.

〈留意点〉
　①上に挙げたのはあくまでオーラル・インタープリテーションの例であり，指導者の裁量によるものが大きい（オーラル・インタープリテーションの詳細については11.9.5を参照）。
　②オーラル・インタープリテーションの際には，間の取り方や声色に工夫を加え，特に理解困難と思われる箇所は母音を強調，チャンクごとの境目にポーズを取って理解を助ける。
　③生徒の理解度を見ながら，既習語でも必要に応じて黒板に書き足す。
　④黒板にピクチャー・カード及びフラッシュカードが貼りきれない場合は，上段を前の黒板に，下段を後ろの黒板に貼ることもできる。

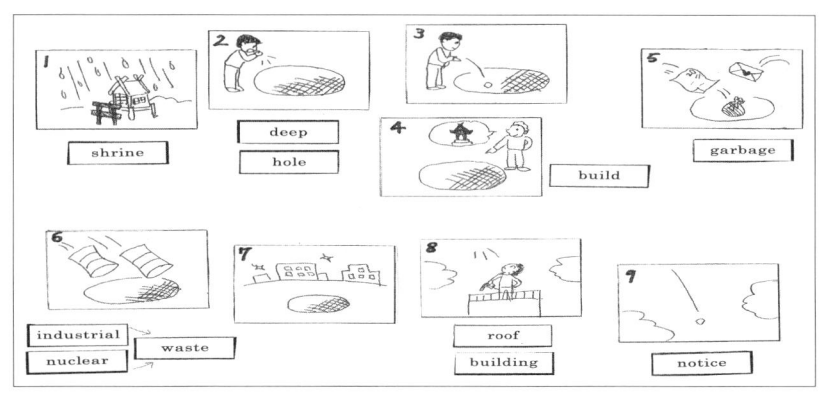

図1　板書の例

（3）モデルをまねて抑揚豊かに行う音読練習

　CDと教師によるモデルを適宜織り交ぜ，リーディングの種類も生徒の進度や意欲に応じて段階を上げながら，テンポよく音読させていく。

〈対話例〉

> T：Open your books. Now, let's start the parallel reading. Ready?
> 　（チャンクごとに1秒ほどの間を空けながらモデルを示す）
> 　　There was（1秒）an old shrine（1秒）in a village．．．（最後まで）
> Ss：There was．．．．．．．．．an old shrine．．．．．．．．．．in a village．．．．．．．
> T：Good job. Once again.（チャンクごとに0.5秒ほどの間を空けながら繰り返す）
> 　　There was（0.5秒）an old shrine（0.5秒）in a village．．．．．．（最後まで）
> Ss：　　There was．．．．．．．．．．an old shrine．．．．．．．．．．．．in a village．．．．．．．
> T：Excellent. Now, you can read without books, right? Let's try shadowing!（教師の声色や間を再現するようにシャドーイングさせる）
> T：Can you read yourselves? I'll count three minutes. Ready．．．go!
> 　（ストップウォッチで3分を計る（バズ・リーディング）。）
> T：Three minutes! How many students read the whole story?
> Ss：（最後まで読めた生徒は挙手する）
> T：Great. では4人のグループで1ページずつ担当を決めてください。

〈留意点〉
　①生徒の音読が順調であれば，パラレル・リーディングから早めにシャドーイングに切り替える。
　②逆に生徒の音読がスムーズでなければ，チャンクごとに入れるポーズを1秒より長くする。練習回数を増やす。
　③CDを適宜使うことで教師は生徒の音読を観察する余裕ができる。しかし，後半は必ず教師自身がオーラル・インタープリテーションのモデルを示す。情感を込め出すと生徒の声が徐々に大きくなりモデルがかき消されるので，教師はマイクを用いてもよい。
　④バズ・リーディングの際，早く読めた生徒は再度最初から読むように普段からルールを作っておく。時間があれば数回繰り返す。

(4) グループごとのオーラル・インタープリテーション

　家庭で音読をさせた上で，次時にグループごとの音読発表を行う。グループのメンバーが交代でピクチャー・カードを示す。聞き手となる他のグループの生徒は，教科書を閉じて聴くことに集中する。

〈対話例〉

> T: Now let's listen to storytelling by each group. Pass the check sheet.（他グループによる評価シートを配布する：図2）First, group 1, come up to the blackboard and get ready.... Ready? Close your textbooks, everyone.
>
> Group 1：（4人で順番に音読をする）
>
> T: Thank you. Give them a big hand.（拍手）You should read a little more loudly. Anyway good job. Fill in the check sheet, class. Now, group 2, get ready.（以下他グループも同様に発表する）
>
> T: All the groups have finished reading. Now, I gather the sheet.（最も票が入ったグループを集計する）The best storyteller is........ Group x!! Congratulations!　（最優秀グループに再度発表をさせる）

第5章 教科書を用いた音読・シャドーイング指導(中学校)

Check Sheet for "Let's Read !"					
	Group 1	Group 2	Group 3	Group 4	Group 5
声の大きさ	A B C	A B C	A B C	A B C	A B C
声の表情	A B C	A B C	A B C	A B C	A B C
スピード	A B C	A B C	A B C	A B C	A B C
ジェスチャー	A B C	A B C	A B C	A B C	A B C

Best group：

図2　評価シート

〈留意点〉
①項目は，生徒のレベルに応じて詳細化することもできる。ベストグループを選んだ理由を述べる時，この項目を見ながら述べるとスムーズに発表できる。
⑤中学生はオーラル・インタープリテーションを行うことに抵抗感があるので，録画しておき，学年で特に良い発表を他クラスでも見せることで，情感豊かに読むことに対する情意フィルターを低下させることができる。

第6章
教科書を用いた音読・シャドーイング指導（高校）

6.1 英語Ⅰ：物語文をもとにストーリー・リテリング リード・アンド・ルックアップで表現力を身につける

6.1.1 授業の要点と流れ

　第1時の授業の冒頭で，このパートの最後の活動としてストーリー・リテリングを行うことを伝える。読んで十分理解した英語をリード・アンド・ルックアップでしっかり覚え，自分の言葉として表現力豊かにストーリー・リテリングを行う。　（リード・アンド・ルックアップ参照→p.44）

［第1時］ パート1の概要を理解させるオーラル・イントロダクション → 教員の音読をペースメーカーにした黙読 → フラッシュ・カードで単語練習 → スラッシュ対訳シートで意味確認 → 音読（反復練習と個人練習）

［第2時］ 音読の復習とリード・アンド・ルックアップ → ストーリー・リテリング練習 → プレゼンテーション

6.1.2 教材例

Part 1　KIM

　I'm a nine-year-old girl from Vietnam. It's sad that I have no memories of my father. He died eight months before I was born.

　One Sunday, early in April, a very cold wind was rolling empty cans outside. People in Cleveland call this kind of weather spring, but in Vietnam we had no weather like that.

　On that day I went for a walk and reached a vacant lot. I had a secret plan. I chose a place behind a rusty refrigerator, dug six holes in the ground with my spoon, and placed a bean in each of the holes. In Vietnam

> my father was a farmer. And now I want him to know that I can grow plants. Well, I am a farmer's daughter!
>
> *PRO-VISION English Course* I New Edition（桐原書店），17

6.1.3 指導例
(1) スキーマの活性化（オーラル・イントロダクション）

　生徒の読解を支援する活動として，スキーマ（物語の背景情報，単語情報など）を与える。Visual Aids（絵や写真）を使い，新出単語を板書しながら，生徒が理解できるレベルの英語で物語の概要を話す。特に物語の登場人物や場所に関する情報を適切に与えれば内容理解が深まり，ポスト・リーディング活動のストーリー・リテリングが向上する。

> T：I'm going to tell you the outline of Part 1. Today we are going to read about a nine-year-old girl named KIM.（女の子の顔の絵を黒板に貼る）She came to America from Vietnam. Now, she lives in Cleveland.（Cleveland と板書する）It is a big city in Ohio.（黒板にアメリカの地図を貼り位置を示す Ohio と板書する）In such a big city as Cleveland, you can see so many buildings,（ビルの絵を貼る）and you can also find some vacant lots among the buildings.（a vacant lot「空き地」と板書し，空き地の絵を貼る）In such vacant lots, some people put garbage and things like old refrigerators.（refrigerator「冷蔵庫」と板書し，錆びた冷蔵庫の絵を貼る）
>
> 　One day KIM went out for a walk and came to a vacant lot. She arrived here to do something.（女の子の絵を空き地の絵の横に貼る）

〈留意点〉
　生徒の反応を見ながらゆっくり話し，物語の雰囲気をしっかり掴ませる。
(2) 詳細を問う英問と音声をペースメーカーにした黙読
　オーラル・イントロダクションで理解した概要を足がかりに，さらに細かい内容を読み取らせる。教員の音読や CD などの音声をペースメーカーとして適切な速度で黙読する。予め質問を与え，読み取るポイントを明確化する。
　　　質問例　Q１．Does KIM live with her father?
　　　　　　　Q２．What did she want to do in the vacant lot?

(3) フラッシュカードで単語練習
スペリングとモデル音声のマッチング→意味の確認→発音練習→意味と発音の一体化の順で単語の定着活動を行う。(4.2.4参照)

(4) スラッシュ対訳シートで意味確認
英語表現に注意させ物語を十分理解させる。

I'm a nine-year-old girl / from Vietnam. // It's sad /
　私は9歳の女の子です /（　　　　　）// 悲しいことです /
that I have no memories of my father. // He died / eight months before I was born. //
　父の記憶がないということは //　　（　　　　）/（　　　　　　）.//
　　（中略）
In Vietnam / my father was a farmer. // And now I want him to know /
ベトナムで / 父は農業をしていた　// そして，今は，父に知ってほしい /
that I can grow plants. // Well, I am a farmer's daughter! //
（　　　　　　）//（　　　），（　　　　　　　　）

図1　スラッシュ対訳シート

T：次は，スラッシュ対訳シート（図1）を使ってチャンクごとの意味を確認しましょう。
T：I am a nine-year-old girl　S_1，意味は何ですか？
S_1：私は9歳の女の子です。
T：from Vietnam. は？　S_2？
S_2：ベトナム出身の
T：from は「出身」を意味します。ベトナム出身の女の子ですね。(中略)
T：では最後の文です。Well, I am a farmer's daughter! 意味を言ってください。　S_3？
S_3：私は，農家の娘だから。
T：Well の意味はどんな意味ですか。
S_3：えーっと・・・。
T：ではペアで相談してください。(生徒のやり取りを暫く待ってからいくつか答えを拾い上げる。)（省略）

> T：もう1つ考えてください。And now I want him to know that I can grow plants. Well, I am a farmer's daughter! この2文にはキムのどのような気持ちが表れているでしょう。1分間でペアで相談してください。では，スタート。（できるだけ多くの意見を拾い上げる。答えは少々間違っていてもよい。）（以下省略）

〈留意点〉
　①主人公の気持ちなどをペアでゆっくり考えさせれば，ストーリー・リテリングを行う時に表現力が向上する。

(5) 音読練習

　リード・アンド・ルックアップへつなげるには，この段階でフレーズごと，センテンスごとの音読練習を行うことが重要である。

> T：ではフレーズごとの反復練習をしましょう。教科書やノートを閉じて顔を上げてください。英文を見ないで私の音読モデルを繰り返してください。英語のリズムとイントネーションをしっかりまねてください。「私は9歳の女の子です」I am a nine-year-old girl
> Ss：I am a nine-year-old girl
> T：「ベトナム出身の」from Vietnam
> Ss：from Vietnam（最後まで続ける。その後1文ずつの反復練習を行う。）
> T：ではセンテンスごとの反復練習をしましょう。教科書を見てください。私が日本語を言ったところまで大きな声で読んでください（リード・アラウド・リッスン・アンド・リピート→p.38）その直後に私のモデルを聞かせますから，顔を上げて繰り返してください。では，始めます。「私はベトナム出身の9歳の女の子です」
> Ss：I am a nine-year-old girl from Vietnam.
> T：I am a nine-year-old girl from Vietnam.（最後まで続ける。）
> Ss：I am a nine-year-old girl from Vietnam.（生徒は本を見ずに言う。）
> T：では，1人で音読できるように練習しましょう。口を大きく動かしてしっかり声を出しましょう。発音が分からない単語があれば手を挙げてください。
> Ss：I am a nine-year-old girl ….（バズ・リーディングを終了する。）

〈留意点〉
　①コーラス・リーディングでは不自然なリズムにならないように注意する。
　②単語の発音，リズム，イントネーションを丁寧に指導した後，個人練習を行う。個人練習ではしっかりモニターを行い，生徒の音読練習を支援する。

(6) リード・アンド・ルックアップの説明と練習（p.44参照）

　2時間目の冒頭で，1時間目のオーラル・イントロダクションで使用した絵を見せながら物語の要点を問うオーラルQ＆Aを行う。その後CDを聞かせ個人音読練習を一度行い，リード・アンド・ルックアップの説明を行う。

T：リード・アンド・ルックアップをします。この方法を使って，後でストーリー・リテリングをしますので，がんばって練習しましょう。では，スラッシュ対訳シートを出してください。私がスラッシュごとの日本語訳を言った後，Readと言いますので，スラッシュごとの英語をよく見てください。次にLook upと言いますから，顔を上げて英語を言ってください。その後，私が同じ箇所を音読しますから顔を上げたまま繰り返してください。では始めます。「私は9歳の女の子です」Read.（生徒はシートの英語を見る）Look up.

Ss：I am a nine-year-old girl.

T：I am a nine-year-old girl.（最後まで続ける）

T：では，1文ごとで練習をします。「私は9歳の女の子です／ベトナム出身です」Read.（生徒がシートを見る時間を前回よりも少し長く取る）Look up.

Ss：I am a nine-year-old girl from Vietnam.

T：次にペアで練習します。1人がリード・アンド・ルックアップで1文ずつ読み，もう1人が正しく言えているかチェックしてください。間違ったら「やり直し」と言ってください。（1人が終われば交代。もう1人が終われば終了。）

〈留意点〉
　①生徒が顔をあげて英語を言う前に，シートを見る時間を上手く調節する。
　②全体練習を2回→ペア練習の順番で行えばやり易くなる。

(7) ストーリー・リテリング（ペア練習）

　ストーリー・リテリングは物語の要点を自分の言葉で話す活動だが，1年生の初期段階では教科書の英語を忠実に再現することを目標とし，生徒の英語力が向上したところで徐々に自分の言葉で言い換えることにチャレンジさせる。また，教師が手本を見せることで，生徒の上達が早くなる。

> T：では，ストーリー・リテリングを始めます。（模造紙に書いたCue Wordsを貼る。プリントでも可）模造紙に書いてある単語をヒントにして，物語をしっかり思い出し英語で話しなさい。私が一度見本を見せます。（模造紙を指差しながら，ほぼ原文を再生するデモンストレーションを行う）I'm a nine-year-old girl from Vietnam. It's sad that I have no memories of my father. He died eight months before I was born. One Sunday, early in April, I went for a walk and reached a vacant lot. I had a secret plan. I chose a place behind a rusty refrigerator, dug six holes in the ground with my spoon, and placed a bean in each of the holes. In Vietnam my father was a farmer. And now I want him to know that I can grow plants. Well, I am a farmer's daughter!
> 　こんな要領で行います。最初はペアで協力して1文ずつ交互につないでいきなさい。どうしても思い出せないときは，教科書をリード・アンド・ルックアップで読んでもかまいません。Stand up. Are you ready? Start.
> S_1：I am a nine-year-old girl from Vietnam.
> S_2：It's sad that I have … no memories of…my father.
> 　（終われば，役割交代。生徒の力量や熟達度に応じて，1人がストーリー・リテリングを行い，もう1人が教科書を見てチェックしてもよい。）

Cue Wordsバージョン1（機能語を中心に残す形のワークシート）

> I'm _____ from Vietnam. It's sad that I _____ of my father. He _____ before I was born.（以下省略）

Cue Words バージョン2（内容語を中心に残す形のワークシート）

> a nine-year-old girl, Vietnam. It's sad, no memories, my father. My father, eight months, born. （以下省略）

〈留意点〉
　①生徒の力量に応じて，Cue Wordsの数を減らしていき負荷を高めていく。Cue Wordsの提示方法が易しいものを多用すると上達が遅くなるので，徐々に難しい方法にチャレンジさせることも必要である。
　②ペアでチェックする方法は，緊張感が高まり個人の力が付く。
　②熟達してくれば，クラスの前に出てプレゼンテーションするのも良い。

6.2 リーディングを主体とした音読・シャドーイング指導法
　　段階的に英問の質を上げて理解を深め音読リレーで競争させる
6.2.1 授業の要点と流れ
　「木を見て森を見ず」を防ぐため，概要を問う英問を与えたリスニングから始め，リーディングに移行する。さらに詳しい点を問う英語の質問を与え，モデル音声をペースメーカーにして聴きながら黙読させて理解を深める。次に，文脈より語彙の意味を推測させた後，ボトムアップの指導として，フラッシュカードを利用した単語の練習を経て，チャンクごとの意味理解を，対訳を利用して行う。音読練習はチャンクごとのコーラス・リーディングを行った後，モデルなしでバズ・リーディングを行う。次時にリレー音読を予告し，家庭学習での音読を徹底させ，行間を捉える英問を課し，深く考えさせる。

［第1時］　概要について英問を与えたリスニング　→　詳細を問う英問を与えた黙読　→　語彙指導　→　チャンク毎の意味理解　→　コーラス・リーディング　→　バズ・リーディング　→　リレー音読の予告＋深い英問
［第2時］　ウォームアップの音読　→　リレー音読本番　→　英問答え合わせ

6.2.2 教材例

In May 1999, Ken Noguchi was smiling with a Japanese national flag in his hands at the top of Mt. Everest. He was recognized as the youngest person to climb the highest peak in each of the seven continents. Nowadays, Noguchi is known as a man who has even bigger goals in mind.

Noguchi's challenges started when he was born to a Japanese father and an Egyptian mother. His father was a diplomat, so he lived in the U.S., Saudi Arabia, Egypt, and Japan. He was often bullied because he was half-Japanese. Since he easily surrendered, one time his mother slapped one of the children who had hit him. "Even when their parents argued with my mother, she never apologized," Noguchi recalls. "So I realized that I should never back down."

Mainstream English Course I 2nd edition（増進堂），30

6.2.3 指導例
(1) 概要を問う英問でリスニング

概要を問う質問を与えてリスニングさせる。その後、T or F Quiz で理解度をチェックする。その際、「簡易アナライザ」（下記参照）を用いる。

T : Today we are going to read about Ken Noguchi. He is a famous alpinist and sometimes appears on TV. What do you know about him? Now I give you two questions. 野口さんの話について、2つの英問を言います。指名しますので、簡単にそれぞれの質問のポイントを言ってください。質問は2回繰り返します。まず、question 1 です。

Q 1 Why did Noguchi become famous in 1999? （famous「有名な」は板書 図3参照）Q 1 のポイントは何ですか。

S_1 : 1999年に野口さんはなぜ有名になったか。

T : いいですね。では、Q 2 です。Why was Noguchi often bullied when he was small? （bully「～をいじめる」は板書）Q 2 のポイントは何ですか。

> S₂：小さい時になぜ野口さんはいじめられたか。
> T：そうですね。では，これらのポイントに注目して，音声を聞いてください。
> （音声 CD 等を流す。） 英語で答えるのが難しいと思いますので，質問を True or False に変更します。Question 1 は次の True or False になります。True or False No. 1：Noguchi became famous because he visited all the seven continents in one year.（continent「大陸」は板書）Question 2 は次の True or False になります。True or False No. 2：Noguchi was often bullied because he was short and small. If you think No. 1 is true, please show me the front of your textbook. If you think it is false, please show me the back of your textbook. True と判定した人は先生に教科書の表紙を向けてください。False と判定した人は裏を向けてください。一斉にどちらかを示してください。 Are you ready for True or False No. 1? Ready, set, go.（生徒は教科書の表か裏を示す。） 3分の1程度が True ですね。（板書の表を埋める。図3参照。）
> 　Now, what about True or False No. 2? Ready, set, go. こちらは，ほとんどが，False ですね。（板書の表を埋める。）

〈留意点〉
　①概要に関する質問でリスニングに目的を与える。答えの確認段階では，反応が容易な True or False に変更して簡易アナライザ方式を利用して，全員の反応を瞬時に把握する。結果を板書してフィードバックする。正解は読み進めると自然と分かる。
　②全員が活動に的確に参加できるようにキーワードは随時板書に残し，質問のポイントは日本語を利用して確認するようにする。英問英答に慣れていれば省くこともできる。

(2) 詳細を問う英問と音声をペースメーカーにした黙読
　さらに細かい点に注意を払わせ，黙読を行う。その際，理解の速度を適切なものにするため，モデル音声を聞かせながら行う。

> T：さらに質問をしますので，今度は教科書を開いて，その答えを探して下さい。音声を聴きながら文字を目で追っていきます。では質問です。Q 3 What did Noguchi have at the top of Mt. Everest? 質問のポイ

ントは何ですか。
S₁：エベレストの頂上で何をもっていたか。（at the top と Everest を板書）
T：そうです。では次の質問です。Q 4 What other goals does Noguchi have now? 質問のポイントは何ですか。（other goals と now を板書）
S₂：野口さんは今どんな目標をもっているか。
T：エベレスト登頂後のことをポイントに，音声を聴きながら黙読しましょう。（モデル音声を追いながら教科書を黙読）　Now, can somebody answer Question 3? What did Noguchi have at the top of Mt. Everest?
S₃：A Japanese national flag.
T：Yes, he had a Japanese national flag. What about Question 4? What other goals does Noguchi have now?
S₄：He has even bigger goals.　　（正解のキーワードを板書）
T：正解です。では，次の段落です。まず，質問を出します。Q 5 Why did Noguchi live in some foreign countries? Q 6 Why was Noguchi bullied?（英問のキーワードを板書）　音声を聴きながら黙読し，答えを考えましょう。（モデル音声を追いながら黙読。）Now, Q 5 Why did Noguchi live in some foreign countries?
S₅：Because his father was a diplomat.
T：いいですね。Q 6 Why was Noguchi bullied?
S₆：Because he was half-Japanese.　（diplomat, half-Japanese を板書）

〈留意点〉
　①段落ごとに２個程度の英問を前もって与え，黙読に目的を持たせる。
　②自分のペースで読ませるのでなく，モデル音声をペースメーカーにして負荷をかける。これで，読みにかかる時間をそろえることができる。
　③英語で答えることに手間取るなら，ペアでお互いの答えを確認し合う時間を設けるとよい。

(3) 語彙の意味を推測させフラッシュカードで単語練習
　文脈を利用して意味の推測可能な語彙を中心に，スペリング，発音，意味の一体化を目的に単語の定着活動を行う。

T：スペリングをよく見てどんな音か私のモデルをよく聞いてください。（recognize　surrender　argue　apologize のフラッシュカードを提示しモ

> デルを聴かせる。　まず，文字と音声の関係を理解させることを行う。）
> 次は意味を確認しましょう。recognize が使われている文を探して読んでください。　（いわゆるスキャニングの練習とする。）
>
> S_1：He was recognized as the youngest person to climb the highest peak.
> T：野口さんは recognize されていた。最も若い人として。最高峰を登頂した。recognize の意味は何ですか。（文脈より意味を推測する練習。）
> S_2：「認められている」。
> T：単語としては「認める」でいいですね。次は，surrender です。いじめられた時に簡単に surrender してはいけないが，小さい頃の野口さんは簡単に surrender したとあります。surrender の意味は何ですか。
> S_3：「負ける」ですか。
> T：近いですね。「降参する」で覚えましょう。お母さんが殴ったいじめっ子の母親が argue したとあります。argue はどんな意味ですか。
> S_4：「文句を言う」ですか。
> T：これもいい線ですね。「言い争う」がいいでしょう。では問い詰められた野口さんのお母さんは apologize しなかったとあります。apologize の意味は？
> S_5：「謝る…」
> T：その通りです。では，今度はこれらの単語のスペリング，音，意味を結びつけましょう。まず，スペリングを見て音を出していきます。（教師はスペリングを見せモデル音声を出し，生徒に発音させる。カードをさっと見せた後に隠して，スラスラと言えるようする。）
> T：次は意味を見て単語が出るように練習しましょう。（日本語を見せて英語を言う練習に移る。教師のモデルなしで生徒だけでできるようにする。）

〈留意点〉

①推測の正確さ以上にその過程を重視する。手間取るようであれば，正解を与え時間を節約する。

②定着練習では，モデルを聴く→意味を確認する→音声化する，のように順番に一度にひとつのことに集中させる。

③音節が多い語は，音節を分けて指導する。sur-ren-der では render を言えるようにして，sur を追加する。a-po-lo-gize の gize を言えるようにして apolo を付けるように指導する。

（4）対訳シートで意味確認

　日英の対訳シートを配布し，効率的な意味理解を行う。生徒には日本語の音読を課し，続く英語音読に円滑につなげるようにする。

T：次は，対訳シート（図2）でチャンクごとの意味確認をしましょう。私が英語を読み上げます。順番に日本語を読み上げましょう。1人ずつ指名しますので，クラス全員に聞こえるような音量でチャンクごとの意味を確認していきましょう。時々，英語に関する質問もしていきます。集中していないと授業の流れを見失いますよ。しっかりついてきてください。では，始めます。In May 1999

S_1：1999年5月に

T：　Ken Noguchi was smiling

S_2：野口健は微笑んでいた

T：With a Japanese national flag in his hands

S_3：手に日本の国旗を持って

T：national 1語の意味は何ですか。

S_4：「国」です。

T：それは nation です。national は flag にかかる形容詞です。

S_4：「国の」です。

T：そうです。では，続けます。at the top of Mt. Everest

S_5：エベレストの山頂で（最後まで続ける。）

● In May 1999, Ken Noguchi was smiling with a Japanese national flag in his hands at the top of Mt. Everest.	1995年5月に 野口健は微笑んでいた 手に日本の国旗を持って エベレストの山頂で
He was recognized as the youngest person to climb the highest peak in each of the seven continents.	彼は認められた 最も若い人として 最高峰に達した 7大陸のそれぞれで
● Nowadays, Noguchi is known as a man who has even bigger goals in mind.	現在では 野口は人として知られている より大きな目標を心に持つ

図2　英日対照の和訳シート

〈留意点〉
①日本語での音読ではクラス全員に届く大きな声をださせることを要求し，続く英語での音読練習の下準備とすると効果的である。
②単語単独の意味や，代名詞が指す内容を尋ねるなど，英語を分析する問いをはさむ。英語を参照せずに機械的に日本語を読むことを防ぐのと，指名順を変えて集中力を高めることができる。

(5) 音読練習

モデルをまねるリッスン・アンド・リピート（p.36）から生徒1人で行うバズ・リーディング（p.95）へ移行する。

T：では，音読練習をしましょう。まず，私の後について反復練習をしましょう。よく聴いて，英語らしい強弱のリズムやイントネーションをまねてください。In May 1999

Ss：In May 1999

T：Ken Noguchi was smiling

Ss：Ken Noguchi was smiling　　（最後まで続ける。）

T：今度は私のモデルなしで，音読できるか試してみましょう。声がしっかりでるように起立して，教科書を持ち，背筋を伸ばし，喉を開放する姿勢を取りましょう。Everybody, please stand up. You are going to read the text aloud up to the last sentence on this page. If you find any word difficult to pronounce, raise your hand. Then I will come and help you. When you finish, please sit down. Three, two, one, go.

Ss：In May 1999, ….（バズ・リーディングを終了する。）

〈留意点〉
①シートを手に持たせて，背筋を伸ばさせ，声の出る姿勢を取らせる。
②コーラス・リーディングの利点は，英語が苦手な生徒もまわりに助けられてできることである。欠点は，力を抜くものがいたり，全体で揃えるため不自然なリズムになることが多い。
③バズ・リーディングでは，上記の欠点を補うために，教室を回りモニターを行い，コーラスではできたが個人になると発話できない部分など挙手させ，個別に援助を行う。

(6) リレー音読（p.90）の説明

　単調になりがちな音読活動にゲーム性を盛り込む。数名のチームを即座に組み，1人1文でチームとしての音読の速さを競う。

T：今度はリレー音読をします。第2段落でやります。この段落は6つの文からできています。リレー音読では，6名のチームを組み，そのチームで第1文から第6文の音読担当を決めます。第1文担当から最後までの音読にかかる秒数を記録します。一番早いチームが優勝です。家でしっかり音読練習をしてきてください。誰がどの文の担当になるかわかりませんから，第2段落のどの英文でもスラスラ音読できるようにしてください。早く読むためのコツは何ですか。2つの語をつなげてなめらかに読むといいですね。3つ取り上げて練習しましょう。When he was born の When と he は he の [h] を弱くしてウェニーぐらいでよいでしょう。では後についてください。When he was born

Ss：When he was born

T：his father was a diplomat では was と a を連結させてみましょう。ワズアではなくワザとすると英語らしくしかも早く読めますね。his father was a diplomat

Ss：his father was a diplomat

T：もうひとつは one of the children の部分です。one と of をつなげてワノブとしましょう。では後について one of the children

Ss：one of the children

T：以上の点に注意して十分練習し，どの文でもスラスラと言えるようにしてきてください。

〈留意点〉
①本番では1文のみの担当だが，家庭での練習では全ての文を取り扱うことを周知する。
②全てを扱う時間はないので，限定的に注意すべきリンキングやリダクションを2，3取り扱い，家庭学習でのポイントとする。
③時間があれば，パラレル・リーディング，シャドーイング，リード・アンド・ルックアップも行う。

(7) 理解を深める英問を宿題に

家庭学習の音読練習に意味理解を進めるための深い問いを付け加える。

> 最後に, 質問を 2 つ出します。音読練習をしながら答えを考えてきてください。Q7 What was Noguchi's first challenge? Q8 Why didn't Noguchi's mother say sorry to the parents when they argued? では, しっかり宿題をしてきてください。（質問は板書する。）

〈留意点〉
① 考えさせる質問は家庭学習とする。また, この質問は, 宿題となる音読練習に新たな目標を提供している。
② 時間があれば英問をディクテーション活動としてもよい。

T	F	
1/3	2/3	Q 1　famous「有名な」 continent「大陸」
1	39	Q 2　bully「いじめる」

recognize 「認める」　　surrender 「降参する」

argue 「言い争う」　　apologize 「謝る」

Q 3　at the top　Everest
― A Japanese national flag

Q 4　other goals　now
― Even bigger goals

Q 5　Foreign countries?
― His father diplomat

Q 6　Why bullied?
― Half-Japanese

Homework
Q 7　What was Noguchi's first challenge?
Q 8　Why didn't Noguchi's mother say sorry to the parents when they argued?

図3　板書の例

(8) リレー音読

第 2 時に, ウォームアップを行った後, リレー音読の本番を行う。

> （ウォームアップにバズ・リーディング, パラレル・リーディング等を行う。）

> T：さあいよいよリレー音読です。ではチームを設定します。それでは，この列を Team A とします。山田１，佐藤２，橋田３，山本４，石田５，木下６です。起立してください。その他の生徒は，音読に間違いがないか聞いてください。それではストップウォッチで測ります。Ready, set, go!
>
> Yamada：Noguchi's challenges started when he was born to a Japanese father and an Egyptian mother.
>
> Sato：His father was a diplomat, so he lived in the U.S., Saudi Arabia, Egypt, and Japan.
>
> Hashida：He was often bullied because he was half-Japanese.
>
> Yamamoto：Since he easily surrendered, one time his mother slapped one of the children who had hit him.
>
> Ishida："Even when their parents argued with my mother, she never apologized," Noguchi recalls.
>
> Kinoshita："So I realized that I should never back down."
>
> T：皆さん，家での練習ポイントの語と語のつなぎはうまくできていましたね。では，次のチームを設定します。次はこの列で，橋本１，高田２…（この要領で，数チームで音読リレーを行う。）
>
> 皆さんなかなかのできでした。家での練習成果が出ていました。では，結果を発表します。時間のかかったチーム順です。まず，チームAが35秒。1か所の間違いがあり，5秒足して40秒です。（中略）…チームDとEは同タイムの30秒でした。優勝は，間違いがなくリレーができたEチームです。拍手！

〈留意点〉

①優勝チームの発表を最後にし，期待感を高めるようにする。

②間違いを指摘させ，減点をすることで，聞く際の集中力を高める。

③分担の文が予めわからないようにチーム設定は次のように変化をつける。マスを板書しておき，枠で囲み番号を振ると手際よくできる。

	(35+5秒)	(35秒)		(30秒)
	Team D 6		Team C 1	
Team A 6	Team D 5		Team C 2	Team E 1
Team A 5	Team D 4	Team B 6	Team C 3	Team E 2
Team A 4	Team D 3	Team B 5	Team C 4	Team E 3
Team A 3	Team D 2	Team B 4	Team C 5	Team E 4
Team A 2	Team D 1	Team B 3	Team C 6	Team E 5
Team A 1		Team B 2		Team E 6
	(30+5秒)	Team B 1	(38秒)	

(9) 宿題の英問の答え合わせ

生徒とやり取りしながら宿題となった問いの答え合せを行う。

T：それでは，宿題の英問はどうでしたか。What was Question 7?

S_1：What was Noguchi's first challenge?

T：Who can answer the question?

S_2：He was often bullied because he was half-Japanese.

T：Good. Then what was the next question?

S_3：Why didn't Noguchi's mother say sorry to the parents when they argued?

T：Q8 Why didn't Noguchi's mother say sorry to the parents when they argued?

S_4：I should never back down.

T：ということをお母さんは…

S_4：教えたかったからですか…

T：お母さんを指す She で始めると…

S_4：She wanted to teach I should never back down.

T：I はそのままではだめですね。

S_4： She wanted to teach that Noguchi should never back down.

T：それで正解です。

〈留意点〉
① 完全な答えは期待できない場合が多いので，援助しながら解答を作り上げるようにする。
② 固定的にならないように別解も取り上げる。

(10) 生徒の感想

このような音読を取り入れた授業を受けている生徒の感想を紹介する。

「授業で音読をすると家に帰って復習してもちゃんと声に出して読めます。単語や文の意味もよくわかり，音読をやっていてよかったと思います。書いてある順番に意味が頭に入ってくるし，少しずつきれいな発音も身に付いてきます。音読練習のおかげで英語の勉強が楽しくなりました。」

6.3 バックワード・デザインによるリーディングとスピーキングの統合

普段の英語Ⅰ・Ⅱの授業に，英語を使う活動を組み入れる実例を紹介する。その際，ビジョンと目標を大切にし，活動に必要なスキルを洗い出す（田中・田中，2003）。言い換えれば，スピーキング活動を最終の到達目標として，一段階前に何ができることが必要か，また，その前の段階では，何を達成しておくべきかというように，最終目標から遡って，授業計画を行うTop-down方式（高橋，2003），もしくはバックワード・デザインを利用する。

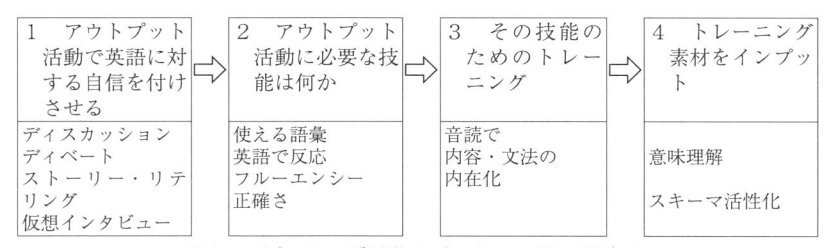

1 アウトプット活動で英語に対する自信を付けさせる	2 アウトプット活動に必要な技能は何か	3 その技能のためのトレーニング	4 トレーニング素材をインプット
ディスカッション ディベート ストーリー・リテリング 仮想インタビュー	使える語彙 英語で反応 フルーエンシー 正確さ	音読で 内容・文法の 内在化	意味理解 スキーマ活性化

図4 スピーキング活動のバックワード・デザイン

図4はスピーキング活動を最終目標にしたバックワード・デザインである。
1) 目標設定：英語に自信をつけさせるために図4の1に挙げられているような活動を課の最終目標に設定する。それらが成立するには，1つ前のステップでどんな技能が不可欠だろうか。
2) 必要な技能：学習した語彙を使えるレベルまでに習得しておくこと，さらに，臨機応変に英語でのやりとりができること，自分の言いたいことを

伝える正確さなどが必要である。これらを身につけるために，1つ前のステップではどんなトレーニングが必要だろうか。
3) 技能獲得のためのトレーニング：学習している言語材料を音読で十分内在化しておく。英語が苦手な生徒には，音読での言語材料の内在化が次の活動につながることを身をもって体験させるように丁寧に計画する。
4) トレーニング素材の理解：その前のステップでは，言語材料と内容の理解が必然である。

　従来の指導では，読む素材の理解が終了すれば学習活動が終わっていた。バックワード・デザインでスピーキングとリーディングを統合する授業を組み立てると，読む素材が目標のためのトレーニング素材へと変わる。

6.3.1 授業の流れ

　野口健についての課（6.2.2参照）を取り上げて，野口さんにインタビューをしようという活動を紹介する。バックワード・デザインで考えてみる。

---

1) 本番：野口さん役の生徒がクラスの前に出て，他の生徒からの質問に答える。
2) リハーサル：ペア，グループでリハーサルを行う。
3) 基本的な応答と独創的な応答を作成する。
4) 英問英答：テキストに即して英問英答ができる。
5) 音声練習：音読練習で言語材料や語彙を内在化する。
6) 内容理解：音読の前には，本書で挙げた様々な理解活動で内容の理解を進めておく。

　授業の展開は，概ねバックワード・デザインの逆の順になる。インタビュー内容を考えるのを宿題とする2時間連続の授業である。

[第1時] 仮想インタビューの説明 → 内容理解 → 音読練習 → 英問英答 → インタビューでの応答の作成 → 定型のインタビュー開始部分の表現練習

[第2時] ウォームアップ → 応答の確認 → ペアでリハーサル → 小グループでリハーサル → 仮想インタビュー

6.3.2 教材例

In 2000, Noguchi organized the Qomolangma Cleanup Expedition and collected 1.5 tons of garbage from Mt. Everest. The following year, he formed a larger group of climbers with a four-year plan to collect more garbage. It was hard, of course, physically, as they had to work in 8,000-meter-high areas. Not only that, Noguchi had to find sponsors to support them. After Mt. Everest, he planned to clean up Mt. Fuji. By then, it had already become famous for its trash. "Can you believe that it's the only mountain in the world with vending machines on the summit?" he asks. He created a slogan:"If we can change Mt. Fuji, we can change Japan."

Mainstream English Course I 2nd edition（増進堂），33

6.3.3 指導例

［第1時］
○仮想インタビューの説明
T：本課の最後では，誰かが野口さんになって，インタビュー番組を授業で行います。クラスの人が質問をします。野口さん役は，想像力を働かせ答えます。仮想インタビューを盛り上げるようにしてください。理解できたテキストの音読をしっかりとすればできます。（意味理解を済ませ，音読練習を行う。）

○英問英答
T：次に，基本的な事実をテキストに即して英問英答で確認します。
What did Noguchi set up in 2000?
S_1：He set up the Qomolangma Cleanup Expedition to collect garbage from Mt. Everest.
T：What plan did Noguchi make in 2001?
S_2：He planned to form a larger group of climbers to collect more garbage.
T：Why was the job hard to do?
S_3：Because they had to work in 8,000-meter- high areas.

T：What did Noguchi have to do to support the group?
S_4：He had to find sponsors.
T：What did he plan to do after Mt. Everest?
S_5：He planned to clean up Mt. Fuji.
T：For what was Mt. Fuji famous then?
S_6：It was famous for its trash.
T：What does Mt. Fuji have on the summit?
S_7：It has vending machines.
T：What catchphrase did Noguchi make?
S_8："If we can change Mt. Fuji, we can change Japan."
T：これでは，無味乾燥なやり取りになります。どうすればいいでしょうか。

〇インタビューでの応答の作成

T：このような基本的な質問に加えて，想像力を働かせ，番組を盛り上げるための愉快で楽しい質問と答えを考えてみましょう。少し例を示しましょう。同じ質問を使ってもまず相手が目の前にいるわけですからどうなりますか。

S_9：質問文の野口さんや he を you にする。What did you set up in 2000?
T：主語に気をつけなければなりませんね。また，答えに工夫をしてみましょう。想像力を働かせ，野口さんが言いそうなことを付け加えます。

I set up the Qomolangma Cleanup Expedition to collect garbage from Mt. Everest. It was a new start for me.

S_{10}：教科書に書いていないことでもいいんですか。
T：そうです。話の流れにそっていればいいことにします。野口さんの気持ちを思い浮かべてみるとうまくいきますよ。
S_{11}：「チョモランマではたくさんのゴミを見て悲しかった」を付け加えるとかですか。
T：そう，その調子です。英語で…
S_{11}：I was sad because there were a lot of garbage on the mountains.
T：野口さんの気持ちを尋ねる質問はいろいろな場面で活用できます。How did you feel when …? を使ってみるとうまくいきますね。最低3つのやりとりを考えてきてください。次の時間では，ペアで質問のや

り取りを練習しますので，必ず3つ作ってきてください。今日の授業での質問を利用してもいいですし，インタビューを盛り上げる新しい質問にも挑戦してください。

○定型のインタビュー開始部分の表現練習
T：インタビューの最初の表現を練習しておきましょう。This afternoon's guest climbed the highest mountain in each continent in the world. Now he is a world-famous environmental activist. Let me welcome Ken Noguchi. それでは，音読練習です。（リード・アンド・ルックアップまでできるようにし，宿題を再確認し終了する。）

〈留意点〉
① バックワード・デザインに基づく本課の授業の流れを明らかにし，宿題と次の授業の展開を認識させ，宿題をこなさないと次のペア活動が成立しないことを強調し，宿題の完成度を高める。
② 3人称での質問を2人称に置き換えることに気付かせる。
③ 苦手な生徒も取り組みやすくなるように授業での質問を手がかりとすると同時に創造的な力を発揮できる工夫も行う。
④ クラスの雰囲気が和むようなユーモアあふれる問答を奨励する。
⑤ 共通の音読練習としてインタビューの始めの表現を固定し，一斉活動を設け，次の時間のウォームアップとする。基礎力を育む活動と創造的な活動のバランスを取るようにすると授業がうまく運ぶ。

［第2時］ペアでのリハーサル
T：ウォームアップにインタビューの始めの表現をリード・アンド・ルックアップで音読練習しましょう。（リード・アンド・ルックアップを行う。）さあ，宿題はできましたか。英語で自信のないところは質問してください。
S_1：「空き缶をどうしましたか」はどう言えばいいですか。
T：　What did you do with the empty can? その他ありませんか。
（教室内を歩き個別対応する。）では，宿題で用意してきた英問をペアで尋ね合いしましょう。まず，片方が3つの質問をしてください。答えが返ってきたら，役割を交代します。
S：答えられない質問はどうしますか。

T：質問者は想定した答えを持っていますから，質問者が答えを教えます。ペアの後は，4名の小グループで，その後は，1名が前に出て，皆からの質問に答えます。あらゆる質問に答えられるようになることを目標に，まずはペアでの練習です。それでは，ペアでのインタビューをウォームアップで練習した開始の表現で始めてください。
（教員は巡回し，活動をモニターする。）

S_1（Interviewer）：This afternoon's guest climbed the highest mountain in each continent in the world. Now he is a world-famous environmental activist. Let me welcome Ken Noguchi. You talked about vending machines on the top of Mt. Fuji. What did you buy from a vending machine?

S_2（Noguchi）：A can of juice.

S_1（I）：What did you do with the empty can?

S_2（N）：Of course, I put it in my bag and brought it down the mountain.

S_1（N）：…

〈留意点〉
①質問を受ける時間を設定し，生徒にとって自信のない英語の確認を行う。
②クラスを学び合いの場にする第一歩となるので，教員がモニターする中，お互いの用意した応答をじっくり確認させる。
③クラスでの発表を誰が指名されてもできるように促し，練習に真剣に参加させるようにする。

［第2時］ 4名のグループでのリハーサル

T：次は，4名のグループ活動です。野口さん役は起立して，活動の進行具合がわかるようにしてください。時計回りに野口さん役を交代します。2回目の練習なので，時間短縮を心がけてください。各グループの野口さん Please stand up.（各グループで最初の野口さん役が起立するまで待つ。）野口さん役の右隣の人はインタビューの開始の表現で始めます。では，始めましょう。

S_2（Interviewer）：This afternoon's guest climbed the highest mountain in each continent in the world. Now he is a world-famous environmental activist. Let me welcome Ken Noguchi. You had to find some sponsors to support your Cleanup Expedition. Which company did you go to first to ask for support?

S₁ (Noguchi): I went to N Seifun, because some of instant noodle cups I found were made by the company.

S₃ (I): What was the biggest thing you have ever found on mountains?

S₁ (N): It was a broken car. I hate the person who brought it to the foot of Mt. Fuji.

S₄ (I): …

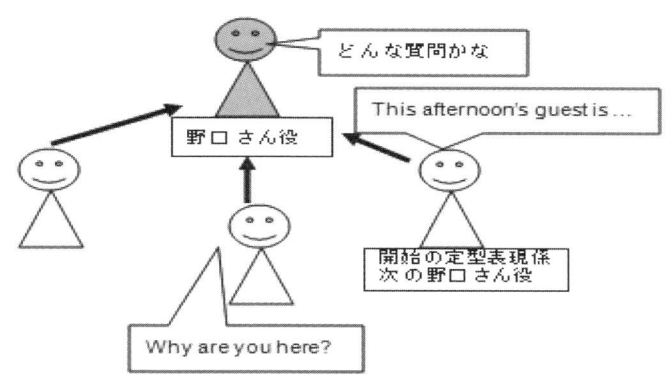

図5　4名での役割練習（全員が野口さん役を順番にこなす）

〈留意点〉

①最初の発言者を明確にして，順番を確認し，答える生徒を立たせたり，形を整える。図5を板書するとわかりやすい。

②英語が苦手な生徒は，ペアやグループでのリハーサルを行って発話に自信を持たせ，自分なりの英語で発表活動に参加させ，語彙などの学習の基礎を定着させながら達成感を持たせたい。

③金谷（2001）は，①目標言語を使う機会がほとんどなく，目標言語との接触量が少ない外国語学習環境下では，その言語をたくさん使う必要がある課題を授業で与え，そのための授業の効率化を図ること，②教員からの知識注入ではなく，また，限られた生徒だけが英語を使うのを避けるため，グループやペアワークを用いることを提案している。

［第2時］全体でのインタビュー

T：さあ最終の活動です。誰か皆の前で野口さん役をしてください。
S_1：僕がやってみます。
T：それでは，S_1さん前に出て，最初のインタビューアを指名してください。
S_1：じゃ，S_2君にお願いします。
T：では，S_2君の出だしに続けて，自由に誰でもどんどん質問をして，野口さんから楽しい情報を聞き出しましょう。
S_2（Interviewer）：This afternoon's guest climbed the highest mountain in each continent in the world. Now he is a world-famous environmental activist. Let me welcome Ken Noguchi. Why are you here?
S_1（Noguchi）：Because I like TV. Especially, TV interviews. Please ask a lot of questions.
S_3（I）：Why did you have to gather more people in the next year?
S_1（N）：We collected much garbage, but there were more garbage we had to collect.
S_4（I）：How did you feel when you had to find sponsors?
S_1（N）：…
T：Does anyone have a good answer to this question?（しばらく待つ。）
S_5：「山登りより難しい」はどうですか。
S_1（N）：I thought it was more difficult than climbing mountains.
S_6（I）：How did you feel when you learned that Mt. Fuji was famous for its trash?
S_1（N）：I was so sad, because Mt. Fuji is the symbol of Japan.
（以下省略）

〈留意点〉
　①本番でクラスの前に出す際は，ボランティアを募る。ペアやグループワークでよかった生徒を他薦させてもよい。
　②野口さん役が答えに窮すれば，クラスに応答を考えさせる。
　③質問が聞きとれない場合は，繰り返し，言い換え，単純化，するようにする。応答の英語の不完全さは教師がさりげなく，リキャストなどで補

助する。少々のミスは許し，発想の独創性や応答のうまさを褒める。
④「コミュニケーション英語Ⅰ・Ⅱ」では，4技能の統合が打ち出されているが，定期考査で，If you were Noguchi, which company would you go to first to ask for support and why? のような質問に自分の考えを書かせて，授業と評価に関連を持たせれば，スピーキング活動を活かせる。

6.4 論説文をもとにディベート：論理的思考力を伴った英語力の育成

高校生が「英語でディベートができるようになる」ことは目指すべき英語力の具体的目標（can-do）として意義があることである。授業ディベート（松本，2009）は，ディベートで行われている手法を取り入れ，授業の一環として活用できる。授業ディベートを成功させるには，学習した内容および表現を適切に聞き取り，さらに聞き取った内容に対して応答できるようにする必要があるが，そのための練習法が音読とシャドーイングである。ディベートはある論題（proposition または resolution）について議論することになるが，論題には大きく政策論題（Propositions of Policy）と事実論題と価値論題を合わせた判断論題（Propositions of Judgment）がある（松本，2009）。

6.4.1 判断論題に基づくディベート

判断論題とは "It is not good for Japanese teachers to teach English" または "cats vs. dogs" や "city life vs. country life" のように事実や価値観についての判断を基にしたものである。

(1) 授業の流れ

　Q & A → writing 活動 → チョーク・ディベート → ピンポン・ディベート

(2) 教材（論題）例

　"Summer vacation is better than winter vacation."

(3) 指導例：Q & A → writing 活動

判断論題は身近な話題を扱い，基本的な語彙・表現の定着を目的とする。

T : Summer vacation is just around the corner. Do you like summer vacation?
S_1 : Yes, of course!
T : Why?
S_1 : Because I have no school. I don't have to study at school.

T : How about you, S_2?

S_2 : I like summer vacation, too, because I can go anywhere for fun with my friends or my family.

T : I see. I also like summer vacation, but winter vacation is much better than summer vacation. I have two reasons. First, I don't like hot weather. In hot weather, I don't feel like doing anything. Second, summer vacation is too long. I can't meet you for as many as 40 days. I miss you!

I think some of you think summer vacation is better than winter vacation. Others think vice versa. Suppose all of you think summer vacation is better than winter vacation. Now, what I'd like you to do is to write down three reasons in the sheet why summer vacation is better than winter vacation.

Agreement Sheet

I think summer vacation is better than winter vacation.
I have three reasons.
　First,
　Second,
　Third,
For those reasons, I think summer vacation is better than winter vacation.

〈留意点〉

①初歩的なディベートは，聞き手および話し手の双方がディベートを実際に行う前に，その内容および表現をすでに知っていることを前提とする。

②いきなり生徒に理由を書かせるより，はじめに教師と生徒の間でQ＆Aを行うほうが，意見を考えやすくする。また，teacher talk の中で「主張－理由」の形式を示しておくと，それがモデルとなり今後の学習を容易にする。

③ペアでの簡単なやり取りに慣れている集団では，教師と特定の生徒とのQ＆Aの後にペアで「夏休み vs. 冬休み」について自由にディスカッショ

ンさせるとクラスの雰囲気つくりに有効である。

④全員に同じ意見（I think summer vacation is better than winter vacation.）に基づき考えさせるのは，ディベートとは，個人的な感情ではなく，論理的に説明していくことであることを示すためである。

(4) 指導例：チョーク・ディベート

チョーク・ディベートとは，「黒板を使ってクラス全体で行うディベート活動である（松本，2009）」。前述のワークシートで生徒各自が書いた内容を発表させ，教師が黒板に英語で書き出していく。

T：Are you ready? All of you think summer vacation is better than winter vacation. You have some reasons. Get in pairs and share your opinions with your partner.

T：Now, tell me one of the reasons.

S_1：Summer vacation is longer.

S_2：We don't have to study much.

S_3：We can swim in the sea.

S_4：We can travel.

（以下省略）

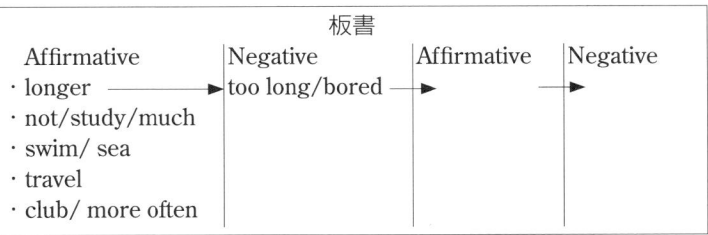

板書

Affirmative	Negative	Affirmative	Negative
・longer ・not/study/much ・swim/ sea ・travel ・club/ more often	→ too long/bored	→	

T：Thank you very much, everyone. We have plenty of reasons why summer vacation is better than winter vacation. Now, let's change your opinions to the opposite side, that is, all of you think summer vacation is NOT better than winter vacation. Look at the blackboard. There are reasons why summer vacation is better than winter vacation. Disagree with some of the reasons on the blackboard. For example, You say that summer vacation is longer. But summer vacation is too long and we get bored. Make sense? I'll give you 10 minutes. Choose at least two among the opinions on the blackboard and disagree with them.

T : It's time. Get in pairs again and share your opinions.
T : Now, tell me one of the reasons.
S₁ : Someone say that summer vacation is better than winter vacation because we don't have to study much. But I disagree with the opinion. We have a lot of homework to do during the vacation.

（以下省略。この後，黒板に生徒から出てきた意見を書く。そして，反対意見（Negative）に対し再度，賛成意見（Affirmative）およびそれに対する反対意見（Negative）を考え，黒板に書き出す。）

Disagreement Sheet

You say that summer vacation is better than winter vacation because _____. But I disagree with the opinion. _____.

You say that summer vacation is better than winter vacation because _____. But I disagree with the opinion. _____.

〈留意点〉
　①反対意見を板書するときは，（Affirmative）に対応するように→で示す。
　②ディベートに必要なメモ取りを指導する観点から，省略した形で板書する。できるだけ元の英語の語順通りに省略して板書すると，再生しやすくなる。
　③生徒がうまく英語で表現できないときは教師が修正・追加しながら正しい英語表現を口頭で示したうえで省略した形を板書する。

(5) 指導例：ピンポン・ディベート

　ピンポン・ディベートとは「3人以上のチーム同士のいわば卓球団体戦である（松本，2009）」。今までwriting中心に行ってきた論議を口頭で行う形式である。

T : Since you have shared your opinions together, let's practice each statement orally so that you can have a debate match. First, you are on the affirmative side. Repeat after me, everyone. "I think summer

第6章 教科書を用いた音読・シャドーイング指導（高校）

vacation is better than winter vacation because summer vacation is longer."

Ss：I think summer vacation is better than winter vacation because summer vacation is longer.（以下同様に，板書された英文を繰り返し，リッスン・アンド・リピートを行う。その後，リード・アンド・ルックアップを用いて暗唱レベルまで行う）

T：This time, you are on the negative side. Repeat after me. "You say that summer vacation is better than winter vacation because summer vacation is longer. But I disagree with the opinion. Summer vacation is too long. We get bored."

Ss：You say that summer vacation is better than winter vacation because summer vacation is longer. But I disagree with the opinion. Summer vacation is too long. We get bored.（以下同様に，板書された英文を繰り返し，リッスン・アンド・リピートを行う。その後，リード・アンド・ルックアップを用いて暗唱レベルまで行う）

T：Now get in a group of four. Two of the members in each group are affirmative. Other two are negative. Each of you takes turns telling your opinions against each other. For example, A says, "I think summer vacation is better than winter vacation because summer vacation is longer." B says, "You say that summer vacation is longer. I disagree with the opinion. Summer vacation is too long. We get bored." C says, "You say that we get bored. I disagree with the opinion. There are a lot of things we can enjoy such as going to the theater, swimming, etc." D says, "You say that there are a lot of things we can enjoy. But I disagree with the opinion. When we enjoy a lot of things, we have to spend a lot of money. We senior high school students don't have enough money to do so."

（以下グループ活動の様子は省略）

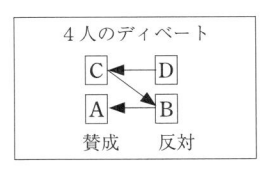

```
        4人のディベート
         ┌─┐   ┌─┐
         │C│◀─▶│D│
         └─┘   └─┘
         ┌─┐   ┌─┐
         │A│◀─▶│B│
         └─┘   └─┘
         賛成    反対
```

〈留意点〉
①この段階での重要な点は，板書されたメモ形式の情報を正しい英文で再生できることである。リッスン・アンド・リピートおよびリード・アンド・ルックアップで暗唱レベルまで何度も繰り返す。慣れてきた段階で，教師が賛成意見を述べた後，生徒がそれに対応する反対意見を板書情報に基づき言えるようにする。
②4人グループによるピンポン・ディベートはお互いに協力しながらA→B→C→Dと進み，一巡するとAは別の意見を出し同様に行う。制限時間を設け，何巡したかをグループ間で競うことも可能である。
③上記の協同的な例以外に，列（40人学級で1列6〜7人）ごとに賛成−反対に分かれて行う，列対抗ピンポン・ディベートも可能である。

6.4.2 政策論題を扱った授業の流れ
具体的な政策の是非を論議するもので，"should"を用いた論題になる。
（1）授業の流れ
　本文内容理解→書き換え→立論＋ライティング・ディベート→リード・アンド・ルックアップ→マイクロ・ディベート
（2）教材例

サマリー英文

① Capital punishment,/ or (the death penalty) ,/ has been widely used/ throughout history.// However,/ many countries have (abolished) the death penalty.// England, Canada and France/ no longer execute people/ for any crime.// On the other hand,/ the death penalty is still applied/ in some countries, including (Japan) .// In Japan,/ more than 700 criminals have been executed/since 1945.//
（以下省略）

Mainstream Reading Course（増進堂），115-116（改作）

（3）指導例：内容理解
　本文の内容理解後，空所補充によるサマリー→リッスン・アンド・リピート→空所音読

T：Now that you understand the content and the structure of the passage, let's fill in the blanks to summarize the passage. When you finish, check the answers with your partner next to you.（以下省略）

T：Since we've made a summary, why don't we read aloud the passage? Repeat after me. "Capital punishment," "or (the death penalty)," "has been widely used" "throughout history."（以下省略）

T：Let's read aloud the passage one more time, but this time, use the passage with some blanks I'll give you now. You cannot write anything in the paper. You are expected to read through the summarized passage with blanks within THREE minutes. I'll give you 10 minutes for practice. Ready? Start!（中略）

T：Everyone, stand up. Let's try reading aloud, and when you finish reading, sit down. Ready? Start!

Ss：Capital punishment,／or（the death penalty),／has been widely used／
　…………

T：It's time.（あえて2分程度で一度止める。この時間内で終了している生徒はまずいない）読み終えた個所に目印をつけましょう。もう一度挑戦して，その個所より多く読めることを目標にしましょう。Ready? Start!

Ss：Capital punishment,／or（the death penalty),／has been widely used／
　…………

T：Time!（2分30秒程度で止める。時間を延長したことは生徒に決して言わない。前回より多く読めているはずである）前回よりたくさん読めた人は手を挙げて。（ほぼ全員が挙手）多くの人が進歩しました。では，もう一度挑戦して，最後まで読めるように頑張りましょう。Start!

〈留意点〉
　①本文の内容理解の解説は紙面の関係で割愛したが，様々なQ&Aを通して，内容・パラグラフ構造・文構造・語彙の理解を図る必要がある。
　②サマリーは教師が用意したものを空所補充の形式で行うと，生徒にサマリーをさせるより時間が削減できる。各空所は主に，内容語（content word）の1語または数語にする。

③空所音読活動では，制限時間より短めで止め，徐々にその時間を延長していくと音読に対する意欲が増す。教師はその進歩に対し必ずフィードバックすること。

④最終的には，制限時間内に読めるようになるまでペアやグループで何度も練習し，ペアまたはグループとして評価すると助け合い学習が促進される。

(4) 指導例：書き換え

> T：今から前回学習したサマリーを自分なりに違った表現で書き換えてもらいます。5人グループ（40人クラスの場合）を作ってください。賛成派，反対派それぞれ4つの理由が書かれていました。グループに分かれてそれぞれの理由を違った英語表現で書いてみましょう。グループAは賛成派の第1の理由，グループBは第2の理由・・・ただし，それぞれプリントに記された単語は使ってはいけません。それではまず，1人で考えてみましょう。
> （中略）
>
> | NG words （you cannot use the following words） ||
> |---|---|
> | Affirmative | Negative |
> | 1 inhumane/ethical | 1 prevent/think twice |
> | 2 guilty/imprison | 2 rule/lead |
> | 3 deserve/terrible | 3 ensure/implement |
> | 4 risk/irrevocable | 4 majority/population |
>
> <u>書き換えた英文：グループ（　　　）</u>
>
> T：では各グループで各自の意見を基にベストなものを完成しましょう。
>
> T：Now, one person from each group comes to the front to write the paraphrased statement on the blackboard. （中略）
>
> T：Do you have another idea about the paraphrased statement on the blackboard?
>
> S_1：``First, executions are not good. No one has the right to take life.'' と書いていますが，最初の文がピンときません。No one has the right to kill people. Even if you give murderers the death penalty, that is a crime. とした方が，トピックセンテンスとその説明の関係ですっきりすると思います。　（以下省略）

〈留意点〉
①教科書本文の言い換え表現は,生徒個々人の「自分が使える語彙と文法」を重視する。それがディベート活動をスムーズに行うための大事な下準備となる。
②黒板に書き出し,さまざまな意見交換をすることは,ディベートにおける「理解可能な英語」および「予測可能な意見」を共有できる。

(5) 指導例:立論→ライティング・ディベート

> T: It's time for you to make a constructive speech. Each of you on these lines is affirmative side. The rest of you are negative side. Write TWO reasons to support your side based on the information we shared before.

列ごとにA(賛成)とN(反対)に分ける	4人のライティング・ディベート
ANANAN ○○○○○○ ○○○○○○ ○○○○○○ ○○○○○○ ↓↓↓↓↓↓	①A−B,C−Dの交換 ②B−C,A−Dの交換 賛成　反対 A　　B C　　D

> T: それでは,近くの人と4人グループを作り,立論の用紙をグループ内の自分とは別の立場の人と交換しましょう。交換した用紙に,そこに書かれている理由のうちの1つに反論しましょう。書き終われば,もう1人の反対の立場の人と交換し同様に反論に再反論しましょう。
> (中略)
>
> 立論(constructive speech):
> We think that _____.
> There are two reasons.

```
First, _____ .
       _____
Second, _____
       _____ .
That's why we think _____ .
```

反論（refutation）：
You said that _____ , but I don't think so.
We have a reason why we disagree with your opinion.
_____

再反論（rebuttal）：
You said that _____ , but we don't think so.
_____

〈留意点〉
　①すべて書き終えた後でクラス内で回し読みをし，それぞれの立場でどのような意見があるかを見ていく。その間に，自分が使えそうな表現，反論，再反論の仕方などをノートに書き留めておくように指示する。

(6) 指導例：リード・アンド・ルックアップ→マイクロ・ディベート

T：では，同じ立場の人同士で新しい4〜5人グループ（合計9グループ）を作りましょう。これから以下の要領でディベートを実際にしてもらいます。

<u>Procedure for the debate</u>
1 賛成派の立論（1分×1人）
2 反対派の立論（1分×1人）
3 反対派の反論1，2（30秒×2人）
4 賛成派の反論1，2（30秒×2人）
5 賛成派の再反論（30秒×1〜2人）
6 反対派の再反論（30秒×1〜2人）

第6章　教科書を用いた音読・シャドーイング指導（高校）

　まず，全員で，立論を考え，その後，それに対する反論を2つ以上予測しましょう。さらに，その反論に対してどのように再反論するかを考えましょう。以上のことがすべてできたら，役割分担をしてください。
（中略）
T：今から，出来上がったシナリオを基に「自分の役割の英文」をリード・アンド・ルックアップで制限時間内に話せるまで練習しましょう。練習時間は10分です。では始め！（中略）
T：それでは今から実際にディベートをしてもらいますが，その前にジャッジの仕方を考えていきましょう。次のジャッジ・シートを使って一度，ジャッジをしてみましょう。グループA，グループBは前に来てください。他の人はジャッジ・シートに論議された内容をメモしていきましょう。さらに論議がかみ合っている箇所に○，論理性がない論議に？をつけていきましょう。

賛成立論	反対立論	反対反論	賛成反論	賛成再反論	反対再反論
1	→	3	→	5	×
	2	→	4	→	6

（中略）
T：それではグループA－B，C－D，E－Fがディベートの対戦，G，H，Qはそれぞれの対戦でジャッジをしてもらいます。タイム・キーパーは私がします。時間がきたら途中でも終了してください。では賛成派の立論から始めます。Ladies and gentlemen, it's time to have a debate match. The proposition today is "Japan should abolish the death penalty." Are you ready for the constructive speech? Start!（中略）
T：それでは，ジャッジの人は廊下に出て判定会議をしてください。時間は2分です。必ず，判定の理由を考えてください。
（以下同様にローテーションで全員がディベート2回とジャッジ1回を経験する。その後，3グループの中で最優秀グループ同士が決勝戦を行う。）

〈留意点〉
　①実際にディベートを行う前に，論議の展開を予測し，英文を書き出したうえで何度も音読練習をし，できる限り暗唱レベルまで高めたい。

②制限時間を設けることによって，スムーズな発話を促すことができる。
③ジャッジ・シートは判断論題の時と同様にメモ形式で書きとめるように指示する。また，ジャッジは英語以上に論理性に注目するように指導したい。
④ジャッジを選ばずにクラス全員の拍手で勝者を決めてもよい。
⑤可能であれば，代表グループ対教師を事後に行うと盛り上がる。
⑥ debate match が終了後，「自分の意見」を100～200語程度でエッセイまたは日本語による感想を書かせてこの活動はすべて終了する。

6.5「ライティング」における音読・シャドーイング指導
6.5.1 授業の流れ

書く力を伸ばすには，語彙，文法・語法やパラグラフ構造・論理展開等の習得が必要であるが，音読やシャドーイングのトレーニングはそれらの習得に効果があるだけでなく，聴いて（読んで）理解したことを書いたり，書いたことを口頭で発表する技能を伸ばすのに効果的である。

次の授業の流れでは，音読・シャドーイングに関わる部分を網掛けで示す。
[第1時] 前課の暗唱用例文のチェック（小テスト）→ モデル文：リスニングと Comprehension Check（Q & A / T or F）→ 表現説明 → 音読活動A → Key Expressions：表現面の説明→音読活動B → Try：発音と表現の確認 → ペアでの練習 → 全体での音読練習 → Dictation
[第2時] モデル文の文単位によるリード・アンド・ルックアップのチェック → Drill A：答えの確認→音読活動C → Drill B：答えの確認 → 音読活動D → Give Your Own Answer → Exercise A：Listening → 答えの確認 → 音読活動E
[第3時] 暗唱用例文の音読による復習 → Exercise B：生徒による回答の板書 → 答えの確認 → 音読活動F → Exercise C：Writing → Peer Correction → 修正 → 発表

6.5.2 音読活動の教材例

上に示した3時間の授業のうち，音読とシャドーイングに関係する部分を取り上げる。

6.5.3 指導例
(1) 音読活動 A（モデル文）
パラレル・リーディング→シャドーイング→リード・アンド・ルックアップ
[教材例]

Miho and John are on their way from school to a concert hall. Their bus is caught in a traffic jam, and they are beginning to worry about the time.

Miho：This bus is very slow and it's awfully crowded!

John：Terrible, isn't it?

Miho：Do you think we can get to the concert on time?

John：I'm afraid we won't be able to. The roads are filled with cars.

Miho：I suppose we'll miss the first piece. If we had left school 30 minutes earlier, we wouldn't have run into the evening rush hour.

John：I wish we had taken the subway. We would already be there.

Miho：I wish there were flying taxis. Anyway, I have an idea. If we get off the bus at the next stop, and change to the subway at the nearest station, we might be able to make it there on time.

John：I'd like to listen to the first piece, so shall we try?

ミ　ホ：このバスは進むのがとてものろいし，しかもひどく込んでいるわね。

ジョン：ひどいね。

ミ　ホ：コンサートに時間どおりに着くかな。

ジョン：間に合わないんじゃないかな。道路は車でいっぱいだし。

（以下日本語訳省略）　*Revised POLESTAR Writing Course*（数研出版），36

モデル文は，生徒が書けるようになることを目標とする英文である。初めからこのような英文は書けないのが当たり前で，先ずはモデル文を音読やシャドーイングにより徹底的にインプットすることが大切である。

T：Now, let's practice reading. First, why don't you repeat after me? 'awfully crowded'

S：'awfully crowded'

T：'l' と 'r' に注意して，once again, 'awfully crowded'

> S： 'awfully crowded'
> T： 'The roads are filled with cars.'
> S： 'The roads are filled with cars.'
> T： 'roads' の oa は [ɔː] ではなく [ou] です。また，'roads' の 'ds' と 'cars' の 's' を区別して，また，'filled' の 'f と 'with' の' 'th' にも注意して，one more time. 'The roads are filled with cars.'
> S： 'The roads are filled with cars.'
> 　（省略）
> T： OK. Now, let's try パラレル・リーディング．Are you ready? 'This bus is⋯．'
> S： 'This bus is⋯'

〈留意点〉
①まず，音読の前に，注意すべき発音を含む表現の発音練習をする。
②モデル音読には最初 CD を用いず，教師が生徒の様子を見ながら，適宜スピードを調節しつつ音読をする。（ALT との Team-Teaching で行う場合は，2人で演じるようにする。）続いて CD を用いた練習に移る。
③パラレル・リーディングで，一度目は，発音やイントネーションなどに注意しながら練習させる。二度目はダイアログの意味内容に注意して気持ちを込めて練習させる。
④パラレル・リーディングの次は，シャドーイングを行う。発音・イントネーションなどに注意を払いながらのプロソディ・シャドーイングと，意味内容に注意しながらのコンテンツ・シャドーイングの最低2回行いたい。
⑤そして，最後にペアでのリード・アンド・ルックアップによる音読を行う。文単位でのリード・アンド・ルックアップができることを目標とするが，長い文はカンマ単位で切って行ってもよいとする。
⑥次回までの宿題として，「文単位でリード・アンド・ルックアップができるようになるまで練習すること」という課題を与える。

(2) 音読活動 B（暗唱用例文）
　リッスン・アンド・リピート→通訳練習

［教材例］

> KEY EXPRESSIONS
> ＜実際の紙面配置は，日本語が左，英語が右のようになっている。＞
> ●A「(もし今)〜ならば」…実現可能性の低い「仮定」の表現
> 1．もし普通列車に乗れば，青森まで12時間以上かかるだろう。
>   If we took the local, it would take more than 12 hours to get to Aomori.
> 2．リゾートホテルがなければ，この温泉郷ははるかにもっと静かだろう。
>   Without the resort hotel, this hot spring village would be far quieter.
> ●B「(あの時)〜だったら，…なのになあ」と後悔や非難などを表す表現
> 1．8時の特急に乗っていたら，午後1時には目的地に着いていただろう。
>   If I had taken the 8:00 limited express, I could have arrived at my destination at 1 p.m.
> 2．彼の忠告を聞いていたら，この旅行を(今)もっと楽しんでいるのにね。
>   If we had taken his advice, we would be enjoying this trip more.
> ●C「〜できたら」「〜だったらなあ」…仮定法を用いた願望を表す表現
> 1．タイの有名な仏教寺院をいくつか見られたらなあ。
>   I wish I could see some of the famous Buddhist temples in Thailand.
> (以下省略)　　　　　*Revised POLESTAR Writing Course*（数研出版），37

Key Expressions は日英対訳になっているので，目標は日本語を見て(聞いて)すぐに英語を再生して書けるようになることである。そのためには，まず口頭で再生できるようにさせる。ここでは，CDを用いたリッスン・アンド・リピートが終わってからの，ペアによる音読練習活動を紹介する。

T : Now, why don't you practice reading in pairs? First, S_1 (= students on the left), you can look at both Japanese and English. S_2 (= Students on the right), you can look at Japanese only. S_1, read English from A 1 to C 3. S_2, repeat after S_1. Do this in turns. Now, everybody, stand up.

When you finish, sit down. Please begin.
S_1 : "If we took the local, it would take more than 12 hours to get to Aomori."
S_2 : "If we took the local, it would take more than 12 hours to get to Aomori."
S_1 : "Without the resort hotel, this hot spring village would be far quieter."
S_2 : "Without the resort hotel, this hot spring village would be far quieter."
（以下省略）

〈留意点〉
①長い例文は，生徒の状況に応じてカンマの前後で切って行ってもよい。
②日本語を見ながら英文をリピートさせるのは，空読みを防ぐためである。上記に続けて，一方の生徒（S_1）がランダムに英文を読み，他方の生徒（S_2）が日本語だけを見ながらリピートする練習を行ってから，下記のように，S_1が言った日本語をS_2が英語で再生する活動を行う。終われば交代。

T : This time, S_1, read Japanese and S_2, say it in English immediately without looking at the textbook. S_1 can look at both Japanese and English. S_1, if S_2 can't say, why don't you give S_2 a hint? Do you understand? Now, stand up and begin.
S_1 :「もし普通列車に乗れば，青森まで12時間以上かかるだろう。」
S_2 : "If we took the local, it would take more than 12 hours to get to Aomori."
S_1 : Very good. 次，「リゾートホテルがなければ，この温泉郷ははるかにもっと静かだろう。」
S_2 : "Without the resort hotel, this...this..."
S_1 :「温泉郷」
S_2 : ああ。"hot spring village would be far quieter."
S_1 : That's right. （以下省略）

〈留意点〉
① 机間指導しながらペアワークがしっかりできているかをチェックする。もし，英文の再現ができていないペアが多ければ，CD を用いたパラレル・リーディング（and/or シャドーイング）の練習後，再度ペアワークさせる。
② ペアワークは，全員が参加できる利点がある反面，チェックが甘くなる欠点があるので，机間指導による状況把握は大切である。問題があるペアには声かけをして，しっかりアドバイスしたい。
③ 口頭で再生できるように練習した英文を書けるようにしておくことを宿題とする。宿題のチェックは，次の課の第1時間目に小テストとして行う。

(3) 音読活動 C（口頭作文）
　パラレル・リーディング→通訳練習

(4) 音読活動 D（対話作文）
　リッスン・アンド・リピート→ペアでリード・アンド・ルックアップ

［教材例］

● Drills ●

A. 次の指示に従って（　）内の日本語を英語で表現しなさい。
1. 'If + S + 過去形' または 'without...' を用いて
　a. ＿＿＿＿＿＿＿＿＿＿＿＿＿＿＿＿＿＿ , I would walk through the lavender fields.（北海道に旅行するチャンスがあれば）
　b. ＿＿＿＿＿＿＿＿＿＿＿＿＿＿＿＿ , we could get to our destination before dark.（レンタカーを借りられたら）
　c. ＿＿＿＿＿＿＿＿＿＿＿＿＿＿＿＿ , we could travel in many countries more easily.（チップの習慣がなければ）
2. 'If + S + had + 過去分詞' または 'without...' を用いて
　a. ＿＿＿＿＿＿＿＿＿＿＿ , we wouldn't have had to wait at the ticket window.（往復切符を買っていたら）
　b. ＿＿＿＿＿＿＿＿＿＿＿＿＿＿＿＿＿ , he would be here by now.（予定どおり長野経由で戻ってきたら）
　（以下省略）
B. 次の会話の日本語部分を英語で表現しなさい。

1. A : How did you spend your winter vacation?
   B : I went to Kyushu. I visited Fukuoka, Nagasaki, and Kumamoto.
   A : ①＿＿＿＿＿＿＿＿＿＿＿＿＿＿＿＿＿＿＿＿＿＿＿＿＿＿＿
   （①大分には行かなかったのですか。）
   B : ②＿＿＿＿＿＿＿＿＿＿＿＿＿＿＿＿＿＿＿＿＿＿＿＿＿＿＿
   （②はい。行きませんでした。もう１日あれば行ったのですが。）
   （以下省略）　　　*Revised POLESTAR Writing Course*（数研出版），38

次は，Drill Aの答え合わせが済んで，正解の文が板書されているという前提で，全員で音読練習させる場面である。

T : Now everyone, practice saying the correct sentences. Try パラレル・リーディング．Are you ready? Let's begin.
　1. a "If I had a chance to travel to Hokkaido, I would walk through the lavender fields."
Ss :　　"If I had a chance to travel to Hokkaido, I would walk through the lavender fields."
T : 1. b "If I could rent a car, we could get to our destination before dark."
Ss :　　"If I could rent a car, we could get to our destination before dark."
（中略）
　　　　　　＊＊＊＊＊＊ 板書にある答えの英文を消す ＊＊＊＊＊
T : This time I say Japanese, so you say it together in English. Now turn your textbook over. Let's start.
　1. a「北海道に旅行するチャンスがあればラベンダー畑を歩くのに」
Ss : "If I had a chance to travel to Hokkaido, I would walk through the lavender fields."
T : Repeat. "If I had a chance to travel to Hokkaido, I would walk through the lavender fields."
Ss : "If I had a chance to travel to Hokkaido, I would walk through the lavender fields."
T : 1. b（以下省略）

〈留意点〉
①口頭作文や対話文を完成させる問題などは，答え合わせだけでは，生徒は細かいところまで確認できていないことが多い。正しい文を音読させることで初めて細部まで意識させて理解させることができる。
②ライティングでは，冠詞や前置詞，名詞の単数・複数の区別など細部まで正確さが求められるので，正しい英文を徹底的に音読させる必要がある。

続いて，Drill Bの対話作文の場合を見てみよう。答え合わせが終わり，添削の済んだ英文が板書されているという前提である。まず，教科書付属のCDを用いてリッスン・アンド・リピートを全員で行ってからの場面である。

T：Now let's practice this dialogue in pairs. Why don't you practice it by doing リード・アンド・ルックアップ？ First, S_1（= students on the left), take the part of A, and S_2（= students on the right), take the part of B. Please start.
S_1：(Read："How did you spend your winter vacation?" — Look-up & Say)："How did you spend your winter vacation?"
S_2：(Read："I went to Kyushu. I visited Fukuoka, Nagasaki, and Kumamoto." — Look-up & Say)："I went to Kyushu. I visited Fukuoka, Nagasaki, and Kumamoto."　（以下省略）

〈留意点〉
①実際の使用場面をイメージさせながらペアでの音読練習に取り組ませたい。
②この対話文を元に，オリジナルな対話文を作らせて発表させてもよい。

(5) 音読活動E（聞き取り作文）
パラレル・リーディング→ペアでリード・アンド・ルックアップ

(6) 音読活動F（和文英訳）
通訳練習①英→日　②日→英

［教材例］

> ◆ Exercises ◆
> A. 会話を聞いて，次の質問に対する回答文の空所を埋めなさい。
> 1. Where does the man want to go?
>   —He wants to go to _____ .
> 2. Why does the woman tell the man to take the bus instead of taking the subway?
>   —Because _____ .
> 3. How does the woman show the man the way to the bus stop?
>   —She goes to _____ .
> 4. How long does it take to get to the man's destination?
>   —It usually takes _____ .
>
> *Revised POLESTAR Writing Course*（数研出版），39

CDを用いたリスニングの活動と，その答え合わせが終わった後の進め方は次のようになっている。

スクリプトの配布 → 表現の確認（3つ程度）→ 全体での音読練習（パラレル・リーディング）→ ペアでの音読練習 → ペアでの発表 → パラレル・リーディング

〈留意点〉
①各課のExercise A（聞き取り作文）では，全体で解答を確認した後，スクリプトを配布して上のようにペアでの対話練習をさせると，リスニングに用いた教材で同時にライティングやスピーキングの練習もさせることができる。
②ペアでの音読練習の際は，単にスクリプトを読むのではなく，リード・アンド・ルックアップをして場面をイメージしながら行わせたい。
③練習の後で，うまくできているペアを指名して発表させると，全体のレベルアップにつなげることができる。

［教材例］

> B. 次の日本語を英語で表現しなさい。
> 1. アンコール・ワットはカンボジア最大の最も有名な寺院です。

2．約900年前に築かれ，そこには多くの興味深い像や石の彫刻があります。
3．19世紀に1人のフランス人植物学者が再発見しなければ，それは忘れ去られていたかもしれません。
4．アンコール・ワットは世界遺産のリストに載り，今では多くの観光客を集めています。
　1．アンコール・ワット Angkor Wat　カンボジア Cambodia
　2．像 a statue　彫刻 a carving　主語は文脈から補う。
　3．植物学者 a botanist　～を再発見する rediscover
　4．世界遺産のリスト the World Heritage List　～を載せる place

Revised POLESTAR Writing Course（数研出版），39

次は，黒板での添削が終わったところからの場面である。

T：Now let's practice these sentences in pairs. Do *janken*, and winners, read English sentences one by one, and losers, listen and put it into Japanese. Winners can look at your textbook or notebook, but losers can't look at anything. Please stand up. Now let's begin.
S_1（winner）："Angkor Wat is the largest and most famous temple in Cambodia."
S_2（loser）：「アンコール・ワットはカンボジア最大の最も有名な寺院です。」
（中略）
T：This time, winners, say Japanese sentences one by one looking at the textbook, and losers, listen and put it into English without looking at anything. Now please start.
S_1（winner）：「アンコール・ワットはカンボジア最大の最も有名な寺院です。」
S_2（loser）："Angkor Wat is the largest and most famous temple in Cambodia."（以下略）

〈留意点〉
① Exercise B の和文英訳問題では，指名された生徒が解答を板書し，それを添削する。生徒は黒板の添削を見ながらノートに書いてきた自分の英文を添削するが，添削して終わり（ないしは予習していない生徒

の場合は模範解答を写して終わり）にならないように，添削し終わった英文を音読させて，正しい英文を再確認して記憶に残させる。さもないと，生徒は間違った英文や，誤りを含む自己流の英文を覚えて定期テストの答案に書くということが起こりがちである。

② この活動にペアワークを取り入れて上のように行うと，和文英訳問題をリスニングやスピーキングの練習にも発展させることができる。

(7) 発表（Creative Writing）
ペアでの対話練習→リード・アンド・ルックアップ

［教材例］

C. 下の例にならって，If I could travel through time, I would.…（タイムトラベルができたら）を含んだ40語程度の英文を書きなさい。ただし，次の（ア）（イ）の項目を盛り込むこと。

　（ア）行きたい場所と時代
　（イ）なぜそこに行きたいのか。そこで何をしたい（見たい）のか。

例　I'm very interested in trains. If I could travel through time, I would visit Tokyo Station in 1964. That's because I want to see and get on the very first Shinkansen train that left the station on October 1st that year.　（41語）

_____

_____

＊書き終わったら，それをもとにしてペアで次のような会話をしましょう。
A：If you could travel through time, when and where would you visit?
B：_____．
A：Why?
B：_____．

Revised POLESTAR Writing Course（数研出版），39

Exercise C は Creative Writing の課題である。進め方の概略を示そう。

各自での作文 → ペアでお互いの作文の読み合わせ → お互いの作文についての感想や意見の交流 → 作文の改良 → ペアでの対話練習 → ペアでの発表

〈留意点〉
①各自で作文する時間を10分程度とる。
②お互いの作文について感想や意見を交換する。その際，相手の作文でわかりにくかったところや間違いに気づいたところなどを指摘させるようにする。
③作文の改良には2，3分の時間をとる。
④ペアでの対話練習は改良した作文を元にして，A・B各1回ずつ交替でさせる。作文は見てもよいがリード・アンド・ルックアップさせるようにする。
⑤時間に応じて何組かのペアを指名して，クラスの前で対話を発表させる。
⑥発表させる時間がとれない場合は，回収して優秀作品を選び，それを次の時間に「紙上作品展」という題で印刷して配布し，全体で共有するようにする。

6.5.4 その他の音読活動の例とライティング指導の実践例
（1）エッセイ・ライティング

　筆者は毎年3学期に，1年間のライティングの学習のまとめとして，エッセイ・ライティングに取り組ませている。分量はB4用紙1枚以上で，主に社会問題に関して自分の意見や考えを述べるというものである。取り組みを始める数時間前の授業でこの取り組みを予告し，ブレイン・ストーミングを各自でしておくように指示する。ブレイン・ストーミングのやり方については，実際に例を出して，黒板でマッピングをやってみながら説明するとよい。この取り組みの流れは次のようになっている。

[第1時] テーマの決定 → 構想 → 書き出し
[第2時] 作文
[第3時] 作文
[第4時] 完成・提出
[第5時] 誤りを指摘したものを返却 → 修正 → グループで読み合わせ → グループ代表の決定
[第6時] グループ内でのグループ代表の音読発表 → グループ代表のクラス全体の前での発表

〈留意点〉
①この取り組みでは書く活動が中心であるが，それを成功させるためのポ

イントは，でき上がったエッセイをグループ内やクラス全員の前で発表する音読活動である。発表を意識させて書かせると書く活動に熱が入るからである。

②発表では内容がよくわかっている自分の書いた英文を音読することになるので，オーラル・インタープリテーションを指導する機会にもなる。

③ライティングの時間に1学期から音読やシャドーイングの活動をふんだんに取り入れていると，3学期のエッセイ・ライティングにもスムーズに取り組ませることができるようである。

(2) SSH 校での実践

筆者の勤務校は文部科学省よりスーパー・サイエンス・ハイスクール（SSH）に指定されており，英語科もその研究課題に貢献している。これまで特に力を入れてきたのは，サイエンスを通しての海外との交流である。

その一つは「日英サイエンスワークショップ」という英国の数校の高校生と日本の SSH 数校の高校生が寝食を共にしながら，サイエンスを大学や企業の研究者から英語で学び，発表するもので，日本と英国で交互に開催してきた。1週間余りの間に日英高校生は交流を深め，日英の付き添い教員同士も交流を深めてきた。ワークショップ後もいろいろな形やレベルで交流が続いているが，ライティングの時間に，英国からの参加校の1つと生徒同士が英語での email 交流プロジェクトを始めた。その取り組みを紹介する。

①意見交流のテーマの設定：Nuclear Power Plants—Do We Need More or Not（*Revised POLESTAR Writing Course*, 数研出版）の Lesson 15 Drill A を利用）

②テーマについてのリサーチ　～コンピュータ室でインターネットを使って～　（原発増設に賛成か反対かの立場を決める。）

③作文～コンピュータ室～
　　（作文とともに自己紹介も書かせる。指定したファイルに保存させる。）

④筆者がクラス分まとめて交流相手の教員にメールに添付して送付。

⑤英国から送られてきた作文をプリントアウトし該当生徒に配布。

⑥返事の作文～コンピュータ室～
　　＜以下④〜⑥を繰り返す。＞

もう1つの取り組みは「ハワイ島研修」で，ハワイ島を訪ねて，4泊6日でサイエンスの研修を海洋生物，天文学，地質学（火山学）の3分野について行うものである。特に天文学では，テーマを設定して研究してきたことを，

ハワイ大学の研究者の前で英語でプレゼンテーションする取り組みを行っている。生徒たちは出発の3か月前から事前学習を重ね，出発直前にプレゼンテーションのリハーサルを行う。それに先立つ指導を紹介する。

　　　発表内容をパワーポイントのスライドにまとめる（日本語）→ それを英語に直す → 英語のスライドを元に英語で発表原稿を作成する → 原稿の音読練習を行う → 発表のリハーサルを行う

　天文学の専門的な内容について英語で発表原稿を作成するのはむずかしいと思われがちだが，発表内容をしっかり理解していれば，専門用語さえ調べると，後は自分たちの使える英語で説明すればよいので，それほど原稿を書くのは困難ではなく，実際に添削にもそれほど多くの時間を要しない。むしろ作成した原稿を相手に伝わるように正しい発音で音読する方がむずかしく，指導にも時間がかかる。このとき，ALTの指導を受けることができればありがたい。生徒にとって，外国人の研究者の前で，サイエンスの内容を英語でプレゼンテーションすることを終えたときの達成感は非常に大きいものがある。

　「ライティング」と言うと，書くことを教える科目であり，「音読」や「シャドーイング」はあまり関係がないと考えられがちではないだろうか。単語や熟語を文法規則に当てはめながら，ブロックを積み上げるように無理矢理英文を構成していくやり方では，いつまでたっても自然な英文を書くことはできない。大切なことは，十分な音読活動を通して，自然な英語のlexical phraseやcollocationなどをインテイクさせて，それをライティングとしてアウトプットできるような力を養成することである。

　また，実際に母語でのライティング活動を考えてみると，書くことだけで完結することは個人的な「日記」等に限られ，ほとんどの場合，他の活動，即ち，見る・聞く・読む・話すなどの活動と一緒に行って初めて完結する。外国語でも，書くことを効果的に指導するには，他の技能と連携させて教えることはきわめて自然であり，とりわけ音読やシャドーイングをライティングの指導に取り入れることにより，一層効果を上げることができる。

6.6 「オーラル・コミュニケーション」における音読・シャドーイング指導

　しっかりした音声での言語活動や，コミュニケーション活動をするために

は，様々な音読やシャドーイングによって文章を内在化して，それを効果的に使用しながら，活動を実施する必要がある。

6.6.1 教師対生徒のインターラクションにつなげるための音読活動
（1）授業の流れ

　教室内で生徒同士あるいは，教師対生徒で英語を使用する状況を作るためには，少しずつ実際のコミュニケーションで使える表現を教え，音読で定着させた後，折に触れて表現を使用させる。手順としては，
　①状況を設定し使用できる表現を教える
　②様々な音読活動により定着させる
　　リッスン・アンド・リピート→前消しリーディング→ペア練習→列ごと発表音読→次回からの授業中に使用機会を作る

（2）教材例

"Would you give me one more handout?" という表現（授業中に教師にプリントをもう1枚もらう時に使用）

（3）指導例（音読にかかわるところのみ□内に詳細を記述）

　教室内で，プリントを配布する時に，ある列だけわざと1枚足りない列を作り，生徒がプリントを要求するので，その際に使用できる表現として，Would you give me one more handout? をその場で板書して生徒に教える。
〈音読活動〉

1）リッスン・アンド・リピート
T：私が英語を読むので繰り返して下さい。Would と you がくっついてウッジュウと聞こえますので注意して下さい。Would you give me one more handout?
Ss：Would you give me one more handout?
T：今度は私が日本語を言いますので英語を言い，その後，私の英語を聞いてもう一度英語を言って下さい。でははじめます。
　　もう1枚プリントを頂けませんか。
Ss：Would you give me one more handout?
T：Would you give me one more handout?

Ss：Would you give me one more handout?
2）前消しリピーティング
T：板書してある英文を数語ずつ消していきますのでリピートして下さい。
   （Would you give me one more handout? と板書してある状態で）　Would you give me one more handout?
Ss：Would you give me one more handout?
T：（give me one more handout? と板書してある状態で）　Would you give me one more handout?
Ss：Would you give me one more handout?
T：（me one more handout? と板書してある状態で）　Would you give me one more handout?
Ss：Would you give me one more handout?
T：（板書が全部消してある状態で）　Would you give me one more handout?
Ss：Would you give me one more handout?
3）ペア練習
T：ペアになりジャンケンをして負けた人から相手に英語を見ないで今の文を言いなさい。
Ss：（各ペアで相手に文を読む）
4）列ごと発表音読
T：ではこの列の人は立ち上がって英文を1人ずつ言って下さい。言ったら着席して下さい。
Ss：（前から1人ずつ英文を言い，着席していく。）

5）次回からの授業中には使用機会を作る。わざと2枚にしてone を two にする等工夫する。

6.6.2 教科書教材を変形してスキット活動へつなげる音読指導（ダイアログの場合）

　ここでは，本文の対話文を多様な音読を用いて暗唱し，変形スキットを作成する方法を紹介する。

(1) 授業の流れ

　様々な音読を実施する事で，ダイアログを暗唱する。暗唱したダイアログ

を変形し，スキットを作成し他の生徒の前で演じる。次の手順で行う。

　モデルダイアログを聞きながらテキストの穴埋め→解答確認→本文中のイントネーションや音の変化を確認→リッスン・アンド・リピート→パラレル・リーディング→ALTとのダイアログ練習1→ALTとのダイアログ練習2→ペア型リード・アンド・ルックアップ→JTEとALTによる模範スキット→ペアで暗唱練習→別ペアの前でスキット→代表ペアによるスキット→ペアで里佳のセリフを加え練習→別ペアの前でスキット→代表ペアによるスキット→ペアでChrisのセリフを加え練習→別ペアの前でスキット→代表ペアによるスキット

(2) 教材例

> 　里佳は先日オープンしたレストランのことをChrisに話しています。英文を聞いて（　）を埋め，対話練習をしましょう。
> 　R：Have you (　) to Craig's restaurant? It opened last week?
> 　C：No. Have you?
> 　R：Yes. They have a (　) morning service. You should (　) it.
> 　C："Morning service"? At a restaurant?
> 　R：Yes. You can have breakfast at a reasonable (　).
> 　C：Oh, Japanese "morning service" means "breakfast special," right?
> 　R：Yes, but don't *you* call it "morning service"?
> 　C：No. Never. "Morning service" usually means what we do at a church on Sunday morning.
> 　　　　*Departure Oral Communication* I Revised Edition（大修館），74

(3) 指導の流れ（音読にかかわる部分のみ□内に細部を提示）

1） JTEとALTにより演じられるモデルダイアログを聞きながら本文中の（　）に英語を入れる。
2） ペアで解答を確認させた後，指名し解答を確認する。
3） もう一度JTEとALTが読む英語を聞かせ，強く読んでいるところに印をつける。
4） 教師が日本語を言い，生徒が英語を言う。その後教師の英語を聞いて，生徒がもう一度英語を言うという形を繰り返す。

> JTE：私が日本語を言うので，英語を言いなさい，その後，ALT の先生の英語を聞いて英語を言いなさい。「クレイグのレストラン，行った？」
> Ss ： Have you been to Craig's restaurant?
> ALT： Have you been to Craig's restaurant?
> Ss ： Have you been to Craig's restraint?

5) パラレル・リーディングで ALT の音読に合わせて同時に音読する。

> JTE：ALT の先生の音読に合わせてつぶやくようにほぼ同時に本文を音読しなさい。それでは始めます。（声がよく出て教師の声が聞こえなくなるクラスでは「つぶやくように」という一言を入れるとよいが，声が出ないクラスでは入れない）
> ALT： Have you been to Craig's restaurant? It opened last week.
> JTE ： No. Have you?（以下続ける。ALT と JTE は生徒の様子を見ながら，英文を音読するが，生徒がついてくるのが困難であるようならポーズの長さで調整する）

6) 生徒が里佳に ALT が Chris になりダイアログを読み合う。

> JTE：それでは ALT の先生が Chris になりますので，皆さんは，Rika になって本文を音読して下さい。では始めます。はいでは皆さんから。（以下 JTE は生徒の番のときには手で指示する）
> Ss ：（JTE が手で生徒に指示）Have you been to Craig's restaurant? It opened last week?
> ALT ： No. Have you?
> （以下続ける）

7) 生徒が Chris に ALT が里佳になりダイアログを音読し合う。
8) 起立しペアになり役割を定めリード・アンド・ルックアップで相手に向かって音読する。終了したペアから着席する。

> JTE：立ち上がりペアになり向かい合いなさい。ジャンケンをして勝った人は教科書を見た後で背中に持って，相手に英語を音読しなさい。相手の人は英語が正しく音読できているかどうか聞いていて違っていたら教えてあげて下さい。全部終了したら交代して，終了後着席して下さい。ではペアになりジャンケンをして下さい。
> Ss ：（ジャンケンで勝った生徒は相手に向かい，背中に教科書を持った状態で音読する。終了後交代する。）

9) JTE と ALT がスキットを演じてモデルを見せる。動作もつけながら演じる。
10) ペアで暗唱できるまで何度も練習する。
11) 他のペアと暗唱したスキットを演じ合う（お互いにコメント）。
12) 代表ペアが前に出てスキットを演じる（教科書を持って出てもよいが，リード・アンド・ルックアップで教科書を背中に持って行う）。
13) 再度ペアで先ほどのスキットの最後に里佳のセリフを1～2文加えさせペアで練習する。
14) 他のペアと暗唱したスキットを演じ合う（お互いにコメント）。
15) 代表ペアが前に出てスキットを演じる（教科書を持って出てもよいが，リード・アンド・ルックアップで教科書を背中に持って行う。）
   JTE は演じられたスキットについてコメントする。
16) 再度ペアで先ほどのスキットの最後に Chris のセリフを1～2文加えさせペアで練習する。
17) 他のペアと暗唱したスキットを演じ合う（お互いにコメント）。
18) 代表ペアが前に出てスキットを演じる（教科書を持って出てもよいが，リード・アンド・ルックアップで教科書を背中に持って行う。）
   JTE と ALT は演じられたスキットについてコメントする。

6.6.4 教科書教材を変形してスキット活動へつなげる音読指導（エッセイの場合）

　ここでは，本文を多様な音読を使用して暗唱し，インタビュー・スキットへとつなげる方法を紹介する。

第6章 教科書を用いた音読・シャドーイング指導（高校）

(1) 授業の流れ

様々な音読を実施する事で，著名人に関する本文を暗唱する。暗唱した本文をIを主語に変形して練習後，その本文を使用しながら著名人へのインタビュー・スキットを作成し，他の生徒の前で演じる。次の手順で行う。

[第1時] 本文の内容理解→本文中のポーズの位置並びにプロソディを確認→リッスン・アンド・リピート（音声確認型）→パラレル・リーディング→ネイティブ・ピッタシ音読→ペアでパラレル・リーディング→バズ・リーディング（立って1回座って1回）→本文中のいくつかのセンテンスをリード・アンド・ルックアップで実施→全員で主語転換音読（パラレル・リーディング）→ペアで主語転換音読→（宿題提示）

[第2時] オーバーラッピングによる本文復習→全員で主語転換音読（パラレル・リーディング）を復習→ペアでQ＆A活動（宿題）→ペアでShakespeareへのインタビュー・スキット作成，練習→（次の時間までにスキットをできるようにしてくるよう指示）

[第3時] 全員で主語転換音読→練習してきたスキットを別のペアに演じる→ペア毎に前に出てスキット実施

(2) 教材例

> Shakespeare's life is mostly a mystery, but there are some known facts. He was baptized in 1564, and he married Anne Hathaway in 1582. He died in 1616. We know these things because they are written in church records.
> （以下省略）
>
> *Revised Expressways* Ⅱ（開隆堂），96

(3) 指導例（音読にかかわる部分のみ□内に細部を提示）

[第1時]
1) 本文の内容理解
   ALTによる本文音読を何度か聞きながら，Q＆Aにより，内容を理解する。
2) ALTが英語を読んで聞かせ，生徒は強く読まれるところに印をつける。次にALTが1秒程度のポーズを置きながら音読し，その位置にスラッシュを入れさせる。
3) 生徒がもう一度英語を言う形で繰り返す。

> JTE：私が日本語を言うので，英語を言いなさい．その後，ALTの先生の英語を聞いて確認して英語を言いなさい．では始めます．
> JTE：シェイクスピアの人生は大部分が謎である．
> Ss ：Shakespeare's life is mostly a mystery,
> ALT：Shakespeare's life is mostly a mystery,
> Ss ：Shakespeare's life is mostly a mystery,
> JTE：しかしいくつかの知られている事実がある．
> 　　（以下続ける．文が長い場合は節ごとに実施する）

4）パラレル・リーディングでALTの音読に合わせて同時に音読する．

> JTE：ALTの先生が，本文を音読しますので，先生の音読に合わせてつぶやくようにほぼ同時に本文を音読しなさい．では始めます．（声がよく出て教師の声が聞こえなくなるクラスでは「つぶやくように」という一言を入れるとよいが，声が出ないクラスではいれない）
> ALT：Shakespeare's life is mostly a mystery, /but there are some known facts.//
> （以下続ける．ALTは生徒の様子を見ながら，英文を音読するが，生徒がついてくるのが困難であるようならポーズの長さで調整する）

5）ネイティブ・ピッタシ音読

> JTE：後でALTの先生と同じ速さで音読してもらいますので，ALTの先生の音読に合わせて，つぶやくように音読してください．よーい，はじめ．
> ALT ：Shakespeare's life is mostly a mystery, but there are some known facts.（以下最後まで本文を音読する．JTEはこの間ストップウォッチで時間を測定する．生徒はALTの音声に合わせてパラレル・リーディングを実施する）
> JTE：今のALTの先生の音読時間は1分1秒でした．ネイティブ・スピーカーになったつもりで，この速度を思い出しながら音読して下さい．確認のために時間になった瞬間には私が「はい」と言います．

では全員立ち上がり読み終わったら各自着席します。「よーい，はじめ」（JTEは時間を計測し，1分1秒経過したら「はい」と言う）
Ss ：生徒は各自音読する。
JTE：（全員着席時）A君とBさんはぴったしでした，C君とDさんはほぼぴったしでしたね。

6）ペアでパラレル・リーディングで相手と同時に音読する

JTE：ペアになって向かい合いなさい。ジャンケンをしなさい。
Ss ：（向かい合いジャンケンをする）
JTE：勝った人は教科書を開いて本文を音読しなさい。負けた人も教科書を開いて，相手の音読に合わせて読みなさい。相手が途中でついて来られないと思ったら。各文の最後で止まり，間を置きなさい。それでははじめ。
Ss ：（ペアで実施する）

7）バズ・リーディングで各自音読する

JTE：立ち上がり本文を音読しなさい。1度読み終わったら座って音読しなさい。（教師は座って音読している生徒がほぼ読み終わったと判断した時点で，終了の合図を出す）
Ss ：（各自音読する）

8）本文中第2パラグラフをリード・アンド・ルックアップで実施

JTE：それでは本文中の第2パラグラフをリード・アンド・ルックアップで言いましょう。Readの後に各文の最初の単語を言いますので，その文を黙読し，Look up and say. でその文を言って下さい。では始めます。Read. "Shakespeare's."（教師はこの文を2回黙読）Look up and say.
Ss ：Shakespeare's life is mostly a mystery, but there are some known facts.（順次実施していくが，生徒がうまくできない文に関しては，フレーズの単位で実施し，再度文単位で実施する。また時間が許す場合

　　　　はペアで相手に向かい実施する。）

9）全員で主語転換音読（オーバーラッピング）

JTE：シェイクスピアになったつもりで，本人が言った文にして本文を音読しましょう。このようになります。My life is mostly a mystery, but there are some known facts. I was baptized in 1564, and I married Anne Hathaway in 1582. では，ALTの先生の音読に合わせて同時に実施します。
ALT：My life is mostly a mystery, but there are some known facts. I was baptized in 1564, and I married Anne Hathaway in 1582. （以下続ける）
Ss：（生徒はALTの音声に合わせて全員でパラレル・リーディング）

10）ペアで主語転換音読

JTE：それではペアで今の活動を実施します。ペアになりジャンケンをして下さい。ジャンケンポン。では勝った人はシェイクスピアになったつもりで相手に本文を音読して下さい。終了後役を交代して下さい。
（宿題提示：シェイクスピアに質問する形で次の時間までに，各文に関する質問を作りノートに書いてくるよう指示する。また主語転換音読で10回本文を音読してくるよう指示）

[第2時]
1）パラレル・リーディングによる本文復習
2）全員で主語転換音読（オーバーラッピング）を復習
3）ペアでQ＆A活動（宿題）
　　ペアを作り，相手のペアに質問し，シェイクスピアになったつもりで，答える。終了後役割交代。
4）ペアでShakespeareへのインタビュー・スキット作成，練習
　　先ほどのQ＆Aを参考に，各ペアで本文をダイアログに変え，ダイアログ練習をするよう指示する。また課題として，スキットを練習しておく事を指示する。その際インターネットや本でシェイクスピアについ

て調べ，ダイアログに加えてもよい事を加える。
［第3時］
全体の前でスキットを演じる。または順次 ALT の前に行き演じる。

6.7 文法指導における音読指導
6.7.1 授業の要点と流れ
コミュニケーションの基礎力を育成するため，音読活動で文法事項を定着させ自分の表現として使わせる。

　リスニングで文法事項の導入 → 文法事項の明示的説明と例文の音読 → 問題演習と音読練習① → ペアで音読練習② → 文法事項を使ってアウトプット活動

6.7.2 指導文法項目
完了形（継続）have（has）+ 過去分詞，have（has）+ been 〜 ing

6.7.3 指導例
（1）リスニングで文法事項の導入（スモール・トーク）
生徒が理解できる英語を話し，文法事項の使用場面を意識した導入を行う。

（健太の絵を貼る）Kenta has a good friend in Alaska. His name is Forrest. He came to Kenta's high school as an exchange student two years ago.（フォレストの絵を貼り，絵の下に two years ago と板書する）They have known each other for two years.（They have known each other for two years. と板書する）After Forrest went back to Alaska, they started sending emails to each other.（コンピュータの絵を貼り email と板書する）They often send emails to each other to write about their families and daily lives.

Now Kenta is writing an email to Forrest. He has many things to write about, such as school events and his friends. He has been writing an email for about an hour.（He has been writing an email for about an hour. と板書）

〈留意点〉
　①「継続」という概念を掴みにくい生徒もいるので，生徒の反応を見ながら丁寧に話し，タイミングよく絵を貼り板書する。

(2) 文法事項の明示的説明と例文の音読

　導入（スモール・トーク）で話した英語の中のターゲット文法事項の形式と意味を明示的に説明し，「継続」という概念を十分理解させる。その後，他の例文を示し音読練習を行う。例文音読では，最初は英文を見ることなしに，教師の音声だけでリッスン・アンド・リピートさせる。その後，例文のプリントを渡し，文字を見ながら教師の後について音読練習を行う。最後に，生徒が個人でプリントを見ながら練習を行う。

　T：今日のターゲット文法事項は「継続」の意味を表す完了形と現在完了進行形です。先ほど話したように，フォレストが健太の学校に留学生としてやって来たのが2年前です。（絵や板書を指差す）つまり，2人は知り合って2年になります。（板書の They have known each other for two years. を指し，音読する）英語で書くとこうなります。音読してみましょう。「彼らは知り合って2年になります。」They have known each other for two years. （2回音読する）

　Ss：They have known each other for two years. （2回繰り返す）

　T：この have known という形が現在完了形です。（現在完了形と板書する）そして，フォレストが帰国してから，彼らはメールの交換を始めました。（絵や板書を指す）今日，健太はフォレストにメールを書いています。学校の行事や友人のことなどたくさん書くことがあります。英語でメールを書くのは楽しいですが，とても時間がかかりますね。健太はかれこれ1時間ほどメールを書いています。（板書の He has been writing an email for about an hour. を指す）音読しましょう。「彼は約1時間メールをずっと書いています。」"has been" の発音に注意してください。He has been writing an email （[həz bın] という発音に注意させる）

　Ss：He has been writing an email

　T：for about an hour.

　Ss：for about an hour.

　T：もう一度。（2回繰り返す）

T：この has（have）been〜ing という形が現在完了進行形です。（板書する）現在完了形と現在完了進行形は少し形が違いますが，基本的な意味は共に「ずっと〜している」（継続）です。では，どのように使い分けるのか説明しましょう。まず，現在完了形 have＋過去分詞を使う場合です。現在完了形で（状態の）継続を表す動詞の例に，be「〜である」，live「住んでいる」，know「知っている」，want「したい，ほしい」などがあります。（4つの動詞とその意味を板書する。）これらの動詞は「状態動詞」と呼ばれています。進行形の授業で説明したと思いますが，「状態動詞」と呼ばれる動詞のグループは進行形にはしなかったですね。（「状態動詞」と板書する。）少し口頭練習をしましょう。（＊プリントを後で渡す。）　まず，be 動詞を使った例文です。よく聴いてください。「私は10年間ベジタリアンです。」I have been a vegetarian / for 10 years.（スラッシュでポーズを置きながら2回音読する。[həv bɪn]という発音に注意させる）では，後について3回繰り返しましょう。I have been a vegetarian　はい。（手で合図をする）

Ss：I have been a vegetarian

T：for ten years

Ss：for ten years（1，2回目はスラッシュ毎にリッスン・アンド・リピートを行う。）

T：次は1文です。I have been a vegetarian for ten years.

Ss：I have been a vegetarian for ten years.

（3回目は1文単位でリッスン・アンド・リピートを行う。）

T：次は，live「住んでいる」を使った例文です。よく聴いてください。「私は子供の頃からずっとこの町に住んでいます。」I have lived in this city / since I was a child.（スラッシュでポーズを置きながら2回音読する）　では，私の後について3回繰り返しましょう。

　I have lived in this city

Ss：I have lived in this city

T：since I was a child.

Ss：since I was a child.（1，2回目はスラッシュ毎に，3回目は1文単位でリッスン・アンド・リピートを行う。他に know, want に関する例文も同じように音読練習を行い練習終了後例文のプリントを渡す。）

T：今練習した状態動詞とは違い，一時的な動作が継続していることを

表現するには have/has been 〜ing という形を使用します。動詞 clean「掃除する」を使った例です。（口頭で練習を行う）まず，私が音読しますからよく聴いてください。「ボブは今朝からずっと自分の部屋を掃除している。」Bob has been cleaning his room / since this morning.（スラッシュでポーズを置きながら2回読む）では，繰り返してください。Bob has been cleaning his room（[həz bɪn] という発音に注意させる）

Ss：Bob has been cleaning his room
T：since this morning
Ss：since this morning　（1，2回目はスラッシュ毎に，3回目は1文単位でリッスン・アンド・リピートを行う。この他にも，できるだけ多くの例文を同じ手順で行う。）
T：今練習した例文をプリントで渡します。私の後について繰り返してください。「私は10年間ベジタリアンです。」I have been a vegetarian / for 10 years.
S：I have been a vegetarian for ten years.（以下同じように行う）
T：では，起立してください。各例文を3回ずつ音読してください。3回目は文字から目を離して，リード・アンド・ルックアップで読んでください。全ての例文の音読練習が終われば座りなさい。

〈留意点〉
　①板書を写し取る時間は後に確保し，説明中は前を向かせ集中させる。
　②例文練習は，音声だけの練習→文字を見ての練習という流れで行う。

(3) 問題演習と音読練習①（音声化練習）
　プリントや教科書の Exercises を答え合わせだけで終わらせず，英文の音読練習を行う。この音読練習では，英文を正確に音声化できることを目指す。

Exercises
　次の（　）内の動詞を適切な形にしなさい。
1．ユキは昨年からずっとロンドンにいます。
　　Yuki（be）in London since last year.
2．彼は3日間ずっと学校を休んでいます。
　（中略）

7．ケイコは今朝からずっと本を読んでいます。
   Keiko (read) a book since this morning.
8．私たちはこの町に15年間ずっと住んでいます。
   We (live) in this city for 15 years.

T：では Exercises の問題を回答してください。（数分時間を与え，教室を回る）　回答できましたね。答えをペアで確認してください。もし2人の答えが違えば相談して正解を考えてください。
S_1：1問目はどうなった？
S_2：Yuki has be in London since last year.
S_1：be じゃなくて been じゃない？
S_2：あっ，そうか。been だね。
   （数分時間をとり教室を回り困っているペアを助ける）
T：相談は終わりましたか。黒板に答えを書きますから確認してください。（全ての答えを板書する）
T：では問題文を全て音読練習しましょう。まず聴いてください。「ユキは昨年からずっとロンドンにいます。」 Yuki has been in London / since last year.（スラッシュでポーズを置きながら2回音読する）　では，私の後について声を出しましょう。Yuki has been in London
Ss：Yuki has been in London
T：since last year
Ss：since last year（1，2回目はスラッシュ毎に，3回目は1文単位でリッスン・アンド・リピートを行う。全ての例文を同じように続ける）
T：では，起立してください。各例文を3回ずつ音読してください。3回目は文字から目を離して（リード・アンド・ルックアップで）読んでください。全ての例文の音読練習が終われば座りなさい。

〈留意点〉
　①音読練習の手順は「(2) 文法事項の明示的説明と例文の音読」と同じように行い，個人練習のときに机間指導を行って生徒を支援する。
(4) ペアで音読練習②（英文の意味を意識した音読練習）
　問題演習で使用した英文の音読練習をペアで行い，英文を内在化させる。

> T：まず，ペアでジャンケンしてください。勝った人は，Exercises の日本文と英文を1文ずつ読みあげなさい。相手の人は何も見ずに繰り返してください。（いわゆるリピーティングのペア練習）できれば問題文の順番をばらばらにして言いましょう。それでは，スタート。
> S_3：ユキは昨年からずっとロンドンにいます。Yuki has been in London since last year.
> S_4：えっと・・・，Yuki has been in London last year.
> S_3：1語抜けてるよ。もう一度。Yuki has been in London since last year.
> S_4：そうか。Yuki has been in London since last year.
> S_3：正解！（最後まで終われば，ペアの役割を入れ替えてもう一度行う）
> ＊動機の高い生徒の場合，前述のペア練習をアレンジしてみる。ペアの一方が Exercises の日本文を読み上げ，もう一方の生徒は英語を言う練習を行う。
> T：ペアの一方の人は Exercises の日本文を読みあげなさい。相手の人は何も見ずに英語に直して言いなさい。それでは，スタート。
> S_5：ユキは昨年からずっとロンドンにいます。
> S_6：Yuki has be in London since last year.
> S_5：be ではないよ been だよ。もう一度。
> S_6：Yuki has been in London since last year.
> S_5：正解！（最後まで終われば，ペアの役割を入れ替えてもう一度行う）

〈留意点〉
　①ペア活動が難しい場合は教師主導で全体練習に切り替える。

(5) 文法事項を使ってアウトプット活動

　　 文法事項を使ってライティング活動 → 音読練習 → ペアで発表 → クラスの前で発表

　学習した文法事項を基に英文を作り自分の言葉として使わせる。プリントでモデルを提示し，必要に応じて関連語彙を与える。英文を作成する時間を十分与え，完成すれば音読練習の時間を与える。音読練習の最後は，リード・アンド・ルックアップで締めくくり，文字から目を離し自分の言葉として練習させる。音読練習が終われば，ペアでお互いに発表練習を行い。最終的に，できるだけ多くの生徒をクラスの前に出させ発表活動を行いたい。

［例1］　下の情報を入れて，あなたの友達を紹介しよう。
　①　あなたはその友達と知り合って何年か。
　②　あなたの友達は何をしているか（クラブや趣味など）。
　③　あなたは友達のことをどう思っているか。
（例文）　I have a good friend named Hideaki. I have known him for 8 years. He is a good baseball player. I think he is an ambitious person.

［例2］　あなたが，長い間ずっと継続して行っている趣味や習い事，好きなスポーツを紹介しよう。＊過去形と現在完了形の違いに焦点を当てた練習
　（例文）　I started playing the piano when I was 5 years old. I still play it now. I have played the piano for 12 years.

［例3］　あなたがこの数日間継続して取り組んでいることを話そう。
（例文）　I have been studying math very hard for three days, because I am going to have a test next week.

6.8 語彙指導における音読・シャドーイング指導

　語彙は，理解語彙と発表語彙に分かれる。理解語彙を増やし，それを発表語彙にまで高めるには，新出語彙を「文脈の中で学ぶこと」と既習語彙を使って自己表現活動を何度も行う必要がある。本節では，自己表現活動を通した語彙指導と教科書を用いた語彙指導について述べる。

6.8.1「自己表現活動」を通した語彙指導
（1）授業の流れ
　モデル提示→Q＆A→下書き（マッピング）→チェック→ writing →キーワードの抜取り→キーワードのみを使った30秒スピーチ
（2）教材例
　自作プリント（後掲）
（3）Q＆A

> T：Good morning, everyone. Do you think I look angry today? Let me tell you the thing which made me angry. Yesterday I was on the train. It was very crowded. I saw a very old woman standing in front of high school girls chatting cheerfully on the seat. The woman looked very tired, but the high school girls continued chatting as if they intentionally

ignored her. I felt angry with those girls. Does anyone remember when you felt angry?

S₁：Yes. I felt angry with my friend last Sunday.

T：Oh, what happened?

S₁：We were supposed to meet at the gate of the station at one o'clock. Icame on time. I had to wait for 2 hours before he finally came.

T：I understand how angry you were. 今日は皆さんと「ある感情を抱いた時」についての単語を学習します。今からある場面についてジェスチャーを交えながら英語で説明するのでその人物がどんな感情を抱いたか想像してみましょう。そして分かる範囲内で配布プリントの空欄を埋めていきましょう。

○それぞれの説明された場面でどんな感情を抱いたのでしょうか

sad angry happy surprised disappointed
frustrated   relieved   hopeless

	単語	日本語	状況（英語または日本語）
1			
2			
3			
4			
5			
6			
7			
8			

T：ではペアになって，お互いの答えをチェックしてみましょう。

（中略）

T：では①番の様子とその時の感情は？

S₁：電車の中で携帯している子がいて・・・私は怒った。つまり angry です。

T：ほかの意見の人は？

S₂：怒ったのではなくて，残念がった，がっかりしたと思いました。英語はなんて言うかわかりません。

T：どちらの意見も的を射ていました。私の表情から再度判断してください。（怒った様子で）I saw a high school boy talking loudly on a cell phone.

> Ss：怒っているね。
> T：That's right. So I was angry. （以下省略）
> ① I saw a high school boy talking loudly on a cell phone. I was _____.
> ② I had studied very hard before the term test. Today the test was returned. I was _____.
> ③ When I went to an amusement park last Sunday, I bought a soft ice cream. When I was about to eat it, the ice on the cone dropped! I was _____.
> （中略）
> （解答が終了した時点で，単語の発音練習を簡単に行う。リスニングを重視する場合は，教師が発話した英文をすべてリピートさせてもよい）

〈留意点〉
　①自己表現活動のポイントは，既習語を定着させることなので，あまり難しい語彙を扱う必要はない。
　②授業の初めの約10分を使って継続的に実施しないと効果は上がらない。
　③自己表現のトピックは，「自己紹介」「家族紹介」〜「私のお勧めの京都」「今の日本に思うこと」など，生徒の学力に応じてレベルを変え，そこで必要と思われる語彙リスト（関連単語）を配布する。
　④慣れてくると教師と生徒とのＱ＆Ａを簡潔にして，すぐに以下の下書き（マッピング）→ writing 活動に移行してもよい。

(4) 下書き（マッピング）→ writing →30秒スピーチ

> T： 今度は皆さんに「感情を表す単語」の中から１つ選んでもらい，自分の経験を説明してもらいます。プリント（次頁）にある情報は必ず入れて，最低30語〜60語を目標に英文を書きましょう。まず，最初に「下書き用」の欄に必要な情報を英語または日本語で書きましょう。できた人はまとまった英文を書き始めましょう。辞書で単語を調べてもいいですが，必ずそこに出ている例文まで確認しましょう。
> （中略）
> （適宜，机間指導しながら，スローラーナーにはアドバイスを与えていく。また，近くにできる生徒がいる場合はアドバイスの仕方を簡単に教えて，その生徒に援助を依頼する）

T：では，今から，書いた英文を1文ずつ，リード・アンド・ルックアップで練習しましょう。文の途中で詰まらずに1文単位で言えたら合格です。では全員起立して，すべてできたら座りましょう。はじめ！
（中略）

○自分のことを書きましょう
　下書き用
　I was _____（感情の単語）．
　・1 いつ？_____
　・2 どこで？_____
　・3 何が／だれがそのような感情にさせた？_____
　・4 具体的な状況は？_____
　・5 その後どうした／どうなった？_____
　清書用

T：今から5枚の紙片を配ります。自分が書いた英語を何も見ないで言うためのヒントとなるキーワード（英単語）を1枚につき3語以内で書きなさい。合計3語×5枚＝15語がその紙に書けます。その後，その紙片だけを見て，30秒以内に書いた英文をすべて再生してもらいます。では，キーワードを選んで書きなさい。書き終わったら各自，練習を始めなさい。（この活動はプレゼンテーションへ向けた活動と位置づけられる）
（中略）
T：では，本番です。全員起立！紙片5枚だけを持ちなさい。紙片をスムーズにめくりながら，すべて言えたら座りましょう。Ready? Start!
（できない生徒が多いことを見込んで20秒程度であえて止める。全員を着席させて，再度何度も音読，リード・アンド・ルックアップで練習させる。そして再挑戦させる。これは，何度も音読すれば，すらすら言えるようになることを実感させるためである。）
（中略）
T：では，ペアになってください。相手がどんな経験をしたのか聞き取りましょう。ポイントは話す時と同じです。「いつ，どこで，なに（だ

れ）が，どんな感情を引き起こしたのか，最後にどうなったかです」。全文を書き出そうとせず，ポイントになる単語だけをメモしましょう。では，ジャンケンをして勝った方から英語を言います。もちろん30秒以内で話し終わるスピードで話しましょう。起立してください。Ready? Start!

S_1：When I was a junior high school student, I belonged to the tennis club. I was not good at tennis, but I liked it very much. One day, I was told to join the Kansai Tennis Match by the club teacher. I was happy and I practiced very hard. At last I managed to win the match. I was happy again.

T：Time is up! それでは聞き手の人はメモした内容をもとに話された内容を確認していきましょう。1分以内で確認してください。はじめ！

S_2：まず，中学の時の話で，テニス部に入っていた。それで，ある日，関西大会にでて，勝ったからうれしかった。

S_1：もう1つ happy だったことは？

S_2：…

S_1：I was told to join the Kansai Tennis Match by the club teacher.

S_2：先生に大会に出るように言われてうれしかった。

S_1：正解です。

T：では役割を交替しましょう。Ready? Start!

（中略）

T：では最後に「自己表現単語帳」に自己表現活動ではじめて使った単語の意味とその使い方を表す簡単な例文を書きましょう。

	はじめての単語	日本語	自分／友人と関連させた例文
1	disappointed	失望した	When I saw a boy ＿＿＿.
2			

例文を書くペース

〈留意点〉

①初級者には何を書くべきかをはっきりと明示するほうが書きやすいため

「下書き」の形式としたが，徐々に後述する自分で構成を考えた「マッピング」に移行していく方が今後の学習には効率的である。

② writing 活動における「清書」はこの活動後回収して global error のみ訂正して返却する。また，同じトピックで時期をあけて行うと英文の質および量において効果的である（分散効果）。

③紙片に3語以内の英単語を書く作業は，徐々に後述するマッピング・シート（p.243）に置き換え，紙片の代わりにマッピング・シートを見て再生していく。この時，あえて自分にとって初めて使う英単語をキーワードとして記入させ意図的に使用させると発表語彙につながる。

④この活動に慣れてきたら，一定時間をブレイン・ストーミングおよび音読の個人練習として与えた後すぐにペアでの活動を行うようにする。また，30秒スピーチは1分，2分とレベルを上げていく必要がある。

⑤「自己表現単語帳」は上記のように枠組みだけ印刷したものを配布し，生徒に書き込ませる。自己表現活動で使った「自分にとっての新出単語（発表語彙）」を書くように指示し，時々回収して点検する。

6.8.2 教科書における語彙指導
(1) 授業の流れ
　題材の導入→新出語彙の導入→内容理解→要約→自己表現活動

(2) 教材例

　The "misfortune" of Japan/ is that it is an island country/ inhabited by people/ who speak the same language.// But there is no need/ for our society to be homogeneous.// When I assumed the post of High Commissioner,/ I expressed my hope/ that Japan would become a major power/ in the field of humanitarian affairs.// I believed then, /as I do now, /that the achievement of this goal/ would come from the ability/ to feel a sense of solidarity with others,/ particularly those in need.// The key word is "solidarity." // Can Japanese learn to feel a sense of solidarity/ toward people in distant lands?//　　　下線＝新出語彙

Mainstream Reading Course（増進堂），132

（3）題材の導入

pre-reading（内容理解＋新出語彙の一部導入）→ペア・トーク

> T：Today, what I'd like you to do is to read the following two passages. In each passage an imaginary person is introduced. What character does each person have? Do they have something in common with each other? Do they have something in common with you? Read through the passages in 2 min.
>
> > ① Kenta is a smart student. He always gets high scores in any test. Especially he is good at English. He can speak English fluently. He is independent. He doesn't like to depend on others. He likes to do anything by himself and feel a sense of his superiority. So he doesn't think it is important to have <u>a sense of solidarity with others</u>.
> >
> > He likes to learn from <u>first-hand</u> experiences by going somewhere or meeting someone directly rather than from books or the Internet.
> >
> > ② Masao is very shy. He likes to stay at home and learn from books or the Internet rather than going out. He also tends to follow others rather than take the leadership. （以下省略）
>
> T：（黒板に　a sense of solidarity with others　first-hand　のカードを貼る）First of all, I'll ask some questions about the two persons. Who is a smart boy?
>
> Ss：Kenta！
>
> T：Correct. Who likes to do anything without any help from others?
>
> S_1：Kenta.
>
> T：Why do you think so?
>
> S_1：Because he doesn't like to depend on others.
>
> T：I think so, too. Who likes to learn from the written information rather than direct experiences?
>
> S_2：Masao. He is shy and likes to read books at home.（中略）
>
> T：What is the meaning of "a sense of solidarity with others"?
>
> S_3：他の人と協力すること

> T：Almost correct.　他の人との連帯感。Repeat, class. "a sense of solidarity with others"
> Ss：a sense of solidarity with others　（中略）
> T：Now get in pairs and talk about similarities and differences between you and these persons. Let's talk in 3 min. （以下省略）

〈留意点〉

① pre-reading として教科書本文を関連したより身近な内容に書きかえ，リスニング教材または速読教材として扱えるレベルのものにする。また，この導入時の活動が最終的な表現活動につながるような工夫が必要である。

② 新出語句のうち数語をこの段階で導入すると，語彙リストによる学習の負担を軽減できると同時に，発表語彙につなげることができる。

③ 新出語彙は黒板に英語と日本語の両方を明記する方法と，上記のように英語だけ示して意味を推測させる方法，日本語だけ示して，その日本語を指しながら対応する語彙を口頭で導入する方法等が考えられる。

(4) 新出語彙のリストを使った導入

　　word list によるモデル発音・説明→個人練習→ペア学習→口頭単語テスト

> T：英文を読む前に，語彙のチェックをしましょう。1 misfortune です。mis- fortune と２つのパートから成り立っています。mis-understand, mis-take, mis-cast........さて mis はプラスのイメージですか，それともマイナスのイメージですか。…そう，マイナスのイメージです。mis にはどんな意味が含まれていますか？…そうです。「誤った」「悪い」「欠けた」などの意味ですね。　（中略）
>
> word list 例
>
> | | | |
> |---|---|---|
> | 1 | **Misfortune** | 不運 |
> | 2 | Japanese people **inhabit** an island country. | 日本人は島国に住む |
> | 3 | be **homogenous** | 同質の |
> | 4 | **assume the post** | その役職を引き受ける |
>
> T：Since you understand the image of each word or phrase, let's practice pronunciation. Repeat after me. misfortune

Ss：misfortune
T：This time, face up! misfortune
Ss：misfortune　（中略）
T：それでは各自で「英語→日本語」が"瞬間的に"に言えるまで練習しましょう。時間は５分間です。　（中略）
T：今度は，各自で「日本語→英語」が"瞬間的に"に言えるまで練習しましょう。時間は５分間です。　（中略）
T：ペアになってください。ジャンケンで負けた人は，自分の語彙リストを勝った人に渡してください。勝った人は英語を言って，負けた人はそれに該当する日本語を言ってください。勝った人は相手が正解したらチェック欄にチェックを入れてあげてください。正解が言えても２秒以内で言えなかったら正解とは見なしません。では，始め！
（中略）
T：　役割交代してください。始め！　（中略）
T：　もう一度ジャンケンしてください。負けた人は，自分の語彙リストを勝った人に渡してください。勝った人は日本語を言って，負けた人はそれに該当する英語を言ってください。勝った人は相手が正解したらチェック欄にチェックを入れてあげてください。正解が言えても２秒以内で言えなかったら正解とは見なしません。では，始め！
（中略）
T：　役割交代してください。始め！　（以下省略）

〈留意点〉
① word list はできる限り新出語彙を含む本文のチャンクごとに載せる方が後に行われる読解指導を容易にしてくれる。ただ，この段階であまり負荷をかけ過ぎないようにする配慮も必要である。
②各単語の説明は最小限にとどめるが，語の成り立ちやコアとなる意味，イメージをジェスチャーなども交え言及したほうが記憶に残りやすい。また，英語力があまり高くない生徒のために品詞（特に動詞）を明記していると本文理解の活動や表現活動の時に便利である。

(5) 内容理解（詳細情報）における語彙指導（本文の概要の確認をした後）
　新出語彙の意味の推測→並べ替え→空所つき英文の音読→要約

> T："achievement" はどんな意味だと思いますか。
> S₁：the achievement of this goal /would come from the ability ということは「この目標の○○は能力からくる」だから・・・・
> T：「能力からくる」つまり能力があるとこの目標はどうなりますか？
> S₁：・・・・・
> T：目標はどうあってほしいものですか？
> S₁：実現してほしいもの・・・
> T：そうです。「実現」「達成」ですね。これで本文全体の意味が理解できました。（中略）
> T：では，空所がある英文を1分以内で読めるように練習しましょう。
> （空所に英語の代わりに日本語を載せたパッセージを使って練習する）
> では，（　　　）に適当な語句を入れサマリーをつくりましょう。
>
> > Japan is a (　　　) country where the people speak the same language. However, I hope that Japan should play a leading role in the field of (　　　) affairs. To do so, the people should have a sense of (　　　) with others.

〈留意点〉
①意味の推測は接頭・接尾をはじめとした単語レベルで推測できるもの，1文レベルの中だけで推測できるもの，文のつながり，話題の流れを中心とした談話レベルからの推測があり，さまざまな場合から推測力をつけたい。
②概要把握後の詳細情報の理解の段階で，新出語彙および既習語彙に関する設問をいくつか設ける（意味推測・言い換え・語句整序・空所補充など）ことは語彙の定着に有効である。
③空所音読は新出語を含んだチャンクを空所にした英文を音読する。時間制限を設けることによってスムーズな音読を促したい。

(6) 自己表現

エッセイ原稿作成→ペアチェック→朗読またはスピーチによる発表

T：最後に，この英文を読んで，自分が今後どのように生きていくべきかについてのエッセイを書いてもらいます。以下の要領で書いていきましょう。

1．緒方貞子が期待する日本の若者像
2．現在の自分の特徴
3．今後自分をどのように変革していくかの決意
必ず使用すべき単語：
solidarity/homogeneous/humanitarian/those in need

T：マッピング・シートを使って自分の考えをまとめていきましょう。できた人はペアで原稿をチェックし，必要な情報が書かれているかまた語彙の使い方は適切か確認しましょう。
（中略）
T：最後に，絵を使って口頭発表してもらいます。
（以下省略）

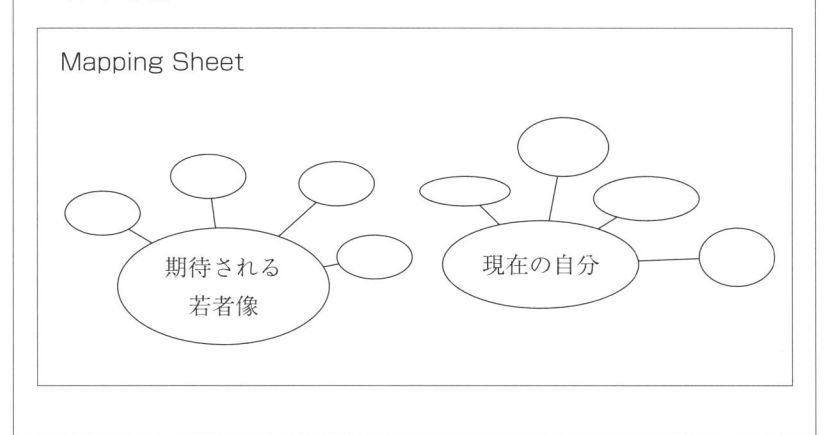

Mapping Sheet

期待される若者像　　現在の自分

〈留意点〉
①導入時に行った自己表現とこの単元で学んだことを統合していく活動である。統合作業の中で新出語彙を用いて，パラグラフレベルで一貫性（coherence）と結束性（cohesion）を考えながら英文を作成していく。

②生徒間の peer evaluation は「各パラグラフの構成」および「語彙の使い方」を中心に行う。口頭発表は，絵とジェスチャーを交えると聴衆にも分かりやすく，記憶の保持にも役立つ。

③単元の全学習が終了後，1単語レベル，つまり脱文脈の状態で意味確認の単語テストを行うとどの程度定着したかを確認できる。

6.9 入試長文問題演習における音読・シャドーイング指導

本節では，未知語の意味調べ中心で，英文を読むことが従になりがちな「予習」を前提とした授業から半歩踏み出して，入試長文問題のパッセージを用いて読解力を伸ばすとともに，効率よく語彙や構文を身につけ，理解を伴ったリーディング・スピードや作文力の向上に効果的な指導法を紹介する。

以下の指導の流れでは，第1時で語彙指導を行ったあとは，第2時からは予習を要求しているが，予習を要求せずに授業中に指導し，復習に重点を置くほうが，入試長文問題演習として望ましい。

6.9.1 入試長文問題を用いた大まかな指導の流れ

［第1時に入るまでの家庭学習］

　　入試問題にチャレンジ1（生徒の学力がかなり高い場合のみ課す）

　　　　家で新しいパッセージ（→ p.248：500語）を辞書なしで読んで，入試問題の設問に解答することを要求する（わからない問題は飛ばしておくように指示しておく）。

↓

［第1時］（前の教材の第4時）

　　前の教材の復習 → ①未習語の語彙指導 → ②パッセージの概要理解

↓

［第2時に入るまでの家庭学習］

　　予習課題

　　　　語彙リスト（→ p.248）を用いてパッセージ（→ p.248）の前半のパラグラフを読み，ワークシート（→ p.249）に書かれた各パラグラフの内容を問う質問の答えを書いて来ることを課す。

↓

［第2時］　パッセージ前半のパラグラフごとに以下の③～⑥を行う
　　　③未習語の語彙指導復習 → ④内容理解（要点）のチェック → ⑤難しい箇所の説明と音読練習 → ⑥パラグラフ全体の音読練習
↓
［第3時に入るまでの家庭学習］
　復習課題1
　　第2時で学習したパラグラフの音読と授業で説明された難しい箇所の和訳を課す。和訳はこの段階で配布して，自己添削させ，わからない場合は第3時の最初に質問させる。
　復習課題2
　　パッセージの前半のパラグラフから比較的平易な英文で書かれた箇所を教師が選んで，その和訳を見て，それを英語に訳させ，自己添削させる。
　予習課題
　　予習として，語彙リスト（→ p.248）を用いてパッセージ（→ p.248）の後半のパラグラフを読み，ワークシート（→ p.249）に書かれた各パラグラフの内容を問う質問の答えを書いて来ることを課す。
↓
［第3時］　パッセージ後半のパラグラフごとに以下の③～⑥を行う
　　　③未習語の語彙指導復習 → ④内容理解（要点）のチェック → ⑤難しい箇所の説明と音読練習 → ⑥パラグラフ全体の音読練習
↓
［第4時（次のパッセージの第1時）に入るまでの家庭学習］
　復習課題1
　　生徒には，復習として第2時で学習したパラグラフの音読と授業で説明された難しい箇所の和訳）を課す。和訳はこの段階で配布して，自己添削させ，わからない場合は第4時の最初に質問させる。
　復習課題2
　　パッセージの後半のパラグラフから比較的平易な英文で書かれた箇所を選んで，その和訳を見て，それを英語に訳させ，自己添削させる。
　次の入試問題のパッセージにチャレンジ1
　　家で新しいパッセージを辞書なしで読んで，入試問題の設問に解答することを要求する（わからない問題は飛ばしておくように指示しておく）。
↓

［第4時］（次の教材の第1時）
　　　　⑦復習 → ①未習語の語彙指導 → ②パッセージの概要理解
　　　↓

入試問題にチャレンジ2
　　２つパッセージを学習し終えた段階で，学習済みの入試問題のパッセージを読み，自力で設問に解答し，自己採点させ，チャレンジ1のときの答案と比較させる（解答は各パッセージの第4時で配布しておく）。

6.9.2　入試長文問題を用いた授業例
(1) 第1時
①未習語の語彙指導

　教材の入試長文に出てくる語彙を予習としてすべて調べさせるのではなく，推測可能な語と調べさせたい語を合わせて100語につき3語程度以外は語彙リスト（p.248）として与える。いきなり予習を要求する場合は，前の時間にここで示すような語彙指導を行っておくと予習では内容理解と推測の練習ができ，入試長文読解問題対策として効果がある。英文例は p.248参照。

　未習語の数によって，1～3パラグラフごとに行う。すなわち，未習語が少ないパラグラフの場合は2～3パラグラフに出てくる未習語を合わせて指導する。本節で取り上げた英文の場合，第1パラグラフは短く，未習語も2語しかないので，第2パラグラフの未習語と合わせて指導する。

---

①未習語の語彙指導
T：日本語と英語を言うので，英語だけリピートしなさい。「改善する」
　improve
Ss：（語彙リストを見ながら）improve
T：improve
Ss：improve
T：次は推測してもらいたいので発音だけしておきます。talk things out
Ss：talk things out
T：talk things out
Ss：talk things out　（以下，同様に進める）
T：今度は，日本語を言いますから，その語句を発音しなさい。そのあ

と私が発音したら，まねて言いなさい。（→リード・アラウド・リッスン・アンド・リピート）では，始めます。「改善する」
Ss：improve
T：improve
Ss：improve
T：次。
Ss：talk things out
T：talk things out
Ss：talk things out
（以下，同様に進める）
T：日本語の欄を隠しなさい。今回は下から上へと，①私が英語を言いますから日本語を言いなさい。②私が日本語を言うので，語彙リストの英語を発音しなさい。③英語をもう一度言いますから，あとについて言いなさい。
　注：時間制限して（たとえば1分間）ペアワークで行ってもよい。その間は何度も続けさせる。時間が来たら役割交代。
T（S_1）：go wrong（①）
Ss（S_2）：うまくいかない（①）
T（S_1）：うまくいかない（②）
Ss（S_2）：go wrong（②）
T（S_1）：go wrong（③）
Ss（S_2）：go wrong（③）　（以下，同様に進める）
T：今度は，英語の欄を隠しなさい。今回も下から上へと進めます。①私が日本語を言いますから，英語を言いなさい。②もう一度，私が日本語と英語を言いますから，あとについて言いなさい。
　注：時間制限して（たとえば1分間）ペアワークで行ってもよい。その間は何度も続けさせる。時間が来たら役割交代。
T（S_1）：うまくいかない（①）
Ss（S_2）：go wrong（①）
T（S_1）：うまくいかない go wrong（②）
Ss（S_2）：go wrong（②）　（以下，同様に進める）

語彙リスト例（第1パラグラフと第2パラグラフ）

行	英→日	英	日	日→英
2		improve	改善する	
2		**talk things out**	*Guess.* 物事を（　　　　　）	
6		genuinely	心から	
6		considerate	思いやりのある	
7		end up in ～	最後には～になる	
7		knot（s）	*Dic.*	
7		indirect	*Guess.* ヒント：in- は「～でない」	
8		undetermined	はっきりしない	
8		by nature	本来は	
6		inevitable	避けられない	
9		go wrong	うまくいかない	

略号の意味：*Dic.* 辞書を引かせたい場合　*Guess.* 推測させたい場合

②概要理解

教師が英文を朗読し，生徒はその朗読を聴きながら黙読して，各パラグラフが何について書かれているか考える。

〈留意点〉
(1) 教師は句や節単位に1～2秒程度のポーズを入れて朗読する。
(2) 生徒にとって英文が難しすぎる場合，または難しい文には，あらかじめ意味単位にスラッシュを入れたプリントを配布する。

---

②概要理解

T：英文を朗読します。何が書かれているかを考えながら黙読しなさい。

　Everyone agrees // that one of the biggest problems among people and nations / is communication. We try to improve communication / by talking things out, by being "honest." But if the problem is caused / by differences / in ways of talking, // doing more of it / is not likely to solve the problem. Honesty is not enough—and often not possible.

　Most of us genuinely try to be honest and considerate and to communicate, / but we sometimes end up in knots anyway, // first, / because communication is indirect and undetermined by nature, // and second, / because of inevitable differences in conversational style. Seeing things go wrong, // we look for explanations / in personality, intentions, or other psychological motivations.

　（以下，4つのパラグラフが続くが，紙面の関係で省略。原文は約500語の英文で，神戸大学の2008年度入試に出題されたもの）

Ss：（教師の朗読（1回目）を聴きながら英文を黙読する）

T：（朗読し終わったら）ワークシートのA～Iの中から今読んだ英文に書かれていたものの記号を○で囲みなさい。

ワークシート例
A.（　　）意思疎通をうまく行う方法
B.（　　）意思疎通を混乱させる要因
　（中略）
E.（　　）人や国の間での意思疎通の難しさとその原因
（以下省略）

注：ワークシートの選択肢には，正答の選択肢のほかに，ダミーの選択肢をパラグラフ数の3分の1～半分ぐらい入れて，五十音順に並べる。

Ss：（記号を○で囲む）

T：今度はパラグラフごとに英文を読みます。その前に第1パラグラフに出てきた語彙をもう一度復習します。語彙リストを見なさい。私が日本語を言いますから，みなさんはその英語を探して発音しなさい。そのあと，私がもう一度英語を言いますから，あとについて言いなさい。（①の語彙指導と同様に行う。ここでは順不同で行う。語彙の復習が済んだら）では，第1パラグラフを朗読します。朗読を聴きながら黙読して，第1パラグラフに書かれているのは，ワークシートのA～Iのどれかを考えなさい。では，始めます。（第1パラグラフを先ほどと同様にポーズを入れて朗読する（2回目）。朗読し終わったら）では，第1パラグラフに書かれていたものをA～Iから選んで，（　　）の中にP1（注：パラグラフ1の意味）と書きなさい。

Ss：（A～Iの中から選んで（　　）の中にP1と書く）

注：答え合わせはしないで，残りのパラグラフを，①パラグラフごとに，〔語彙復習→教師の朗読をペースメーカーに黙読→ワークシートのA～Iの中から適切なものを選んで，パラグラフ番号記入〕という一連の作業をさせる。②3回目の朗読をパラグラフごとに2回目と同じ手順で行い，

答えを確認する。

(2) 第2時（第3時：パラグラフ後半について同様に行う）
　パラグラフごとに，③語彙の復習→④内容理解チェック→⑤難しい箇所の説明と音読練習→⑥パラグラフ全体の音読練習

③語彙の復習
T：第1パラグラフに出てきた語彙を復習します。語彙リストを用意しなさい。私が日本語を言ったら，みなさんはそれにあたる英語を発音しなさい。そのあと，もう一度英語を言いますから，あとについて言いなさい。

④内容理解（要点・細部）のチェック

〈質問例〉
第1パラグラフ
Q1．人や国の間でもっとも難しい問題とは何ですか？
Q2．人や国の間で意思疎通がうまくいかないことが多いのはなぜですか？
（第2パラグラフ以下省略）

（上の質問に答えることを予習として要求しておき，授業ではさらに質問を追加していく。）
T：Q1とQ2にQ3を加えます。Q3は，「私たちは意思疎通をうまく行うためにどんなことをしますか」です。私の朗読を聴きながら黙読しなさい。Listen and read silently.（第1パラグラフを「②概要理解」と同様にスラッシュの位置でポーズを入れて朗読する。）
Ss：（教師の朗読を聴きながら黙読する）
T：（朗読後）Q1の答えがわかっている人はプリントの印刷されている面を，わからない人は印刷されていない裏面を私の方に向けなさい。
Ss：（プリントの表または裏を教師に向ける）
T：（生徒の出来具合を把握する。ここでは答え合わせはしないで，Q3まで同様に理解をチェックしていく。Q3をもう一度提示して，再度，第1パラグラフをスラッシュの位置でポーズを置いて朗読して，生徒に黙

読させる前にヒントを与える。）では、もう一度読んでみよう。
Ss：（教師の朗読を聴きながら黙読する）
T：（朗読終了後）Q１の答えがわかった人はプリントの印刷されている面を、わからない人は印刷されていない裏面を私の方に向けなさい。
Ss：（プリントの表または裏を教師に向ける）
T：（表を向けている生徒を指名して答えを言わせる）S_1？
S_1：（答えを言う）
T：（答え合わせはせずにQ３まで同様に進める。生徒に答えを言わせたら）では、Q１からQ３の答えが正しいかどうか考えながらもう一度読んでみよう。４行目から５行目の doing more of it という語句は具体的に何を指しているか考えてみよう。（スラッシュの位置でポーズを置きながら朗読する。）
Ss：（教師の朗読を聴きながら黙読する）
T：（終了後、Q１からQ３の答えと doing more of it が指すことを確認する）

⑤難しい箇所の説明と音読練習
T：（Q１とQ２、及び追加したQ３と doing more of it が指すものの生徒の理解度から判断して、多くの生徒が理解不十分と思われる第３文を生徒に考えさせながら説明する。）But if the problem is caused はどういう意味？ S_2？
S_2：しかし、もしその問題が引き起こされるなら
T：そうだね。では、問題は何によって引き起こされるのかな？ by differences in ways of talking, S_3？
S_3：話し方の違いによって
T：その通り！ ways of ～ing は「～のし方」という意味だ。in は difference の後に使われて、difference in ～で「～における違い」という意味だ。by differences in ways of talking で「話し方の違いによって」となる。では、音読しよう。「しかし、話し方の違いによってその問題が引き起こされるなら」But if the problem is caused by differences in ways of talking
Ss：But if the problem is caused by differences in ways of talking
T：doing more of it is not likely to solve the problem の意味は？
S_4？
S_4：それをもっとすることはその問題を解決しない

T：is not likely to は「～しそうにない」という意味だから，doing more of it is not likely to solve the problem で「それをもっとすることはその問題を解決しそうにない」というのが直訳だ。日本語では「それをもっとしても解決しそうにない」のほうが自然だね。「それをもっとすること」というのは talking things out「とことん話し合うこと」または being honest「正直であること」だったね。そこまで音読しよう。「それをもっとしても解決しそうにない」doing more of it is not likely to solve the problem

Ss：doing more of it is not likely to solve the problem

T：では，私が言う日本語に該当する箇所を音読しなさい（注：リード・アラウド・リッスン・アンド・リピート）「しかし，もしその問題が話し方の違いによって引き起こされるなら」

Ss：But if the problem is caused by differences in ways of talking,

T：But if the problem is caused by differences in ways of talking,

Ss：But if the problem is caused by differences in ways of talking,

T：「それをもっとすることはその問題を解決しそうにない」

Ss：doing more of it is not likely to solve the problem

T：doing more of it is not likely to solve the problem

Ss：doing more of it is not likely to solve the problem

T：では，パラレル・リーディングをします。（スラッシュの所で0.5秒程度のポーズを入れて音読）But if the problem is caused / by differences in ways of talking, / doing more of it is not likely to solve the problem.

Ss：（英文を見ながら，パラレル・リーディングをする）
（Tは，少しずつスラッシュのところで入れるポーズを短くしながら，3回ぐらいパラレル・リーディングをさせる。）

T：今度は，シャドーイングをしよう（スラッシュの所で0.5秒ぐらいの短いポーズを入れて音読する。）But if the problem is caused / by differences in ways of talking, / doing more of it is not likely to solve the problem.

Ss：（英文を見ないで，シャドーイングする）
（Tは，少しずつスラッシュのところで入れるポーズを短くしながら，3回ぐらいシャドーイングをさせる。）

T：今度はリード・アンド・ルックアップをします。私が日本語を言っ

て，"Read."でその部分を黙読し，"Look up and say."で顔を上げて英文を言いなさい。そのあと，あとについて音読しなさい。「しかし，もしその問題が話し方の違いによって引き起こされるなら」Read.（頭の中でＴが３回ぐらい言い終わったら）Look up and say.
Ss：But if the problem is caused by differences in ways of talking,
T：But if the problem is caused by differences in ways of talking,
Ss：But if the problem is caused by differences in ways of talking,
（注：生徒の出来によっては，caused までと by 以下の２つに分けて行う。）
T：「それをもっとすることはその問題を解決しそうにない」Read.（頭の中でＴが３回ぐらい言い終わったら）Look up and say.
Ss：doing more of it is not likely to solve the problem
T：doing more of it is not likely to solve the problem
Ss：doing more of it is not likely to solve the problem
T：「しかし，もしその問題が話し方の違いによって引き起こされるなら，それをもっとすることはその問題を解決しそうにない」Read.（頭の中でＴが３回ぐらい言い終わったら）Look up and say.
Ss：But if the problem is caused by differences in ways of talking, doing more of it is not likely to solve the problem.
T：But if the problem is caused by differences in ways of talking, doing more of it is not likely to solve the problem.
Ss：But if the problem is caused by differences in ways of talking, doing more of it is not likely to solve the problem.
（注：同じことをもう一度行う。ペアワークで行ってもよい。その場合は，片方の生徒が，意味単位を壊さないかぎり，自分の好きなところまで，頭の中で音読しながら黙読して，言えるようになったと思った時点で顔を上げて，英語を言う。もう一方の生徒はそれをチェックし，間違っていれば再度やり直しさせる。）
T：今練習した文は，家でもリード・アンド・ルックアップを５回行ってからノートに暗写（何も見ないで英文を書くこと）をしよう。その後，書いた文を元の英文と比べてチェックして，間違っていたら，リード・アンド・ルックアップと暗写を繰り返すこと。

⑥**パラグラフ全体の音読練習**

次の手順で第1パラグラフを音読練習させる。
1）リード・アラウド・リッスン・アンド・リピート（×2）
2）パラレル・リーディング（×3）
3）シャドーイング（×3）
4）鉛筆置き音読（p.51）（注：この練習はペアワークで行う。時間制限をして，一方が音読し，もう一方がその音読をチェックし，間違っていれば指摘する。制限時間が来たら，役割交代。）

注：1）から4）が終わったら，次のパラグラフに進んで，②〜⑥を行う。その日に予定したパラグラフが終われば，もう一度その日に学習したパラグラフまたは時間がなければ説明した難しい英文だけをパラレル・リーディングやシャドーイング，鉛筆置き音読などで練習させる。

該当パラグラフについて，日本語による要約をしてくるように指示する。

(3) 第4時（次のパッセージの第1時）

⑦**復習**

次の1）〜4）のいずれかを行う。
1）生徒の質問に答える。
2）パッセージ全体について，パラレル・リーディングやシャドーイング，鉛筆置き音読などを行う。
3）難しい箇所のリード・アンド・ルックアップによる復習。
4）日本語によるモデル要約を提示して，各自の要約でポイントが入っているかどうかをチェックさせる。

本節で述べた指導は，河野（1993）や門田（2006b）による，ことばの知覚・認識・生成のメカニズム研究成果を応用した筆者の高校教員時代の実践研究（鈴木，1991；1998a；1998b；Suzuki, 1991；1999；2001など）の中にある「ラウンド制指導法」を大学入試長文対策指導に応用したものである。詳細と効果については鈴木（2007）を参照。

基礎知識（4）
スキーマとは？

1．スキーマとは

　スキーマ（schema）とは，読み手が既に備えている知識の構造（knowledge structure）を意味する。つまり，経験に基づいて長期記憶に蓄積された情報は，ある基準に基づいて体系化された状態（ネットワーク化，階層構造）で保存され，ある集団に共有される知識，思想，手続きに関する知識を形成していると言える。私達がある入力情報に対して推測ができるのは，情報の断片（例：車の運転）が入力されると，それに関する（車を運転することに関する）全てのスキーマが活性化され，それを利用できるからである。これによって人間の認知活動が効率よく少ない負荷で行えることになる。しかし，これが先入観に基づく勘違いの原因ともなる。特に異文化間でのコミュニケーションでは理解を妨げる原因となることもある。

2．内容スキーマ（content schema）と形式スキーマ（formal schema）

　スキーマは，内容スキーマと形式スキーマから成る。内容スキーマとは，背景知識と呼ばれる一般的な概念体系であり。形式スキーマとは，レトリック（論理の展開の形式，introduction => body => conclusion，原因と結果や比較のパラグラフ展開など）やテキストのジャンル（ストーリー，説明文など）に関する知識と理解すれば分かり易い。

　スキーマに基づく処理は，ボトムアップ処理（ディコーディング処理など下位に位置する処理）に対して，トップダウン処理（既に備えている概念体系に入力情報をあてはめて理解する）に属する。ある程度までは入力した文字通りに意味は構築できるかもしれないが，先行オーガナイザー（advance organizer）を提供する（内容に関連した絵やタイトルを与える）ことでテキストの内容理解が促進されると言われている通り，スキーマをうまく用いて，すでに持っている概念と照合させて，入力する情報を統合させるという読みの側面は重要である。例えば，子どもが新聞の文字は理解できても，それが何について述べられているのか分からないというように，テキストの理解には読み手が持っている概念体系に入力情報をはめ込み，自分なりの理解に到達するという過程が必須である。ある情報に対するスキーマが有るかどうか，或いはそれを利用できる能力があるかどうかが読解の質に大きく影響する。

3. スキーマとリーディング

　Van Dijk & Kintsch（1983）はテキスト表象（心の中で再現されるテキストの意味）を構築する過程を，①表層構造（surface structure：単語や句の符号化），②テキストベース（propositional text base：文章の修辞的な構造の表象），③状況モデル（situation model：テキストから得られた情報を先行知識と統合する），という3段階に分類している。完全にテキストを理解するには，テキストに込められた情報と整合性のある状況モデルを構築できなければならない。テキストの意味は抽象的なものなので，読み手の推論から得た意味とテキストに込められた情報の間にギャップが生じることは多い。状況モデルに基づくリーディングとは，そのギャップを積極的に埋める能動的な活動と考えられる。そうなると読み手がテキストに対してどのような状況モデルを構築できるのか，そのため，テキストに対してどのような背景知識を持っているかはテキスト理解（テキストの心的表象の構築）の重要な要因となる。

　しかし，背景知識を重視し過ぎることには，注意が必要である。背景知識による推論が読解の成功を左右する中心的な役割を担い，優れた読み手と未熟な読み手を分ける決定的な要因と考えるべきではない。そのような背景知識が読みの最中に使えるかどうかは，第二言語の語彙や文法などの操作能力に依存すると考える（言語閾値説：Clarke, 1980）ほうが妥当だからである。つまり，ある程度の語彙力，文法力がないと背景知識は読解中に活かせないということである。また，読解中に入力情報を音韻符号化するディコーディング力に問題があるとワーキング・メモリでの処理がうまくいかず，既存の知識を利用してさらに深い理解を導く情報統合が行えない。一時はトップダウン処理に焦点を置いた指導が重視され，「木を見て森を見ない」指導の反省点として，常に背景知識を基に推論を促す読解方略指導に重きを置く傾向があった。しかし，今では，ディコーディング処理の自動化が読解中の背景知識利用の効果を高めるという考えから，ボトムアップ処理効率を高める指導のほうが重要視されている。だからと言って，ディコーディング力が上手く発達すれば自然とスキーマが使えるようになるというわけではない。

　重要な点は，ディコーディングの重要性を踏まえた上で，スキーマの役割を特定することである。つまり，ディコーディング力がある程度養われた段階では，第二言語学習者の読み手はスキーマの使用に関してどのような問題を抱えるのかを判断することが肝要である。Carrell & Eisterhold（1983）はいくつかの問題点を挙げている。それを基に以下のように問題点を概略する。

　1）言語知識の不足が原因で持ち合わせているスキーマが使えない。

2) そのスキーマ自体を持たないことでテキストが理解できない。
3) そのスキーマがあってもそれを引き出すための方略を知らない。

　Ushiro, et al. (2004) は，難易度の高い読解テストの得点に習熟度（英語力）が影響し，簡単な読解問題の場合は，背景知識が影響すると報告している。この観点は，背景知識が十分に使えるだけの英語力が読みの最中の背景知識の使用の有無を決めることを意味する。同様に，上記で指摘されている1) の問題は，充分な言語知識（英語力）があればスキーマが自動的に利用できることを意味する。そうなるとスキーマという要因に固有の問題は2) と3) であると言える。2) は文化的な情報を持ち合わせていない場合で，その場合は自己のスキーマにあわせて理解しようとするので，内容を歪曲する結果となる。3) は第二言語の問題というよりも一般的な読書力そのものに関係する。母語でも読書習慣がないと論理性が欠如し，分析的に読む思考力や形式スキーマ自体が欠如している可能性もある。リーディング指導では，2) と3) に注意するべきであり，3) に関しては英語の読みでそのような思考力を育成すれば母語にも応用できるであろう。英語で書かれたテキストが読めない原因の一つとして，論理性や背景知識そのものの欠如もあることに気付かせることが重要である。

4．指導への示唆
(1) 形式スキーマの扱い

　形式スキーマについては，文化が異なると修辞法（rhetoric）も異なるという議論がある。Kaplan (1966) は，テキストをどのように構築するかは文化間で異なるという仮説（Contrastive Rhetoric Hypothesis）を提唱した。文化特有の思考パターンに基づきレトリックのパターンも異なり，それが作文に反映されることを実証している。異なる文化背景を持つ英語学習者の作文を分析し，図のような分類をしている。

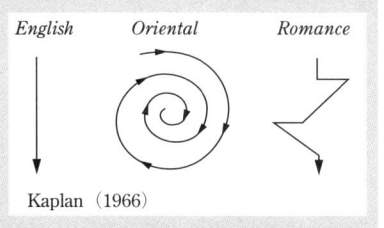

　英語が「問題提起→例証→結論」と直線的な論理展開に沿う一方，アジア人の論理展開は渦巻き型であり，主旨を述べるまで婉曲した論理展開をする（ロマンス言語のスペイン語などは例証が多く，一度主旨から逸れた思考をすることをこの絵は示している）。日本人英語学習者の作文がKaplanの仮説通りにならないなど，後続の研究では仮説の信憑性が疑われている（Achiba

& Kuromiya, 1983)。また，実際には同じ文化圏内でも，レトリックの様式は差異があり，皆が一様に同じレトリックの形式を使うとは限らない。トピックセンテンスが段落の一番目に来るとは限らないなどが例として挙げられる。しかし，平均的に利用されるパラグラフの展開方法や論理展開を知ることは普遍的な論理性を育成することになり，この能力が転移すれば，形式スキーマを習得できる。例えば，ある特定の論理の展開形式を指導したほうが理解や記憶が促進されると報告されている。Raymond（1993）は，英語を母語とするフランス語学習者を対象に，文章構造の特徴を反映するつなぎ語や命題間の関連性などのテキスト構造に対する知識を高める訓練を受けた群と受けていない群に分け，説明文を読ませ，その訓練の効果を比較した。その結果，訓練を受けた群は文章の構造に対する背景知識が育成され文章の理解が向上したと報告している。それ以前にも，Carrellが同様の実験結果を報告している。多くの論理展開パターンに馴染みを持たせることは，読解力を促進する一要因となる。

(2) 内容スキーマの扱い

Carrell & Eisterhold（1983）は，文化特有のスキーマが理解の防げになっていると述べている。つまり，第二言語の文化に特有なスキーマが欠如しているために理解ができない場合，学習者は母語の文化特有のスキーマに基づきテキストを解釈するという問題である。Steffensen, Joag-Dev & Anderson（1979）は，アメリカに住むインド人とアメリカ人の被験者を対象に，インドとアメリカの結婚についての英文を各々に読んでもらい，内容を再生させ，彼らが保有するスキーマ構造の違いを分析した。その結果，母語の文化での結婚について述べているテキストのほうが速く読めて，詳細に内容を覚えている一方で，第二言語の文化的内容を示す文章では，自分の母語の文化的知識に基づいた解釈を付加する率が高かった。Kang（1992）も同様の結果を韓国語母語話者の英語学習に対して報告し，一つのスキーマによる勘違いが別の勘違いを生み，テキスト理解の他の部分に連鎖していくと報告している。Steffensen & Joag-Dev（1984）は，言語情報を学習者自身の母語の文化・社会背景に基づくスキーマの枠組みにはめ込まないと理解できないと指摘し，読み手は理解の過程で母語の文化的情報を多く組み込んでいると指摘している。このことは，読解中に学習者が活性化させるスキーマとテキスト内容とをモニターしながら修正することに注意を払うという方略指導（メタ認知的方略）が必要であることを示唆している。また，Johnson（1982）の研究では，

文化的に馴染みのない文では，学習者の事前の語彙学習の有無よりも，テキストの内容に関わる文化的な経験の有無がテキスト理解の向上と関わったと報告している。これは，文化の差異のために持ちあわせていない情報を pre-reading activity として前もって与えることで，スキーマが修正されることを意味する。どの部分が生徒にとり抽象的なのかを見付け，生徒の理解しやすい形で具体的なイメージが想起できるように，絵や図式などを利用することで心的フレームワークの構築につながる。

　もう一つの問題は，母語でも論理性や推論力が弱い場合である。Bransford, et al. (1984) は母語であっても，子どもは背景知識を活性化させる能力に差異があると指摘している。例えば "The kind man bought the milk." という文の続きを書かせた後,「誰がミルクを買ったか？」と尋ねて内容の記憶を確認するとその正解率に差があり，その差はどのような文を続きに書いたか，その質的違いに比例すると報告している。より精緻な関連性が明瞭な文 "The kind man bought the milk to give to the hungry child." (kind man と milk の関連性を明示する適切な意味が付加され分かり易くなる) を作った子どもは，"The kind man bought the milk because he was thirsty." (kind である必要性を示していないので関連性が薄い) を作った子どもより成績がよかった。この研究はまた，このような関連性に気付かせるように質疑応答を繰り返すことで成績が向上するとも報告している。ある程度の習熟度があっても，背景知識を読解中に用いて正しく推論できない生徒は基本的な推論力が乏しいと思える。母語だけでなく，第二言語を読んでいる場合でもこのような普遍的な読む力を育成するべきである。SQ3R (survey, question, read, recall, review) のように読みながら自問自答して読みの質を変える指導が必要である。

　まとめると，レストランの会話などのような明らかにスキーマが在る場合はそれほど問題ではなく，スキーマを活性化させる簡単な質問をするような推論活動で十分に足りる。むしろ，読みの途中でスキーマが取り違えられた場合，教師はどのようにそれに気付き，それを生徒にどのように修正させて，またそのような力をどのように育成するかが重要であり，生徒が自ら読みの最中にスキーマをうまく使えるようになるよう指導すべきである。また，文化的な影響でスキーマ自体が存在しない場合には，スキーマの活性化のための足場を与える工夫が不可欠であるし，英語で読む際にそのような異文化の差異をある程度，生徒も自ら想定できるようなメタ認知能力が育成されるべきであろう。

第7章
教科書以外の素材を用いた ボトムアップ・シャドーイングの指導法

7.1 ボトムアップ・シャドーイングの方法
7.1.1 ボトムアップ・シャドーイングで伸ばせるもの

　授業でのシャドーイングは学習事項の整理や定着を目的に行われることが多い。その素材は既習事項となるため，学習者の注意は主に意味内容や統語的側面に向く。このシャドーイングは「コンテンツ・シャドーイング」と呼ばれ，その効果も認められている（門田・玉井，2004）。しかし，このシャドーイングは，「音声知覚の向上」や「聞こえた音声を発話フォーマットに変換する処理能力の効率化」などの効果はあまり期待できない。これらを鍛えるには「ボトムアップ・シャドーイング」が有効である（門田・玉井，2004）。「ボトムアップ・シャドーイング」を繰り返すことで，学習者の①音声知覚力の向上，②リハーサル能力の向上（発話速度の向上や聴き取り単位の伸長等），③発音・イントネーションの改善，④言語材料の内在化（記憶定着）が可能になる。

　実施上の注意点としては，「語彙が易しい難度の低い素材の選択」と「学習者の注意を音声面のみに向けさせること」が挙げられる。中3であれば中1・2レベルの素材，高1であれば中2・3レベルの素材が適当である。

　また，CALL教室がなくても普通教室で実施でき，時間的にも毎授業の冒頭の10分で可能である。

7.1.2 ボトムアップ・シャドーイングの種類
（1）フレーズ・シャドーイング

　主に，まだシャドーイングに慣れていない学習者あるいはシャドーイング素材の難易度が少し高いと思われる場合に用いるが，細部まで完全にシャドーイングすることは大変難しいので，シャドーイングに慣れた学習者や英語の習熟度が高い学習者であっても決して軽視できないトレーニングである。

　教師が事前に各文を意味チャンクに切り分けてチャンク間に一定のポーズ

を入れたものを,学習者がフレーズごとにシャドーイングする方法である。シャドーイングする単位が短く,ポーズも置かれているため再生率は高い。
(2) センテンス・シャドーイング
　第2段階のシャドーイングである。パッセージの各文単位にシャドーイングする方法である。各文間に一定のポーズを挿入しておく。フレーズ・シャドーイングがほぼ完全にできるようになった後で行う。音声の聞き取りだけでなく,発音やイントネーションに注意を払いながらシャドーイングする。
(3) パッセージ・シャドーイング
　ボトムアップ・シャドーイングの完成形態である。オリジナルの録音素材を使い,次々と流れてくるモデル音声に遅れずについて行くことができたら,発音やイントネーションをしっかりと再現することを課題として実施する。

7.1.3　教材の準備
(1) シャドーイング教材の選択
　シャドーイングに使用する音声教材は,英文の語彙や構造が学習者にとって未習得のものを避ける。検定教科書の新単元のようなものはボトムアップ・シャドーイングには向かないので注意を要する。難しい教材で自信を無くさせるのではなく,平易な教材を大量にかつ継続的に与えることが学習者の英語力向上の基礎をつくる。教科書や市販の易しいリスニング教材,あるいはリーディング教材でCDが付いているもの(Graded Readersのようなもの)であれば何でもよい。また,下の学年の別会社の検定教科書や英検用の教材のリスニング・セクションも取り組みやすい教材としてお勧めである。
(2) 音声素材の編集・加工例
　実際の素材を使って,どのように編集や加工を行うかを見てみたい。

　Mary is going to Australia to see her brother next week. Her brother will meet her at the airport and take her to his house. During her stay she wants to go to the zoo.
(実用英語技能検定3級　2008年度第2回　第3部リスニング問題より)
A. 市販教材のCDからの音声ファイルの取り込み
　①教材選択上の注意として,上記の例のように文が3～5文程度の長さ(所用時間にして15秒程度以内)の平易な英文を選択する。
　②Windows Media Player等を[*1]起動し,教材準拠CDをCD-ROMドライブに入れる。「音声ファイル」の取り込み操作を行い,WAVEファイ

ル或いは MP3 ファイルに変換し*2，任意のフォルダに名前を付け保存する．

B．フレーズ・シャドーイング用音声ファイルの作成

図1のオリジナル音声は，パッセージ・シャドーイングに使用するが，まず，これをコピーして2つの音声ファイル（フレーズ・シャドーイング用とセンテンス・シャドーイング用）を作る．ここではフレーズ・シャドーイング用ファイルの作り方を説明するが，センテンス・シャドーイング用ファイルの作成もポーズの挿入箇所が異なるだけで同じ要領で行う．

① *Praat* や *Audacity* 等*3の音声分析ソフトを起動し，上記②で保存したファイルを開く（図1の画面）．

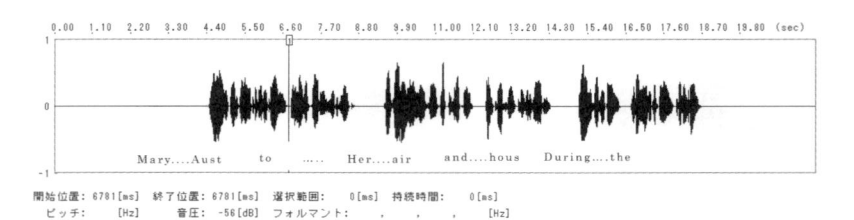

図1　音声分析ソフトの画面

②フレーズに分割する場所を決め，ポーズ（[1]）を挿入する．

　　㋐ Mary is going to Australia　／ポーズ／　㋑ to see her brother next week．／ポーズ／　㋒ Her brother will meet her at the airport　／ポーズ／　㋓ and take her to his house．　／ポーズ／　㋔ During her stay she wants to go to the zoo．

　　＊　フレーズの区切りの注意：意味のまとまりで区切るが，できれば2秒を大幅に超えるような長いチャンクを作らないようにする．各フレーズの間には直前のフレーズの約3分の1程度の長さのポーズを入れる（ここでのシャドーイングはクラス全体での一斉

---

*1　Windows Media Player や iTunes はインターネットでダウンロードできる．
*2　既存の教材準拠 CD は「オーディオファイル形式」で録音されているため，音声分析ソフトで編集・加工をするには「MP3 ファイル形式」や「WAVE ファイル形式」に変換する必要がある．
*3　音声分析ソフトの *Praat* や *Audacity* を使って，シャドーイング形態に合うようにポーズの挿入や音声スピードの変更等の編集・加工を行う．
　　Praat（http://www.fon.hum.uva.nl/praat）
　　Audacity（http://audacity.sourceforge.net/）

第7章 教科書以外の素材を用いたボトムアップ・シャドーイングの指導法

シャドーイングであるため，学習者の実態に応じて挿入するポーズを長めに取ることが必要となる場合もある。クラス全体が慣れてきたところで挿入するポーズを短くしてゆく）。

③図２は㋐の音声の長さと同じ長さのポーズを直後に挿入した例である。ポーズは学習者が慣れたところで約３分の１程度の長さにする。ポーズの挿入は，例えば0.2secの音声波形のない無声部分をコピーして，ポーズの必要な量だけ，挿入したい部分に張り付ける（必要な回数だけ CTR＋Vの操作を繰り返す）。出来上がった音声ファイルは名前を付けて USB 等に保存しておく。教室で使用する CD プレーヤーが USB を差し込んで再生できないタイプであれば，Windows Media Player 等でブランク CD（市販のデータ CD）に音声ファイルを書き込んで再生する。

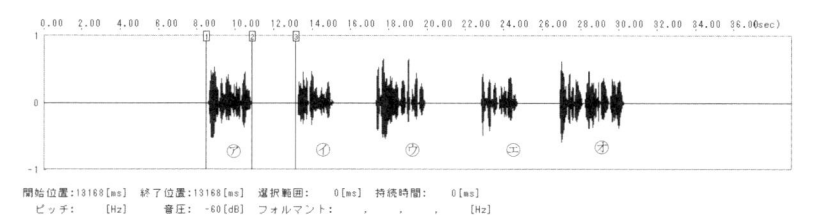

図２ フレーズ・シャドーイング用音声ファイル（図１を５つのフレーズに分割）の完成

C. センテンス・シャドーイング用音声ファイルの作成

パッセージを次のように分割しポーズを挿入する。

Mary is going to Australia to see her brother next week. ／ポーズ／ Her brother will meet her at the airport and take her to his house. ／ポーズ／ During her stay she wants to go to the zoo.

各文間に直前のセンテンスの約３分の１程度の長さのポーズを入れる。出来上がった音声ファイルは名前を付けて USB 等に保存しておく。

7.1.4 実施方法の解説
（１）フレーズ単位のシャドーイングからパッセージのシャドーイングへ
１）フレーズ・シャドーイング

事前の準備として，使用素材の文をいくつかの短いフレーズに分割した音声ファイル（あるいは音声ファイルを書き込んだ CD）を用意する。学習者

はフレーズごとにシャドーイングをする。モデル音声が聞こえて来ると同時に（実際にはほんの少し遅れて）モデル音声を復唱させる。リピーティングにならないように注意する。学習者には音声を忠実に再現することに注意を向けさせることが大切である（最低５回繰り返す）。聞き取りや発音が難しい箇所に関しての明示的な指導を行い，さらに２～３回シャドーイングを行う。この段階でほぼ100％の再生率をめざす。

２）センテンス・シャドーイング

フレーズ・シャドーイングがほぼ完成した段階で，文単位のシャドーイングに移行して５回繰り返す。意味内容に注意を向ける必要はないことを強調して，注意を音声面のみに向けさせ，すべての単語が再生できるようにする。イントネーションにも注意を向けるように指導する。

３）パッセージ・シャドーイング

ボトムアップ・シャドーイングの仕上げの段階でのシャドーイングである。学習者の意識を音声面に向けさせて，５回繰り返す。音声面に注意を向けたシャドーイングがスムーズになってくると，学習者の注意は自然と意味内容にも向かうことが確認されている（三宅，2009b）。 前の第２段階までができていれば，数回の練習で，再生面ではほぼ完璧にシャドーイングができるようになる。特にイントネーション，強勢等のプロソディ情報に注意を向けさせ，モデルになりきって発話するよう指導する。この時点では音声知覚はほぼ自動化しており，認知資源の多くを音声知覚以外の処理にも配分できるようになっている。

(2) 音素の明示的指導とのタイアップ

正確に聞き取れていない学習者が多いので，指導の途中で母音や子音の明示的指導を必ず行う。特に冠詞や複数形のｓ等は最後まで再生できない学習者が多いので注意が必要である。また，同化（assimilation）や脱落（elision）などの音の変化についても，シャドーイング素材の難易度が高いものになれば同じく明示的な指導が必要である。音と音が影響し合って変化するプロセスを実際に教師が発音して見せ，学習者に練習させる必要がある。指導のタイミングは学習者の実態に合わせて行うことが望ましい。

・同化（assimilation）の例
    didn't you /t+j/ ⇒ /tʃ/   this shirt /s+ʃ/ ⇒ /ʃ/
・脱落（elision）の例
    nex(t) spring /nekspriŋ/   sto(p) playing /stɑpleiiŋ/

7.1.5 評価方法（生徒同士の採点）

　フレーズ・シャドーイング終了時点で中間チェック（単語法）を行う。さらに，パッセージ・シャドーイング終了後に「単語法」を使って生徒同士で採点をさせる。発音の質やイントネーションは採点の対象とはせず，音声の再生のみを対象とする。ただし，学習者の実態に応じて「強勢」や「音変化」を含めるのは構わない。採点法の詳細は門田（2007c）を参照。
《採点法》
　①単語法：全単語を採点対象にして評価する（p.267の図3参照）
　②チェックポイント法：チェックする単語を予め指定し（下線を引いたり太字にしたりしておく），それらを評価する

7.1.6 文字の提示のタイミング

　文字テキストの提示はフレーズ・シャドーイング終了後の採点時に行う。意味内容の確認は必要があればパッセージ・シャドーイング終了時に行う。

7.2 授業における実践例
7.2.1 授業での位置付け

　冒頭の10分程度の時間を使い，warmer の役割も持たせつつ，教科書以外の教材をシャドーイングさせる。週3単位の授業であれば，各時間の冒頭に，(1) フレーズ・シャドーイング，(2) センテンス・シャドーイング，(3) パッセージ・シャドーイングの順番で配置し，3回で1サイクルと考えるとよい。次のサイクルでは音声素材を新しくして，いろいろな音声をシャドーイングさせる。「初聞」の音声教材をシャドーイングすることが大変重要である。

7.2.2 指導案
（1）フレーズ・シャドーイング（1日目）
　1）フレーズ・シャドーイング用音声をリスニング（1回）
　2）フレーズ・シャドーイング開始，5回行う。1回ごとに教師側かの励ましやアドバイスを与えながら，生徒が集中できるように留意する。音声の明示的指導の必要があればここで行う。
　3）6回目は，採点用紙を配布して，生徒同士での採点・評価（単語法で採点。図3を参照）
　4）7回目は入れ替わって採点・評価（同上）

> T：本日から授業の冒頭の10分を使ってシャドーイングを行います……（シャドーイングとは何かの説明を行う。）第1日目の今日はフレーズ・シャドーイングを練習しましょう。（一度音声を聞かせながら教師が見本を示して）では実際にフレーズ・シャドーイングを行いますが，まず英語の音声を注意深くよく聞いて音声をとらえる事が重要です。一度音声を流しますのでよく聞いてください。
> Ss：（フレーズ・シャドーイングの音声をリスニングする）
> T： ではフレーズごとにシャドーイングをしましょう。（CDを流す）
> Ss：（フレーズ・シャドーイングをする；1回目）
> T：（励ましながら）なかなか上手いですね。その調子です。「オーストラリア」とは言っていなかったですね。よく注意してシャドーイングしてみてください。では2回目です。（CDを流す）
> Ss：（フレーズ・シャドーイングをする；2回目）
> T： どうでしたか？では次に「エアポート」の直前の語に注意をしながらシャドーイングしてみてください。（CDを流す）
> Ss：（フレーズ・シャドーイングをする；3回目）
> （以下，同じように注意の観点を見つけながら5回繰り返す）
> T： 大変上手になりました。では，ペアになってお互いに採点をしてみましょう。（採点用紙を配布して）自分とペアを組んでいる人が正しく言えた単語にマル印をつけていってください。（CDを流す；6回目）（入れ替わって採点，CDを流す；7回目）（次回のシャドーイングの予告）次の時間は文単位でのシャドーイングになります。

（2）センテンス・シャドーイング（2日目）
　1）センテンス・シャドーイング用音声をリスニング（1回）
　2）センテンス・シャドーイング開始，5回行う
　　　1回ごとに教師からの励ましやアドバイスを与える。特に，前置詞・冠詞・複数形のs・3単現のsなどには学習者はなかなか注意が向かない。この段階で学習者がそれらの点に注意を向けながらシャドーイングすることが次の段階での成否を大きく分けることとなる。
　3）6回目は，採点用紙を配布して，生徒同士での採点・評価（単語法で採点。図3を参照）

第7章　教科書以外の素材を用いたボトムアップ・シャドーイングの指導法　267

　4）7回目は入れ替わって採点・評価（同上）
（3）パッセージ・シャドーイング（3日目）
　1）パッセージ・シャドーイング用音声をリスニング（1回）
　2）パッセージ・シャドーイング開始，5回行う
　　　1回ごとに教師からの励ましやアドバイスを与え，イントネーションやポーズにも注意を向けさせる。
　3）6回目は，採点用紙を配布して，生徒同士での採点・評価（単語法で採点。図3を参照）
　4）7回目は入れ替わって採点・評価（同上）

〈留意点〉
①導入期はシャドーイングのタイミングや声の大きさ等に慣れるまでは，無理にパッセージ・シャドーイングに進むよりも，フレーズ・シャドーイングやセンテンス・シャドーイングを十分に行うほうがよい。
②採点の順番でバランスを取るため，採点ペアは固定したほうがよい。
③各自の成績の推移が把握できる「記録用紙」を用意する。
④「シャドーイングの実施」⇒「採点・評価」⇒「自己分析」のサイクルが確立するまで粘り強く指導する必要がある。
⑤可能であれば，シャドーイングによる発話速度の変化やピッチ変化の推移等を視覚的に紹介するために音声分析ソフトを利用する。

```
シャドーイング採点用紙
                            組　　番　名前_____
   ペアになった人のシャドーイングを採点してあげよう。
   よく聞いて正しく発音できた単語に○をつけていこう。
 Mary is going to Australia                    合計（　）
 to see her brother next week.                 合計（　）
 Her brother will meet her at the airport     合計（　）
 and take her to his house.                    合計（　）
 During her stay she wants to go to the zoo.  合計（　）
 採点者名_____            総得点
```

図3　フレーズ・シャドーイング採点用紙例（単語法）

　正しく再生できた語ではなく，再生できなかった語にマル印でもよい。この用紙はセンテンス・シャドーイングおよびフレーズ・シャドーイングでも使用できる。

基礎知識（5）
ボトムアップ vs. トップダウン・シャドーイング，音読

　シャドーイング，音読に関する研究成果に基づき，シャドーイング，音読の効果が，一種の「プライミング学習効果」であることを指摘する。その上で，関連する指導形態として，ボトムアップ・シャドーイング，トップダウン・シャドーイング，音読について紹介し，特にボトムアップ・シャドーイングのインプット素材を提示する際の留意点についてまとめる。

1．シャドーイング，音読とプライミング効果

　既に序章（「知っていること」から「できること」へ）で述べたように，シャドーイングは，聞こえてきた音声言語をもとに，音読は，目で見た文字言語をもとに，ともにこころ（頭）の中で内的な符号化を行い，どのような発音であるか認識し，その後それを声に出して発声する練習である。また，音声言語の理解（リスニング）と文字言語の理解（リーディング）はそれぞれ，①下位処理（これをそれぞれ「知覚」，「ディコーディング」と呼ぶ）と，②高次処理（これを「理解」と呼ぶ）の2段階に分けられる。①の段階では，音声インプットや文字インプットをもとに，音韻表象を形成し，その後②の段階では，語彙，統語（文法），意味，コンテクスト，（背景）知識などの情報をもとに文の意味を理解する。この①②の段階の関係を，リスニングについて示したのが次の図4である。

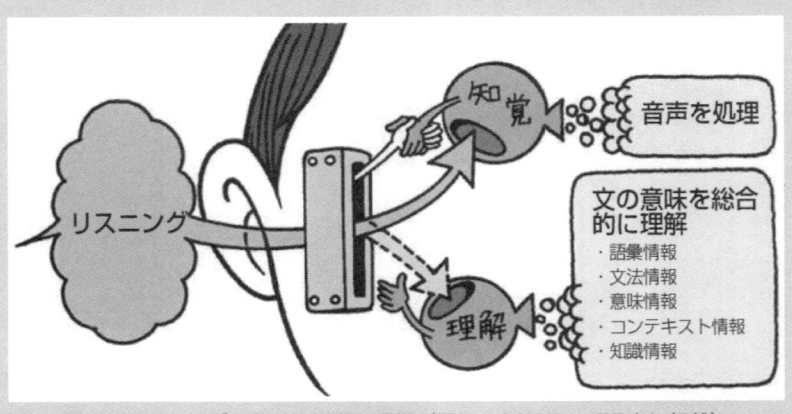

図4　リスニングにおける知覚と理解（門田，2007c：55より転載）

同様の2段階が，リーディングの場合にも，「ディコーディング」と「理解」という形でそのままあてはまる（門田，2007c：87）。

　シャドーイングについては，リスニング力を伸ばす効果があることが，音読についてはそれを大量に実施することでリスニングを含めた英語力全般を高めることが，これまでに指摘されている（鈴木，1998a；1998b；門田，2007c）。さらに，日本人英語学習者（大学生など）を対象にしたその後の実験研究により，新たに次のような事実がわかってきた（詳しくは，11.5を参照）。
①同じ素材でのシャドーイングの再生率は5回位までは向上するが，それ以上はあまり伸びがみられない（Hori, 2008）。
②シャドーイングは学習者の発音スピードを速くする（三宅, 2009a）。これは，シャドーイング訓練によってリスニング力が向上する際に共通してみられる現象である。
③ピッチ幅を広げる効果がある。日本人の英語スピーチにおける，高低の変化に乏しい，狭いピッチ幅を改善する働きがある（Hori, 2008；三宅，2009b）。
④上記②のように発音スピードがあがると，使われている語句や構文の記憶・再生がよくなる（Miyake, 2009）。これは，音韻ループ内の内語反復（subvocal rehearsal）の速度および質的な向上により，その記憶容量が拡大することが原因であると考えられる（門田，2007c；2012）。
⑤音読のスピードと擬似英単語（agane, awlso など）の音声化能力との間に相関がみられ，音読が書かれた文字列の音韻符号化を促進させる（Kawasaki, 2009a）。

　私たちは英語の音声や文字を知覚するとき，それらにどのような発音・文字表記が含まれているか即座に頭の中で表示しようとする。また，意味を理解したときにも，その内容を思い描こうとする。これらをそれぞれ表象（representation）と呼ぶ。図5は，シャドーイングや音読を実行すると，それとともにどのような表象が頭の中でつくられるのかを示したものである。

　シャドーイングでは，当初は，音声インプットを聞いて知覚したら，そのまま繰り返すだけでもう精一杯という状態になる［a-e-b］。これは日本の大半の学習者が経験する状態である。また音読でも，学習初期の段階では，文字を音韻符号化するだけですべて認知資源を消費してしまう状態になる［c-f-e-b］。しかし，地道に何度も繰り返し練習することで，音韻表象の形成が比較的簡単にできるようになる。そうすると今度は，シャドーイングや音読と同時に，どのような単語が使われているか把握（語彙表象を形成）したり［a-e-g-e-b］・「c-f-e-g-e-b」，文の統語構造を処理（統語表象を形成）したりす

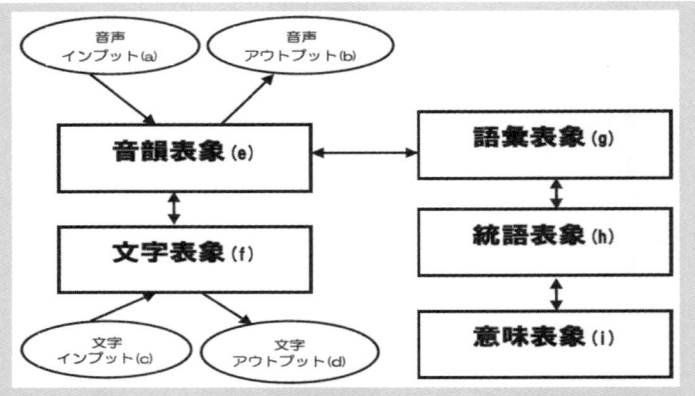

図5 シャドーイング，音読に関係する心的言語表象

る［a-e-g-h-g-e-b など］・［c-f-e-g-h-g-e-b など］ことができるようになる。そうなると，文の意味内容を理解（意味表象を形成）しながら［a-e-g-h-i-h-g-e-b など］・［c-f-e-g-h-i-h-g-e-b など］，シャドーイング，音読することもさして困難ではなくなる。また，必要に応じて文字情報を参考にして，スペリングを思い浮かべながら（文字表象の形成），シャドーイングすることもできる［a-e-f-e-b など］ようになる。さらに何度も両タスクを繰り返すと今度は，自然に記憶してしまい，モデル音声なしでも，ふと口をついて英語（語彙チャンクや構文など）が出るようになる。そうするとスピーキングなどアウトプットの学習に繋がる可能性が見えてくる。

　以上のようなシャドーイング，音読の繰り返しによる効果は，話しことば，書きことばを素材にした，一種の「プライミング（priming）」と呼ばれる効果にほかならない。一般に代表的なプライミングには主に次の3つがあると言われる（御領・菊地・江草，1993：60などを参照）。

　①反復プライミング（repetition priming）
　②意味プライミング（semantic priming）
　③統語プライミング（syntactic priming）

　①の反復プライミングは，同じ処理の繰り返し効果である。繰り返すことで，その処理の自動化が進み，それだけ記憶や内在化に，より多くの認知資源をまわすことが可能になる。

　②の意味プライミングとは，例えば，"hospital" をターゲット語として設定する場合，フラッシュカードなどにより，先行刺激語（プライム語）として，"nurse" を提示するのと，"teacher" を提示するのとでは，前者の方がター

ゲット語（hospital）に対する各種の語彙課題（語彙性判断や音読）がさらに迅速に，容易に行うことができるという効果である．これも上記の反復プライミングと同様の認知負荷を低下させる働きがある．

また，③の統語プライミングは，話し手（書き手）が，先に処理した構文と同じ構文を再度使って文をつくる傾向があることを説明するものである．例えば，"A mother gives a present to her daughter." という PO（prepositional object）構文を聞いた（読んだ）人は，その後の会話や作文では，DO（direct object）構文（"A mother gives her daughter a present."）よりも，同じ PO 構文を使用する傾向が強くなるという現象がある．このように，統語プライミングは，先行する構文が後続する構文をさらに活用しやすくするという現象であり，この統語プライミングが，文の統語構造の習得を支える仕組みになるのではないかと考えられる．

このような，反復・意味・統語プライミングなどは，技能習得（skill acquisition）の必須条件である（McDonough & Trofimovich, 2009：12）．いずれも，プライミングの効果により，インプット処理の自動化がさらに促進された結果，インプット刺激の内在化（学習）が可能になる．

シャドーイング，音読のトレーニングも，潜在的なプライミング（とりわけ聴覚面の反復プライミング）効果が期待できる．音声知覚やディコーディングといった下位技能を鍛えることで，リスニングやリーディングの下位処理段階（lower processing stage）の自動化を促進することにより，高次の意味理解プロセスを容易にし，その結果，インプット提示された構文・語彙チャンクなどの素材の内在化を容易にする効果があると考えられる．

2. ボトムアップ vs. トップダウン・トレーニング

鈴木（2005）は，音読という行為は一つでも，目的が異なれば異なる活動になると述べている．特に，英語（第二言語）学習において必要なのは，文字と音声を結びつけるための音読と，語彙や文法規則を内在化するための音読であるという．

また，11.5で述べるように，シャドーイングには，
(1) 音声知覚の自動化によるリスニングスキルの向上，および
(2) 外的・内的復唱の高速化によるフォーミュラ連鎖の内在化
という2つの効用がある．そこで，門田（2009b）は，授業における導入のタイミングを考慮して，ボトムアップ・シャドーイング，トップダウン・シャドーイングという2つの学習形態を区別している．

教育現場では，検定教科書を使った指導が前提である。この教科書には，生徒にとっては未知語，未知の構文（文法）を多く含んだ素材が掲載されている。そうすると，授業の最初から，シャドーイングや音読をすることは非常に難しい。語彙指導，意味内容，文法・構文の練習などを終えて，十分に意味の理解を行ったあとで，むしろ総仕上げとしてシャドーイングを用いることになる。門田（2009b）は，このように，シャドーイングという復唱の反復練習により，音韻ループ内の内語反復の高速化をはかり，記憶容量を拡大させることで，英語の語彙・構文などを全体としてまるごと内在化させようとする練習形態をトップダウン・シャドーイング（top-down shadowing）と呼んだ。同様の効果は，文字言語を素材にした，音読の場合にもあてはまる。ここではこれをトップダウン音読（top-down oral reading）と呼ぶ。

　これに対し，初めて接する未知の英文を素材にしたシャドーイングを，ボトムアップ・シャドーイング（bottom-up shadowing）と呼ぶ（門田，2009b）。これは，一生懸命インプット音声に注意を向け，それを聞き取って，復唱しようとする練習形態である。このようにことさらインプット音声に注意を集中することで，何とか，音声を正しく聞き取って表象を形成しようとする取り組みがはじまる。そうすることで，音声知覚を促進し，さらにはその知覚を少しでも自動化して，意味内容も同時に処理しようとする方向に進む。しかし，このようなボトムアップ・シャドーイングは，理論上は効果が期待できても，実際に中高の現場で実践するのは困難であるという声も多い。

　松井（2009）は，中高の現場におけるボトムアップ・シャドーイングの一例として，他社あるいは以前の版の同学年か1学年下の教科書を使えば可能になるという実践報告を行った。すなわち，氏の担当する中学2年生でも，教材を工夫すればボトムアップ・シャドーイングが可能であることを示す実践である。その結果，当初はトップダウン・シャドーイングを実施していても，その後ボトムアップ・シャドーイングを取り入れることで，音声を一生懸命聞き取ろうとする姿勢が生まれることを明らかにしている。

　既に理解した内容をもとにした予測をともなう復唱ではなく，高校生に中学生レベルの素材を与えるというように，数段階易しいレベルで楽に意味処理ができるものを素材に，インプット音声に常に注意を集中しなければならないシャドーイングを実践することも実は重要である。

3．インプット素材の工夫

　シャドーイング，音読の指導，特にボトムアップ・シャドーイング，音読

の指導においては，使用するインプット素材をいかにして提示するかがポイントになる。

一つの方法は，素材の発話スピードを遅くして（具体的には，110から120 words per minute 程度が目標），シャドーイングがさらに実施しやすい素材に加工することである。これには，発話スピードを，音声工房，*Praat* などの音声分析ソフトを使って遅くすることが考えられる。

もうひとつは，提示単位を小さめにしてポーズを活用する工夫である。句・節単位で区切って復唱するフレーズ・シャドーイングがこれに当たる。この場合，フレーズの発話時間が2秒以内におさまるようにする。そうしないと，聞き手の容量（スパン）を超えて，オーバーフローしてしまう（Baddeley, 2002等）。

しかしながら，ボトムアップ・シャドーイング用に挿入するポーズは，その直前に聞いた音声よりもかなり短くする必要がある（約3分の1程度）。ポーズが長すぎると，一旦英語音声を記憶して復唱するリピーティングになってしまい，シャドーイングの持つオンライン性がそこなわれる。学習者の発音を矯正し，音声知覚の自動化をめざすボトムアップ・シャドーイングにおいては，ポーズの置き方にも上記のような工夫が必要であると考えられる（門田，2007c）。

さらに，教科書などのインプット素材を，現在の学習者のレベルよりも数段易しく書き換えたもの（paraphrased text）を使用したシャドーイングも考えられる。このようなパラフレージングは，
①語（句）を易しいものに置き換える，
②統語・文レベルで理解しやすいものに置き換える，
という2種類のレベルで実施することが可能である（Hase, 2009）。

なお，音声素材の作成においては，知り合いの英語母語話者に頼むのが従来の方法であった。その場合，自分の思うようなスピードやポーズを実現してもらうのが困難な場合も多かった。近年では，TTS（text-to-speech）テクノロジーを利用した，ペンタックス社の Global Voice English などでも十分な音声が提供できる（http://voicetext.jp/gv/pro_gve.html）。

最後に，シャドーイングはもちろん万能薬ではない。素材の難易度や，導入のタイミング，方法などが異なると，その効果も大きく左右されることに留意し，目的や学習者に合致した素材，方法を考慮する必要がある。

基礎知識(6)
ディコーディング—難しさと養成方法

　様々な認知能力を必要とする「読む」作業は，複雑で難しい。とりわけ英語は読み書きが難しい言語である。いわば読む作業の入り口である，文字を音声化するディコーディングが難しい。ディコーディング力は，読解に重要な役割を果たし (LaBerge & Samuels, 1974)，またそれにより語彙力を予測できる (Hamada & Koda, 2008)。教育現場ではこの難しさに配慮した十分な指導が行われているだろうか。具体的に学習者はどんな困難に直面しているかを明らかにし，効果的な学習方法を考える必要がある。

　図6はどのような言語の読み書きが難しいかを示した図である (Wydell & Butterworth, 1999)。英語のように，一文字に対応する音の単位が小さく（音素），その対応規則が複雑な言語の読み書きが一番難しい。一方，一文字に対応する音の単位が大きい，すなわち一文字が単語に対応するような漢字（雷 ka-mi-na-ri など）は，読み方は複雑であっても識字獲得はあまり困難ではないようである。仮名は一文字が音節に対応し，しかも対応規則が明白であるため，識字力獲得が容易で，小学校1年生でほとんどの子どもがひらがなを読める。英語は他のアルファベット言語と比較しても難しく，読みの学習には他の2倍の時間を要する (Seymour, Aro & Erskine, 2003)。

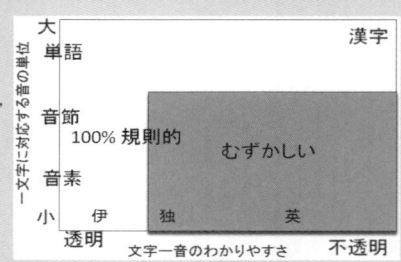

図6　書記体系による読み書きの難易度 Wydell & Butterworth, 1999を一部変更

　ところが，英語学習の初期段階ではアルファベット文字を言ったり書いたりする練習はするが，重点は正確さにあって，いかに速く認識するかはあまり重要視されていないようである。また，アルファベットは文字の名前と語中での読み方が異なる（かな文字との大きな違い）ため，英語圏では読み方の明示的体系的指導が推奨されている (National Reading Panel, 2000) が，これも効果的に行われていないことが多い。具体的な指導方法については4.1「フォニックスによる文字と発音と指導」を参照されたい。

　ここでは実際に大学生を対象に実験を行い，日本人英語学習者が英単語を読むときにどんな困難に直面しているのか，どうすれば効果的にディコーディング力を養成できるのかを調べた結果を紹介する。

1. どんな文字列が難しいのか（Kawasaki, 2009a）

　実験では，非単語（実際には存在しない単語）を使用することで，未知の単語に対するディコーディング力を測った。まず，語頭の文字は読みやすさに影響するかを調べた。日本語にはない連続子音で始まる場合（droceedやbrarricなど）は読みだし（音読潜時）が遅れると予測したが，その影響はなく，子音の後の母音の影響が見られた。すなわち，語頭の子音字の後に母音字が2文字連続するもの（greaberやtausing）は1文字母音（gretendやtepress）より音読潜時が長く（平均1120 ms：平均1050 ms），また誤読率が高かった（平均.51：平均.26）。そして誤読のほとんどはローマ字の規則を適用したものであった。

2. 発音を聴いて正しい文字列を選択できるのか（Kawasaki, 2009b）

　では，発音を聴いて，正しい綴りを選択できるのか，誤読が多かった綴りについて調べた。例えばmounの発音を聞き，moun/maunのいずれかの選択する場合，maunを選択する割合が大きかった。選択するまでの時間は正答をした時と誤答をしたときで差がなかったことから，誤った規則の定着がうかがわれる。しかし，同じ課題を2回行った結果，2回目には正答率に変化はないものの，反応時間は短縮された。わずかな時間でも練習効果がでるようだ。正答率に変化がないのは，1回目で正答誤答のフィードバックをしていないので当然の結果であろう。

3. どんな練習で学習できるのか（Kawasaki, 2010）

　以上の結果から，自分の読みに対して適切なフィードバックがあれば，正答率も上がると考え，学習タスクの検証を試みた。自分の読み方と，正しい読み方を照らし合わせる作業を繰り返し，誤読率と音読潜時の改善を調べた。中高生（中1から高2）と大学生（1-4年生）各26名が学習タスクに取り組んだ。学習対象文字列は-ai-, -au-, -ou-, 及び-u-で，これらは前述の実験においてローマ字読みによる誤読が半数近くあったものである。

　授業で読む練習をするときには，注意すべき部分に下線を引いたり，ハイライトをしたり，または指導者が指さしたりすることが多いであろう。そこで学習タスクでも，単語の発音を聴くときに，単語の母音字の部分を太字に変更することの効果を想定し，次の4種類の提示モード（提示方法）を試行した。このうち，モード3)では，学習対象文字列に注意がむけられた後に正しい発音を聴くことになるので，この効果が一番高いと推測した。

モード1）字体の変更なし	bounce	+	/baunce/
モード2）太字に変更と同時に音声提示	bounce	+	/baunce/
モード3）太字に変更後，音声提示	bounce	→	/baunce/
モード4）音声提示後，太字に変更	/baunce/	→	bounce

4種類の母音字それぞれについて12語の単語を1組とし，合計48語を用意した。練習は2回の繰り返しでは脳の活動に変化が見られないという研究報告（大石，2007）に基づき，学習タスクは3回繰り返した。同じ母音字を含む12語は連続して提示され，母音字と提示モードは学習者間で均等になるように組み合わせた。使用した単語，非単語の例を表1に示す。

協力者には，学習タスク前に，「単語の読み方を丸ごと覚えるのではなく，文字の読み方を練習します。表示される語をまず自分が正しいと思うとおり読んで，次に正しい発音を聴いて復唱してください。」という指示を与えた。文字の読み方の規則には言及していない。画面に表示される単語を音読し，そのあとに聞こえてくる発音を聴いて復唱する作業を繰り返した。

表1　タスクに使用した単語と事前事後テストに使用した非単語例

母音字　AI		母音字　AU		母音字　OU		母音字　U	
タスク	テスト	タスク	テスト	タスク	テスト	タスク	テスト
braid	daid	haunch	daunch	cloud	boud	sulk	mulk
faint	laint	daunt	maunt	trounce	vounce	crunch	dunch
bait	nait	clause	mause	douse	bouse	tusk	lusk
など12語	など12語	など12語	など12語	など12語	など12語	など12語	など12語

注）記憶による単語単位の読みを防止するため，学習タスク用の単語は大学生でもあまりなじみのない語を中心に選択。各組の平均頻度は同等。

事前事後テスト用の非単語はボディ（母音＋語尾の子音）に不規則な読み方をするものが存在しないか，1つだけ存在するものを選択。語頭の子音を換えてできる単語の平均頻度は各組同等。

学習の前後で同じ母音字を含む非単語48語を音読してもらい，音読潜時と誤答率を比較した。さらに，中高生と大学生の結果も比較した（Kawasaki, 2011）。図7に結果を示す。事前テストでは，誤読率は中高生（.58）と大学生（.57）に差はなかった。音読潜時は大学生（973 ms）が中学生（1228 ms）より短かった。事後テストでは，中高生，大学生の誤読率はそれぞれ.38と.34に改善した。音読潜時は，中高生では973 msに短縮したが，大学生では有意な短縮は見られなかった。さらに予測した提示モードによる効果の差

第7章 教科書以外の素材を用いたボトムアップ・シャドーイングの指導法　277

はみられなかった。

　学習タスク中の音読と復唱の変化を図8に示す。音読復唱ともに回を追うごとに誤りが減り，1回目と3回目の差は有意であった。やはり提示モードによる差はなかった。復唱のエラー率は1回目ですでに.10以下であった。

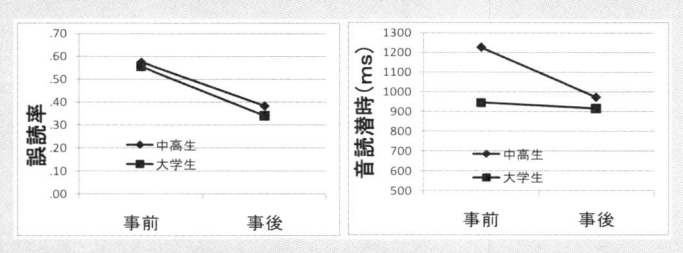

図7　学習タスク前後の非単語読みテストの結果

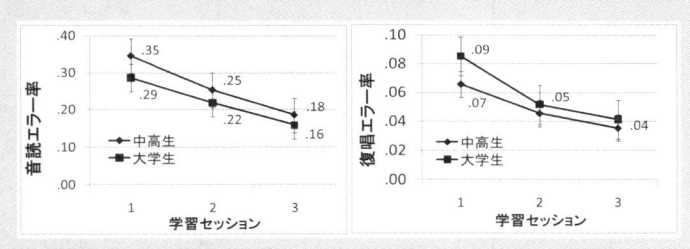

図8　学習タスク3回における音読エラーと復唱エラーの変化

　4つの母音別に分析を行った結果，全ての母音字の誤読率が同じように下がった。しかし，-au- と -ou- は -ai- と -u- より事前事後両テストにおいて誤読率が高かった（図9）。

以上の結果より，次のことが分かる：
1）提示モードに関わらず，学習対象文字列とその読み方に注意が向けられ，読み方の規則に気づくことができた。おそらく，同じ母音字列を含む単語を連続して提示したので，注意が喚起されたのであろう。いわゆる Word family practice の効果を示す結果となった。
2）中高生では音読潜時とその標準偏差（SD）が短縮されたが，これは無意識に，正しい規則を使って速く読めるようになったことを示す。すなわち，正しいディコーディングの自動化が起こったと考えられる。
3）大学生は誤読率に改善はみられたものの，音読潜時の短縮には至らな

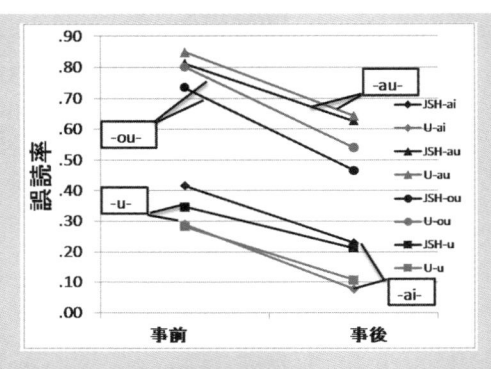

図9 母音別誤読率の比較 JSH＝中高生，U＝大学生

かった。1000 ms弱の音読潜時はこのレベルの学習者の限界で天井効果であったと考えられる。標準偏差に変化がなかったこと，学習タスク中の改善が年少群と類似していることも天井効果であったことを支持する。

4）中高生と大学生の事前テストの誤読率には有意な差はなかったことから，現在の学習環境において正しい読み方を獲得する機会が少ないと考えられる。

5）文字列-ai-の場合，最初の文字-a-はアルファベットの文字名が読み方で，次は無音である。この規則が学習者の助けになっているかもしれない。対して，-au- や -ou- は2文字で全く別の音をあらわすが，この規則が難しい。また，日本語に存在する音，又は類似音の頻度が高い音は定着しやすいとも考えられる。

読解に重要な役割を果たす正確で迅速なディコーディング力の養成には，自分で読み，それが正しいか誤りかを知る機会が必須であることが分かったが，音読やテキストのシャドーイングはこの機会を提供する指導法の一つとなる。また同じスペリングパターンをまとめて練習することで，規則性に気付く可能性もある。文字列によって難易度が異なることもわかったので，指導の順序や方法，練習量などに留意しなければならない。誤ったディコーディングが定着する前に，正しいディコーディングを内在化し，注意資源を高次の処理に配分できるようにするべきだろう。

第8章
音読・シャドーイング指導のための パソコンを活用した教材作成法

　本章では，フリーウェアあるいはシェアウェアの音声録音・再生ソフト，音声編集ソフトを用いて一斉授業で活用できる音読・シャドーイング指導用音声教材の作成法を紹介する。

8.1　デジタル音声素材の作成
　Windows Media Player, iTunes などを用いると，動画や音声のファイルを再生したり，形式を変換したりできる。iTunes では，多くの音声ファイルの形式（MP3・AAC・WAV・AIFF・Apple Lossless）に対応しており，互いに別のファイル形式に変換することができる。

8.2　音声録音・再生ソフトによる録音
　「♪超録 - パソコン長時間録音機フリーウェア版 v1.28A」による録音方法
○　手順：既存の音源（ラジオ / テープ /MD/ マイク音源）をパソコンのライン入力・マイク入力を使って音声ファイルとして保存する。その際，出力先フォルダ，保存ファイル名，出力設定でファイル形式（WAV/OGG/WMA/MP3）をそれぞれ選択して，指定の形式で保存する。

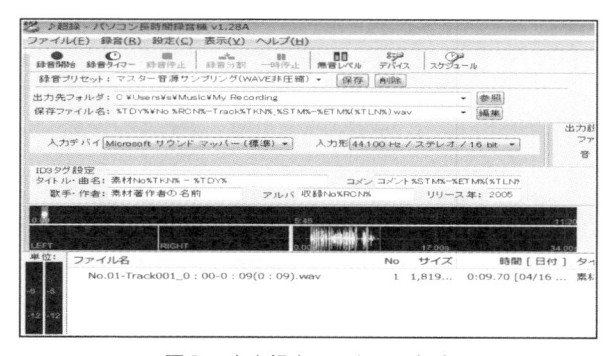

図1　音声録音ソフトでの録音

8.3 音声ファイル変換ソフトによる音声ファイル形式の相互変換

「シェアウェア *Rip!AudiCO* フリーウェア版」による変換方法

○　手順：WMA・WAV・MP3・OGG 形式等の音声ファイルを相互に変換する。例えば，WMA ファイルを WAV 形式に変換するには，WAV 変換処理のアイコンの下にある「ファイルを指定して変換リストに登録」のアイコンをクリックし，WMA ファイルを追加した後，実行ボタンを押す。

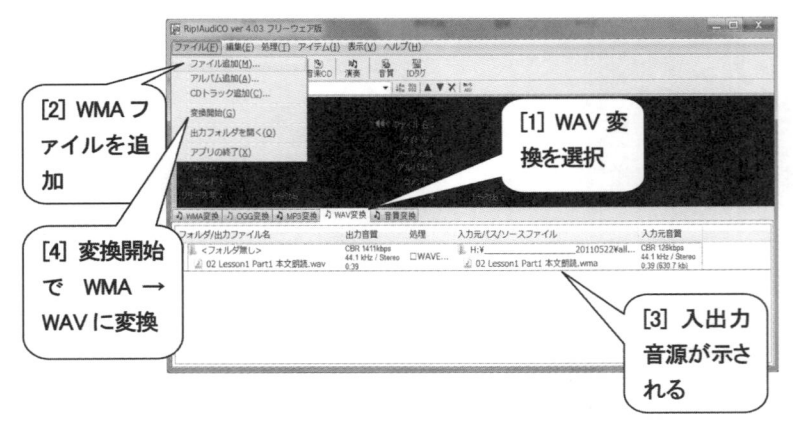

図2　音声ファイル変換ソフトによる変換

8.4 音声編集ソフトによる音声デジタル教材の編集・作成

　上記のソフトで WAV ファイルに変換した音声教材を，例えば，フリーウェア *Audacity* を用いて編集が可能である。必要な単語，句，文の音声を取り出し，ポーズの数・長さ，スピード，ピッチを編集して，必要な回数だけ自由に再生・保存できる音声教材を作成できる。ただし，WAV・MP3・OGG 形式の音声ファイルは認識するが，WMA ファイルには対応していないので，上記の *Rip!AudiCO* 等により WAV ファイルに変換する必要がある。

8.4.1 *Audacity* による教材作成例

① 音声編集：図3は音声波形を示しているところで下部の英文と一致している。

　○　手順：範囲指定＞ファイル＞別名で書出し（wav）の手順で名前を付けて保存する。

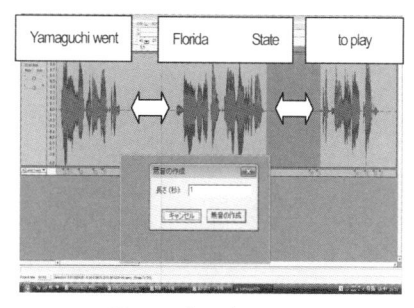

第8章 音読・シャドーイング指導のためのパソコンを活用した教材作成法　*281*

図3　波形表示　　　　　　　　　図4　ポーズの挿入

② ポーズの挿入：図4は1秒間のポーズを入れているところ。
　○　手順：制作＞ Silence ＞秒数入力
③ スピードの変更：図5はスピードを変更しているところ。図5(a)は52語を21.6秒で話しているので144WPMだが，これを50％速くしたのが図5(b)(14.5秒，215WPM)である。
　○　手順：範囲指定＞効果＞スピードの変更＞テンポ変更率（％）を入力

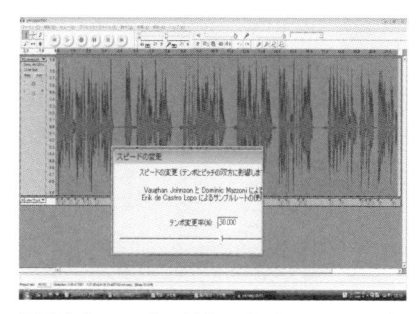

図5(a)　スピード変更前（144 WPM）　図5(b)　スピード変更後（215 WPM）

④ テンポを変えずにピッチを変更：図6はピッチを変更しているところ（両方3秒間）。
　○　手順：範囲指定＞エフェクト＞ピッチの変更＞変更率（％）を入力
　　　＞OK
　　※スペクトラム：サイドバープルダウンメニューより表示

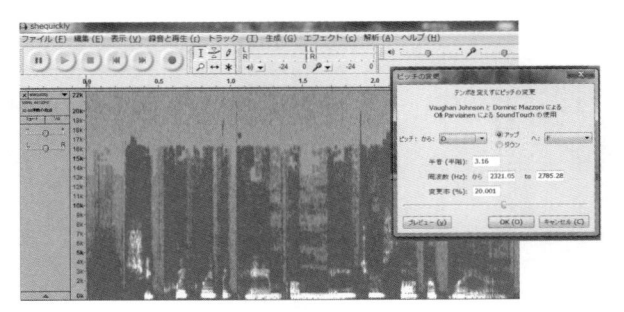

図6(a)　ピッチ変更前

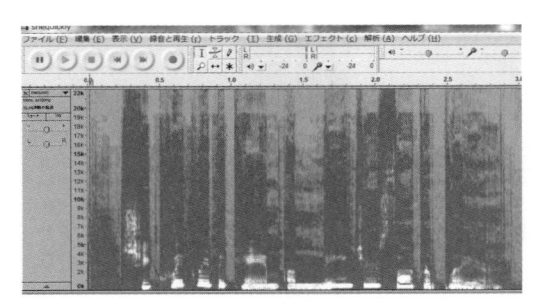

図6(b)　ピッチ変更後（変更率：+20%）

8.4.2　英文読み上げと認識評価機能を持つソフトの利用

　音声教材がない場合，英文読み上げ機能を持つソフト，例えば，SpeaK!®を用いれば，英文を読み上げさせることができる。また，SpeaK!®には，音読した結果を4段階で評価する機能もついている。

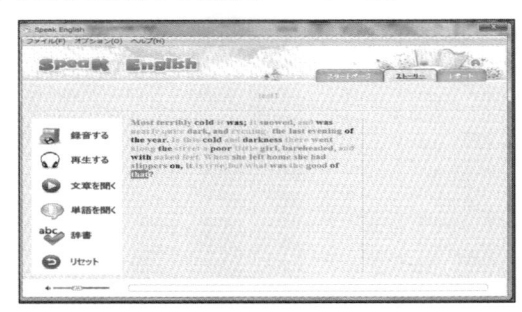

図7　音読＆リスニングソフトによる発音評定
　　　（SpeaK!®の画面より）

8.4.3 デジタル・シャドーイング教材の作成

MS PowerPoint（以下，パワーポイント）を用いて，シャドーイング教材を作成する方法を紹介する。これは教室の前で，教師用PCで提示する一斉授業でも，個別学習でも使用できる。

*Audacity*で作成した音声ファイル（例：通常速度，10%遅い，10%速い，ポーズ入り）を，パワーポイントに貼り付けて，ボタンを押せば再生できるように画面に埋め込む。

○ 手順：挿入＞図形＞動作設定ボタン＞オブジェクトの動作設定＞サウンドの再生＞その他のサウンド＞サウンドファイルの選択（通常速度，10%遅い，10%速い，ポーズ入りから選択）＞OK

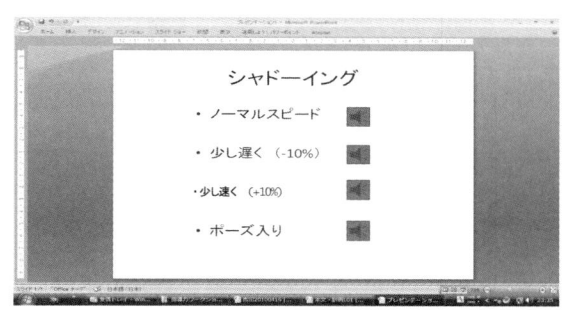

図8　デジタル・シャドーイングのメニュー画面より

8.4.4　パワーポイントを用いたデジタル音読教材の作成・編集・提示・分析

パワーポイントのスライドショー，アニメーション等の機能を駆使して，必要な部分（単語，句，文）を必要な時間・回数で，指定した提示方法で，自動的に提示できる音読教材を作成する。

① 切り替え時間指定機能：スライドの切り替えにより，1文（単語，チャンク）ごとに音読画面を提示するように設定し，自動切り替えのタイミングは秒数（例：3秒）で指定する。
　　○　手順：アニメーション＞画面の切り替えタイミング＞自動的に切り替え＞秒数入力
② WPM音読：予め一画面ごとに提示する語数を決めておいて，切り替え秒数を指定する。この場合，5語毎に提示して2秒毎に切り替えを行うので，音読の速度は150WPMとなる。

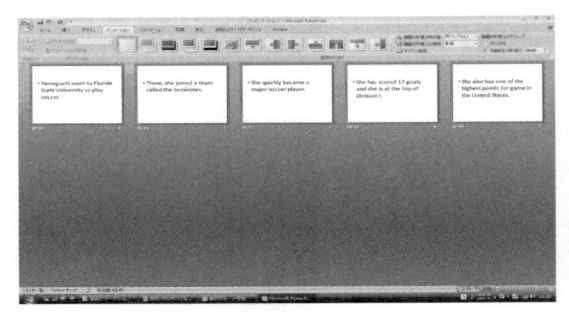

図9　1文毎に切り替え

図10　WPM指定切り替え

③　音読速度測定：リハーサル機能を用いて音読速度を測定する。全体の音読にかかった時間（秒数）と全語数からWPMを算出する。この場合，52語を23秒で音読したので，135.6WPMとなる。
　　○　手順：スライドショー＞リハーサル

図11　リハーサル機能による音読の速度測定

④　音読データの取得：図12（a），（b）は，ナレーション機能を使って音読データを取得する方法を示している。図12（a）では，ナレーショ

第8章　音読・シャドーイング指導のためのパソコンを活用した教材作成法　*285*

ンの録音ボタンを押して，スライドを音読しながらスライドを手動で切り替えていく。最後まで読んでスライドショーを実行すると，音読した音声をバックにスライド画面が切り替わって行く。

○　手順：スライドショー＞ナレーションの録音＞終了＞スライドショーの実行

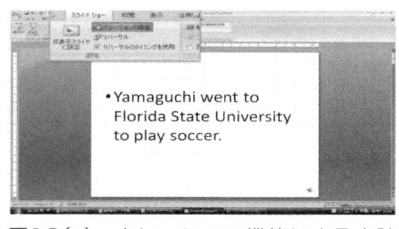

図12(a)　ナレーション機能による音読データの保存　　図12(b)　音読データの取得

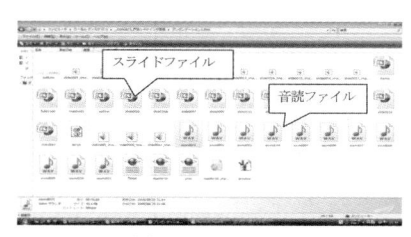

　図12（b）では，ナレーションを録音したスライドショーに名前を付けて一旦保存してから，ファイルの種類をWeb（*.htm；*.html）形式で保存する。その結果，スライドショーと同じ名称のフォルダ（.files）ができる，その中に.wavファイルが複数作成される。それぞれがスライド毎に音読された音声ファイルとなる（この機能はPowerPoint 2007に装備されている）。これらを音声編集ソフトで分析し，モデル音声と比較することで音読の評価をすることができる。

　この他にも音声教材中にトーンを入れて，その箇所からシャドーイングを行う「ディレード・シャドーイング」(p.43)，文末から前へ積み上げ方式で単語やチャンクを提示して音読させる「バックワード・ビルドアップ」(p.35)，最初は数語の内容語，または機能語のみを空所にして補充させながら音読させる「空所補充音読」(p.49)，さらに，序々に空所を増やしていき，最終的にはキーワードのみを提示する「キーワード付き音読」(p.65)，最初は全文を提示して序々に前から消していく「そして，何もなくなった（And Then There Were None）」(p.70)なども，簡単に作成することができる。

基礎知識（7）
CALL 教室での指導

1．コンピュータを用いた指導
　コンピュータによるリーディング指導の利点として，①ハイパーリンクによる関連情報や音声，画像，動画などのマルチメディア情報を提供することによる背景知識やスキーマの活性化，②文字の提示速度の可変性，③ポップアップ機能によるリアルタイムでの情報提供などがあげられる。これらを利用することにより通常の紙ベースではできない多様な読解指導法の提案が可能となる。

(1) ハイパーリンクによる情報提示
　ハイパーリンクとは，テキストファイルや画像データ，音声データ同士を文書中で相互に結び付ける仕組みである。ハイパーリンクをクリックすると，別のファイル，ファイル内の指定位置，インターネット上の Web ページ，またはイントラネット上の Web ページに移動できる。この機能を用いると，意味，表現，文法事項，背景知識，参照情報等の文字情報はもとより，音声，画像，動画等のマルチメディア情報を予めリーディング用のテキストに埋め込んでおくことができ，学習者がテキストを読み進めていく過程で，各自が必要な情報をいつでも取り出すことができる。その結果，英文の内容理解の際に必要な2種類の処理過程の作用を促進することができる。つまり，文字認識から始まる細部から徐々に大きな構成要素へと発展させるボトムアップ処理を行うのと同時に，背景知識などから予測，確認作業を繰り返しながら全体から細部へと理解を深めるトップダウン処理も推進させることができる（津田塾大学言語文化研究所, 2002）。

(2) **RSVP** によるチャンク提示
　RSVP（Rapid Serial Visual Presentation）とは，コンピュータ等の画面上の一定の範囲内に，テキストの情報を1語毎（フレーズ毎，1行毎）に一定の速度で次々と提示しては消していく速読訓練に用いられている表示方式である。スムーズな読みを妨げると言われている Regression（戻り読み：既に読み終えた箇所に戻って再び読むことで，読む速度が落ち，集中力を欠き，理解度が低くなる）や Phonological Coding（音韻符号化：口唇，喉頭などの音声器官の筋肉運動がみられる silent articulation の段階から，内在的・心的に

音韻情報化する auditory image など）を RSVP は防ぐことができ，全体的，自動的な認識ルートである視空間イメージ処理機構での処理（門田・野呂, 2001）を促進すると考えられる。このことは，流暢な読みで見られる単語認知の符号化が自動化を促進し，注意資源を専ら理解に使う読解行動の育成につながると考えられる。

（3） VSTF（visual-syntactic text formatting）によるカスケード提示法

英文を1～2回の注視点で読み取れる長さにチャンクして統語的階層状に並べ，視覚的クラスターを構築して読者が内容を保持・統合する英文提示法（Warschauer, 2011; Thomas, et al., 2013）。

```
xxxx    xxxxx    xxxx
  xxx    xxx    xxxx
    xxxx    xxxxx    xxxx.
xxx    xxxxx    xxxxx
  xxxxx    xxxx    xxxxx
    xxxx    xxxxxx.
```

（4） ポップアップ辞書機能による偶発的語彙学習

ハイパーテキストにおいては，マウスポインタを単語にあてるだけでウインドウがポップアップされるので，そこに必要な情報を埋め込むことができる。この機能を使うことで，自然な読みを阻害しない程度の単語の意味理解を効果的に促すことができる。その結果，偶発的語彙学習が促進され，語彙サイズが大きくなり，多読時に偶発的に新出単語が学習される率が上がる（門田・池村, 2006）。

2．ホームページを利用した指導

今日，インターネットのホームページから，オーセンティックな情報を簡単に入手できる。また，ポップアップ辞書，TTS，翻訳サイト，著作権切れ無料テキストを活用することで，通常の紙媒体ではできない特色を持った読解指導を行うことができる。

（1） WWWサイト選定基準における教育的利用価値

WWWサイトの情報を教材として活用する利点として，1）学習者の年齢と知的水準に適合した題材が自由に選べ，2）学習者の好奇心，イマジネーションを十分喚起する題材，内容，マルチメディア情報が魅力的であり，3）関連情報を自由に検索し，それらを土台にしてプロジェクトを計画したり，討論を行うことができ，4）ネイティブ・スピーカーの地のまま（authentic）の言葉で書かれ，5）人間のあらゆる活動場面での素材に触れることができ

ることがあげられる。そのことで自発的学習活動を促進し，高度情報通信社会に必要な英語力を養成することができる。その内，教育的利用価値の高いサイトとしては，転送速度・分量・リンク先が適切で，インタラクション機能や動機付けのための視聴覚情報が含まれ，学習者の創造性や思考力を高める素材を備えたものである（吉田，2001）。

(2) TTSによる読み上げ機能の活用
　TTSとはテキスト（文章）を音声に変換して人間の音声を人工的に作り出すことで，これを行うシステムをスピーチ・シンセサイザー(speech synthesizer)と呼ぶ。これにより，あらゆる文字情報の音声化を行うことができ，音読教材として活用できる。また，ユーザー自身がテキストを入力したものを音声ファイルとしてダウンロードできるサイトも提供されており，単語から文章までの音読教材の作成が簡単に行える（AT & T Labs，2011他）。

(3) 著作権切れ無料テキストデータベースの活用
　インターネット上には，多くの著作権フリー（Public Domain）の素材が提供されている。Project Gutenbergもその一つで，古今東西の文書を自由に教材として活用することができる。その際，HTMLファイルを参照すれば，上記のポップアップ辞書により多読教材として使用できる。また，テキストファイルをダウンロードすることで，入力の手間なく，精読用教材等に即座に加工することができる。それらをさらに，TTSによりシャドーイング・音読用教材として加工しても活用できる。

3．CALL用リーディング教材の作成・利用
　市販されているソフトやフリーウェアでCALL用リーディング教材の作成が可能である。1）文書作成ソフト（MS Word等）によるフレーム構造のハイパーテキスト教材作成，2）プレゼンテーションソフト（Power Point等）によるペーストリーディング教材作成，3）PDF文書作成ソフト（Acrobat等）によるポップアップ辞書機能付き多読教材作成，4）音声やアニメーションを組み合わせてWebコンテンツを作成するソフト（Flash等），5）ストリーミング（RealText），6）オーディオ・ビデオ・スライド・HTML・画像を同期させたコンテンツを作成できるソフト（Microsoft Producer等），7）様々な形式の問題をネット上で使える形に生成する教材作成プログラム（Hot Potatoes等）がある。

第9章
音読・シャドーイング指導における諸問題への対処法

9.1 音読指導をしても、生徒が音読しない
9.1.1 生徒に学習意欲がないことが原因の場合
　学習意欲が低い生徒たちには、次の音読の利点を繰り返し説明し、本書で紹介されている音読活動を体験させ、その効果を実感させることが必要です。
①発音が上達します。
　正しい発音で毎日音読すれば発音が上達します。スポーツ・トレーニングでは何度も身体を動かし、その動作を意識しなくてもできるようにします。これを「自動化」と言います。同様に、音読では、舌や唇や声帯を何度も動かして鍛えることで、発音に慣れ、リズム・イントネーションが自然に身に付き、意味を他者に伝達するための魅力的な発音へと上達します。
②話す力や書く力が伸びます。
　日頃から、学習した英文を音読していると、英語が頭に焼き付き、学んだ単語、表現、文法が自分のものになります。これを内在化と言います。内在化された単語や表現はすぐに頭に浮かぶようになるので、英語を話したり、書いたりできるようになります。
③脳科学が音読の大切さを説明しています。
　脳は1000億個以上のニューロンと呼ばれる神経細胞で構成されていて（水谷, 2006），ニューロンが持つ多くの樹状の突起と別のニューロンが持つ軸状の突起の間（シナプス）に信号が送られ、視覚や聴覚からの情報が処理されると考えられています。シナプスの信号伝達のしやすさが記憶と結びつきます。音読を徹底すると、神経細胞に英語の信号が何度も通って神経細胞の回路に変化が起こり、英語に反応する回路が出来上がります。その回路が出来上がれば、英語を理解したり、英語で発信できるようになります。
④音読は脳の力を高めてくれます。
　音読した後では、記憶力や空間認知力が、音読しなかった場合に比べて20％も増加します（川島・安達, 2004）。授業やリスニング・テストの前に

音読すれば，英語を受け入れる素地ができ，脳の力を十分に発揮できます。

⑤**声に出してこそ覚えられます。**

　世界の言語で文字のない言語はありますが，音声がない言語はありません。全ての言語は音声が根本で，それを表記するために文字が後から発達しました。これを理解せずに，「発音ができなくても，スペリングがわかって意味さえわかればいい」と言って，声に出さず単語集で丸暗記を試みてみても，覚えにくく，覚えてもすぐに忘れてしまいます。単語を覚えるには，発音を大事にしましょう。モデルを聞いて音読をすると正しい発音，アクセント，イントネーションを習得できます。理解した英文を音読して復習すれば，単語の発音や意味だけでなく，使い方まで覚えることができます。

　脳科学者の茂木健一郎氏は，声に出しながら，ひたすら書く「鶴の恩返し勉強法」を紹介しています（茂木，2007b）。テキストから目を離して思い出しながら声に出して書きます。声を張り上げ，体全体で行い，とても人には見せられないので，「鶴の恩返し」と名付けているそうです。長い記憶に関わる脳の部位は，五感をつかさどる部分と近く，大声を出して多く書けば書くほど，その部位が活性化され効果があるというわけです。

⑥**英語の語順にしたがって英文を読むことができるようになります。**

　次の英文を読む時，ア）とイ）では，どちらの読み方が能率的に読めますか。

　① Marry looked so sad ／　② that her mother was sorry for her.

　　ア）音読での理解

　　　「①マリーはとても悲しそうだった　②お母さんが気の毒に思うほど」

　　イ）返り読みでの理解

　　　「②お母さんが気の毒に思えるほど　①マリーは悲しそうだった。」

音読する習慣がない人は，イ）の方式で，最後まで読んでから，前の方に戻って理解します。たくさん音読する習慣のある人は，ア）のように英語の語順のまま理解できるようになります。

⑦**読むスピードも速くなります。**

　黙読している時も，「心の中で声を出して読んでいる」ことが，脳科学研究でわかっています。　音読を繰り返すと文字を音声化することが自動的にできるようになり，頭の中の声のスピードも上がりますので，黙読して理解するスピードを向上させることができます（鈴木，1998b）。

⑧**リスニングも上達します。**

　音読では文字，リスニングでは音声という違いはありますが，その後の作

業は似ています。リーディングで「返り読み」を使い，和訳をしないと理解できないという癖を付けてしまうと，リスニングができなくなります。逆に音読によって英語の語順のまま理解するという癖を付けると，リスニングも上達します（鈴木，1998b）。

9.1.2 これまで音読指導を受けてこなかったことが原因の場合

中学で音読指導を十分に受けてこなかった生徒が音読しない場合は，新年度の最初から音読指導を徹底することが大切です。音読が核であることを確認し，学年全体の取り組みとして音読指導を実施します。また，音読の効果を説明するだけでなく，音読のテストを行います。入学時にしっかりと指導すれば，比較的にスムーズに音読指導ができるようになります。

前年度に十分な音読指導がなされてない生徒を担当する場合は，入学時の場合より難しくなりますが，指導を続けることが大切です。前年度まで音読指導がなされてこなかった高校3年生2クラスに対し，音読とフレーズ・リーディングを中心に筆者が指導を続けたところ，72％の生徒が前年度までの授業より，「音読とフレーズ・リーディングによる授業が好ましい」と回答し，「どちらとも言えない」が20％，「全文訳の授業が好ましい」と回答したのは8％に過ぎませんでした（安木，2000：178）。4月の時点ではほとんど声が出なかった生徒たちが，秋には，授業中の音読を積極的に行うようになりました。指導の際に留意した点は以下の通りです。

①4月の時点で，音読とフレーズ・リーディング中心の授業を実施することを宣言し，力がつき受験にも対応できる事を生徒に説明しました。

②定期的に理解を伴ったリーディング・スピードを1～2週間に一度測定し，この上昇を生徒に実感させ，上がらない生徒にはその都度音読中心の授業でリーディング・スピードが上昇することを述べて励ましました。

③授業中に教科書の文や構文集の例文の暗唱テストを実施し，全員で徹底的に音読した後，生徒を指名して音読させてから書かせました。定期テスト前にも，音読後，再度書かせ，定期テストにも出題しました。これらの文の正解率は高く，生徒は音読の効果を認識するようになりました。

④ペアやグループで音読する機会をたくさん設けて，机間指導で，音読に困難を感じている生徒を見つけ出し励ましました。

■記号やカタカナを効果的に使う

音読指導を受けてこなかった生徒は，音読への抵抗が大きいですが，リー

ド・アラウド・リッスン・アンド・リピート（p.38）を根気強く繰り返すうちに，生徒の発音はモデルに近くなっていきます。また，イントネーションや音のつながりをモデルどおり再現できないことも多く，シャドーイングなどをしてもリズムがずれてしまいます。できない箇所はだいたい決まっているので，教師はそこに気づいたら練習を中断し，該当箇所のイントネーションの上下を示す線や，連結した音をカタカナで書いてやる（get it out を「ゲリラウッ」など）と，リズムが良くなります。生徒自身も，上達を感じます。音読段階でカタカナなどを使用して焦点化して指導しておいた後のリスニング・テストは劇的に向上するので，音読の意義を納得させるのには効果的です。

■**教師がフレーズごとにポーズを置いて読み，ポーズを徐々に短くする**

　教師が適切な場所でポーズを置いて朗読し，生徒はポーズを置かずに普通にシャドーイングします。生徒が自信を持ってついてきていると感じたら，徐々にポーズを短くしていきます。あるいは，文と文の間だけにポーズを置きます。フレーズごとにポーズを置くことは，特にスローラーナーに効果的です。この方法を使うことで，小学生でもシャドーイングを行うことが充分可能です（京都教育大学附属京都小中学校，2009）。

9.1.3　生徒が声を出すのを恥ずかしいと思うことが原因の場合

　まず，授業後に個別に話を聞いて，特別な理由がないかを確認します。アルファベット自体があやふやでないか，他の生徒と比べて極端に発音するスピードが遅くないかなどを探って，その対策を講じます。次の指導では，フォニックスを利用したり，音読するチャンクを短くする，ポーズを長くするなど，丁寧に指導します。このような対応自体がその生徒を教師が受け入れようとしているメッセージとなり，励ましにもなります。リピートさせるときに，一緒に声を出している教師もいますが，それでは生徒の反応を把握できません。自分は声を出さずに生徒の音読をよく聴くことが大切です。

9.1.4　クラスメートから冷やかされたりすることが原因の場合

　冷やかしの対象は，1）長期海外生活体験者などでネイティブに近い発音がねたまれる場合，2）クラスの標準にほど遠い場合の2つがあります。

　1）には2つの問題点があります。まず，周りが「ねたみ」，「出る杭を打て」ということになり，指名されても，わざと下手な発音をしてしまいます。

2つ目は，本人が「天狗」状態になり，音読練習をしなくなることです。これでは，せっかくの才能も台無しになります。

　ある学校で，ネイティブ・ライクな発音を持つ生徒が校内スピーチコンテストにクラスの代表に選ばれました。発音は完璧で，まわりの生徒は彼が何の努力もなく優勝すると最初は思っていました。他の代表生徒と全ての練習に参加し，人一倍練習を重ねました。そして，ますます説得力のあるスピーチに高めていき，決勝戦で優勝しました。皆は，彼が努力をしたことを知っていました。彼の優勝を称える惜しみない拍手が体育館に響きました。理由のない批判，ひやかし，ねたみはありません。寛大さ，励まし，思いやり，仲間の支え合いがこのクラスにはあふれていたのです。

　筆者は，ある時は th の音，ある時は英語の強弱のリズムという具合に，ポイントを決めて指導します。その際，「ちょっと気取ってネイティブになりきってやってみよう」と呼びかけます。「できなくて当然，でも，ちょっと努力するとできるよ」を励まします。「ほら，意外といけてるよ」と褒めます。実際，よくできている場合が多いのです。いわゆるピグマリオン効果です。これをつなげていくと，教室にはより良い発音を生み出していこうという雰囲気が生まれてきます。当然，冷やかしなどはなくなります。

　2）は，他者から「劣っている」と蔑まされる場合です。お互いががんばり，成功し，それを受け入れるような教室の雰囲気を作るためのコンテストを行いましょう。ここでは，筆者が英語が得意でない生徒が大半の学校で，全員に成功体験を与え，苦手意識を払拭させるために行った音読コンテストを紹介します。まず，練習を徹底し，授業で練習すれば，誰もが優勝できるコンテストであると安心させます。コンテストがあることで練習に集中でき，大きな声も出ます。量は数行に絞ります。フラッシュカードで単語単位から練習を始め，句・節から文へと長くしていき，強弱のリズムを楽しめる活動を提供して指導します。到達目標は，教師が判断して低すぎると思われるぐらいに設定します。例えば，練習した語の発音ができること，強弱のリズムで音読できることとします。次にペアでのリハーサルを行います。発表では，発表前後には拍手をし，クラス全体で生徒一人一人を称える雰囲気を作ります。みんなの前で良いところを褒めて，苦手意識を少なくします。実際，コンテスト終了時には全員が晴れ晴れとした顔をしていました。この成功体験が契機となり，定期考査で中学では取れなかった点数が取れたと喜ぶ生徒や，英検合格までがんばる生徒も出てきました。意欲を勉強に向けさせるのが教

師の役目であり，音読指導がその突破口となるのです。

9.1.5 音読は入試に課されないので必要ないと生徒が考えている場合

　入試で要求されるリーディングにおける英文構造分析，長文の内容把握，速読，文法力，語彙力について次の英文によって検討してみましょう。

以下の英文を訳しなさい。【京都大学（2010）から抜粋】

　　As anyone who has ever been in a verbal disagreement can confirm, people tend to give elaborate justifications for their decisions, which we have every reason to believe are nothing more than rationalizations after the event. To prove such people wrong, though, is an entirely different matter : who are you to say what my reasons are?

〈英文構造〉
　anyone who has ever been in a verbal disagreement を主部として認識
　関係代名詞 which の前後の関係性
　nothing more than rationalizations after the event の意味上のまとまり
　To prove such people wrong を主部として認識
　who are you to say what my reasons are? が表す意味の文脈上の位置づけ
〈結束性／一貫性〉
　their, the event, such people の指す具体的意味（前方照応的用法）
〈文法〉
　接続詞／現在完了／関係代名詞／不定詞／前置詞／副詞
〈語彙〉
　a verbal disagreement/ confirm/ tend to/ elaborate justifications/ rationalizations

　上記の語彙，構文，文法等を入試本番で1つ1つ分断しながら理解しようとしても英文の意味を理解することはできません。理解できたとしても，膨大な時間が必要になり，すべてに解答する時間はなくなります。この英文で扱われている上記の構成要素について，時間をあまりかけずに理解するためには，このレベルの英文を日頃から音読活動を通して暗唱するまで練習して，語彙や構文を即座に処理する力をつける必要があります（→ pp.244-255）。

方法は，意味単位ごとにスラッシュ（/）を入れ，チャンクごとにリード・アンド・ルックアップ（p.44）やバックワード・ビルドアップ（p.35）ほか，本書の第3章で紹介されている手法を使いながら何度も音読し，徐々に暗唱させていきます。この活動を通して入試で扱われる英文を学習していくと，複雑で抽象的な英文でも文構造，文法，語彙等は記憶に残りやすくなります。そして，音読活動を続けていくと，今まではじめての英文を見るたびに英文構造，文法，語彙の理解に使っていた認知資源を文脈等の意味理解に費やすことができるようになります。つまり速読が可能になります。最近のセンター試験で要求される技能の一つがこの速読であり，この技能も音読練習を通して養うことができるのです（鈴木，1998b；2000）。

　また，意味単位ごとの音読活動を繰り返すことによって英語の語順に慣れます。日本人学習者にとって英語の語順に慣れるには音読は不可欠です。英語の語順に慣れるとリスニング力も向上します。リスニングでは前から意味のまとまりごとに理解するしかありません。これを可能にするのが音読です。

　さらに，大学入試で課される英作文の問題においても"自然な英語"を思い出しやすくなります。これも音読の効果です。

　上記の英文を使って何度も音読練習しながら暗唱したグループと単に構造分析を中心とした説明だけ行ったグループに対して，数週間後に再度，内容についての質問および英文を再生させる課題を与えると，その差は歴然です。入試に関係ないからと音読しない生徒に対しては，実際に入試問題を使いながら音読をした場合としない場合を経験させるのも効果的です。記憶に残っている英文の量および質の大きな違いに気づくでしょう。さらに，大学入試で課されるリスニング問題のスクリプトを使って音読練習し，その後，再度音声を聞かせると，生徒は自分の理解力の飛躍的向上を実感するはずです。

9.2 音読するときの生徒の声が小さい
■ペアワークの相手の位置を遠く離す
　例えば，6列ある場合，1列目と4列目，2列目と5列目，3列目と6列目をペアにします。席が離れているので，大きい声を出す必要があります。2列ずつ起立して行い，他の列は座って聴きます。一通り終わったら，隣同士でペアになって全員同時に行います。練習後なので声が大きくなります。
■音源を最大ボリュームに
　教師がオーラル・インタープリテーションを取り入れ，声色を変えたりし

て「楽しむ」という感覚を持たせることが何より効果的です。しかし，生徒の声が大きくなると教師の声はかき消されます。そんな時はCDプレーヤーにマイクを挿して教師が朗読すると盛り上がり，時には前方の生徒に突然マイクを近づけて声を拾ってやるとさらに盛り上がります。最大ボリュームでCDの音声を流し，教師も生徒と一緒になって絶叫しながらのパラレル・リーディングやシャドーイングも効果的です。このほか，音読させるときは，立たせて背筋を伸ばして音読させるのも声を大きくするのに効果があります。また，妨害読み（p.85）をさせると，生徒の声が自然に大きくなります。

9.3 月日が経つにつれて生徒が音読に熱心に取り組まなくなる

　音読が「終着駅」になっているような儀式的な指導では，生徒は同じパターンに飽きて，音読しなくなりますので，多様な音読指導法を組み合わせて教える必要があります。その際，次の4点に留意します。1）慣れた活動のあとに新しい活動を組み入れる，2）新しい活動は，到達度に見合った挑戦しがいのあるものにする，3）その活動の目的をきちんとわからせる，4）音読後に全体の前で行う発表活動を設定する。一か月に一度程度は，発表活動を設定し，それを達成するための練習として音読を位置付けると，熱心さを取り戻すことができます。なお，形式的な指導にしないために，音読指導の留意点（p.22）は常に意識していたいものです。

■全体読みを工夫する

　ペンで机をタッピングしたり，リズムマシーンやBGMに乗せて音読したりすると，生徒たちはチャンツのように楽しく取り組むようになります。
　リード・アンド・ルックアップも教科書を背中において読ませるために立たせて行います。最初はフレーズ単位で行います。Look upしてから声を出すまでのポーズの長さを調整します。時には刺激となるよう，個人を指名したり，やさしい文の時に途中で"What day is it today?"など全く関係のないQ&Aを突然交えたりします。このようにすると集中力が高まります。

■褒める

　音読指導では褒めることが大切です。職員室で「○○君，すごく声が出ていたよ。」と話題にし，担任や学年の先生からも褒められれば，生徒もそのうれしさは倍増します。本人やクラスに「がんばっているそうだね。」と声をかけてくれるよう同僚にお願いすることが必要です。教科を超えてこのようなことが行われるようになると学校全体の雰囲気も良くなります。

■ペアワークで協同意識を高めさせる

　特にペアによるリード・アンド・ルックアップや鉛筆置き音読や，空所補充音読，日英通訳演習などは，教え合いや助け合いが必要なため協同意識が高まります。また，どのペアが一番早く音読することが出来るか，声が大きいペアはどれか，感情をこめて音読したペアはどれかなどの評価を競わせると活気が生まれます。空欄補充のトレーニングなどで，ペア同士を競争させ，一番早く音読できたペアの記録タイムを黒板に書き出すと，これが目標となり新記録を目指して，白熱した取り組みをみせるようになります。

■日々の音読活動を評価する

　制限時間内に音読，暗唱できたら合格者にはカードを渡し，日付と名前を書かせ提出させます。カードの枚数を記録させると互いに競うようになり，その記録は，そのまま評価にも利用できます。

■良いモデルを紹介する

　卒業生のアンケートによると，教科書の音読が「読む力」を一番伸ばすことができたと答えていました。実際，定期テストで30点台だった生徒が，音読にしっかりと取り組むことで，半年後に70〜80点台に伸びています。こういった先輩の音読を録画しておき，時々見せるのも効果的です。

■難易度の低い題材でシャドーイングする

　復習だと伝えて，他社の1学年下の教科書を用いて，パラレル・リーディングやシャドーイングをします。難易度が適切である上に初見の題材となるため，非常に効果的です。生徒が思う以上に上手にパラレル・リーディングやシャドーイングができるはずです。そこで，すかさず，その題材を習った当時よりはるかに上達していると言って褒めます。できなかったと感じている生徒には，「頑張れば必ずクリアできる」と励まして動機付けをします。

9.4 教師やCDのあとについてならできるのに，各自あるいはペアでは音読できない

■単語の発音確認を徹底する

　単語を発音できなければ，自力で文章を音読することは不可能です。特に，新出単語の発音練習を徹底することが重要です。フラッシュカードを用いてモデルのあとについて言わせるリッスン・アンド・リピートをさせた後，カードを見せて，まず自力で発音させてから，モデルのあとについて言わせるリード・アラウド・リッスン・アンド・リピート（p.38）をさせます。

■音声モデルを提示する前に，音読する機会を与える

　音読練習の目標は生徒が自力で英文を音声化できるようにすることですが，そのことがあまり意識されていないようです。教師やCDのあとについて行うリッスン・アンド・リピートだけで音読指導をして，練習中に大きな声が出ていればそれでよしとする傾向があります。しかし，実際は生徒がモデルの音声を単に繰り返しているだけで，自力で音声化できていないことが多いのです。モデルを提示する前に音声化する機会を与えることが必要です（→リード・アラウド・リッスン・アンド・リピート）。そうすることで，練習後に提示されるモデルを集中して聞くようになり定着率が上がります。

9.5 意味を考えずに音読する傾向がある
■音声化と意味処理

　初学者，特に音読が苦手な生徒は，英文を音に変換することに多くの注意資源を費やすため，同時に意味処理を行うことができません。英語の得意な生徒でも，未習語が多い英文を読むと同じ現象が起きます。ですから，本当に意味を考えながら音読しようと思えば，英文の内容を理解する前に音読させるのではなく，何度もモデルを聴きながら英文を黙読させて内容を理解する機会を与えた上で（pp.249-252）音読練習を行うことが必要です。

■音読練習をアウトプット活動に結び付ける

　音読練習のあとに，意味を考えながら音読しないとできないアウトプット活動を設定して，生徒の音読に対する意識を変える必要があります。そのようなアウトプット活動として，教科書を閉じた状態での英問英答やストーリー・リテリングがあります（6.1参照）。ストーリー・リテリングとは，読んだ英文の概要や要点を教科書やノートを見ずに，きっかけとなる単語や絵を見ながら再生する活動で，口頭で行う場合と筆記で行う場合があります。この活動を上手く行うには音読練習の時に意味を考えながら表現を覚えていく必要があります。筆者は，この活動を授業で取り入れていますが，生徒の自己評価の中に，「音読練習をするときに意味を考えていなかったので，リテリングが上手く行えなかった。」という記述が多く見られました。実際に音読練習からアウトプット活動への流れを体験したことで，生徒は音読の重要性に気づいたのです。

9.6 一応音読はしているが，平板な音読になっている

　生徒の音読が平板である理由は，生徒にとって音読の良いモデルを提示できていないからです。すなわち，毎時間の授業で耳にする教科書付属CDの音読や教師自身の音読が平板であるからです。まず，教師自身が平板な音読ではなく，内容に応じて気持ちがこもった音読をしましょう。そのためには，ドラマ，詩，会話，演説などから音読のモデルとして適切と考えられるものを使って教師自身が練習しましょう。音源として，CD付きの教材が多数販売されています。また，近年インターネットやポッドキャストで，無料で入手できる優れた音源を利用できます。またこれらを生徒にも聴かせて，それらのモデルそっくりに音読できるように練習させましょう。そうすることで，音読が楽しい活動であることをわからせたいものです。このようにして音読に興味を持たせることができれば，教科書に戻って音読練習に取り組んだ際，生徒は平板な音読で満足せず，レベルの高い音読を目指すようになります。

　教師がモデル音読をする場合は，ピッチ，ストレス，イントネーションなどを少し誇張するぐらいに音読します。ALTとのTeam-Teachingでは，対話文などをALTと一緒に提示する場合，お互いが俳優になったつもりで生き生きと音読し，できるだけ楽しい雰囲気でモデル音読をしましょう。

　メトロノームやリズムボックスは，平板な音読から，リズムを意識した音読に転換させるのに効果的です。また，教師が手をたたきながらモデル・リーディングしたり，生徒全員に手をたたかせながら音読させることも有効です。

　単語の発音には強形と弱形があることを教えて，弱形を練習させると，平板な音読がリズムのある音読に少しずつ変わって行きます。また，音の短縮・弱化・連結・消失・脱落・同化などの音変化についても，一回の指導でポイントを1つか2つ程度に絞り，集中的に指導すると効果的です。

　音読テストを実施すると，それを目標として，レベルの高い音読を目指して練習させることができます。音読テストは，その評価の際，「発音」だけではなく，「ドラマ性」を重視することを事前に生徒に言っておくと，平板な読みから脱却しようと努力する生徒が増えます。

　いくつかの雰囲気の異なる音楽をBGMとして流しながら音読させると，変化に富んで楽しく音読を行うことができます。また，テレビのニュース番組の開始音楽を使って，その音楽を合図に，アナウンサーになったつもりで音読練習させると，物語や評論などでも興味をもって音読に取り組ませるこ

とができ，結果として平板さから脱却させることができます。

　ダイアローグの音読の場合は，登場人物の設定を変えて（例えば，「とても幸せな気分で」，「いらいらした気分で」，「せかせかした早口の若いビジネスマンと，気の長いゆっくり話すおばあさんとの対話で」など）練習させると，気持ちを声にのせて音読させることができるようになります。

9.7 音読練習をさせると，早く終わった生徒やペアはおしゃべりしたり，遅い生徒やペアは，終わっていないのに，ごまかして着席してしまう

■早く終わった生徒にもすることを与える

　音読の後は暗唱や空欄にしたワークシートの穴埋めなどの記憶を保持するための活動を入れておくと，おしゃべりをある程度防げます。「時間が余った時にはこれをする」という習慣を1年生の時から作っておきます。ワーク，単語練習ノート，教科書転記など，何でもいいです。時々進み具合をチェックし，「月曜日と水曜日のペア活動後に時間が余っていたはずの人が，できていないのはおかしいね」というように釘を刺します。自習ノートのような位置づけで，できたページ数を記録するような記録用紙も作っておきます。

■不正をする生徒に注意するのではなく，正直な生徒を褒める

　それでも，ごまかして着席する生徒もいます。机間指導で注意をすると，生徒は強制されている感覚が増し，さらに意欲を低める可能性があります。代わりに，誠実にルールを守っている生徒を褒めます。例えば，一番最後に着席した生徒に対し，「ごまかして座った人もいたのに，きちんと最後まで読んで偉いね。先生は横で聞いていたけど，発音もとても丁寧で正確です。だから余計に時間がかかったのね」と皆に聞こえるように言います。それだけで，次回から不正をする生徒が減ります。褒められた生徒は非常に頑張るようになるので，その結果，音読の力が伸びます。そこですかさず「○○くんは，いつも最後までしっかりと音読しているので，こんなに上手になりましたね」と指摘することで，さらなる周囲への波及効果を期待できます。

9.8 家で音読練習をしない生徒がいる

■授業中に短時間で集中して自習音読をする練習をする

　「3分間で何回音読できるか」などと制限時間を決めて個人作業として音読をさせます。回数を自己チェック表に毎回記入させ，回数の多い者にはんこやシールを与えるようなシステムを作ると，熱心に取り組むようになりま

す。また，1レッスンなどの量の多い英文を最初から最後まで何秒で音読できるかを競わせて，その直後に暗唱チェックを行うと，音読をすれば効果があることを実感させることができます。個人作業中は机間指導し，正しい方法で音読できているか確認します。個人作業の音読の方法に慣れたところで，家庭学習に切り替えます。その後は，家庭で音読してきた回数を自己チェック表に記入するようにします。早口で読む作業は発音の正確さを欠きますが，発音については授業で補うこととします。個人作業の音読は，正確さよりも量を重視する方がモチベーションの維持につながるからです。

■保護者の理解を得る

　家庭学習には，家族の援助も効果大です。4月当初に，「家庭学習として音読を重視する」ことと，音読の意義を，保護者向けにもアナウンスしておきます。中学1年で英語の音読カードに保護者が確認サインをするシステムを導入すると効果がありました（山本，2008）。音読という宿題が保護者の間で周知されたことで，「家族に聞かれたら恥ずかしい」どころか，「音読していたら母親に褒められた」，「父親が対話文の相手役を読んでやろうと言ってきて，久しぶりに父親と話した」という報告が相次ぎました。

■音源を与える

　スローラーナーの場合，教科書の英文を発音できないため家で音読ができないので，音源を与える必要があります。教科書付属のCDを購入させ，「トラックNo.○をかけて5回以上シャドーイングしてくる」のように具体的な指示を与えます。AV機器の進歩とともに，CDプレーヤーがない家庭も増えているので，希望する生徒のiPod等に音声を入れたり，携帯で音楽を聴く生徒にはSDカードに音声を入れて配布することはすぐにできることです。気軽に持ち歩ける音源があると，授業外での音読練習も促進されるでしょう。

　以上のほかに，先輩たちや教師自身の体験談を話し，自宅学習で音読をした結果の成功例を示すことも効果があります。

9.9 音読指導に熱心でない同僚と同じ学年を指導することになった場合

　音読を重視していても，同じ学年を担当する同僚が音読指導をしない場合，新年度のクラス替えで，せっかくの指導が振り出しに戻ってしまいます。その対策として，筆者は次のようなことをしました。2月半ばあたりに，次年度同じ学年を持つ予定の同僚に「先生の授業を2時間連続で私に下さい」とお願いしました。筆者はリレー音読（p.90）の手順で授業を行いました。そ

の同僚が見守る中,「この先生は何をするのだろう」と生徒も興味津々で,実施した異なる種類の音読練習に熱心に参加してくれました。同僚の感想は,「こんなに声が出るのですね」,「今までの授業でも音読を取り入れていればよかった」でした。そして,新学年はともに音読を重視する方式でスタートしました。その同僚は,嬉しそうに生徒の反応を語り,さらに,独自の音読指導の工夫をするまでになりました。

9.10 音読指導に割く時間を確保できない
■毎時間の授業のどこかに音読指導の時間を位置づける

① 宿題として音読練習を課しておき,次の時間の最初に復習として音読の宿題のチェックを入れると効果があります。単に教科書の指定した箇所を音読練習してきなさいと指示するだけでは,生徒は練習してこないものです。音読練習シート(例えば,教科書の本文中のいくつかの語句を空所にしてあるもの,いくつかの英文の最後の数語を空所にしてあるもの,いくつかの文を抜いてあるものなど)を与えて,空所を再現しながら滑らかに音読できるようになることを宿題にすると,作業が明確になって,音読してくる生徒が増えます。このような宿題を出した場合,次の授業で,先ず全員で音読練習した後,何人かの生徒に指名して発表させます。また,空所にしておいた語や熟語などを書かせる小テストをするのもいいでしょう。音読練習をしっかりしていればできる問題を出すと,一層宿題をしてくるようになります。なお,音読の宿題を生徒に課す場合は,何らかの方法で生徒が自宅でモデル音読の音源を利用できるようにしておくことも大切です。

② 授業の終わりに,その時間に学習した教材を必ず音読させるようにします。授業のプランニングの際,最後の何分かは音読の時間として確保しておき,それを除いた時間で計画を立てるようにします。

③ 音読の時間を捻出できない場合は,何かをカットします。もし単語や派生語の意味の説明に時間をかけすぎているのなら,それらの説明はプリントを利用してできるだけ手短に終わらせ,その分を音読に当てましょう。音読と説明のどちらが大事かを考えて,授業内容の改善に取り組みたいものです。

教師は,教材を100%わからせようと長い説明になりがちですが,詳しい説明よりも,多様な音読練習に時間を割くほうが英語力は伸びます(鈴木,1998b)。また,仮に85%わからせることができたら,後は音読を繰り返す

ことにより，生徒は残りの15%を理解できることも少なくありません。教師が教え込むより，生徒が自ら学ぶ力を育てることができます。

　毎回十分な音読の時間が確保できない場合は，一つの課が終わった段階でまとめて音読指導をしましょう。教科書の課末問題の解答を配って自己添削させてから提出させると，半分以下の時間で課末問題を済ますことができますので，余った時間を音読指導に当てることができます。

9.11 隣の教室で授業をしている同僚から「やかましい」と言われる
■授業を公開して，英語科の特性を同僚や管理職に理解してもらう

　授業する教室の両隣のクラスの時間割をチェックして，両隣の教室が体育や特別教室での授業などで空いている時に，音読に焦点化した授業を行います。隣のクラスの授業が，書道や以前に苦情を言ってきた教師の授業であるときなどは，音読をしないでおきます。ただ，これは非常に消極的な対処法で，指導効果が非常に低いのでお勧めできません。次の方法をお勧めします。

　自分で音読の意義や必要性や効果を勉強して，音読指導なしでは生徒の英語力を伸ばせないことを精力的に同僚や管理職に訴えていくことです。「英語は実技教科である」と日頃から職員室内で大々的に訴え，どのような活動をしているのかを公開しておくと，英語教室を作ってもらうための布石にもなります。そのため，「いつでも授業を見に来てください」と日頃から同僚や先輩にお願いしておくことです。このようにして英語教室を獲得した先生方は少なくありません。特に，担任に「今日の〇組は大きい声が出ていてよかった」，「〇〇君は，大きい声でしっかり読めていた」などとこまめに伝えることで，音読の重要性を認識してもらうことができます。

第10章

音読・シャドーイングデータの分析手法

10.1 反応時間にもとづく方法

一般に，外国語のコミュニケーション能力は次の4つから成るという (Canale & Swain, 1980)。

(1) 文法能力（grammatical competence）：文法・語彙・音韻などの言語知識にもとづき新たな文を理解し，新たに文法的な文を産出する能力
(2) 社会言語学能力（sociolinguistic competence）：社会的文脈を理解し，言語使用域など場面に適切な言語を使用する能力
(3) 談話能力（discourse competence）：状況に関連した一貫したテキストを形成するのに有効な指示，言い換え，省略などができる能力
(4) 方略的能力（strategic competence）：言い換え，繰り返しなどの方略を使って切り抜ける能力。

わが国の英語教育が重視してきたのは(1)の能力形成である。そうすれば，はじめて聞き話す文でも，時間をかければ意味が理解でき，産出ができる。しかし，それでは，あまりに認知負荷が高く，会話では間に合わない。通常，人は1秒以内（ほぼ400～500ミリ秒）といった短時間で文を理解し，話している。この能力を，(1)～(4)の知識の正確さ（accuracy）に対して，一般に流暢性（fluency）と呼んでいるが，実はこれがとても重要である。門田(2009c)は，コミュニケーション能力を支える重要な能力として，次の(5)を加えることを提案した。

(5) 心理言語学能力（psycholinguistic competence）：コミュニケーションに支障をきたさないように，一定の時間内（最大限1秒以内，通例400～500ミリ秒程度）に反応するべく，自動的に・流暢に言語処理を行う能力。

ここでは，上記の心理言語学能力の指標となる反応時間測定をいかに行うか，その意義とノウハウについて解説する。また脳科学データとの関係についてもコメントしたい。

音読・シャドーイングは，書かれた英文や聞こえてきた英文を即座に発音するもので，オンライン（on-line）的な性質を持つタスクである。このように即時的な反応が要求されるために，両タスクを繰り返し実行することで，学習者の言語的反応までの時間（反応時間：reaction time）は，かなり短縮されることが期待できる。

10.1.1 認知研究における反応時間測定の意義
　一般に，外国語教育や外国語の学習過程に関する研究においては，これまでもさまざまな反応データが扱われてきている。一例として，筆者の関係するリーディング，メンタルレキシコン（語彙アクセス）研究においては，次のようなテストが実施されている。
 (1) 英文や単語を提示後に，多肢選択式や記述式の内容理解テストを実施する。
 (2) 英文テキストをもとに，クローズテスト（cloze test）やその他の穴埋めテスト（fill-in-the-blank test）を作成し実施する。
 (3) 英文テキストを提示し，その後覚えているだけ内容について筆記させたり，発話させたりする遡及プロトコルデータをとる。
 (4) 英文テキストや一定数の英単語を提示した後，特定の文や語が，先に提示したテキストや語のなかに存在したかどうかという再認（recognition）を求める。
 (5) 英文中の特定の語や語句を，一定時間，視覚探索（visual search）させ，いくつ検索できたか報告させる。

　これらは，英文の処理終了後に，何らかの課題を与えてデータを採取するというオフラインデータ（off-line data）である。
　これに対し，文の処理中に，その心的プロセスを同時並行的に検討しようとするのがオンラインデータ（on-line data）である。
 (6) 英文テキストを読解するとともに，同時にオンラインの処理過程を実験参加者に口頭で報告させる発話プロトコル（think-aloud protocol）を採り，録音・録画データを収録する。

　以上が主なものであるが，これらはいずれもかなり概括的な指標であり，特に単語や文の処理といった認知プロセスをつぶさに観察するにはかなりの限界がある。それに対し，実験参加者に特定の言語課題や認知課題を与え，その課題に対する正答率（誤答率）とともに，その課題に答えるまでの時間

（これを，反応時間（reaction time）や反応潜時（reaction latency）という）を調べる方法は，この点ですぐれている。上記（1）～（5）のような方法に比べて，ミリ秒（msec.）単位で課題遂行までの時間を測定することは，各実験参加者の情報処理過程の微妙な違いを検出するための，かなり鋭敏な指標（index）を提供してくれる。このことから，認知心理学（cognitive psychology）や心理言語学（psycholinguistics）などの分野ではかねてより，人の情報処理過程を研究する中心的な研究パラダイムの1つであると考えられてきた。

なお，認知研究の手段として，反応時間を測る場合は，通例課題への反応が正答の場合のみの潜時を測定するのが一般的である。正反応の場合は，原則として，想定された処理プロセスが実行され，そのためにかかった時間が反映されていると考えることができる。これに対し，誤反応の場合は，正答を得るための処理をしたか，ぼうっとして何ら処理をせずに誤ったかの判断ができないためである。ただ，以下の節で述べるように言語テストとして活用する場合は，誤りの場合も含めた反応時間を採取したり，反応時間に誤反応率を掛けるなどのデータを算出してそれを指標とすることにも意味がある。

10.1.2 テストにおける反応時間測定の意義

反応時間（潜時）測定の目的は，何も言語の認知研究に限らない。言語テストとしても利用できる。

これまで，英単語の標準テストと称されるものがいくつか開発されている。海外では，Nation（2001）やSchmitt（2000）のA Vocabulary Levels Test（VLT）が代表的なものである。また，国内では，望月（1998）による語彙サイズ測定テストがよく利用される。これらはともに，The General Service List（West, 1953）や北海道大学英語語彙表などの語彙頻度表を用いて，必要なテスト語彙を抽出して作成し，学習者の語彙レベルを測定しようとするものである。ともに，問題用紙を配布して実施するペーパー形式（paper-based）であり，十分な時間が与えられその間に語の意味を，選択して解答するテストである。

しかしながら，実際の言語運用で必要とされる語彙力はこのような悠長なものではない。リスニングでは，聞こえてくる英文を処理する際に，メンタルレキシコンから語彙情報を検索するが，上記のテストのような十分な時間は与えられていない。瞬時にできるだけ素速く，語彙情報を検索してくる必要がある。時間をかけて，例えば，unbelievableの意味は何だったのか，接

頭辞や接尾辞からこう推測できるなどと考えていたのでは間に合わない。同様の事情はスピーキングにもあてはまる。発話内容を構築したあと，語彙挿入や文法構造の形成に際して，やはり瞬時にレキシコンから語彙を検索してくる必要がある。事情はリーディングでも変わらない。じっくりと精読するという場合であっても，語彙検索が自動化しているのといないのとでは，内容理解にどれだけ集中できるかが大きく変わってしまう。

　こうしてみると，語彙知識を時間をかけて正しく取り出せるかどうかを測定するテストではなく，どれだけ瞬時に迅速に語彙情報に正確なアクセスができるかといった語彙処理の速さを考慮したテストをつくる必要がある。そうすることで，意識的・宣言的な語彙知識をどの程度手続き知識化できているかを測定することが可能になってくる。このような観点からの標準化されたテストがない現状をふまえ，その開発を急ぐ必要がある。すなわち，次の2つの目的を持ったテストである。
　(1) 外国語（第二言語）としての英語学習者のための語彙知識と語彙アクセスの自動性（＝語彙の宣言的知識量とその手続き的知識化の程度）を測定するテスト
　(2) 外国語（第二言語）の処理や習得研究のための基礎データを提供できるテスト

　上記(2)については，文処理などさまざまな研究を行う際にそこで使われる語彙レベルの統制をとったり，実験参加者の語彙力のレベルを判定しておく必要がある。このためのデータにVLTや望月テストによる語彙の **accuracy** に関する情報だけでなく，語彙の **fluency** という運用能力を加味した情報が必要になる。そのための方法として開発したのが，語彙プライミング（lexical priming）の方法を用いて，単語の類義性を判定してもらったり，実在する語か非単語かを判断してもらうCELP（Computer-based English Lexical Processing）テストである。コンピュータ上で（computer-based）視覚提示する形で実施できるようになっている。

10.1.3 代表的な反応時間測定プログラムの紹介

　では，実際に現在よく使われている代表的な反応時間測定用実験ソフトを紹介する。現在では次の3つがよく使われている。
　(1) SuperLab Pro：Win・Mac両用
　(2) E-Prime：Win専用

(3) Psyscope：Mac 専用

これらのうち，(1)(2) は市販品であるが，(3) はフリーソフトである。ここでは，(1) の SuperLab Pro について簡単に紹介したい。

　SuperLab Pro は，心理学実験の開発および実施のためのツールとして，アメリカの Cedrus Corporation により開発された。汎用コンピュータ上で，文字，音声，画像による刺激を提示し，ミリ秒単位で反応時間の測定を行う実験ができる。Mac 版と Windows 版が販売されており，筆者自身は，Mac 版を Ver.1.0 より使用してきた。その後開発された，Windows 版も Ver.1.0 から使用し始めた。現在は，Mac 版・Windows 版ともに，Ver. 4.5 をバージョンアップした Ver. 5 が販売されている。

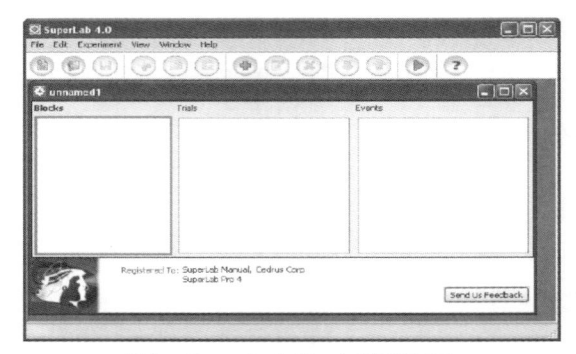

図1　SuperLab Pro4.5起動画面

　SuperLab Pro を使うと，実験参加者に視覚や聴覚による刺激（英単語など）を与え，それに対して，実際に存在する実単語であるか存在しない非単語であるかを判断させる語彙性判断や，2つの単語を順次提示し，両語が似た意味を持つか否かを判定する類義性判断などの実験を比較的簡単に実施できる。このソフトを使って言語実験を実施し，データ収集する手順は概ね以下の通りである。

①提示用実験材料を作成する

　視覚提示用の刺激は画像ファイル，聴覚提示用の刺激は，音声ファイルを用意する。Windows 版の場合は，標準の BMP や JPEG 形式，WAV 形式のファイルで保存したものが利用できる。また，文字刺激は，直接 SuperLab Pro 上で文字入力することも可能である。

②反応キーの設定

次に，実験参加者に反応を求めるキーを設定する。例えば，上記の語彙性判断では実単語であれば b，非単語であれば n といった，実験参加者にとって瞬時に反応できる２つのキーを設定する。yes-no で反応できる二者択一形式にするのが一般的である。

③ Events の作成

実験参加者への刺激提示を次々と行うための実験プログラムを作成する。通常は SuperLab Pro に付属の Event Editor を利用する。Event Editor 上で一つ一つ刺激場面を設定するのは手間に思われる場合もあると思われるが，コピー・ペースト機能も利用できるので，慎重にやればほとんどエラーは出ない。①で作成した刺激ファイルを読み込み，それぞれ何ミリ秒提示するのか，どのキー反応を受け付けるのか，また反応後の実験参加者へのフィードバックをどうするのかといったプログラミングを行う。

④ Trials と Blocks の作成

次に Trials を使って，各々の刺激場面のネーミングをし，最後に Blocks で各々の Trials の提示順を指定して，プログラムファイルを保存する。

これで実験用のプログラムは完成するが，実験を実施する前には，必ずトライアル実験をしてみる必要がある。思わぬミス・誤りは頻出する。また，実験参加者ごとに個々の Events の提示順をランダマイズできる機能は必ずオンにしておくようにする。

⑤実験データを集計し，統計処理を施す

実験を実施したら，個々の実験参加者のデータはエクセルのテキストファイル形式で自動的に保存される。あとはエクセルなどで読み込み，必要なデータを抽出し，集計して，SPSS など統計処理ソフトにかけることでデータの処理ができる。

最後に SuperLab Pro を利用して感じたことについて２点ほど挙げておきたい。

(1) 実験スクリプト作成に神経と集中力を要すること。付属の Event Editor を利用すると簡単だとはいえ，ある程度の忍耐力が要求される。

(2) 本ソフトは，Mac 版と Windows 版の２種類が用意されているが，従来は両者の互換性は全くなかった。現在でも，Mac 標準の PICT ファイルが Win 版では読めないといった不便さがみられる。ただ，プログラムファイル間の互換性に関しては，Ver.4.0以降改善され，両プラット

フォーム間での相互利用が可能になった。

10.1.4 反応時間データは脳科学データには及ばないか

　近年は，脳科学（neuro science）の手法を活用して，脳内処理過程を探ろうとする研究も増大した。石川（2008）は，fMRIによる脳の血流量データを，日本人英語学習者に対する英単語認知研究において採取したところ，言語処理の自動化の程度について，これまで実施された反応時間研究の成果を追認する結果が得られたと報告している。事実，現在までのところ，血流量など神経イメージングデータ（neuro-imaging data）は，反応時間を中心とする行動データ（behavioral data）によって明らかにされた知見やモデルを再調査し，それらを裏付ける結果になっているものが少なくない。

　現在利用されている主な脳科学データには，(1) PET（陽電子放射断層撮影）：positron emission tomography，(2) fMRI（機能的磁気共鳴画像）：functional magnetic resonance imaging，(3) MEG（脳磁図）：magnetoencephalography，(4) EEG（脳電図）：electroencephalography，(5) 近赤外線分光法測定装置（near-infrared spectroscopy）（光トポグラフィ［optical topography］と呼ばれることもある）などが利用されている。厳密に医療機関で実施し医学者の協力が不可欠な装置は，(1) のPETだけで，他の装置は医療機関以外で実施することが可能ではある。しかし，これらはかなりの専門的な知識や熟練が必要であり，また高額な研究費が必要なものもあり（特に (2) のfMRIや (3) のMEGなど），一部の潤沢な資金を持つ研究者にしか向いていない。ましてや，脳のどの位置が活動しているかを探索する空間的分解能にすぐれた装置＜(1)および(2)＞と，時間の経過とともに脳の活動がどう変化するかという時間的分解能にすぐれた装置＜(4)および(5)＞の2種類の装置から得られるデータを融合しないと，脳機能の時間的・空間的パターンを明らかにするデータの取得は現状では困難であるという（川島，2003a）。これらは，本書が主たる対象としている，現場の先生方が簡単に利用できる機器ではない。その点，SuperLab Pro等による反応時間の測定は，その刺激材料の選定や，データ収集上の手続きを工夫することで，高価な専門的な装置に頼ることなく，人の言語認知過程についてその中身を探ることができる簡便な方法である。この意味で，反応時間も，脳科学データとともに，今後も大いに活用できる（あるいは活用されるべき）方法であると言えよう。

10.2 音声分析ソフトを駆使した方法

　学習者によるシャドーイングがどの程度うまくできているかについて，その音声に耳を傾けるだけでもおおざっぱな全体評価はできる。また，どの単語や音節がうまく復唱できているか，どの部分はできていないかを明らかにするには，それを録音・再生して，再現率をチェックすることが必要になる。しかしそれだけでなく，学習者のシャドーイング音声のスピードや，ピッチ変化，強弱リズムなどの特性がどこまでモデル音声に近づいているかを詳細に検討するには，音声分析ソフトは欠かせない。ここでは主に *Praat* をもとに，どのようにして学習者によるシャドーイング音声を録音・加工・編集するか，さらには，音の長さ，強さ，高さなどの分析をどのようにして行い，そのようなデータをいかにして取得するかについて解説する。

　最後に，学習者によるシャドーイング音声の自動評定システムについて，その成果と現状について報告する。

10.2.1 主な音声分析ソフト

　音声データの分析も，PC の普及とともに，とても簡単に実行できるようになった。音声分析用の代表的なソフト（Windows 版）には，①音声工房（SP4WIN Pro および SP4WIN Custom），② *Praat*，③ *Wavesurfer* などがある。①は市販品であるのに対し，②③はインターネットからフリーでダウンロードできるソフトである。特に②の *Praat* は，強さ，高さ，長さなどの音声分析がいとも簡単にできる非常にすぐれたソフトである。また，分析よりも，音声波形の編集には，フリーソフトの④ *Audacity* が手軽である。ここでは近年利用者が急増している② *Praat* をもとに，音声録音や音声ファイルの読み込み，加工・編集，音の強さ・高さ・長さの分析，スペクトラム分析，フォルマント分析などの方法について解説する。

　なお，音声工房（SP4WIN Pro および SP4WIN Custom）による音声分析の方法については，門田（2010）の第 4 章を参照されたい。また，*Praat* の入手は，http://www.fon.hum.uva.nl/praat/ からダウンロードできる。[1]

---

[1]　本稿をまとめるにあたって，長井（2009）によるワークショップが大いに参考になったことを記して感謝したい。

10.2.2 音声の録音・取り込み・モノラル化・保存

まずは，*Praat* を使った録音用のマイクロフォンとして，指向性角度の調整が可能なもので，ハウリングやノイズを抑制できるものを用意すると便利である。次の手順で行う。

①マイクを繋ぎ，Windows の音声ボリュームおよび録音レベルを設定する。
②*Praat* を起動する。右側の Praat picture のウィンドウは不要なので閉じておく。
③＜New＞メニューから，＜Record mono sound＞を開き，Sound Recorder を起動する。
④チャンネルが mono sound になっていることを確認し，sampling frequency を設定する。22050で通常は十分かと思われる。
⑤Record ボタンを押し，録音開始する。終了したら，Name を押して名前を付け，Save it list で保存する。
⑥Objects 欄に名前を付けた音声が表示されるので，それをクリックし，右欄の Play ボタンを押して，再生させる。

以上が *Praat* による録音の手順である。次に音声ファイルを読み込む場合は，*Praat* では，拡張子に wav が付いた音声ファイルだけでなく，CD などで採用されている mpeg layer 3 オーディオファイル（mpeg ファイル）も読み込める。その手順はいたって簡単で，Read メニューから，Read from file を選択して，読み込むだけである。

なお，録音した音声，読み込んだ音声で，不要なものは Remove ボタンで削除できる。また，Info ボタンを押すと，対象となる音声の長さ，強さなど，ファイル全体の基本情報が表示される。さらに，Convert ボタンで，ステレオ音声を，音声分析で通常利用されるモノラル音声へと変換することもできる。例えば次の音声波形は，玉井（2008：40）収録の音声教材の英文の一部を取り出したもの（'there the one on top of the hill'）で，もとはステレオ録音されている。次例はこれを *Praat* によりモノラル化して得られた音声波形である。

最後に，*Praat* による音声ファイルの保存は，さまざまな形式をサポートしているが，やはり Windows での活用を考えると，wav 形式が適しているのではないかと思われる。

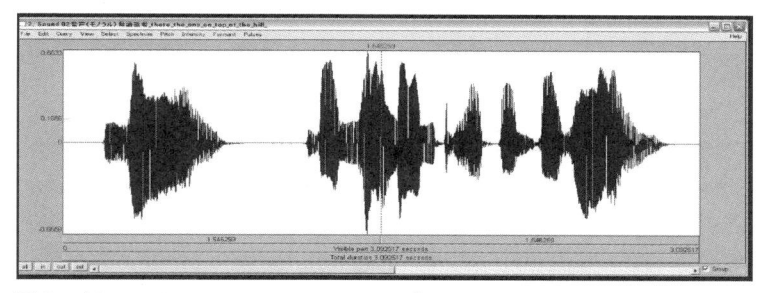

第10章 音読・シャドーイングデータの分析手法　*313*

図2　'there the one on top of the hill' のステレオ音声を *Praat* によりモノラル変換した音声波形（英語母語話者によるモデル音声）

10.2.3 音声分析の方法

　ここでは，主に強さ，高さ，長さの分析およびフォルマントの分析を，*Praat* を使ってどのように行うかその概要を示す。

(1) 音の強さ・高さ・長さの分析

　言語音声に限らず，音は，強さ (intensity)，高さ (pitch)，長さ (duration) の3つの要素で記述できる。これらは物理的には，それぞれパワー (dB)，基本周波数 (Hz)，継続時間 (sec.) で表現できる。

　Praat でこれらの分析を行うのは簡単である。基本的には，次の手順で表示できる。

①上記10.2.2のとおり，音声ファイルを読み，Objects 上でその音声を選択した上で，Edit ボタンを押して，Sound Editor を起動する。

②そうすると音声波形が表示されるので，強さの分析には，Intensity メニューから Show intensity を選択し，高さの分析には，Pitch メニューから，Show pitch を選択する。なお，下記の表示結果例では，強さは50〜100dB の範囲で，高さは，50〜200Hz の範囲でそれぞれ表示しているが，それぞれ intensity settings および pitch settings を選択して，実際に数値を打ち込むことで，これらの設定の変更ができる。

③実際の強さ (dB)，高さ (Hz) の数値データを取得するには，データの取得をしたい位置にカーソル移動し，Get intensity や Get pitch などのメニューを選択することで可能になる。また，何秒間か一定時間の平均の数値データを取得したい場合には，必要な時間幅を選択し，その上で Get intensity や Get pitch を実行することで可能になる。また，pitch の

最大値と最低値についてのデータは maximum pitch，minimum pitch を選択するとよい。

図3は，英語母語話者による 'there the one on top of the hill' の音の強さの変化を表示したものである。なお，このときに文全体を選択して，Get intensity メニューから得られた平均の音の強さは，76.510 dB であった。

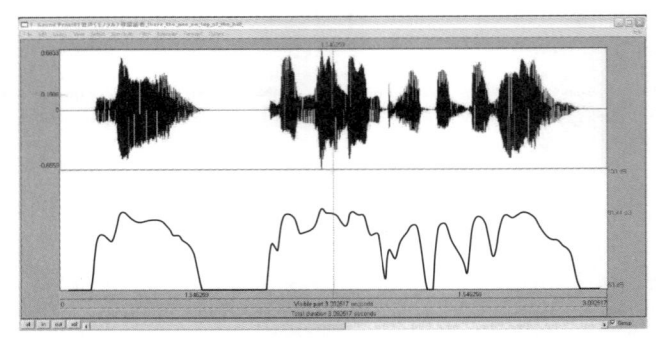

図3 英語母語話者による 'there the one on top of the hill' の音声波形と intensity 分析結果（縦軸50〜100dB）

これに対し，日本人英語学習者（大学2年生・女子）が同じ文を，シャドーイングした際の音の強さの変化を次の図4に示す。このときの文全体の平均の音の強さは，77.905dB であった。図3，図4から，音声の大きさに関しては，英語母語話者と日本人英語学習者で差がなくほぼ同じであることを示している。なお，発話時間も，英語母語話者3.09sec で，日本人英語学習者も3.01sec と，ほとんど変わらない。

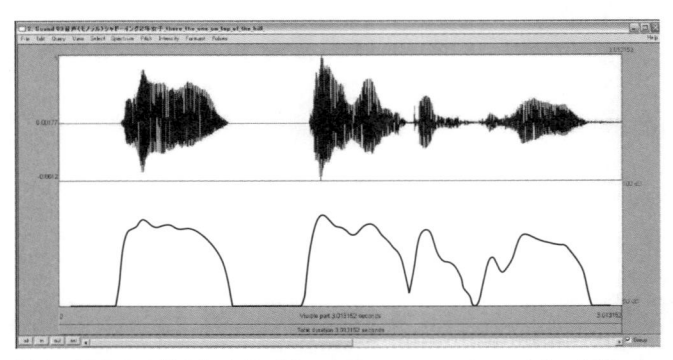

図4 日本人大学生による 'there the one on top of the hill' の音声波形と intensity 分析結果（縦軸50〜100dB）

次に音の高さであるが，一般に，日本人英語学習者の発話音声は，英語母語話者などと比べると，ピッチ変化に乏しい，極めて単調なイントネーションであると言われる。図5，図6は，筆者が，英語母語話者による発話音声（CD音声）と日本人英語学習者がそれをシャドーイングした際のピッチ変化曲線を表示したものである。

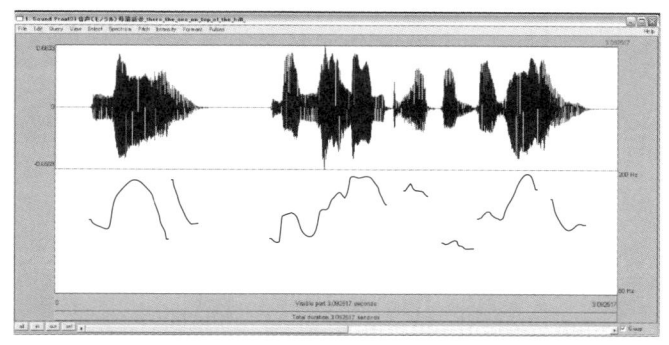

図5　英語母語話者による'there the one on top of the hill'の音声波形とpitch分析結果（縦軸50〜200Hz）

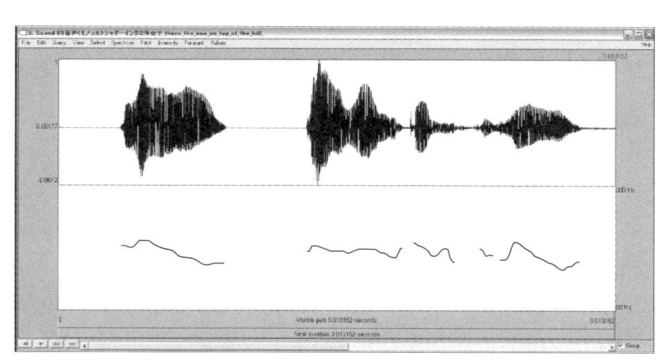

図6　日本人大学生による'there the one on top of the hill'の音声波形とpitch分析結果（縦軸50〜200Hz）

自発話ではなく，シャドーイングをした場合であるが，やはり英語母語話者によるモデル音声に比べて，明らかに高低変化に乏しい，平坦なピッチ曲線を描いている。

　実際に，当該文の全体を選択して，Get pitch, maximum pitch, minimum

pitch を選んで，平均・最大・最小データを取得すると，次のようなデータが得られた。なお，表内の数値は対数変換した Hz データをもとに，440Hz を12段階に分割したセミトーン（半音階：semitone）の値である。

表1 英語母語話者モデル音声・日本人大学生シャドーイング音声のピッチデータ

	英語母語話者	日本人大学生
pitch 平均値（semitones）	−18.635	−22.798
pitch 最大値（semitones）	−14.061	−20.548
pitch 最小値（semitones）	−24.950	−25.916
pitch 幅（semitones）	10.889	5.368

このように pitch 幅が狭いことは特にこの例に限ったものではなく，日本人英語学習者に共通してみられる現象であることは，さまざまな大学生のシャドーイング音声を録音・分析して，ほぼ確定している。ただ，上記は1回英文を聞いてその後すぐにシャドーイングをしてもらったデータであるが，11.5で述べるように，5回から10回シャドーイングをすれば，有意なピッチ幅の向上が見られるという報告もある（Hori, 2008；三宅，2009b）。今後さらに実証的検討が必要なテーマである。

(2) フォルマント・スペクトル分析

言語音声については，音叉（さ）などの純音とは異なり，声門から唇に至るまでに，舌，歯，唇などのさまざまな調音器官の影響を受け，それらの器官の形や位置により，音の伝達特性が変わる。その結果，音が共鳴する周波数成分（これをフォルマント：formant と呼んでいる）が複数出現することになる。言語音声の場合，このように数個のフォルマント周波数によって，音声の特徴が決まる。一般に周波数の低いほうから，第1フォルマント，第2フォルマント，第3フォルマントのように呼ばれる。特に，低次のフォルマント周波数は，母音の音韻特徴を決める上で重要な手がかりとなると言われている。

Praat では，上記のような各フォルマント音声の変化は，点線（赤点）のグラフで，声の高さ（各フォルマントに対応）ごとの発音の強弱（エネルギー量）であるスペクトラム（spectrum）を，白黒の濃淡で示している。スペクトラムについては，どの周波数帯が強いかが一目で分かる仕組みになっている。第2フォルマント成分（図7・図8矢印［→］参照）に，英語母語話

者と日本人英語学習者の差が大きいように思われる。

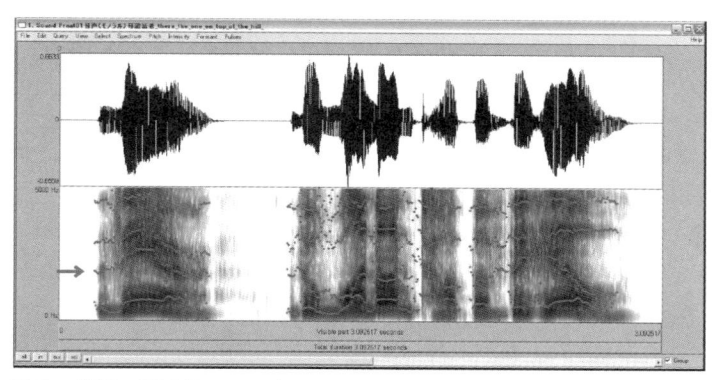

図7 英語母語話者による 'there the one on top of the hill' のスペクトラムおよびフォルマント分析結果

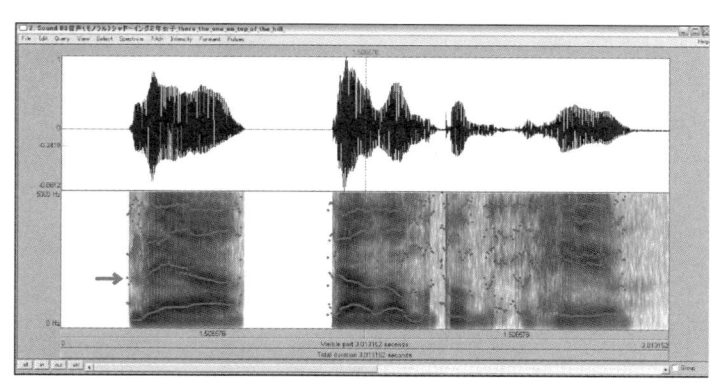

図8 日本人大学生による 'there the one on top of the hill' のスペクトラムおよびフォルマント分析結果

10.2.4 シャドーイング音声の自動評価システムの開発

シャドーイングの評価法としては，①音節法や②チェックポイント法が採用されることが多い（玉井，2005；門田，2007c）。

①音節法とは，まず素材スクリプトに含まれる総音節数のうち，何音節が正しくシャドーイングにより再生されたかを数えて再生率を算出する方法である。それに対し，②チェックポイント法は，あらかじめ採点対象となる単語を英文テキストの中から決めておき，それらが再生できているかどうか採点する方法である。これについて，玉井（2005：122）は，機械的に5番目

毎の語に下線を引いておき，それが再生できているかどうかで判断するという方法で採点すると（380語の英文素材で，76語が採点対象），①音節法との相関が，r＝0.87〜0.89という非常に高い相関が得られたと報告している。門田（2007c：240）は，上記を受けて，②チェックポイント法を利用し，これにプロソディの自然さに関する全体的評価（holistic evaluation）を加味する方法を提案している。しかし，いずれにしても，評価にかなりの時間と労力がかかることは否めない。

　近年，外国語教育（第二言語習得）研究以外の音響工学などの分野からも，シャドーイングが注目され，機械による自動評定システムを開発しようとする動きがある。羅ほか（2008）は，音響モデルにもとづいた Goodness of Pronunciation（GOP）という手法と，学習者によるシャドーイング音声の書き起こしをしなくても，適当な音響尺度にもとづいてグループ分けを行うクラスタリング（clustering）と呼ばれる手法の2つの自動評定法の有効性を報告している。すなわち，これら2種類の手法による自動評定結果と，音節法による手動スコアやTOEIC得点との相関関係を算出したのである。

(1) 研究方法

　実験参加者は，日本人英語学習者（大学生）27名で，TOEICテストスコア（990点満点）により，上位群7名，中位群9名，下位群11名に分割された。彼らは，シャドーイングによる英語学習は初めてか，ほぼ未経験であった。

　実験用英語音声は，1名の米語母語話者（男性）が読み上げた音声素材（発話スピード140wpm）で，21文からなる平易な速読用の初見の英文であった。収集データは，次の4つであった。

(a) 音節法による，手動の再生率データ
(b) GOPにもとづく自動評定データ
(c) GOPにもとづく自動評定をもとにしながら，「明瞭に発声した単語」の数（number of proficiently pronounced words：NPPW）を数えて，音声素材の語数で割った指標値
(d) クラスタリングにもとづく自動評定値

(2) 結果と考察

　手動スコア（a）と，自動スコア（GOP評定（b）・NPPW評定（c），クラスタリングに基づく評定（d））との相関は，次の通りであった。

　　　GOP自動スコア：r＝0.85
　　　NPPW自動スコア：r＝0.79

クラスタリング自動スコア：r＝0.79

またそれぞれの相関の散布図を次の図9に示す。

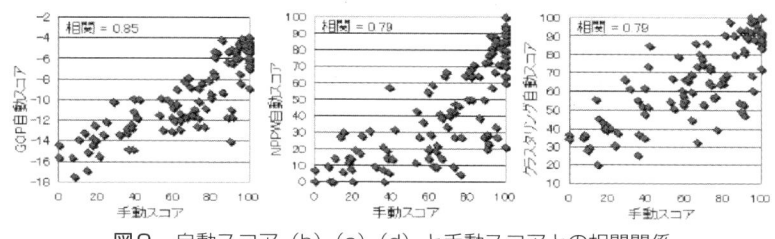

図9 自動スコア（b）（c）（d）と手動スコアとの相関関係

さらに，TOEICテストスコアと自動スコア（GOP評定（b）・NPPW評定（c），クラスタリングに基づく評定（d））との相関は，次の通りであった。

GOP自動スコア：r＝0.82
NPPW自動スコア：r＝0.84
クラスタリング自動スコア：r＝0.72

またそれぞれの相関の散布図を次の図10に示す。

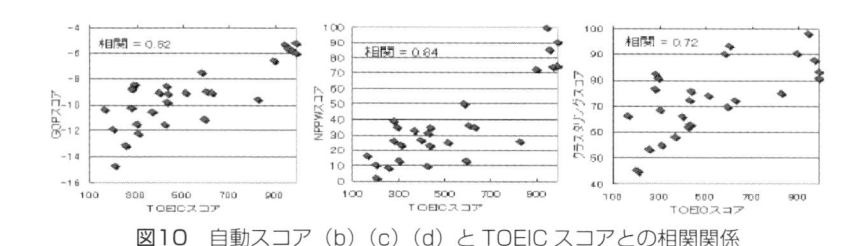

図10 自動スコア（b）（c）（d）とTOEICスコアとの相関関係

以上の実験の結果，自動評定と手動スコアの間，および自動評定とTOEICスコアとの間には，良好な相関関係を観測することができたという。シャドーイングの今後の自動評価システムの開発・発展に大いに期待したいところである[2]。

---

[2] なお，『多聴多読マガジン』2009年12月号には，この自動評定について，東京大学の峯松信明氏，山内豊氏，羅徳安氏への取材インタビュー記事が掲載されている（pp.30-32）。

第11章
音読・シャドーイングを支える理論的背景

11.1 書かれた英単語の意味理解に語の発音は必要か？

　高校現場においては，「中学校と異なり扱う英文量が多いために時間がない」という理由で，授業中に単語練習（音声練習）をあまり行わず，生徒の自主学習に任せることが多い。具体的には，生徒に単語集を与えて授業の初めに毎回単語テストを行うなどである。音声練習を授業中に全くしていない状態で生徒に単語の自主練習をさせるのは，正しい発音で内語反復（内的リハーサル）することなく，その綴りを見ながらノートに何度も書くことになりかねない。例えば，学習者が，"自分なりの発音（＝ローマ字発音）"をしながら日本語訳を覚えようとする（例：strength →ス・ト・レ・ン・グ・ス＝「力」）と，毎授業時の単語テストではなんとか日本語訳はできても，正確な音韻符号化にもとづく内語反復をした上で，その語を記憶したわけではないので，当然，文字を提示しないで音声のみによる単語テストでその意味を問う問題では，実際の発音と"自分なりの発音"とが大きく異なるためにその語の意味は知っていても，音声認知ができないために，正解を導くことができない。

　本節では，書かれた英単語の意味の理解に，その語を頭の中で発音すること，すなわち音声表象（phonetic representation）の形成がいかに重要であるかについて検討したい。ここでは，心理言語学的な反応時間データと，fMRIを活用した脳科学データをもとに，この問題について考察する。その上で，単語レベルのシャドーイング，音読，その他の活動がどのような認知プロセスを含むかに関して，筆者の提案する第二言語語彙処理モデル（Lexical Processing Model for L2 Learners）について解説したい。

11.1.1 英単語の意味理解と音韻：心理言語学研究の成果

　第二言語学習者による，書かれた英単語の理解においては，その学習者の母語の正書法が影響を与える（Koda, 2005）。例えば，Hamada & Koda（2008）

は，ほぼ英語力の等しい韓国人英語学習者と中国人英語学習者が，視覚提示された英語の非単語の音読（naming）がどの程度正確かつ迅速にできるか調べた。ハングル語は，1つ1つの文字が特定の母音や子音を表す，アルファベットと同じ表音文字（phonography）を持つ。これに対し，中国語は各漢字が，意味を持った単語（形態素）を示す表語文字（logography）を持つ。視覚提示した非単語には，文字と発音との関係が規則的な語（e.g. pend, tark）もあれば，両者の関係が不規則的な語（e.g. daxe, zhost）もあった。その結果，規則的な非単語でも不規則的な非単語でも，韓国人英語学習者の方が，同様の英語力を持つ中国人学習者よりも，より速く正確に，非単語の音読ができることが分かった。これは，母語の文字体系の仕組みが，第二言語（英語）の単語の音読に影響する可能性があることを示唆している。

次に，書かれた英単語の発音が，視覚提示語の意味理解に必要なのかどうかについて検討する。なお，ここで表象（representation）とは，一定の処理（processing）を実行した後，脳内に形成・表示されるものであると考えられる。要は，①どんな文字があるか，②どんな発音があるか，③どんな意味なのか分かった状態である。①②③をそれぞれ，「正書法表象（orthographic representation），音韻表象（phonological representation），意味表象（semantic representation）を形成する」と呼ぶ（図1参照）。

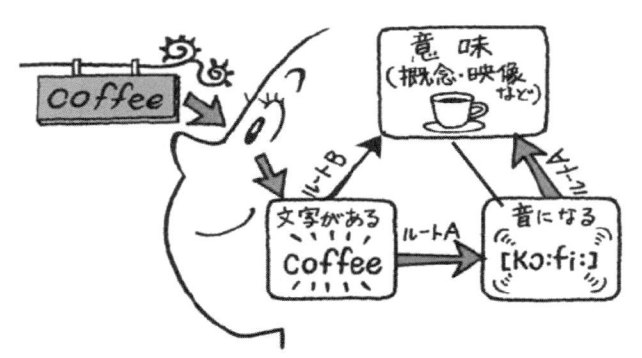

図1　英単語の意味表象への改訂版二重アクセスモデル
（門田，2007c：104より転載）

日本人英語学習者を対象にした反応時間データによるこれまでの研究成果は，次の諸点をあきらかにしている（詳しくは，門田，2006b；門田・池村，2006等を参照）。

(1) 音韻表象へのアクセスの方が，意味表象へのアクセスよりも，速い。
(2) 音韻表象へのアクセス（ルートAによる処理）が，二重処理課題（英単語の理解と同時に数字列を復唱するなど）によりその活用が制限された場合には，視空間的な処理を行うルートBを利用することもできる。
(3) しかし通常，単語の意味アクセスにおいては音韻符号化ルート（ルートA）が自動的に優先して利用される。ルートBは一種のバックアップルートであると想定できる。

以上のような成果をもとに，イラスト化したのが図1である。文字（正書法）表象を，直接意味表象に対応づけるルートBは，通常はあまり活用されず，音韻表象を経て，意味表象を取得するルートAが，太い矢印で結ばれた一般的ルートであると考えられる。

11.1.2 英単語の音韻処理と意味処理の関係：脳科学からのアプローチ

上記で述べたような反応時間にもとづく実験心理学的データに対し，その成果を，近年急速に発展しつつある，脳の可視技術を駆使した研究によって再確認しようとする動きが盛んになってきた。例えば，石川（2007, 2008），Ishikawa & Ishikawa（2008）による，日本人英語学習者の語彙処理過程についての研究は，fMRIを使って，学習者の脳血流の状態を計測することで，英単語の意味処理時および音韻処理時の大脳の賦活（活性化）状態の分析を調べようとするものであった。

実験参加者は，外国語として英語を学ぶ24名の日本人学習者（平均年齢24.2歳）で，彼らをTOEICの得点により，初級（5-495点），中級（500-695点），上級（700-990点）の3群に分割した。そして，JACET 8000の2000～3000語レベルの英単語，計360ペアを聴覚提示した。

聴覚提示とともに与えた課題は，次の2つであった。
(a) 意味処理課題（semantic perception task：SPT）
提示された2語が，反意語であるかどうか判断するもの（*e.g.* up, down）。
(b) 音韻処理課題（phonological perception task：PPT）
提示された2語が韻を踏んでいるかどうか判断するもの（*e.g.* pick, kick）。

大脳の賦活容積データから得られた結論は主に次の3点である。
(1) 音韻処理の方が意味処理課題よりも，大脳の賦活容積が有意に少なく，それだけ負荷の低いタスクである。これは，門田（2006b）の反応時間データと一致する結果である。

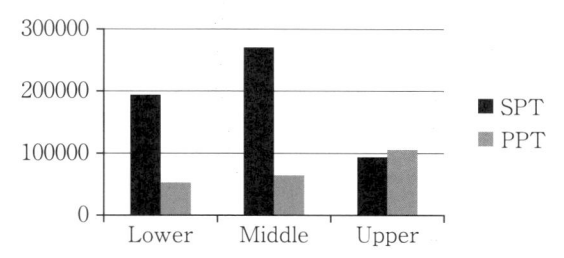

図2 習熟度レベル別の意味・音韻処理における大脳賦活容積（mm^3）
(Ishikawa & Ishikawa, 2008：135より転載)

　(2) この (1) の傾向は，初級・中級の学習者においてははっきりとみられるが，意味処理（反意語判断）がほぼ自動化した上位群については，両処理課題間の差はほとんど見られない。

　(3) 意味処理課題では，初級から中級にかけて賦活量が増大するが，上級学習者については，逆に減少するという，大石（2003）による「逆U字型モデル」(11.5.3参照) を支持する結果である。これに対し，音韻処理については，初級から中級にかけて賦活量は横ばいで，上級学習者の場合にやや増大するという結果になっている。これは，英単語の音韻処理については，上級者になってはじめて，実質的な処理が行われること，逆に言えば，初級・中級学習者は，提示された音声をもとに，メンタルレキシコンから情報検索をして音韻表象を形成する（＝どんな単語か理解する）といった処理をせず，音響的に一部同じ部分があるかないかといった低次レベルの処理（非言語的処理）に終始していた可能性がある。大石（2003）のいう「無活性型」に近い状態を呈していたのではないかと思われる。

11.1.3 バイリンガル語彙処理モデルの提案

　これまで書かれた英単語の処理において，語の音韻表象の形成がその意味理解の前提になるのかどうかについての実証データを紹介した。ここでは，門田（2010）において提案した，母語と外国語（第二言語）の両方を念頭に置きながら，より包括的に，聴覚および視覚提示された単語や語句を処理するプロセスについて検討するためのモデル（たたき台）を紹介したい。図3は，聴覚または視覚提示された単語（語句）の意味を理解したり，復唱（シャドーイングなど）したり，音読したり，また絵をみてその絵の表す内容を1語で言う（ネーミング：naming）といった心的プロセスを，母語と外国語（第

二言語）で互いにどのような段階を経て行っているか，イメージ化したものである。なお，図中の「二次的ルート（secondary route）」とは，文字（正書法）表象と意味概念表象との関係が二次的であると述べた図1のルートB（バックアップルート）を指している。さらに，本モデルでは，意味概念表象（conceptual representation）については，母語や外国語（第二言語）などの言語操作とは独立して存在するということを前提として議論を進めている。

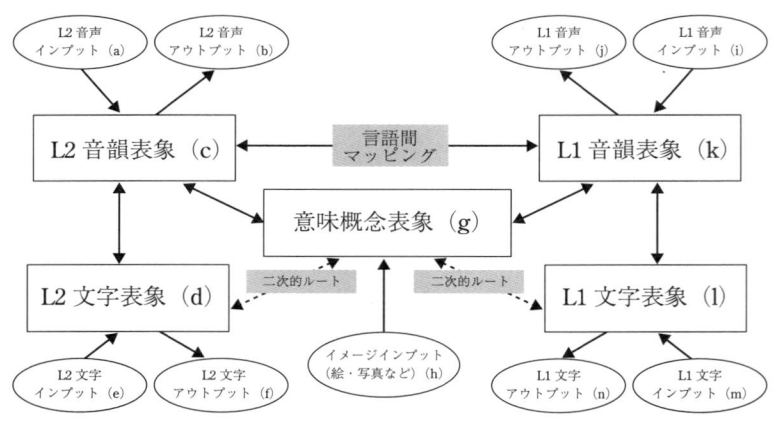

図3 バイリンガル語彙処理モデル：門田（2010：77）をもとに日本語化したもの

本モデルは，本節で扱った視覚提示語の意味理解において，音韻表象を経由して意味概念表象に至るのが通常のルートであるという，図1を包含するものである。さらに次のタスクについても，どのような処理段階が存在するか示唆してくれる。

(1) シャドーイングやリピーティングなど聴覚提示語の復唱

第二言語では，最低限，L2音声インプットをもとに，L2音韻表象を経て，L2音声アウトプットを返すだけで聴覚提示語の復唱が可能である。しかしながら，繰り返し練習することで，復唱に馴れ，自動化が進むと，その実行に必要な認知負荷が軽減され，同時に意味処理をしたり（概念表象の形成），文字表象を形成してそこからのフィードバックを得るなどの操作を同時並行で進めることができるようになる。また図3の右半分が示すように，母語における聴覚提示語の復唱においても，同様の処理経路が仮定できる。

(2) 視覚提示語の音読

　第二言語の場合は，L2文字インプットをベースに，L2文字表象をL2音韻表象に変換し，それを発音してL2音声アウトプットを得るというプロセスが少なくとも含まれる。文字表象の音韻表象への変換には，書記素・音素変換規則を利用したり，単語の主要部文字列（body）の一貫性に関する情報を活用したりする（Ikemura, 2005；門田, 2007c）。さらに母語でも，その効率の良さや自動化の程度に差はあるが，同様の処理が行われていると仮定できる。

(3) 絵のネーミング（picture naming）

　提示された絵を見て，母語や第二言語で発声するという絵のネーミング（命名）について考えてみよう。母語では，絵の意味概念を形成すると，それをもとにL1音韻表象を形成し，L1音声アウトプットを出すという段階が想定できる。これに対し，L2での絵のネーミングは，L2の習熟度によって，語彙連結（word association）ルートから概念媒介（concept mediation）ルートに移行するというデータが報告されている（Kroll, 1993；門田, 2003：227）。この点は，本モデルでも，①絵の概念表象を形成したら，それをいったん母語で内語化して（L1音韻表象を形成して），その後に翻訳（「言語間マッピング操作：inter-language mapping」）により，L2音韻表象に変換し，音声アウトプットを行うというルートがある。さらに，②絵の概念表象から，L1を経ずに直接L2で音韻表象を形成して音声アウトプットを出すというルートも想定できる。前者の①ルートは，一般に初級学習者や低頻度語句（低親密語句）に対応し，②ルートは，比較的上級の学習者，高頻度の語句（高親密語句）に対応すると言える。

　最後に，以上の図内のどのルートの活用においても，その都度長期記憶中の意味・統語・発音・形態（正書法）などの情報源であるメンタルレキシコン（mental lexicon）へのアクセス・検索が実施されると考えられる。

11.2 第二言語における文処理の特質

　（ある高校の職員室で）
　A先生：今日の授業で，Taking gifts when one visits someone is not so common in the United States as in Japan. を訳させたら，「人が誰かを訪問するときに持って行く贈り物は日本ほどアメリカではふつ

うではない」と訳した生徒がいたわ。
B先生：僕のクラスでも同じだったよ。ちゃんと構文がわかっていないんだな。第一 gifts が主語なら動詞は are になるのに is になっていることから Taking gifts が主語だと分かるはずなんだけど，どうしてそれが分からないのかな。（下線部①）うちの生徒はだめだなあ。
A先生：私はそうは思わないわ。もちろん，正しく理解できる方がいいに決まってるけど，うちの生徒たちがそういう解釈をしたのは第二言語学習者の典型的な文処理をした（下線部②）んだと思うわ。大切なのは，生徒がそんな間違いをなぜするのかを考え，そういう間違いを生徒がしないように，私たち教師が指導することだと思うわ。その指導を私たちはして来なかったんじゃないかしら。
B先生：何だか，今日は難しいことを言うね。
A先生：ところで先生が画家だとして，私が Please paint me without any clothes on. ってお願いしたらどうする？断る？それとも引き受ける？
B先生：僕なら断るね。裸で絵を描くなんて恥ずかしいよ。
A先生：さすがに先生はこの文を，典型的な英語母語話者と同じように処理するのね。でも，もう一つ解釈の仕方があるでしょ？
B先生：あっ，そうか。それなら引き受けるよ！
A先生：エッチ！

　ここでは，A先生とB先生の対話中下線部①②が意味していること（①については11.2.1を，②については11.2.2を参照）のほか，第二言語学習者が行う文処理の特徴を解説していくことにする。

　かつて Krashen（1985）は，現在の学習者の学力レベルを仮に i とすると，学習者への英語入力は $i+1$ という，それよりも若干だけ上回るレベルのものが適切であるというインプット仮説（input hypothesis）を提唱した。このことは，新たに学習すべき新情報が含まれていても，文の意味内容がすぐに理解できてはじめて，学習事項が習得できることを表している。言い換えれば，「処理」できてはじめて「習得」が可能になること，すなわち，「処理（processing）」が「習得（acquisition）」の前提条件になるということを示唆している。
　そうすると，日本人英語学習者も含めて，一般に第二言語学習者が，どのように文の処理を行うかを理解することは非常に重要である。ここではまず，この観点から，教材等を通じて提示される言語インプット（入力）を学習者

がどのような原則に従って理解しようとしているかについて考える。その上で，第一言語（母語）における文処理と比較しつつ，第二言語（外国語）では，統語処理の自動化が達成されていないために，音韻，語彙など他の処理から独立して働くことができないので，それぞれの処理が相互補完的な性質を持っているという観点から，「韻律依存的」，「語彙依存的」，「局所的」という 3 つの特質をとりあげて解説する。

11.2.1 インプット処理

現在でもしばしば引用される，Krashen（1985）によるインプット仮説は，インプットの質が学習者に言語習得のための認知活動を生じさせる原動力であることを，外国語教師に喚起させるものである。しかし，実際に学習者が教材（インプット）を理解する仕組みについて具体的には示されていない。この観点から，VanPatten（2004）は，第二言語学習がいかにしてインプット処理（input processing）を実行するかその特徴を明らかにしている。VanPatten によれば，第二言語学習者による言語インプットの処理には，次のような基本原則があるという。

表 1 主なインプット処理原則（VanPatten, 2004にもとづく）

Ⅰ．意味優先原則
1-1. 文の文法よりも語彙（内容語）に着目する
1-2. 意味の区別に関わる文法に着目する
1-3. 文の最初の単語から順番に理解する
Ⅱ．文頭名詞句主語化原則
2-1. 語順よりも単語の意味・語用論情報に着目
2-2. 主語化原則と意味優先原則が相反する状況では，意味情報を優先

原則 Ⅰ（意味優先）は，内容のわからない文の学習はできないことから，学習者にとって最も重要な原則である。教材の語彙・文法等のレベルは学習者の実態にあっているか，教室で使用しようとするタスクは学習者にとって適切なレベルなのか，など教師が教室に入る前にまず自問すべき原則である。また，原則 Ⅱ（文頭の名詞句を主語とみなす）は，学習者が持つ言語知識を文理解に活用するのにかなりの集中力と心的エネルギーが必要であることから生じる処理原則である。すなわち，文法知識の活用が十分に自動化していないために，文頭名詞句が主語になる確率が高いという情報を盲目的に適用してしまうことから生じる原則である。これも教師が事前に考慮しておくべ

き原則であろう。

　以上のように，第二言語における言語処理過程は，母語のように，完成された最終状態のシステム（final state system）ではなく，未発達の段階にある中間言語処理システム（inter-language processing system）である。従って，言語処理モデルとしては，一種の発達モデル（developmental model）である。このことをまず念頭において，その実践的ならびに理論的検討を行う必要がある。

11.2.2 第二言語処理の特徴

　第二言語処理は，母語での処理と比べると，語彙，統語，意味など一つ一つの処理モジュールが自動的（automatic），自律的（autonomous）に機能する状態には至っていない。言い換えれば，言語知識が無意識的な潜在知識（implicit knowledge：手続き知識とも言う）の域に達している母語とは異なり，非自動的，顕在的な宣言的知識にもとづく操作（explicit manipulation）の過程である。そうすると，そのぶん，各処理モジュールが，互いに補い合いつつ協力するといった態勢をとらないと，言語処理が進まないことも多い。日本人英語学習者の文処理過程や，ガーデンパス文（後述）の処理過程について検討した門田（2007b）で指摘した，処理のパラレル性（parallel processing）や相互依存性（interactive processing）も，各処理モジュールの自動性の欠如や意識的操作の結果であると考えられる。この言語処理のパラレル性や相互依存性は，第二言語処理の大きな特徴であると言ってよい。

　Clahsen & Felser（2006）は，特に第二言語学習者に共通した特徴として，次の点をあげている。

（1）各種言語情報の統合をオンラインで一気に実施することが困難である：

　言語情報には，単語レベルの情報，文を越えた談話レベルの情報，リズム・イントネーションなど韻律情報，文の統語構造に関する情報など，各種が混在している。文の意味を理解しようとするとき，これらの言語リソースの処理を，同時進行で実施し，即座に統合する必要がある。

　このようなオンライン上での統合操作は，各リソースの検索が自動化された母語話者にとっては，何ら大きな問題にならない。しかし，第二言語学習者にとっては，The man sent flowers was very pleased. のように，文頭から was に至るまで，sent が過去形か過去分詞形か決定できない，一時的に多義性を持つガーデンパス文（garden-path sentence）の処理において，文の意

味内容や背景知識など，統語以外の情報に頼りすぎて誤った理解をしてしまう（上例では，「男性が花を（別の誰かに）贈ってうれしく思っている」など）第二言語学習者が多いという。この例は，先のVanPattenの原則Ⅱ，特に2-1が関係するものである。英文を処理しつつも，各種モジュールの処理結果を即座に統合できるかどうかは，母語と第二言語処理を質的に（qualitatively）区別する重要な点である。

（2）自動性が確立していないために，言語処理操作が迅速になっていない：

第二言語処理のこの非自動的な状態については，既に指摘したが，Clahsen & Felser（2006）はさらに，第二言語学習者を対象に脳波の一種である事象関連電位（event-related potentials：ERPs）を採った研究を報告している。そこでは，母語話者にとっては，単語の意味が「おかしい，逸脱している」と感じた際に生じる，刺激提示から400ミリ秒後の負の電位（N400）が，第二言語学習者の場合，そのピークが母語話者より遅れると報告している。

（3）学習者の第二言語の文処理プロセスにそれぞれの母語の文処理プロセスの特徴が影響する：

文の構造解析（parsing）を実行する際に，母語のある種の文法特性が負の影響を与えるという研究もあれば，母語の干渉は見られないという研究もある。例えば，日本語には英語の関係詞に相当するものが存在しないために，関係詞を含む文の理解には日本人英語学習者は実はあまり困難を感じないという報告がある。

これまで，Clahsen & Felser（2006）をもとに第二言語における文処理の諸特徴について考察した。以下，一般によく指摘される次の3つの文処理特性について検討したい。

(1) 韻律依存性（prosody-driven processing）
(2) 語彙依存性（lexically-driven processing）
(3) ローカルな手がかりにもとづいた処理（processing based on local linguistic constraints）

11.2.3 韻律依存性

第一・第二言語における文処理を比較した研究では，第二言語学習者が，音の高低（ピッチ：pitch），強さ（ストレス：stress）など韻律（prosody）を手が

かりにして理解しようとする傾向があることを明らかにしている。例えば，Yoshikawa(2006)は，関係代名詞と疑問詞の両方の解釈が可能な wh- 文を素材に，'who' を強く・高く発音してアクセント (accent) を置くことで，その文の統語解析にどのような影響を与えるか検証している。
（例） I asked the pretty little girl who's cold.
聴覚提示文と，韻律要素が関係しない視覚提示文とを比較するという方法で，日本人英語学習者を対象に実験を実施している。その結果，

(1) コンピュータ画面に視覚的に提示し，黙読させた時には，who を関係詞と解析した場合と疑問詞と解析した場合とはほぼ同率で有意な差はみられない，
(2) who にアクセントを置いて発音した文を聞いた場合は，多くの日本人学習者が，who を関係詞ではなく，疑問詞だと解釈する傾向がある，

ことを発見した。文のピッチアクセントという韻律要素が，文構造の解析に，大きく影響することを示唆している。

ではなぜ，このように韻律に頼る傾向が強いのかについては，次の2点が指摘できる。

(1) 統語処理モジュールが自動的，自律的に機能しないため，意味，文脈処理など他のモジュールと相互依存しつつ，パラレルに文理解がすすむ。
(2) 韻律情報が，他の言語情報と比べて，特に「目立った (salient)」情報であり，学習者にとって直接利用しやすいものである。

ただ，第一言語においても，韻律情報は，(a) 統語処理モジュールによる文理解を補うものだとする立場と，(b) 統語処理モジュールが機能する前に，韻律モジュールの方が先に作動すると考える2つの立場が実はある。この (b) の立場からは，韻律に頼るという特性は，必ずしも第二言語処理だけに限られたものとは言えなくなる (Harley, 2001)。

11.2.4 語彙依存性

第二言語学習者がいかにして関係詞節接続 (relative clause attachment) を行うかについての研究が，この語彙依存性を示唆するデータを提供している。例えば，次の2文を提示し，関係詞 who の先行詞を見つけさせる実験がある (Felser, Roberts, Gross & Marinis, 2003)。

① Everyone liked *the actress of the servant* who was always smiling.
② Everyone liked *the actress with the servant* who was always smiling.

英語母語話者に対する実験では，①②のいずれの文も，2つめの名詞句 (the servant) を先行詞だと考える傾向がある（これを低位接続傾向（low attachment preference）という）。これに対し，第二言語学習者は，①では the actress, the servant のいずれの名詞句も同じ割合で先行詞だと考え，特定の接続傾向 (attachment preference) を示さない。しかし，②の文では2つめの名詞句（the servant）に対する接続傾向を示すことが明らかになっている。この理由として，英語母語話者は「遅い閉鎖（late closure）の原則」（門田，2007a：329）という解析規則（parsing rule）にもとづいて処理をすることが原因ではないかと考えられる。

　ここで，遅い閉鎖の原則とは，例えば John said Fred died yesterday. という文においては，yesterday は，said ではなく died という動詞を修飾していると解釈される現象を指す（Pickering, et al., 1999）。すなわち，できるだけ「最新の（遅い）」「現在処理中の（currently being processed）」の語句に関係づけるような形で，統語解析を行うという原則である。

　これに対し，第二言語学習者は，上記のような統語的な解析規則を利用していない。そこで"of"という前置詞（ケースマーカー：case marker）の場合には，先行詞を限定することはなく，どちらの解釈も可能になる。それを"with"に変更することで先行詞の選択を2つめの名詞句（the servant）に限定することが示されている。母語話者のように統語規則が自動的に適用できるようになる前に，単語の違いを意識しながら，語彙情報に依存した処理を行っていることを示すのではないかと考えられる。これも，第二言語学習者の場合には，統語処理が自動的・自律的ではなく，他の処理モジュールと相互依存的に実行されることがその一因であろう。

11.2.5　処理のローカル性

　上記と同様の関係詞 who の先行詞を見つけだす研究で，Dussias (2003) は，第二言語学習者による処理が局所的制約（local constraints）に依存していることを示すデータを得た。ここで，局所的制約とは，より近接したローカルな言語情報を利用する傾向をいう。

　（例）Peter fell in love with *the daughter*（NP$_1$）of *the psychologist*（NP$_2$）
　　　who studied in California.

実験に参加したのは，第二言語として英語を学ぶスペイン語母語話者であった。彼らの母語であるスペイン語で，上記の英文と同様の構造の文を作成し

て，実験した際には，NP₁の名詞句を先行詞とすることが多いことが分かった。しかしながら，学習対象言語である英語の関係詞節では，NP₁よりもNP₂の名詞句の方が先行詞だと解釈される傾向があり，接続傾向が第二言語では変化することを明らかにした。近接的な語句に関連づけようとするのは，Dussias によれば，第二言語処理の特徴の一つで，その方が処理が少しでも短い時間で完了し，必要な記憶負荷（memory load）も少なくて済むからではないかという。上述の語彙依存性とともに，第二言語学習者にみられる，興味ある特徴である。

11.2.6 まとめ

　第二言語処理において，統語処理・意味処理・語用論処理の各モジュールがどのような形で互いに関係しているかについての研究は，次の2つの点で重要である。
　(1) 第二言語学習者の文処理過程がどのようなものであるかに関するモデル化（modeling）に貢献すること。
　(2) 第二言語学習のために，インプットとして，いかなるレベルの素材をどのような形で提供するかという教材の選定と提示方法の検討に貢献すること。
　上記のうち，(1)との関係では，例えば，Stanovich (1980) は，相互補完モデル（interactive compensatory model）というリーディングの処理モデルを提案している（門田・野呂，2001；門田，2006a）。これは，互いに補完する形で語彙，統語，意味などの各モジュールが機能するというものである。第二言語学習者における文処理の相互作用性とも合致する部分が大きいモデルであり，今後の第二言語処理モデルの構築において大いに参考になると思われる。
　また，教室での実践との関連（上記(2)）では，学習者に語彙，統語，意味などのうち，どの言語知識を状況に応じて優先させて活用するかといった読解方略（ストラテジー：strategy）の指導において，一定の示唆を与えてくれるのではないかと思われる。

11.3 第二言語ワーキング・メモリモデルの特質

　会話や暗算をしたり，車を運転する時のように，私たちの日常生活における認知活動の多くは，必要な情報を頭の中に一時的に記憶しながら，情報処

理を進めていくことが要求されている。このような処理と保持の並列進行を支えるメカニズムをワーキング・メモリと呼ぶ（三宅・齊藤，2001）。

　この節のテーマであるワーキング・メモリは，私たちが文を読んだり聞いたりする際にも中心的な役割を果たす。まず，入力された言語情報は，ワーキング・メモリに取り込まれ，長期記憶中の既存の知識（語彙・統語知識等）との間で検索・照合が行われることで，ことばの意味を理解する。その中でも課題遂行に必要な情報は，ワーキング・メモリ上でしばらくの間保持され，次々に入力される情報との統合が行われることで，文章全体の理解に至る。また，このシステムには，厳しい容量制限が想定されているので（Just & Carpenter, 1992；Cowan, 2001），入力された言語情報をもとに，長期記憶からいかに迅速に検索・照合を行い，効率よく言語処理を行えるかが，文理解において重要な鍵となる。特に，言語処理が自動化していない第二言語を扱う際には，ワーキング・メモリにかかる負担が大きく，その運用能力が果たす役割は第一言語よりも大きいと考えられる（Geva & Ryan, 1993）。

　また，ワーキング・メモリと長期記憶は密接にリンクしており，上記のようにワーキング・メモリ上で処理が行われた情報は，ワーキング・メモリに備わっている内語反復機能を用いて長期記憶に転送される。音読やシャドーイングの役割の1つは，その内語反復機能を声に出して積極的に活用させることにある（門田，2007c）。

　この節では，このように言語処理・記憶に大きな役割を果たしているワーキング・メモリシステムについて論じる。具体的には，Baddeley（1986, 2000）の提案した第一言語におけるワーキング・メモリシステムを，神経心理学・脳神経科学・認知心理学の研究成果を踏まえて概観した後，日本人英語学習者の第二言語ワーキング・メモリシステムの特徴を検討する。

11.3.1　第一言語ワーキング・メモリシステムの特徴
（1）多層コンポーネントモデル

　Baddeley（1986）によると，ワーキング・メモリは，言語情報処理を行う音韻ループ，視空間情報の処理を担う視空間スケッチパッド，これらのサブシステムを統括する中央実行系から構成されているという。さらに，Baddeley（2000）のモデルでは，中央実行系により統合された異種情報を一時的に保持する機能をもつエピソード・バッファー（episodic buffer）がサブシステムとして付け加えられた（図4）。しかし，エピソード・バッファー

はまだ新しい概念で，神経基盤研究がまだ十分になされていないため，今回は検討の対象から除外する。

音韻ループは，リーディング・リスニングを行う際の中心舞台である。その構造は，音声情報を一時的に保持する音韻ストアと音声情報を能動的に反芻する構音リハーサル機構から成る。リスニングの際は，直接音韻ストアに音声情報が蓄えられる。リーディングの際には，文字情報は，心の中で操作可能な音声形式に変換され，構音リハーサル過程を経て音韻ストアに蓄えられる。そして，音韻ストア内の情報を基に，長期記憶との照合が行われ，語彙・統語・意味処理が行われる。また，視空間スケッチパッドは，視覚・空間イメージ等，言語化できない情報を一時的に保持する視覚キャッシュと，そのイメージ情報を能動的に反芻するインナースクライブから成る。一方，中央実行系とは，現在行っている活動を監視する全体統括システムである。具体的な機能としては，1）当面の課題遂行にあたり，課題解決までの方略を考えるプラニング機能，2）その方略が，残存するワーキング・メモリ容量の中で最もよい方略なのかどうかを自身で認識する自己モニター機能，3）当面の課題遂行中に，ワーキング・メモリ上の不必要な情報を消去して，新たな内容に切り替える更新機能，などがある（Smith & Jonides, 1999；Miyake, et al., 2000)。

近年の脳神経科学研究の進展に伴い，ワーキング・メモリの神経基盤を明らかにする研究が，従来の認知心理学研究からだけではなく，神経心理学やブレイン・イメージング研究の面からも盛んに行われている（藤井，2000）。以下では，最近の認知神経科学の成果に基づく研究成果から，特にワーキング・メモリの脳内責任領域と，それぞれの構成要素間の関連を取り扱った研

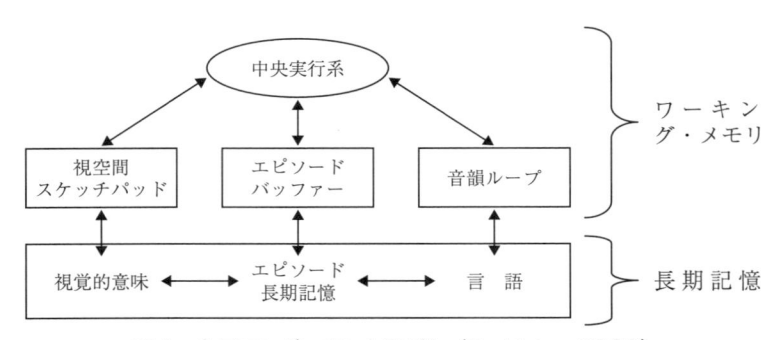

図4　多層コンポーネントモデル（Baddeley, 2000）

究を紹介する。
(2) サブシステムにおける領域固有性
　認知心理学の分野では，Baddeley のモデルが示唆しているように，音韻ループと視空間スケッチパッドの領域固有性が支持されている。Shah & Miyake（1996）は，言語性ワーキング・メモリ容量を測定するリーディング・スパンテスト（Reading Span Test：RST）・空間性ワーキング・メモリ容量を測定する視空間スパンテスト（Spatial Span Test：SST）という2種類のスパンテストを行った。さらに読解課題・視空間課題を行い，その課題成績と2種類のスパンテスト得点との相関係数を求めた。その結果，SST 得点は視空間課題成績と，RST 得点は読解課題成績とのみ有意な相関が観察された。この結果は，言語と空間を扱うワーキング・メモリが別々の領域に存在していることを示唆している。

　また，神経心理学研究からも，音韻ループと視空間スケッチパッドは，脳内の別領域で作動していることが支持されている（相馬，1997；DeRenzi & Nichelli, 1975）。さらに，ブレイン・イメージング研究でも，音韻ループは左半球言語野に関連した領域が責任領域であるのに対して，視空間スケッチパッドは大脳の右半球に局在していることが明らかにされている（Fujii, 1998）。

(3) 中央実行系における領域固有性
　認知心理学の立場から，中央実行系と空間性ワーキング・メモリとの関連性を示した研究として，Miyake, et al.（2001）の研究が挙げられる。彼らは，中央実行系のプラニング機能・更新機能を測る課題と，空間性ワーキング・メモリ容量を測る課題を課し，相関係数を求めたところ，両者の成績の間には有意な相関が見られた。一方，中央実行系と言語性ワーキング・メモリとの関連を示した研究に，Kane, et al.（2004）の研究がある。彼らは，中央実行系のプラニング機能を測定する課題と RST を課し，成績間の相関係数を求めたところ，有意な値が得られた（Johnson, et al., 2003）。

　このように，中央実行系課題成績は，言語性ワーキング・メモリ課題成績とも，空間性ワーキング・メモリ課題成績とも，有意な相関値を示した。このことは，遂行中の課題が扱う情報の種類（言語・空間）に関わらず，中央実行系の統括機能が発揮されていることを示唆している。

　また，ブレイン・イメージング研究から，中央実行系の神経基盤は，前頭前野背外側部（dorsolateral prefrontal cortex；DLPFC）や前部帯状回

(anterior-cingulate cortex：ACC) に局在していることが示されている (Smith & Jonides, 1997；苧阪, 2002)。

(4) 第一言語ワーキング・メモリシステムのまとめ

認知心理学，神経心理学やブレイン・イメージング研究から，Baddeley による多層コンポーネントモデルで示された枠組みが支持された。つまり，第一言語ワーキング・メモリシステムとは，脳内責任領域の乖離した音韻ループ・視空間スケッチパッドそれぞれに対して，中央実行系が一定の制御機能を果たしているシステムであることが示された。

11.3.2 日本人英語学習者を対象にした心理言語実験
(1) 研究方法

ここでは，日本人英語学習者の第二言語ワーキング・メモリシステムの構成を明らかにするために行った実証研究を報告する。

Nakanishi (2006) は，日本人英語学習者（大学生・院生）46名を対象に，リーディング・スパンテスト（Reading Span Test：RST）・リスニング・スパンテスト（Listening Span Test：LST）・視空間スパンテスト（Spatial Span Test：SST）・N-back 課題（N-back Task）・ハノイの塔（Tower of Hanoi）を実施した。

言語性ワーキング・メモリ課題である RST・LST は Daneman & Carpenter (1980) を L2学習者用に改良したもので（図9参照），言語情報の処理と保持の効率性を測るテストである。空間性ワーキング・メモリ課題である SST は，Shah & Miyake (1996) で使用されたものを参考にしたもので，視覚・空間イメージ情報の処理と保持の効率性を測るテストである。RST・LST・SST は心理実験用提示ソフト（SuperLab Pro）が搭載されたパソコン上で行われた。

中央実行系課題である N-back 課題とは，更新機能を測定する課題として一般的に用いられている。次々にコンピュータ上に提示されるアルファベットが N (1-4) 個以前に提示されたアルファベットと一致しているか否かの反応を求める課題である。1-back 条件から始まり，4-back 条件まで行う。図5は2-back 条件の例である。条件名が提示された後に，＋（注視点）のマークが1秒間提示され，アルファベットが2.5秒間提示される。被験者は，アルファベット提示時間中に，2つ前に提示されたアルファベットと一致していれば B を，一致していなければ N を，できるだけ速く正確に押すことが

求められる。この課題を行うには，一旦ワーキング・メモリ上に保持した内容を次々と消して新しくする（更新する）ことが必要である。実験は，SuperLab Pro が搭載されたコンピュータ上で行われ，エラー数と反応時間が測定された。

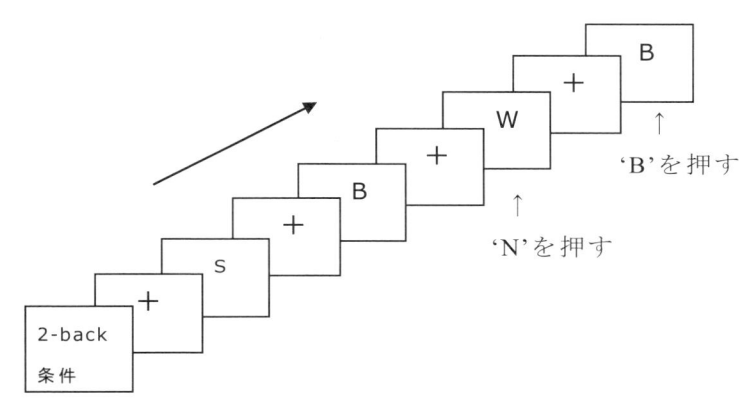

図5　N-back 課題（2-back 条件）

　ハノイの塔課題とは，実行系機能の中でもプラニング機能を測る課題とされている。図6は，実際の実験提示画面例である。コンピュータ画面上に3本の棒に通された輪が提示され（スタート位置），一方，画面別枠に最終的な目標位置が提示される（ゴール位置）。被験者は，小さい輪の上に大きな輪を載せてはいけないというルールのもと，できるだけ速く，少ない回数で目標の位置まで輪を動かすことが求められる。この課題を行うには，心の中で，最短の回数でゴールにたどり着くように計画（プラニング）することが必要である。実験は，コンピュータ上で行われ，ゴールまでに輪を動かした

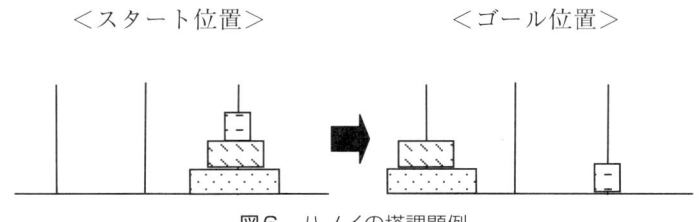

図6　ハノイの塔課題例

回数と所要時間が測定された。

これら5つの課題成績間の相関係数（抜粋）を表2に示す。

表2　課題間の相関係数

	RST	LST	SST	N-back エラー	ハノイ回数
RST	1.00	**0.69	0.08	0.06	-0.12
LST		1.00	0.15	0.12	-0.06
SST			1.00	*-0.49	*-0.35
N-back エラー				1.00	*0.36
ハノイ回数					1.00

*p (46) < .05　**p (46) < .01

(2) 結果・考察

言語性ワーキング・メモリ課題であるRST・LST成績間には有意な相関が見られたが，RST成績と空間性ワーキング・メモリ課題であるSST成績の間に有意な相関は見られなかった。この結果は，L1先行研究と一致し，言語と空間を扱うワーキング・メモリの領域が異なることを示唆している。

言語性ワーキング・メモリ課題であるRST・LST成績と中央実行系課題（N-backエラー数・ハノイの塔移動回数）成績の間に有意な相関が見られなかったのに対して，空間性ワーキング・メモリ課題であるSST成績と中央実行系課題成績の間には有意な相関が見られた。これは，先に記したL1先行研究（p.335参照）と異なる結果となった（表3）。

この結果は，L2ワーキング・メモリでは，中央実行系が空間処理課題遂行時においては，一定の制御機能を発揮できるのに対して，言語処理課題遂行時においては，十分なコントロール機能を発揮できない状態にあることを示唆している。

表3　L1先行研究とL2研究の相関分析結果（○相関あり；×相関なし）

L1	言語性課題	空間性課題	実行系課題
RST	○	×	○
SST	×	○	○
L2	言語性課題	空間性課題	実行系課題
RST	○	×	×
SST	×	○	○

(3) 研究から示唆されること

　図7では，今回の結果を基にして，L2ワーキング・メモリモデルをL1ワーキング・メモリモデルと対比させる形で提示している。L1ワーキング・メモリシステムでは，中央実行系と音韻ループ・視空間スケッチパッドともに結びつきが強いモデルが提唱されている。一方，L2ワーキング・メモリシステムは，中央実行系と音韻ループとのリンクが視空間スケッチパッドとのリンクに比べて弱いと考えられる。言い換えると，日本人英語学習者は，空間・イメージ処理など非言語的活動をしている際には，中央実行系機能を働かせることができるが，英語のリーディング・リスニングなどの言語活動の際には，空間・イメージ処理をしているときほど十分に実行系機能を働かせることができないと推測される。

　この原因として，第二言語においては，学習者が言語処理に埋没して，限りあるワーキング・メモリ資源を著しく消費してしまうため，中央実行系の制御機能を受け付けにくい状況にあることが推測される。つまり，日本人英語学習者は，音声知覚や単語認知といったリスニング・リーディングにおける低次処理過程が自動化しておらず，音韻ループ上での第二言語処理が認知資源を大量に必要とする負荷の高い操作となっている。そのため，彼らは，英語の文章を理解する際，読解方略を立てたり（プラニング），その方略を見直したり（自己モニター），ワーキング・メモリ上の不要な情報を消去し，最新の情報に置き換えたり（更新）といった，文章全体の内容を理解する際に必要な中央実行系機能を働かせにくい状態にあると考えられる。

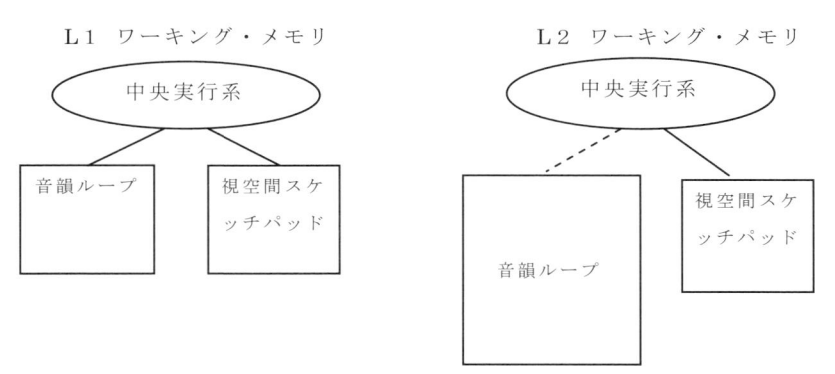

図7　L1ワーキング・メモリとL2ワーキング・メモリの特徴
（実線はリンクが強いこと，破線はリンクが弱いことを示し，サブシステムの図形の大きさは，処理負荷の大きさを示す）

なお，L2ワーキング・メモリモデルは，発達段階モデルであり，音韻ループにおける言語処理の自動化が進むにつれて，L1ワーキング・メモリモデルに近づくと考えられる。そのために英語教育では，この本で提案されてきた音読・シャドーイングのトレーニングを中心に据えた授業を行うことが求められる。音読・シャドーイングの目的の1つは，言語処理における下位プロセス（音声知覚・音韻符号化・単語認知）にかかる負荷を軽減させ，その自動化を促進させることにあるからである（門田，2007c）。

11.3.3 まとめ

この節では，日本人英語学習者における実証研究を基にL2ワーキング・メモリシステムのモデル化を，L1ワーキング・メモリシステムと対比させる形で行った。次の節では，L2ワーキング・メモリの個人差という観点からワーキング・メモリが様々な文処理に与える影響について検討していく。

11.4 ワーキング・メモリスパンと文処理

11.3で述べたようにワーキング・メモリとは，処理と保持の並列処理を可能にする認知システムであり，厳しい容量制限が想定されている（Just & Carpenter, 1992；Cowan, 2001）。この限られた認知資源を処理と保持にバランスよく割り振ることで言語理解を行っている。ただし，11.3で述べたように，処理内容が外国語の場合は，言語処理自体に多くの認知資源がとられてしまうため，たちまちこのバランスが崩れてしまう。11.4.1では，音読（もしくは黙読）時における処理と保持の効率性（ワーキング・メモリ容量）を測定する課題であるRSTを紹介する。この課題は，音読によりワーキング・メモリ資源が消費された状況下での記憶スパンを測定するものである。つまり，音読にかかる処理コストが小さくて済む被験者ほど，記憶に認知資源を配分できるため，ワーキング・メモリスパンが大きいとみなされる。従って，音読の成否がテスト点数を左右する課題であるといえる。このリーディング・スパンと各種構文処理との関わりについて，第一言語・第二言語の研究成果を11.4.3以降で紹介する。

11.4.1 ワーキング・メモリ容量測定法

言語におけるワーキング・メモリ容量を測定する方法としてDaneman & Carpenter（1980）が開発したRSTが一般的に用いられている。以下，RST

の実施方法を述べ、このテストを第二言語学習者に用いる際の注意点に関して議論する。

(1) 第一言語における RST

被験者は、図8のように各カードに印刷された短文が次々と提示されると、その文を音読するように指示される。その際、被験者は音読しながら、文末単語を心の中で覚えておくように求められる。つまり、被験者は、音読（文処理）によりワーキング・メモリが削減された状況の中で、文末単語の記憶（保持）をしなければならない。2つの文を音読し2つの文末単語を記憶する2文条件から、5つの文を音読し5つの文末単語を記憶する5文条件まで5セットずつ用意されている。例えば、3文条件では、各カードに印刷された文を提示順に3文音読した後、白紙のカードが提示される（図8）。そこで、被験者は3つの文末単語（図8の例では、murder, anything, dealer）を解答用紙に記述することが求められる。

それぞれの文条件で、5セット中3セットをクリアすると、次の文条件に昇順で進んでいき、3セット失敗するまで行われる。3セットクリアできた最大の文の数が、そのまま被験者の得点となる。例えば、2文条件を3セットクリアできると、得点は2.0となる。ただし、続く上位の文条件で2セットだけクリアできた場合は、0.5点が加算される。つまり、2文条件で3セットクリアできたが、3文条件で2セットしかクリアできなかった場合は、2.5点となる。この評価法以外にも、2～5文条件全試行を行い、文末単語の総再生数を得点にするという方法もある（齊藤・三宅、2000）。

また、実施方法において、文を音読ではなく黙読する方法や（Daneman & Carpenter, 1980）、カードを使用せず、コンピュータを使って提示する方法もある（齊藤・三宅、2000）。

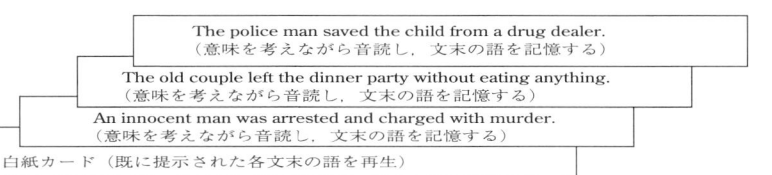

```
The police man saved the child from a drug dealer.
  （意味を考えながら音読し、文末の語を記憶する）
The old couple left the dinner party without eating anything.
  （意味を考えながら音読し、文末の語を記憶する）
An innocent man was arrested and charged with murder.
  （意味を考えながら音読し、文末の語を記憶する）
白紙カード（既に提示された各文末の語を再生）
```

図8 リーディング・スパンテストの実施例：3文条件問題（1）の場合
（門田、2007：141にもとづく）

(2) 第二言語における RST

　上記（1）で述べた RST は，英語母語話者用に作成されたものであるが，門田（2007）はこのテストをそのまま第二言語学習者に用いる場合に生じる問題点を指摘している。英語母語話者であれば，音読が自動化されている分，音読により文処理（語彙・統語・意味処理等）も生じると考えられる。その結果，RST は，被験者の文処理と文末語の記憶の運用効率を測定することができる。しかし，第二言語学習者の場合，音読が自動化されておらず，認知負荷の高いものであるため，必ずしも文処理が伴うとは限らない。さらに，RST の得点は，文末語の再生率を基にしているため，音読自体に多くの認知負荷がかかる第二言語学習者は，文末語を記憶するために認知資源を残そうと，文の統語構造や意味内容等に目を向けない読み方に終始することも考えられる。これでは，文処理と保持の運用効率を測る本来の RST の目的から外れてしまう。

　そこで，第二言語におけるワーキング・メモリ容量を測定する方法として，英文提示後に文法性判断課題や，英文の意味内容に関する正誤判断課題を行い，文処理そのものに注意を向けさせる工夫がなされている（Sakuma & Ushiro, 2001；Nakanishi, 2005）。

　中でも，Nakanishi（2005）は，RST 実施面での改善を施し，英文提示後に日本語による内容真偽課題を課している。また，RST を SuperLab Pro という心理実験ソフトを搭載したコンピュータを用いて実施することで，各英文の読み時間（wpm）を測定できるようにしている。

　以下に，第二言語学習者用の RST 実施方法を紹介する。まず，条件名（2〜5文条件）がコンピュータ画面上に提示される。スペースキーを押すと，注視点が1秒間現れ，英文が提示される。被験者は，できるだけ速く黙読し，文末単語を覚え，スペースキーを押すように指示される。その後，内容真偽課題が提示され，先ほどの英文の内容と一致していればBを，一致していなければNをできるだけ速く押すように求められる。

　図9は，2文条件の例である。被験者は，注視点→英文の黙読→内容真偽課題の順で，2回行った後，文末単語を解答用紙に再生するように求められる。2文条件から始まり，5文条件まで昇順で3セットずつ行われる。

　以上は，実施面での改良点であったが，得点法の改良点として，Nakanishi（2005）は，従来の文末語の再生率を得点とする再生得点（recall score）に代わる新たな指標を提案した。文末単語の再生率と内容真偽課題

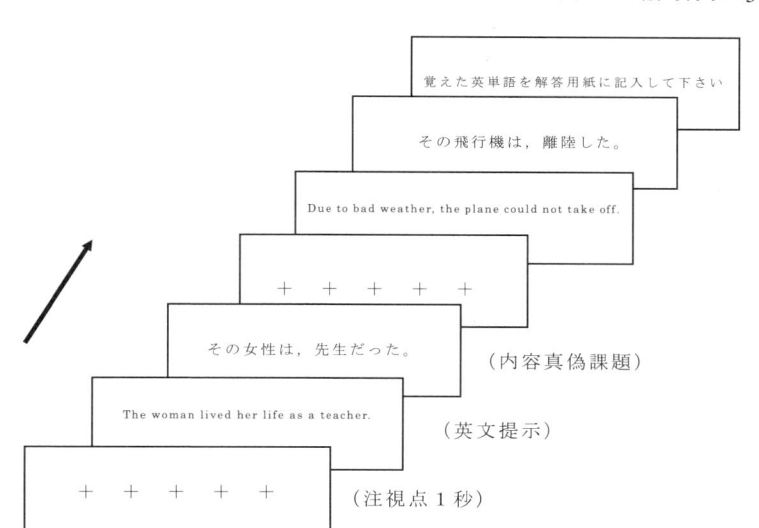

図9 L2版RSTの実施例：2文条件

正解率を考慮したエラーフリー得点（error-free score）と，さらに読み時間を考慮した処理効率得点（processing efficiency score）である。これらの公式を表4に示す。

表4 L2用リーディング・スパン得点の種類

再生得点	＝文末単語再生率
エラーフリー得点	＝文末単語再生率×内容真偽課題正解率
処理効率得点	＝文末単語再生率×内容真偽課題正解率×読み時間

Nakanishi（2005）では，日本人英語学習者の大学生30名に言語理解テスト（リーディングテスト・リスニングテスト）を行い，表4に挙げた3種類のリーディング・スパン得点との相関係数を求めた。リーディングテストは物語を読んだ後，その物語を参照せずに32問の内容真偽問題に答えるというものであった。一方，リスニングテストは，物語を聞いた後，32問の内容真偽問題に答えるというものであった。リーディング・リスニングテストに用いた物語の文字数・難易度は，ほぼ同一であった。リーディング・リスニング成績と3種類のリーディング・スパン得点との相関値は，再生得点，エ

ラーフリー得点,処理効率得点の順で高くなった(表5)。この結果は,処理効率得点が言語理解力を反映する上で,より妥当性の高い指標であることを示唆している。

表5 リーディング・スパン得点と言語理解テスト成績との相関

RST＼言語理解テスト	リーディングテスト得点	リスニングテスト得点
再生得点	**0.47	0.17
エラーフリー得点	**0.53	*0.38
処理効率得点	**0.65	**0.64

$^*p<.05$, $^{**}p<.01$

11.4.2 第一言語ワーキング・メモリ容量と文処理との関連

RSTの開発以降,ワーキング・メモリ容量と第一言語における読みとの関連を探る研究が盛んに行われ,ワーキング・メモリが言語処理に大きな役割を果たしていることが示されてきた。

(1) 第一言語ワーキング・メモリ容量と読解力

Daneman & Carpenter (1980) は,ワーキング・メモリ効率性を測るRSTと,保持記憶のみを測る単語スパンテストの2種類のスパン得点と読解(VSAT)成績との相関係数を調べた。その結果,リーディング・スパン得点との間には高い相関が見られたものの (r=.59),単語スパン得点との間での相関は低く,統計的に有意な値が見られなかった (r=.35)。さらに,RSTの聴覚提示版であるLST得点と読解テスト成績との間にも有意な相関が見られた (r=.53)。その後の研究からも,リーディング・スパン得点,リスニング・スパン得点は単語スパン得点よりも読解成績を高い精度で測定できることが報告されている (Daneman & Merikle, 1996)。

(2) 第一言語ワーキング・メモリ容量が様々な文処理に与える影響

RST成績と読解力との関連を扱った研究では,相関分析にとどまらず,リーディング・スパン成績により被験者を群分けし,ワーキング・メモリ容量の個人差が文処理に及ぼす影響について,様々なタイプの文を用いて検討されている。

以下にガーデンパス文とワーキング・メモリの個人差との関連を調査した第一言語先行研究を紹介する。ガーデンパス文とは,The specialist requested in the hospital was good for the patients. のような縮約関係節を含む文のことである。このような文を理解する際，The specialist requested を主語＋動詞として文解析を行うと，その後 was という動詞が現われ，requested を過去分詞として再分析する必要が出てくる。このように，ガーデンパス文を処理するには，一旦組み立てた統語構造を破棄し，再構築を行わなければならない。しかし，主語の名詞句を the hospital という無生名詞に代えると（無生名詞・縮約関係節），その意味情報は，文処理過程の中でリアルタイムに利用される傾向にあることが知られている（横川，2003）。つまり，the hospital が持つ意味性質が利用され，requested の主語とならないことを判断し，最初から過去分詞形として統語解析が行われるため，無生名詞・縮約関係節文は，ガーデンパス現象に陥りにくくなる。

　Just & Carpenter（1992）は，リーディング・スパン成績に応じて被験者を高・低スパン群に分け，以下のようなガーデンパス文を含む4種類の文の読み時間との関連を調べた。

a）有生名詞・縮約関係節

　The defendant examined by the lawyer shocked the jury.

b）有生名詞・関係節

　The defendant that was examined by the lawyer shocked the jury.

c）無生名詞・縮約関係節

　The evidence examined by the lawyer shocked the jury.

d）無生名詞・関係節

　The evidence that was examined by the lawyer shocked the jury.

　これらの実験文の読み時間は，眼球運動により測定された。実験文の読み時間とリーディング・スパン成績との関係を調べたところ，先行詞の有生性とリーディング・スパン群との間には交互作用が見られた（$F(1,66) = 5.36$, $p < .25$）。この結果は，高スパン群のみが先行詞の持つ意味的手がかりを利用してガーデンパス現象を回避し，読み時間を短縮させたことを示している。

　ガーデンパス文の他にも，Filler-gap 文や曖昧語を含む文等，様々なタイプの文処理にワーキング・メモリ容量の個人差が及ぼす影響について研究がなされている（Fiebach, et al., 2002；Miyake, et al, 1994）。

11.4.3 第二言語ワーキング・メモリ容量と文処理との関連

　第二言語読解の際にも，第一言語読解の際と同様，ワーキング・メモリは

重要な役割を果たすと考えられる。また，第二言語読解は第一言語読解よりも語彙処理や統語解析のような低次処理が自動化されていない。そのため，低次処理に認知資源を多く消費してしまい，命題形成や推論のような高次処理に認知資源を回すことができなくなる。その結果，外国語副作用（例えば，外国語で講演を聴く際，言語処理に多くの認知資源がとられ，内容を記憶できず，それを素材に反論などを考えることが同時進行でできなくなる現象）が起こると考えられる（高野，2002）。つまり，ワーキング・メモリ運用能力が果たす役割は，第二言語のほうが第一言語よりも大きいと考えられる（Geva & Ryan, 1993；Miyake & Friedman, 1998）。

(1) 第二言語ワーキング・メモリ容量と読解力

　第二言語ワーキング・メモリは，文字認知，語彙処理などの下位処理プロセスにも，推論などの上位処理プロセスにも関与していることが第二言語先行研究により示されている。

　Kato (2003) は，日本人英語学習者を対象に，低次レベルの言語処理とワーキング・メモリ容量との関係を調査した。非単語のペア（例 taidge-dgait）を被験者に提示し，実在の綴り字と似ている方を選択させるという正書法処理課題を行い，その課題成績とリーディング・スパン得点との間の相関係数を求めた。その結果，両者の間には有意な相関値が見られた。この結果は，効率の良い正書法処理により，ワーキング・メモリにかかる処理負荷が低減されることを示している。

　また，Yoshida (2003) は，日本人英語学習者を対象に，高次レベルの言語処理とワーキング・メモリ容量との関連を調査した。2つの物語に対して，読解中の思考プロセスをそのまま口述させるという発話プロトコル法を用いて，推論生成の合計数を測定した。その推論合計数とリーディング・スパン得点との相関係数を求めたところ，両者の間に強い相関がみられた（r=.66）。このことから，ワーキング・メモリ容量は推論生成に大きな影響を及ぼすことが示された。

(2) 第二言語ワーキング・メモリ容量と様々な文処理との関連

　ワーキング・メモリ容量と読解成績の間に関連があることは，第一言語・第二言語ともに，相関分析を用いた研究から数多く行われてきた（Daneman & Merikle, 1996；Harrington & Sawyer, 1992）。11.4.2で紹介した第一言語先行研究のように，第二言語学習者のワーキング・メモリ容量の個人差により，ガーデンパス文やFiller-gap文といった各種構文を処理する際，処理様式に

違いが出るのであろうか。Nakanishi（2007）では，日本人英語学習者を対象に，ガーデンパス文を用いて次のような調査を行った。

（3）第二言語ワーキング・メモリ容量とガーデンパス文処理との関連

Nakanishi（2007）では，日本人大学生・院生60名を対象に，L2ワーキング・メモリ容量の個人差がガーデンパス文処理に与える影響に関して調査を行った。実験文として，L1先行研究のJust & Carpenter（1992）に倣い，以下のような4種類の実験文を用意した。

a）有生名詞・縮約関係節

The woman paid after the end of the month had worried the man.

b）有生名詞・関係節

The woman that was paid after the end of the month had worried the man.

c）無生名詞・縮約関係節

The bill paid after the end of the month had worried the man.

d）無生名詞・関係節

The bill that was paid after the end of the month had worried the man.

実験は，SuperLab proを用いて，被験者ペースによる読み課題が行われた。コンピュータ画面上に注視点（+ + +）が1秒間現れた後，その位置に語が提示される。再びスペースキーを押すと，次の語が現れる。被験者には，できるだけ速く正確に黙読するように指示した。各実験文の後には日本語による内容真偽課題が提示され，先に読んだ英文と一致していればBを，一致していなければNをできるだけ速く押すように求められた。読み時間・解答時間・正解率が測定された。また，11.4.1（2）で紹介した第二言語学習者用のRSTを実施し，処理効率得点を求めた。被験者はリーディング・スパン得点に応じてワーキング・メモリ大群・小群に分けられ，実験文の処理成績との関連が調べられた。その結果，（1）ガーデンパス文は，他のタイプの文よりも処理困難度が高いこと，（2）ワーキング・メモリ大群・小群ともに，文頭の無生名詞によりガーデンパス文の処理困難度が低下すること，（3）ワーキング・メモリ大群は小群よりも読みの効率がよいこと，等が分かった。さらに，主節の動詞以降（例：had worried the man）の読み時間をワーキング・メモリ容量別に比較したところ，（4）ワーキング・メモリ大群・小群ともにガーデンパス文の主節動詞句の先頭位置（had）で，他の箇所よりも有意に読み時間がかかった。

これらの結果から，ガーデンパス文は日本人英語学習者にとっても，ワー

キング・メモリに負荷のかかる文構造であることが示された。特に，主節動詞句の先頭位置で処理困難度が増大しており，統語構造の再構築が行われていることが推測される。

　また，Just & Carpenter（1992）の先行研究では，高スパン群のみが名詞句の意味情報を利用し，ガーデンパス化を低減させたが，今回の日本人英語学習者を対象にした実験の結果からは，高スパン群・低スパン群ともに名詞句の意味情報を利用して文処理を行う傾向が見られた。これは，日本人英語学習者は，統語処理が自動化していない分，意味情報等，各種情報を利用しながら統語処理を行う傾向が強いためではないかと考えられる（VanPatten, 2004）。

11.4.4 まとめ

　本節では，日本人英語学習者向けのRSTの実施方法・スコア測定法を提案し，処理効率得点がリーディングやリスニング理解力を反映する上で，より精度の高い指標であることを示した。また，その処理効率得点に応じて，被験者をワーキング・メモリ大群・小群に分類したところ，ワーキング・メモリ大・小群ともに統語解析は，意味情報を利用しながら進められるという共通した傾向がみられた。また，ワーキング・メモリ大群は小群よりもガーデンパス文を効率的に処理することが明らかになった。この結果は，RSTにおける音読をいかに速く正確に行えるか，言い換えれば，音読にかかるワーキング・メモリコストをいかに低減できるかが，ガーデンパス文のような統語的に複雑な文においても効率的に対処できる鍵になることを示している（上記実験ではRSTを黙読で行っているが，音読で行った実験でも，ワーキング・メモリ容量の高い被験者の方が前置詞付加構文のような統語的に複雑な文を効率良く処理し，英語習熟度も高いことが示されている（Nakanishi, 2012a；2012b；Nakanishi & Yokokawa, 2011））。

11.5 シャドーイング・音読の効果にはどのようなものがあるか？

　本節では，まず門田（2007c）で仮定した，シャドーイング・音読の持つ2つの効用について概説する。その上で，特にシャドーイングについて，第二言語におけるこれまでの実証研究にもとづいて，どのような効果がみられるかその成果をまとめて報告する。さらに，第二言語処理の「自動性」がどのような心的状態を指すのかをふまえた上で，シャドーイング・音読のト

レーニングを，近年盛んにとりあげられる多聴・多読と併用した際に，いかなる効果が期待できるか考察する。

11.5.1 シャドーイング・音読の2つの効用

門田（2007c）は，シャドーイング・音読には，次の図10のような2つの効用があると仮定した。

(1) 耳からの音声インプットをもとに，または眼からの視覚インプットをもとに，その言語インプットの音韻表象（phonological representation）をたやすく頭の中につくりあげることができる。
(2) 学習者のL2の発話（調音）速度を向上させることができ，それに伴い音韻ループ内のサブボーカル・リハーサル（内語反復：subvocal rehearsal）の高速化が達成できる。その結果，英語の語彙・構文などを全体としてまるごと記憶・内在化しやすくなる。

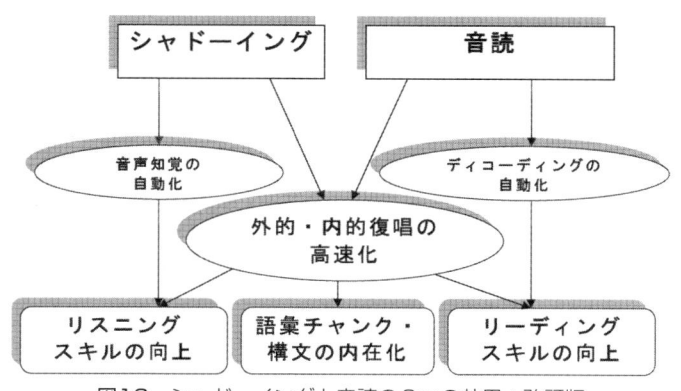

図10　シャドーイングと音読の2つの効用：改訂版

これらのうち，(1) について補足すると，シャドーイングは音声インプットにもとづいて，音読は文字インプットにもとづいて，それぞれどのような発音であるかを知覚し，その後それを声に出して発音するタスクである。ともに，繰り返し練習することで，苦もなくできる「自動性（automaticity）」を獲得することができるようになる。これは，話しことばや書きことばの意味の理解に至る前段階のボトムアップ的な音声知覚およびディコーディング（文字の音韻化）を自動的な状態にすることを意味している。

このような「ボトムアップ過程の自動化」は，シャドーイング・音読だけ

でなく，多聴・多読にも共通してみられる特徴である。ともに，「知っていること（＝正確な知識を持つこと：accuracy）」から，「できること（＝流暢に処理できること：fluency）」へという近年の第二言語学習の要（かなめ）とも言うべきコンセプトを実践する方法であると言えよう（序章参照）。

11.5.2 教室での実証研究からわかったこと

　音声・音韻表象形成の自動化により，ボトムアップ過程がたやすく実行できるようになると，どのような効果が期待できるのであろうか。門田（2007c）は，シャドーイング訓練の結果，リスニング能力の向上に至るプロセスを図11のように仮定した。すなわち，まず復唱能力が鍛えられる。シャドーイング自体が復唱，すなわち繰り返しのトレーニングで，これはいわば当然の結果であると言える。そうするとそれにつれて，今度は学習者の英文の調音スピードが向上する。そして，これらが，実はリスニング能力を向上させるための前提条件になるというのである。

シャドーイング訓練
↓
復唱能力の発達
↓
調音速度の高速化
↓
リスニング能力の向上

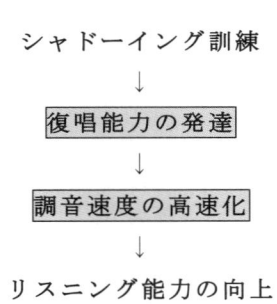

図11　シャドーイングトレーニングがいかにしてリスニング能力と結びつくか
　　（門田，2007c：207にもとづき一部改変）

　Hori（2008）は，15歳から18歳までの日本人英語学習者43名を，(a)トリートメント群26人と，(b)コントロール群17人に分割し，(a)群のみに，放課後1ヶ月間週2回計7時間にわたって，ひとつのテキストにつき計15回繰り返しシャドーイングさせる縦断的研究を実施した（使用テキストは門田・玉井（2004）など）。トレーニングの前後の，①プリテスト（pre），②ポストテスト（post），③トレーニング終了1ヶ月後のポストテスト（delayed）という3つを比較した。その結果，次の2点が分かった。
　①シャドーイング・トレーニングの対象ではない英単語列および英文テキ

第 11 章 音読・シャドーイングを支える理論的背景 *351*

ストの音読において,その調音速度(音節数／秒)が上昇すること。
②一部の音調群(tone units)ではあるがそれらのピッチ幅(最高と最低の基本周波数(F0)の差:Hz)が,トリートメント群の方がコントロール群よりも,有意に上回ること。

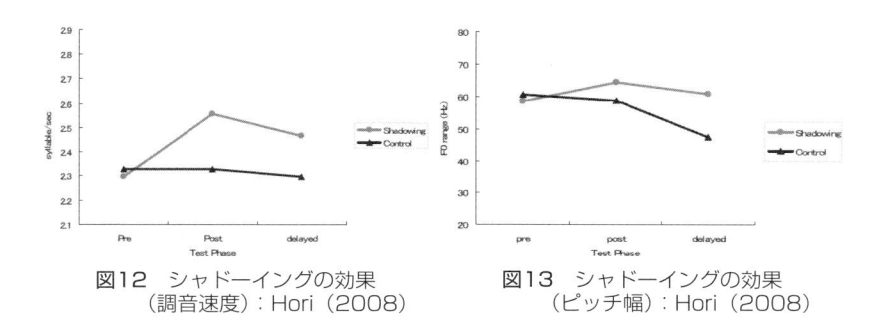

図12 シャドーイングの効果（調音速度）：Hori（2008）

図13 シャドーイングの効果（ピッチ幅）：Hori（2008）

さらに,Hori(2008)は,トリートメント群の26人に,英文テキスト(40-70語)を15回繰り返しシャドーイングさせ,1st, 5th, 10th, 15th のデータを横断的に比較検討した。結果は,次の通りである。

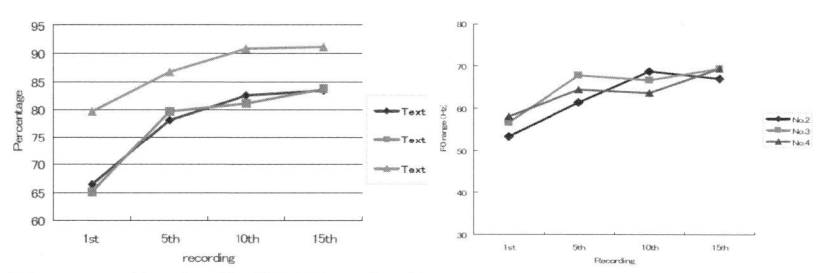

図14 シャドーイングの繰り返しによる効果（正しくシャドーイングした音節の割合）：Hori（2008）

図15 シャドーイングの繰り返しによる効果（Tone Group2, 3, 4におけるF0幅）：Hori（2008）

①正しくシャドーイングできた音節の割合については,どのテキストでも,1st, 5th, 10th のシャドーイング間には有意な差があるが,10th と 15th の間には有意差は認められない。
②1st シャドーイングから5th シャドーイング位まで,F0幅が広くなる傾向があるが,それ以降は変化しない。

以上の結果は，次の点を示唆している。

　①シャドーイングの精度は，5〜10回目まで向上するが，それ以降頭打ちになる。

　②ピッチ幅については，5回目位でその後広がる傾向は見られなくなる。

Hori（2008）は，また，強母音と弱母音の長さ（duration）の比率を分析して，強弱リズムの習得に，シャドーイング・トレーニングの効果が見られるか検討し，次の点を明らかにしている。

　③F0幅と比べると，縦断的研究・横断的研究のいずれでも，何ら改善効果はみられない。

まとめると，今後の検討がさらに不可欠ではあるが，シャドーイング・トレーニングによる音声知覚の効果は，①調音速度と，②ピッチ幅にあらわれることを示唆していると言える。

さらに，Miyake（2009）は，"a book about cooking"，"the room above the kitchen"，"carry out his assignment"など計10種の英文チャンク（フレーズ）を，順不同でそれぞれ計6回シャドーイングを繰り返したときの効果について，日本人大学生30名を対象に検討している。この実験では，すべて2 sec. 以内のチャンクを使用しているが，それは音韻ループに一度に格納できる音声には2 sec. という時間的な制約があるためである（Baddeley, 2002；二谷，1999；門田，2007c：122等参照）。

研究の結果は，次の通りであった。

　①1回目と6回目のシャドーイング間で，いくつかのチャンクにおいて調音時間が短くなる傾向が見られた。10チャンクのうち，特に"a book about cooking"をはじめとする4チャンクについては，統計的有意差をもって短くなった。

　②6回のシャドーイング後，冒頭の語句を手がかりとして与えて再生させるキュー再生（cued recall）課題を与え＜例：a book_____＞，正しく再生された正解率を測定すると，上記①で調音時間が有意に短縮した4つのチャンクにおいて，他のチャンクより有意に高かった（図16）。

以上の結果は，音声チャンクを繰り返しシャドーイングすることで，調音が高速化するが，高速化が有意に達成できた場合には，キュー再生ができるようになること，すなわち全体としていつの間にか記憶に入ってしまうことを示唆している。門田（2007c）において仮定した，音韻ループ内での内語反復が高速化すれば，それだけ英語の語彙チャンクや構文などのフォーミュ

Chunk	shadowing duration (msec)		
	1st	6th	p=
1	1406	1286	.047*
2	N/A	N/A	N/A
3	N/A	N/A	N/A
4	1218	1124	.022*
5	1583	1324	.262
6	1759	1620	.015*
7	1311	1159	.383
8	1597	1363	.006**
9	1364	1383	1.000
10	1283	1151	.055

** $p < .01$　* $p < .05$

chunk	1	4	6	8
recall ratio (%)	60.00	80.00	60.00	60.00

図16　調音速度の向上と再生率

ラ連鎖（formulaic sequence）を無意識のうちに潜在記憶化できることを示唆するデータである。

以上，実証研究によるシャドーイング・トレーニングの効果については，これまでのところ，①復唱力の向上，②調音スピードの向上，③ピッチ幅の拡大，④潜在記憶化の促進という4つにまとめられる。

11.5.3　言語処理における自動性とはどのような状態か？

門田（2008）では，多読・多聴が，既有の語彙・文法などの言語知識へのアクセスを高速化させ，それがリーディング・リスニングの意味理解の前段階である「ボトムアップ過程の自動化」をめざすものではないかと仮定した。この点で，本節で展開してきたシャドーイング・音読の効果，すなわち「音声・音韻表象形成の自動化」や，「調音および内語反復の高速化」と，基本的に同様の効果があるのではないかと考えられる。

では，言語処理においてこのように自動化した状態（automaticity）とはいったいどのような心的状態を指すのであろうか。

門田（2007c）は，Segalowitz（2005）を引用しつつ，①素早い処理，②スタートしたら止められない，③情報量に依存しない，④包括的・全体的，⑤無意識的，という自動性の特徴を列挙している。このような心的状態を検証するための指標としては，これまでもっぱら実験心理学的な方法である反応潜時（reaction latency）の測定が活用されてきた。今日，脳科学研究法の大幅な進展により，第二言語習得研究においても，fMRIや光トポグラフィを駆使して，大脳の血流の分布状態を測定し，データ収集を行うことが可能になってきた。このような状況の中で，大石（2003）は，中学入学後に英語

学習を始めた38人の日本人英語学習者に対し，英文のリスニング，リーディングなどの言語理解タスクを与え，同時に近赤外線分光法（NIRS：光トポグラフィ（optical topography）と呼ぶことも多い）を用いた左脳の血流測定を実施した。主な結果は次の通りであった。
　①中級学習者の脳内活性化が最も顕著である。
　②初級学習者はほとんど活性化せず，また上級学習者も活性化しない人が多い。
以上の結果を受けて，大石は，次の4つの脳活性化パターンが区別できると結論づけている。
　(a) 脳の賦活がみられない無活性型
　(b) 脳が全面的に賦活する過剰活性型
　(c) 角回，ウェルニッケ野など言語野が限定的に賦活する選択的活性型
　(d) 賦活があまりみられない自動活性型

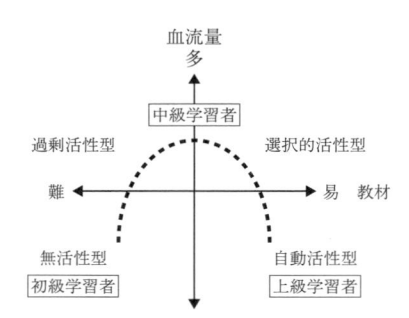

図17　逆U字型モデル（大石，2008より転載）

そして，初級学習者から中級学習者，上級学習者へと英語の習熟度が増すにつれて，さらにはリスニングやリーディングの教材が難から易へと変化するにつれて，(a)から(d)へと脳の活性型が移行していくという「逆U字型モデル」を提唱している。無活性状態や過剰活性状態にある学習者には，
　①与える教材や課題の難易度を下げる，
　②教材の背景知識（background information）を与える，
　③同様のテーマの英文を継続して読む一種の繰り返し学習である絞り読み（narrow reading）を実施する，
　④3回以上の繰り返し学習をする，
　⑤学習ストラテジーを活用する，

などの方法により選択的活性化が達成できるのではないかと仮定している（大石，2008）。

このように自動化された処理が遂行される際には，大脳の賦活状態はどちらかというと低いレベルにあることが示唆されている。しかし，それとは反対に，小脳の活性化レベルは増大するというデータがある（Pinel, 2005；井狩，2008参照）（図18・図19）。

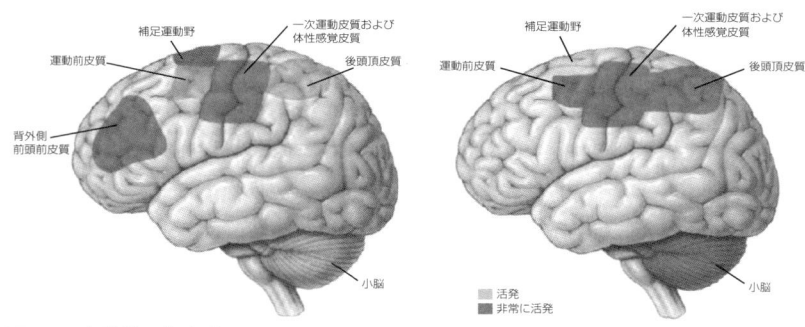

図18　意識的に指を動かしたとき
　　　Pinel（2005：164より転載）

図19　無意識的に指を動かしたとき
　　　Pinel（2005：164より転載）

すなわち，意識的に指を動かしているときよりも，よく練習した後の無意識的な状態で指を動かす際にはさらに小脳が活性化することから，自動的な言語処理（automatized language processing）には実は小脳が関わっている可能性があるというのである。

11.5.4 インプットとアウトプットを繋ぐシャドーイング・音読

吉田・白井（2007）や白井（2004）では，言語学習における沈黙期（silent period）の存在を指摘している（Scovel, 1988も参照）。親の転勤などで英語圏に連れて行かれた子どもが，一定期間ずっと黙っていたのに，ある日突然，周囲の驚きをよそに，流暢な英語で話し始めるということはしばしば見られる現象である。この沈黙期には，廻りの発話を理解するだけでなく，実は聴取した入力音声を内語反復（リハーサル）していることが知られている。

心の中で文を発する練習が，このように流暢な発話の鍵になるというのである（白井，2004）。事実，門田（2007c）では，音韻ループ内での復唱力が，シャドーイング・音読によって培われることを仮定している。声に出して，

何度も繰り返しシャドーイングや音読の練習をすることで，心の中で復唱するスピードが高速化し，それに従い内的リハーサルの自動性が獲得できるのである。このような復唱の自動性が達成できることは，新たな語彙・構文を記憶するのに役立ち，音声によるコミュニケーション，とりわけスピーキング（11.8参照）ができるための前提になるのではないかと考えられる。

　図20は，音読・シャドーイングが，一方では，リーディングとリスニングの能力の向上に，他方では内的リハーサルの高速化を通じて，スピーキング（音声言語の産出）といかに結びついているかを，イラストを交えて，イメージ化したものである。すなわち，シャドーイング・音読トレーニングにより，音韻表象形成の自動性が達成できることにより，リスニング，リーディング能力が向上するが，それと同時に，内的リハーサルの高速化・自動化により，スピーキング能力の向上に大いに貢献するというのである。

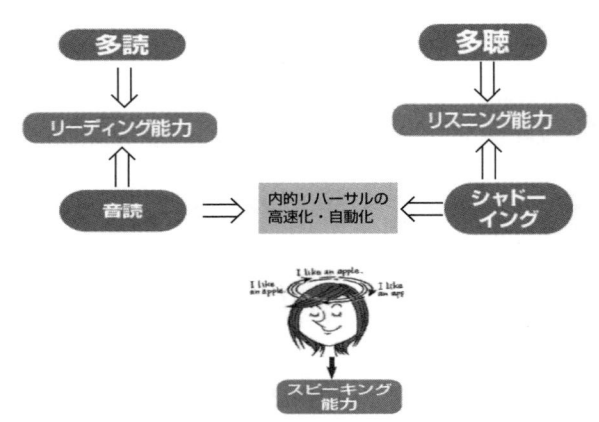

図20　インプット（リスニング・リーディング）とアウトプット（スピーキング）を繋ぐシャドーイング・音読（門田，2008を一部改変して転載）

　以上のようにシャドーイング・音読は，第二言語習得理論との関係でも，Krashen（1985）などのインプット仮説（input hypothesis）と，Swain（1995, 2005）によるアウトプット仮説（output hypothesis）を結びつけるキー・ポイントになるのではないかと考えられる（門田，2009a）。

11.6　音読による内在化とは？

　次の対話文を意味理解を終えたあとで音読させてみると，単調で平板に音

読する生徒が必ずいるものである。

Paul：Oh, Kumi. I'm late. Sorry.
Kumi：That's OK.
Paul：What time is it now?
Kumi：It's three o'clock.
Paul：What time does the movie start?
Kumi：At 3:15. Let's go.
New Crown English Series 1 New edition（三省堂），64

　少なくとも Paul の申し訳なく思う気持ちと Kumi の急ごうという思いを酌んで，それらしく音読させる必要がある。それでは，次の文章はどうであろうか。

It isn't 8:00 a.m. yet, but Finda has already been walking for three hours. She is on her way to school – nine kilometers from her home in Kindia, Guinea. The road is slippery and rocky, and the rain turns her path into mud. The walk is tough, but at school today Finda is happy because she meets her best friend.
Genius English Course I Revised（大修館），33

　高校教科書のある課の冒頭部分であるが，three hours や nine kilometers の数詞は強調して，3つ目までの文はシリアスに，最後の文はだんだんと明るくなるような気持ちで音読させたいものである。以上のような音読でなければ新出語彙や表現の内在化につながらないのではないだろうか。

11.6.1　広義の内在化

　ここで「そもそも内在化とは何か」とあらためて問うと，その定義付けはなかなか困難である。元来，内在化は心理学の分野でヴィゴツキー学派が発展させてきた概念であり，内面化・心内化・内化とも言われる。ヴィゴツキーの高弟であった A. N. レオンチェフが1972年に発表し，翌年に翻訳された論文「心理学における活動の問題」の中で，内在化について端的にふれているので，長いが引用してみよう。

「…内的な思考諸操作の発生に関する具体的＝心理学的見解の発展において主要な役割を果たしたのは，**内面化**という概念を心理学に導入したことである。…ソビエト心理学では内面化（転回）という概念は，普通ヴィゴツキーと彼の後継者達の名前と結びついており，この過程の重要な研究はかれらによって行われている。…ヴィゴツキーは心理科学の基礎に置かれなければならない，重要な，相互に関連するモーメントを2つ抽出した。つまり，<u>人間の活動は道具的（インストルメンタルな）構造を持つということと，人間の活動は他の人々との相互関係システムの中に含められるということ</u>である。これら2つのモーメントは人間の心理学的諸過程の特質をも決定する。道具は，人間を物質界だけでなく，他の人々とも結びつける活動を媒介している。このことのおかげで，人間の活動は**人類の経験を自己の中にとり入れる**。ここから，<u>人間の心理諸過程（人間の高次心理機能）は，社会＝歴史的に形成され，周囲の人々との協同，コミュニケーションの過程でこれらの人々から伝授される諸手段，諸様式を，その必須な環として持つような構造を獲得する</u>，ということが起こる。しかし，ある過程の遂行様式，手段を伝授することは外面的な形—つまり，行為という形，あるいは外的言語行為という形—以外では不可能である。いいかえれば，<u>人間に特有な，高次の心理諸過程は人間と人間との働きかけ合いの中でのみ，すなわち心理学的過程としてのみ生ずることができ，その後はじめて個人によって自主的に遂行され始める</u>。この場合，若干の心理諸過程はさらに自己の最初の外的形態を失い，心理内的過程へと転化する。…内面化の過程は，外的活動が，前からある，内的な＜意識の平面＞に**置き換えられる**過程ではない。これは内的平面が初めて**形成される**過程である。」
（レオンチェフ，1973：14-16　太ゴシックは原文，下線は筆者による。）

このように，内在化とは人間が人間社会の文化－歴史的発展の所産を自己の中に取り込むことにより，意識が自然的・動物的な低次の段階から文化－歴史的な高次の段階へと創り変えられることをいう（ヴィゴツキー，2005）。内在化に対する英語の訳語としては'internalization'が一般的であるが，内的意識が高次な段階へと「形成される」という意味を込めて'interiorization'という訳語があてられる場合もある。まさに人間の「意識の小宇宙」（ヴィゴツキー，2001：434）がインテリオライズされていくわけである。また，その活動過程は，1）主体（人間）と客体（外的対象世界）との間に中間的な環が存在するという媒介的過程，2）人と人とのコミュニケーションの過程という2つの特徴を合わせ持つ。1）についてヴィゴツキーは，媒介項としての中間的な環を「道具」とみなし，技術的な道具より

も人間が文化歴史的に創造した記号（言語や数）という心理的道具に関心を払ったのである（ヴィゴツキー，2001）。いわゆる記号による媒介（semiotic mediation）とは，心理的道具としての記号が人間の行為の中に組み込まれることによって，人間は自己の行為や思考や精神機能を制御し調整（self-regulation）できるように，記号を自らの支配下におくという意味である。

２）は，人間に固有な高次精神機能は個人という言わば閉ざされた系のみに帰せられるものではなく，人と人とのコミュニケーション活動や社会的な諸活動の中にこそ，その起源が認められるという主張と関係する。記号によって媒介され，内在化された高次精神機能は人間の内側から自然に発生するものでは決してなく，社会的起源を持つものなのである。

次に，現代において頻繁にヴィゴツキーを援用している希有な進化心理学者，トマセロは内面化について次のように指摘している。

「内面化は，ある人たちが思うほど神秘的なプロセスではなく，単に模倣学習の正常なプロセスにすぎず，他者どうしが互いに注意を共有するのに使ったのと同じ記号的手段の使い方を自分も学ぶという，特別な間主観的な状況で起きるというだけである。そうやって他者から言語記号を模倣しながら学ぶことで，私は彼らの伝達意図（彼らが，私にも注意を共有させようとするその意図）だけではなく，彼らが採用した特定の視点も内面化することになる。」
（トマセロ，2006：171）

トマセロは，このように内面化の基盤にヒトが固有に持つ模倣能力と同調能力を据えている。模倣（imitation）とは単なる模写（copy）や反復（repetition）ではなく，対象となるモデルを学習者が自己のうちに内面化する積極的な再構築的実験作業（reconstructive experimentation）である。同調能力とは，「他者を自己と同じく意図を持った主体として認知し，行動の背後にある意図性と因果的構造のスキーマを見出す能力」（トマセロ，2006：293）に他ならない。これまでに述べてきたことは内在化を広義にとらえるための必須の議論である。最後に述べたトマセロの模倣能力と同調能力は音読やシャドーイングのときにも要求される能力である。

11.6.2 英語教育において内在化をとらえる３つの視点

英語教育の分野で内在化とは普通，言語知識（語彙・発音・文法等）の長期記憶への貯蔵・保持とその自在な活性化のことを指す。そのメカニズムの

全容はまだ明らかにされていないが，筆者は3つの視点を提示したい。言語（language あるいは speech）と身体性（embodiment）と情動（emotion）である。パロール（parole）としての言語そのものに，そもそも初めから身体性と情動の要素は包含されているわけであるから，あらためて言語の外側に身体性と情動を取り出してうち立てるのは滑稽であるかもしれない。しかし，筆者は音読の目的のひとつが言語の内在化にあるとすれば，さらにその言語が母語とは異なる異言語としての外国語であればなおさら，その内在化には言語だけでなく，身体性と情動を強く意識化する必要があると考えている。

たとえば，本節の冒頭で示した2つのテキスト内で音読時に身体性と情動に関わる箇所は以下のように指摘できる。

中学校の教科書（*New Crown English Series* 1（三省堂））
・身体性…Let's go. に込められた身体感覚
・情動……Oh, Kumi. I'm late. Sorry.
高校の教科書（*Genius English Course* I Revised（大修館））
・身体性…on her way to school, … The road is slippery and rocky …, The walk is tough ….
・情動……主人公の登校に寄せる生徒の感情,
　　　　… but at school today Finda is happy because she meets her best friend.

単なる言語知識だけでなく，音読時に上記の身体感覚や情動が伴ってこそ，内在化が促進されるのではないかと考えられるのである。そして，身体性や情動の基盤にあるのは想像力である。She is on her way to school – nine kilometers from her home in Kindia, Guinea. The road is slippery and rocky, and the rain turns her path into mud. The walk is tough, but at school today Finda is happy because she meets her best friend. という文章を音読するとき，on her way to school, slippery, rocky, tough という表現が身体感覚を生起させる。フィンダが学校へ通う9 km の道は岩でごつごつしていて滑りやすく，道は雨で泥とぬかるみと化し，歩行はまさに tough そのものである。このような情景を想像できる力が身体感覚を生むのである。また，通学がどんなに辛くても親友に会えるんだというフィンダの嬉しい気持ちを察することができる力が情動を生むと言えよう。バーサローという心理学者はシミュレー

ション (simulation) という語を用いて，このことをうまく説明している。シミュレーションとは，「世界・身体・心を伴って経験したことを通して得られた感覚・運動・内省的な状態を再活性化すること」(Barsalou, 2008：618) である。内在化を目的とする音読の神髄はこのシミュレーションにあると言える。

11.6.3 言語・身体・情動が共振する音読

教育的観点から言語・身体・情動が共振するテキストを音読する価値は十二分にある。まさに良質のインプットを音読するのである。言語・身体・情動がものの見事にシンクロナイズし合う事例として，筆者はヘレン・ケラー (1880-1968) がアン・サリバン (1866-1936) の指導のもとでことばを再獲得する過程を描いた以下のテキストを挙げたい。

> We walked down the path to the well-house, attracted by the fragrance of the honeysuckle with which it was covered. Someone was drawing water and my teacher placed my hand under the spout. As the cool stream gushed over one hand she spelled into the other the word water, first slowly, then rapidly. I stood still, my whole attention fixed upon the motions of her fingers. <u>Suddenly I felt a misty consciousness as of something forgotten – a thrill of returning thought；and somehow the mystery of language was revealed to me. I knew then that "w-a-t-e-r" meant the wonderful cool something that was flowing over my hand. That living word awakened my soul, gave it light, hope, joy, set it free!</u> There were barriers still, it is true, but barriers that could in time be swept away. I left the well-house eager to learn. <u>Everything had a name, and each name gave birth to a new thought. As we returned to the house every object which I touched seemed to quiver with life.</u> That was because I saw everything with the strange, new sight that had come to me. On entering the door I remembered the doll I had broken. I felt my way to the hearth and picked up the pieces. I tried vainly to put them together. <u>Then my eyes filled with tears；for I realized what I had done, and for the first time I felt repentance and sorrow.</u>
> 　　　　　　　　　　　　　　　　(from *The Story of My Life* by Helen Keller)

山鳥 (1998) はこの有名な井戸水の場面を次のように説明している。

「手に冷たい水を受けるたびに，てのひらにサリバン先生が書き付ける water という綴り。この綴りがてのひらが感じているものの名前であり，この冷た

い感触を与えるものが water という名前を持っているということの発見。続いての，すべてのモノは名前を持っているのだ！という洞察。ここでヘレンの精神は具体的，直接的な感覚の世界から，抽象的，概念的なことばの世界へ飛翔する。まわりの世界（もっと正確には彼女の心）は，名前によって秩序を確立してゆくのである。」 （山鳥，1998：172）

このように，言語・身体性・情動が凝縮され結晶化されたテキストであるので，筆者は英語を専攻する大学生に暗唱（recitation）させたうえで，どの箇所で感動したのか，あるいは身体感覚に変化を覚えたのかをなるべく具体的に自由に記述させる実践を毎年行っている。その結果はテキスト中の下線部の3つの箇所に収斂した。以下に，3つの箇所ごとに日本語訳と学生の主なプロトコルを記す。

その1 （日本語訳）
突然，私は何か忘れていたものを思い出すような漠然とした感覚に襲われました。頭の中に何かがよみがえってくるような，ぞくぞくする感じでした。そして，どういう拍子か，言葉という神秘が姿を現したのです。私はそのとき，w-a-t-e-r というものが，私の手の上に流れ落ちてくるこの冷たくて素敵なものを意味するのだと悟ったのでした。その生命ある一語が私の魂を目覚めさせ，光と希望と悦びをもたらし，自由の世界へと解き放ったのです！

- Suddenly と声に出して吐き出したと同時に，これまで我慢してきた世界がぱっと広がったような，不思議な解放感，新しい出会いの瞬間のような感動が広がった。…その後はジェットコースターのよう。そう，まるでてっぺんに達したジェットコースターが一気に急降下するかのように，全ての感動が言葉になって現れるような，なんともいえない充足感が私の心を満たした。
- 左ほほにピリッと電気的な何かが走り，そしてつかの間の後，ブルッというかゾクッというか，いってみれば鳥肌に近いあの感覚を覚えた。
- 臨場感というか，緊張感というか，読んでいてすごくドキドキした感じになりました。
- シャボン玉がはじけるように感じた。まるで自分が彼女の追体験をしているかのような感覚になった。

- 鳥肌が立った。
- 一本の糸につながったと伝えたくてたまらないように私の声にハリが出てきた。首も前後に自然に揺れた。
- thrill という言葉が心の中を駆け抜けた。…心の中がかぁーっとなるような，ふるえるような変な感じがした。
- ヘレンの頭の中の回路が水の流れのようにめまぐるしく流れていくような感じである。

その2 （日本語訳）
あらゆる物に名前があり，そのひとつひとつの名前が新たな思考を生み出すのでした。家へ戻る道すがら，私の触れるものすべてが命を吹き込まれて打ち震えているように思われました。

- 私も気持ちが震えた。

その3 （日本語訳）
すると，私の目に涙があふれてきました。自分のしたことに気がついたのです。生まれて初めて，私は後悔と悲しみの気持ちを味わったのでした。

- この文章を読む際，自然と音読のトーンを下げてしまった。…僕はこれこそ情動が動いた一つの証明になるのではないかと考える。…生まれたての後悔という感情は一体どんなものなのか体験してみたい，そんなことを想像してしまった。
- 自分が何をしたのかを理解して涙を流すことは心と身体がつながっている証拠だと思いました。
- ヘレンの後悔の気持ちが痛いほどひしひしと伝わってくるように感じる。
- とても切なく響いてきた。

　学生たちが美しい朗読の CD （近江，2003a）を何回も聴き，暗唱に取り組むなかで心と身体で感じたことがよく伝わってくる。また，暗唱の上手な学生ほど感情を込め，表情や身振りが豊かで，ことばを一生懸命紡ぎだそうとする様子が見てとれた。音読の回数が3〜5回目ぐらいで，このような身体感覚と情動が顕現するようである。言語処理が自動化されてくるにしたがって，身体感覚と情動が意識上に登場するものと考えられる。

11.6.4 まとめ

　スピノザが主著『エチカ』の中で「身体が何をなしうるかをこれまでまだ誰も規定しなかった」と喝破したのは1677年のことであった。爾来300年以上を経て，脳神経科学が身体の重要性を科学的に語り出し（脳の非侵襲的計測によって，想像するときに活性化する脳の部位と，実際に身体を動かすときに活性化する脳の部位は基本的に同じであるということが実験的に確認されている），身体性に基づいた文法理論を発展させている認知言語学は第二言語習得論にも浸透してきた（Robinson & Ellis, 2008；Ziemke, et al., 2007）。さらには非科学的であると敬遠されてきた情動（機構）が身体論や人間の認知と深く密接に関係していることから情動（機構）の解明が脳科学の大きな課題となっている（Lewis, et al., 2010；松本・小野，2002）。音読も身体や情動を視野に入れざるを得なくなっている。音読による内在化とは決して神秘的なメカニズムではなく，〈言語－身体－情動〉という単位によってとらえられるのである。

11.7　音声知覚の能動性：運動理論をめぐって

　本節では，人の音声知覚について，近年再度脚光をあびつつある「運動理論」，およびこの運動理論と密接に関連しているミラーニューロンの研究成果について概観する。そして，シャドーイングによる外的リハーサル能力の高速化・効率化が，リスニング力・スピーキング力の獲得，さらに新規学習事項の内在化のために不可欠であるという考え方について検討する。

11.7.1　Libermanによる音声知覚の運動理論

　かねてより，トップダウン処理の観点からは，第一言語・第二言語の別を問わず，聴解過程の中心的な処理段階は，長期記憶内のメンタルレキシコンからの情報検索をもとにした，「総合による分析（analysis by synthesis）」による予測-検証（prediction-testing）機構であると考えられてきた（河野，1992；門田，2002）。この「総合による分析」とは，聴き手が長期記憶として格納している言語情報データベースから必要な情報を検索し，それらを総合して音声インプットを分析することを指す。長期記憶中の関連する情報としては，ほぼ次のようなものが活用されると仮定された（河野，1992）：
　①音声知識
　②統語・語彙知識

③文脈知識
④パラ言語的知識：話し手の情緒面に関する情報など
⑤ボディランゲージ，背景知識（スキーマ）など非言語知識

このようなさまざまな情報を総合し，分析することで，一部を聴いてそこから発話内容について一定の予想を立て，これと実際の音声を照合するという作業に従事していると考えられた。

以上の「予測‐検証」の考え方をさらに一歩進め，聞き手は音声インプットとパラレルにみずから音声生成（調音）をしており，その自身の生成音声と聴覚入力とを比較検討することにより，音声の知覚をし，意味の理解を行っているという理論があらわれた。これが，Liberman による音声知覚の運動理論（motor theory of speech perception）である（Liberman, et al., 1963；Liberman & Mattingly, 1989参照）。聞き手が，/l/ /r/ などの特定の音声の知覚ができるためには（lead, read の区別など），その音声を聞き手自身が調音できないとだめだという考え方であった。

この理論は，一部の音声学者の熱烈な支持を受けたが，その後，心理言語学者や第二言語習得研究者の間で一般的に支持されるものにはならなかった。

11.7.2 音声知覚の運動理論再興：リスニングにおける運動前野の活動

2004年になって，*Nature Neuroscience* という雑誌に，Wilson, Saygin, Sereno & Iacoboni の4名による "Listening to speech activates motor areas involved in speech production" という論文が掲載された。この研究は，音声インプットの処理に際して，聞き手みずからがパラレルに発音し，そして形成した音声表象を聞こえてきた音声に同期させることが，その音声の知覚に必要であるという上記 Lieberman らの学説を立証しようとしたものである。そして，もし対応する音声表象の形成が行われるのであれば，その形成にはヒトの運動システムが活用されると仮定したのである。

Wilson, et al.（2004）は，英語を母語とする成人10人に対し，単音節から成る無意味語をそのまま受動的に聴き取らせ，その後確認のために発話させるという課題を与えた。そして，その聴き取りの際の脳活動の様子を，fMRI を用いて記録したのである。

その結果，Wilson らは，ブロードマンの脳地図でいう BA4 および BA6，すなわち大脳運動野および運動前野が活動していることを発見した（図21）。

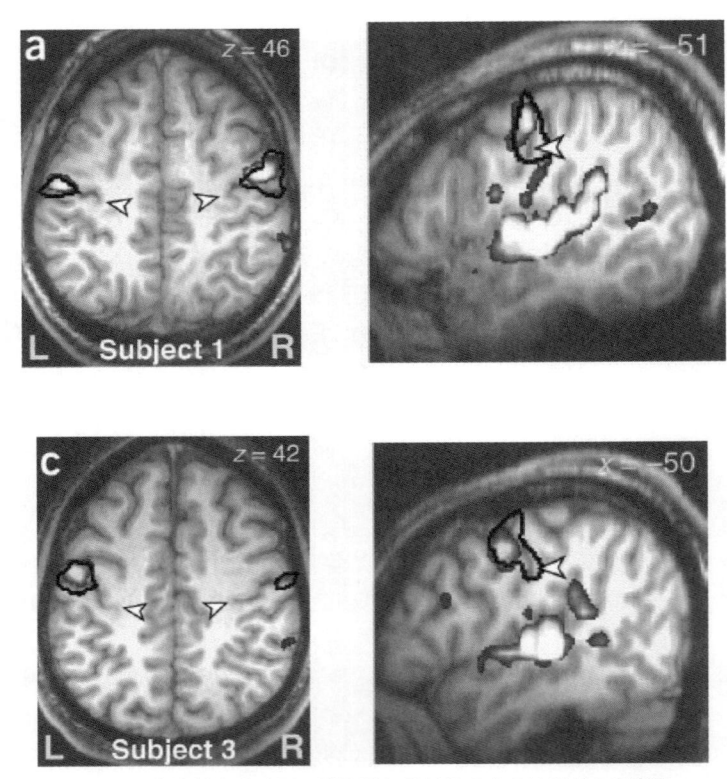

図21 単音節無意味語の聴取時における2人の被験者の脳活動

　なお，参考までに，ブロードマンの脳地図を以下に掲げる。BA41, BA42（聴覚野）およびBA40（ウェルニッケ領域の一部である縁上回）といった，音声知覚に関わる諸領域以外に，BA4（一次運動野），特にBA6（運動前野）において明らかな活動がみられる。

　すなわち，音声言語の産出に関わる領域とかなりの部分オーバーラップする運動前野の活動を観察するものであった。Wilsonらの言い方をすれば，「聞き取った音響信号を，知覚のための音声コードに変換する際には，調音のための運動システムが活用される」というのである（p.701）。これらは，被験者にとってなじみのある母語の言語音の知覚に際しては，実際に声には出さなくても，自然に対応する音声表象を形成し，それを音声インプットに同期させていることを示唆するデータである。

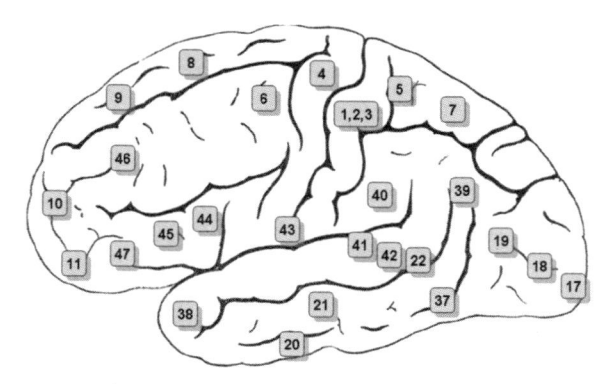

図22 ブロードマンの脳地図（http://ja.wikipedia.org/wiki/%E3%83%95%E3%82%A1%E3%82%A4%E3%83%AB：Gray726-Brodman.png）

　では，未知の言語では，このような「音声表象の形成による同期」といった現象は見られないのであろうか。このような問題に一定の答えを提供しようとする研究が，吉田・横川・村瀬・田邊・牧田・定藤（2009）によるウズベク語（未知語）の聴き取り研究である。

　実験参加者は，日本人大学生18人（18～22歳）で，未知のウズベク語を，(a) 聞いて観察させるだけ，あるいは (b) 聞いて反復させるという課題を与えた。その結果，

① (a) 観察，(b) 反復の際には，ともに左運動前野（BA6）からブローカ領野（BA44）といった共通の領域の活性化が含まれていること，

②観察・反復の回数が増えるに従って，上記脳活動の程度が低下すること，

がわかったという。

上記結果のうち，未知語の反復時のみならず，観察時においても，運動前野（BA6）の活動がみられたことは非常に興味深い。この結果は，まったく未知の外国語でも，音声聴取時には，対応する音声表象を形成しようとする運動野の活動が生じていることを示唆する。

　ただ，まったくの未知語の場合に，どのようにして対応する音声表象を形成しようとするのかは不明である。またこの観察課題においても，観察課題の終了後は，記憶し再生することが前提とされており，参加者は単に聞き流すだけの受動的リスニング（passive listening）ではなく，積極的に内的リハーサル（内語反復）をしていた可能性があると思われる。

11.7.3 行為の理解には行為の再現能力が必要か

聞き手が，音声知覚時に，その音声インプットと同期させるべく対応する調音運動を実行するのが何故かについては，実は未解決の問題である。ただ，一般に，行為の「理解」にはその行為の「再現」が必要であるということを示唆する研究が近年では多い。

まず，このような行為の再現能力，言い換えると，行為の模倣能力は，生得的に備わっているとする研究がある。これは，従来より，新生児模倣（neonatal imitation）として知られる現象である。Meltzoff & Moore（1977）は，生後平均32.1時間の新生児に対し，大人が舌出しや口の開閉を行ったところ，新生児は，そのような行為を注視したうえですぐに模倣することを発見した。つまり，子どもは，未知の行為もそれをモデルとして観察した上で自発的に再生する能力を，生まれながらにして持っているのではないかというのである。

近年発見されたミラーニューロンに関する研究は，他者の行為を再現する神経組織が脳内に存在すると仮定している。

Rizzolatti, et al.（1996, 2002）は，サルがある運動（*e.g.* ピーナッツをつかむ）を行ったときに活動するのと同じ神経細胞が，ヒトが行った同じ運動を見ているだけでも活動することを発見し，この特異な神経細胞群が，サルの運動前野（F5）にあることを突きとめた。彼らは，これをミラーニューロン（mirror neuron）と名づけた。そして，他者によって示された行為を

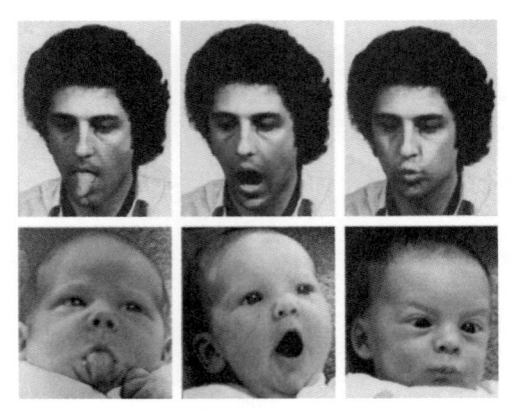

図23　大人の表情を模倣する生後12日から21日の新生児
（Meltzoff & Decety, 2003：492より転載）

理解するためには，それを観測した者の知識から対応するデータを検索・照合するだけではなく，その行為を再現することが必要であると指摘した。このミラーニューロンはサルだけでなく，ヒトの運動前野（BA6）にもあるのではないかと考えられている。このように他者の行為を自身の行為として模倣することで，その行為がよりよく理解されるというのである。なお，本書11.9では，このような現象を，実際に教室における教師のモデルとの関係で論じている。

11.7.4 シャドーイングによる調音トレーニングは，リスニング・スピーキングや新情報の獲得といかにつながるか

以上のように本節では，音声知覚に際して，聞き手は，その運動前野・運動野の活動をもとに，対応する調音運動を実行し，それと音声インプットとのマッチングを行っているという考え方について，検討した。

玉井（2005）や門田（2007c）等が提唱するシャドーイングは，上記のような音声知覚に同期させる，運動前野・運動野の活動による「調音運動」を促進する効果を持つのではないかと仮定できる。聞き手自らが，シャドーイングにより，話し手の音声産出行為を模倣・再現する能力を養うことで，音声知覚がより正確になり，その自動化を推し進められるのではないかと考えられる。

さらに，特に英語など第二言語（外国語）で，発話（スピーキング）をする場合には，実際に声に出すまでに，いったん頭の中で文をつくって，それから発話することが多い。例えば，日本語で話す場合でも，多くの人がいる前で質問をするときなど，緊張した場面ではよく実践するものである。実際に口に出して発言する前に，このように頭の中で「内的リハーサル（subvocal rehearsal）」をすることが，実はスピーキング力をつけるすぐれた練習になるのではないか。すなわち，スピーキングをしようとする前の下稽古である「内的リハーサル」能力の形成がスピーキングにとって極めて重要な意味を持つ（11.5参照）。

シャドーイングによる復唱を何度も行うことは，いわば声に出して行う「外的リハーサル（vocal rehearsal）」を繰り返し遂行することを意味する。そうすると，この練習効果により，スピーキングに先だって心の中で準備する上記の「内的リハーサル」が，これまでよりもずっと容易に形成できるようになるのではないか。言い換えると，「外的リハーサル」を遂行することで，

それが内的リハーサルの効率化につながり，スピーキング能力の向上に貢献するのではないかと予想できる。

さらに，人の名前を覚える，電話番号を覚えるなど新情報の獲得は，認知心理学では従来から，リハーサル (rehearsal)，とりわけ精緻化リハーサル (elaborate rehearsal) により，ワーキング・メモリ内の情報を長期記憶に転送することで実現されるというモデル化がなされてきた（門田，2002, 2007c）。

このような考察から，今後，シャドーイングなどによる復唱（外的リハーサル）のトレーニングが，いかにして，リスニング，スピーキング能力の形成に，さらには新情報の獲得に，役立つか，心理言語学や脳神経科学の観点から，詳細に検討する必要がある。特に，外的リハーサルの高速化・効率化が，上記のようなリスニング，スピーキングや新情報の獲得の前提となる内的リハーサルの実行を高速化・効率化させる働きがあるのかどうか検証することが必要である。そうすることで，シャドーイングのトレーニングがスピーキングのトレーニングにいかにつながるか，その道筋が明らかになるのではないかと思われる。筆者による最新の研究成果 (Kadota, et al., 2012) は，この可能性を示唆するものである。今後のさらなる進展に期待したい。

11.8 スピーキングの心的プロセス

本節ではまず，英語母語話者が英語の文をいかにして産出するか，それに必要な諸段階 (stages) を概観する。その上で，第二言語における文産出について，その過程の特質を明らかにし，最後に第二言語での文産出（スピーキング）を可能にする3つの心的プロセス（①フォーミュラ連鎖をもとにした文産出，②統語的プライミングによる文産出，③単語を素材に文生成のための統語規則を適用した文産出）について検討する。

11.8.1 言語産出過程の概略

スピーキング，すなわち言語産出 (language production) の研究は，言語理解，言語獲得とともに，心理言語学の3つの主要な領域の1つを占めている。しかし，これまでは，他の2つの分野と比較すると，匹敵するような成果はあがっていなかった。これは，言語産出の研究においては，言語理解（リスニング，リーディング）などと比べて，その中身を探るオンライン的な心理言語学的実験が難しく，もっぱら，発話産出された言語 (produced speech) の分析に頼ってきたからである。

　このような状況の中で，今や古典となった感のある Fromkin (1971) の研究は画期的な業績であった。誰しも，発話の際には，思わぬ言い誤り (speech errors) をしてしまうことがある。筆者も，かつて高校生の頃，夏休みを前にした校長の訓話で「暑い夏がきました」の代わりに「なついあつ」という表現を聞き，ひそかにほくそ笑んだ思い出がある。また筆者自身も，manekineko（招き猫）というつもりが，つい manekoneki（まねこねき）と，chikinramen（チキンラーメン）というところを，kichinramen（キチンラーメン）と発してしまったことがある。このような誤りは，しばしば思わぬ言い間違い (slips of the tongue) と呼ばれ，日本語のみならず英語でもしばしばみられる。どのようなサンプルがあるかについては，既に門田 (2002) でも報告したが，

(1) You have *h*issed all my *m*ystery lectures.（← You have *m*issed all my *h*istory lectures.）

(2) a car with its *tail* in the *engine*（← ...with its *engine* in the *tail*）

などが典型例である。寺尾 (2002) は，このような言い誤りを日本語について集めた興味深い書物である。

　Fromkin & Ratner (1998) は，このようなデータを大量に収集することで，言語産出の過程を綿密に推測した。こうして，図24のような諸段階 (stages) が言語産出には必要であると考えられた。

　このモデルでは，メッセージの生成から，発話のための運動指令の形成までを描いている。その大きな特徴は，統語表象が形成されたら，そこに語彙の選択・挿入が行われるよりも前に，音調・強勢など韻律 (prosody) の指定が行われると考えている点である。句や節内の単語の強勢パターンは，たとえ単語と単語が入れ替わっても，当初話し手が意図した強勢パターンを保持するという言い誤りデータの存在（(3), (4) 参照）が，ここではその順序を仮定した根拠となっている（門田, 2002）。

(3) [2]nerve of a [3]vergeous [1]breakdown（←[2]verge of a [3]nervous [1]breakdown）

(4) how thíngs bad were（← how bád things were）

【←から後の部分が元の意図した発話で，1-3までの数字はそれぞれ，第1強勢 (primary stress)，第2強勢 (secondary stress)，第3強勢 (tertiary stress) であることを示す】

```
┌─────────────────────────────────────────────────────┐
│  第1段階：伝達メッセージを生成                       │
│           ↓                                         │
│  第2段階：統語構造上にメッセージをマッピング         │
│           ↓                                         │
│  第3段階：統語表象にもとづく音調（文・句強勢など）を形成 │
│           ↓                                         │
│  第4段階：心内のレキシコンから語彙の選択・挿入      │
│           ↓                                         │
│  第5段階：音韻表象を形成                             │
│           ↓                                         │
│  第6段階：発話のための運動指令を形成                 │
└─────────────────────────────────────────────────────┘
```

図24 発話産出の諸段階（Fromkin & Ratner, 1998：329にもとづく）

これらの例をもとにFromkinは，語彙挿入の前に，韻律の生成が行われていると考えたのである。このモデルはその後，Garrett（1975, 1984）に引き継がれて，さらに精緻なものへと発展していく。そして，門田（2003：22）でも紹介したLevelt（1989, 1993）による言語産出モデル（語彙仮説モデル：lexicalist hypothesis model）に引き継がれる。そこでは，言語産出の中心としてメンタルレキシコンを位置づけ，各語彙項目にレンマ（lemma）として格納されている語の統語・意味情報が，文の統語構造を形成するための基盤になると仮定している。このLeveltのモデルは，母語における言語産出を扱った代表的存在で，しばしば引用されるモデルである。

11.8.2 第二言語における言語産出過程の特質

Kormos（2006：168）は，上記Leveltのモデルをもとに，若干の変更を加えながら，第二言語における文産出モデル（L2 production model）を提案している。それによると，第二言語における音声言語産出においても，
 (1) 概念化装置（conceptualizer）
 (2) 形式化装置（formulator）
 (3) 調音装置（articulator）
という3つの基本的枠組みを母語と同様に仮定している。
 (1)の概念化装置は，どんなメッセージを産出するかを概念的にまとめる

段階である。上記 Fromkin の第1段階に相当する。ここでは，話し手の脳内の意味記憶（semantic memory）や，体験的情報であるエピソード記憶（episodic memory）が参照される。

　話そうとするメッセージが形成されると，次はそれを言語化するための形式化装置に転送される。そこではまず，どのような語彙と統語構造を使って文を構築するかを決める語彙・文法コード化（lexico-grammatical encoding）が行われる。このとき，メンタルレキシコン内から語のレンマ情報（統語情報を含む）が検索される。母語話者の場合には，こういったレンマ情報は，無意識に使える潜在的な手続き知識（procedural knowledge）になっているが，第二言語学習者の場合は，必ずしもそうなっていない。従って，Kormos は，顕在的・宣言的な統語規則（L2 declarative rules）を利用することになると仮定している。

　さらに次の形態・音韻コード化（morpho-phonological encoding）では，既に形成された語彙・文法表象をもとに，音韻情報を付加し，文の音韻表象が形成される。そこでは，母音子音などの分節音声はもとより，強さ（intensity），高さ（pitch），長さ（duration）などの韻律情報の指定が不可欠である。この段階でも，第二言語が母語と同程度まで熟達した均衡型バイリンガル話者（balanced bilinguals）以外は，意識的・宣言的な音韻知識が利用されるという。こうして形成された音韻表象をもとに，シラバリー（syllabary）という発音のための辞書を参照し，音声符号化（phonetic encoding）を行い，音声器官への運動指令を含む表象（調音運動イメージ：ariticulatory motor image）が形成される。これは内的音声（internal speech）と呼ばれるものである。それを発音器官を通じて，最終的に調音（articulation）してスピーキングが完了する。

11.8.3 第二言語における流暢な文産出を容易にする要因

　門田（2009a）は，第二言語におけるスピーキング（文産出）を実行する仕組みとして次の3つを仮定している。

（1）単語を素材に，文産出のための統語規則を適用した文産出（rule-governed sentence production）

（2）フォーミュラ連鎖（formulaic sequence：語彙チャンク，プレハブ表現，軸スキーマという言い方もある）をもとにした文産出（formulaic sentence production）

(3) 統語的プライミングにもとづく文産出（syntactically primed sentence production）

以上の中で(1)は，Chomsky など生成文法学者による主張のとおり，文法規則を駆使しながら，聞いたことも話したこともない，「新たな文（new sentences)」を生成する能力である。これこそが，新たな哲学，文化をつくりだした，人のみが可能な創造的な言語能力を示すものである。第二言語においてもそのような文産出を行う能力は必要であろう。事実，第二言語における文産出でも，既知の語彙と文法規則を意識しながら，新たな文を創造することもある。本書の序章でも述べたとおり，語彙や文法についての宣言知識（declarative knowledge）さえ与えれば，「accuracy（正確な知識)」さえ身につけさせれば，あとは学習者がどれだけ練習を積むかの問題（performance）だと考えたのも，(1)のような認知的な文産出を前提にしていたからだと言える。

しかしながら，文産出を可能にしてくれるのはそれだけではなく，実際のところは，頭の中に丸ごと蓄えている構文や語彙のまとまりを土台にして，文をつくったり（上記(2))，会話において相手が使用した既出の構文が頭の中に残っていてそれを再度使用したり（上記(3)) して文をつくることが多い。上記(2)のようなフォーミュラ連鎖をもとにした文産出プロセスに，シャドーイング・音読トレーニングを繰り返して，語彙チャンクや構文を丸ごと定着させる方法が効果的ではないかと考えられる（本書11.5を参照）。The thing / fact / point is that ..., That reminds me of the time when..., I think it important to do.... のような決まり文句や，kick the bucket, rain cats and dogs などのイディオムなどは，ちょうどプレハブ住宅を建てるときに，半ば組み立てられた建材をもとに家を建てるのと同じで，このほうが，話し手にとって，文構築の認知負荷を軽減させ，自身の話の中身に注意が集中できるようになる。

また (3) の統語プライミングにもとづく文構築は，近年母語の言語産出においてもさかんに研究されているものである。

上記 Kormos のモデルでは，文の語彙・統語表象の形成において，レキシコン内のレンマから統語情報が検索されると仮定していた。この際の統語情報は，次の3つがある（Pickering & Branigan, 1998)。

①名詞，動詞，形容詞など品詞を示す統語範疇（syntactic category）

②数，人称，時制，相（完了・進行など）といった単語の形態に関する情

報（featural information）

③例えば eat という動詞は，その項として，the men（動作主），the food（被動作主）を要求するといった結合情報（combinatorial information）

そして各単語は，語レベルで互いに連結しており（Roelofs, 1992；1993），ある単語が活性化されると，その語が持つ①②③の情報も同時に活性化するという。例えば，give という動詞の場合，その語の統語範疇（上記①）や形態情報（上記②）とともに，S・V・IO・DO という NP_NP 構文でも，S・V・DO・to ～という NP_PP 構文でもどちらでも使用可能であるという情報（上記③）も併せて活性化させるというのである。

さらに，いったん形成された文の語彙・統語表象は，その後に生じる文の統語表象の形成においても再利用されることが明らかになっている。これを，統語的プライミングあるいは構造的プライミング（syntactic or structural priming）という（Bock, 1986）。

Bock によれば，一般に母語における発話では，既に使われた文構造を再度使う傾向が強い。例えば，「男性が係官にパスポートを見せた」という内容の絵を提示し，それを口頭で描写してもらう課題を与えるとする。その前に NP_PP 構文（例：The boy brought some flowers to the girl.）をプライム文として処理させておくと，The man showed his passport to the officer. という文が産出され，NP_NP 構文（例：The boy brought the girl some flowers.）をプライムとして処理させたときには，The man showed the officer his passport. という文が生成されやすいという（上記例文は，森下他（2011）より引用）。

また，Pickering & Branigan（1998）も，英語母語話者の大学生に対して，同様の NP_PP 構文，NP_NP 構文についての統語プライミング現象が確認できたと報告している。プライム文（先行文）と，ターゲット文（後続文）で，使用される動詞が別の動詞に変わっても，時制（tense），相（aspect），数（number）が異なっても，やはり同じ文構造が繰り返されるという統語的プライミングは認められるというのである（Bock & Griffin, 2000 も参照）。

音読・シャドーイングにもとづく，本書が提案するアプローチは，文産出（スピーキング）を遂行する枠組みとしての（2）formulaic sentence production や（3）syntactically primed sentence production を支えるものである。(2) は音読・シャドーイングを繰り返し行う中で，門田（2007c）お

よび本書11.5で仮定した,「外的・内的復唱の高速化」にもとづく,「語彙チャンク・構文の内在化」が促進された結果,蓄積されるものである。また,(3)は,すでに一度ならず何度も見聞きし,処理した文構造や,直前に使用されたワーキング・メモリ内にある文構造は,潜在的に検索・利用されやすいプライム状態にある情報（primed information）である。これは,(2)の半ば構築されたフォーミュラ連鎖（プレハブ表現）を用いるのと同様に,素早く,半ば自動化した状態で文構築を達成できるものである。

　筆者なども学生時代からよく耳にした教師のことばに,「英作文＝英借文」がある。これは,既知の語彙と文法を使って新たな文をつくるよりは,まずは既に理解した構文をそのまま真似て文を作りなさいという意味であるが,第二言語における文産出を可能にするメカニズムを端的に示したものと再評価できよう。第二言語では,新たに文を構築するよりも,何度も構文を復唱・処理し,その結果得られたプライミング,フォーミュラ連鎖が果たす役割が重要であることを再確認させてくれる名言である。

11.9 教師のモデルを提示することはなぜ意味があるのか？
11.9.1 明示的説明なしに子どもは物語を理解するのか

　ストーリー・テリングは,特に小学校英語活動における代表的なタスクである。山本（2009）は,以下の3点が実現することが読み聞かせの利点であると考察し,それを満たすような適切な題材を,適切な方法で読み聞かせることは,学習者の意味処理及び記憶保持に対する効果につながるとした。

（1）**意味への意識を引く**（語の境界や場面と意味の関係に気づかせる）：
　　誇張（exaggeration）・簡潔化（clarification）・繰り返し（repetition）
（2）**身体感覚を刺激する**：心地よいリズミカルな音韻・語り手と同期した身体反応を引き出す魅力的な繰り返しやストーリー展開
（3）**情動を動かす**：身体と想像力を働かせることで生まれる豊かな心的表象・語り手と同期したり想像したりすることを楽しむ感情の喚起

　これを実証するため,小学5年生と中学1年生に"Little Red Hen"の絵本を上記の3点を意識しながら読み聞かせたクラスと,同じ絵本で日本語による明示的説明を行ったクラスを比較し,事後テストにより語彙の意味理解度を調査した（授業回数はそれぞれ2回）。ポストテストと1か月後のディレードテスト（全く同じ内容のリスニングテスト）の結果を表6に示す。

表6　ポストテスト・ディレードテスト結果（N=146，20点満点）

	ポストテスト		ディレードテスト			
	M	SD	M	SD	z	P
A：小5（明示的）	12.12	3.63	8.70	3.39	5.003	.000
B：小5（非明示的）	11.29	4.60	9.62	4.34	2.157	.031
C：中1（明示的）	14.18	3.37	11.38	4.35	4.760	.000
D：中1（非明示的）	14.85	3.90	11.82	3.90	4.616	.000

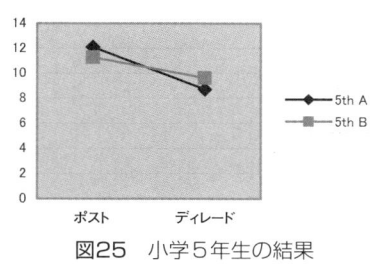

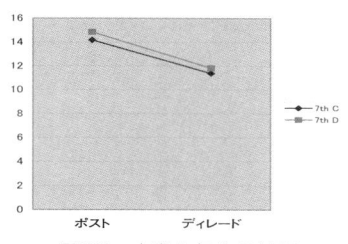

図25　小学5年生の結果

図26　中学1年生の結果

　両学年において2群のポストテスト結果に有意差が認められなかったことから，明示的指導を受けなかったクラスは全体的処理によって意味分析を行い，明示的指導を受け分析的処理を行ったクラスと同程度にまで意味理解に成功したと考えられる。

　また小学5年生において，明示的指導を受けたクラスは明示的指導を受けなかったクラスより忘却の度合いが高いことがわかった。

　続いて小学5年生，中学1年生それぞれの明示的指導を受けなかったクラスのアンケート，プロトコルデータおよび授業中の様子を分析した。その結果，小学5年生の身体的反応（読み手である教師と同期した動きを含む），そして情動的動きが中学1年生に比して顕著であった。例えばディレードテストの際，1か月前に実際に語り手が行った身体運動をなぞり再現することで，記憶にアクセスしようとする生徒の様子が観察された。語り手と学習者が身体的に同期しながら行われたストーリー・テリングを通して，身体感覚と共に構築された意味が学習者の長期記憶に残り，再度身体感覚と共に再構築されたため，小学5年生の記憶保持の度合いが有意に優れていたのではないかと考えられる。子どもは明示的説明なしに物語を理解するだけでなく，明示的説明を受けた場合よりその内容を記憶している可能性が示唆された。

11.9.2 身体を通した意味づけと情動

　意味は身体を通して真に理解され，獲得される。「熱い」はhotであると指導されると即語彙が習得されるわけではない。実際に手や舌で感じる感覚で，「熱い」と「辛い」が共通した感覚であることを感じ取り，そのニュアンスをあらゆる感覚情報を駆使して学習し，実際に使用することができた状態が真の意味で理解した状態である。逆に，自らが情動の動きや変化を自覚するより先に，身体反応が出ることがある（Damasio, 2003）。例えば，手が震えたり鼓動が早まったりするという身体的変化を感じとることで，自分が緊張していることに初めて気づくような場合である。身体を通した意味づけがされているからこそ，身体反応により自分の気持ちを知らされることがあるのである。また，相手を理解する際にも身体反応は大きな役割を果たす。体が先にうなずくという形で動き出すことによって理解がすすむというケースは，体が動かなければ，相手に対する心情的な共感が生まれにくいことを示している（斎藤，2003）。

　音読は，それだけでも様々な表現を身体に取り込むための有効な方法であるが，その中でもオーラル・インタープリテーションは脳の様々な部位を活性化させる音読と言えるだろう（近江，2009）。近江（1988）によると，他者が書いた文章を音読することは，自分の身体の中に，書き手が感じたであろう身体感覚を，自らの運動感覚として受け止めることにつながる。1回音読するよりも，繰り返し音読するうちに書き手の意図や感情が理解できてくる経験は誰もが持っているはずである。内容に感情移入し，情感を込め自己表現の手段として音読するオーラル・インタープリテーションは，自らの情動を動かすと同時に，様々な豊かな表現とそれに付随する意味を身体感覚の中に刻印する手段であると言える。

11.9.3 子どもの模倣とsynchronicityにおける大人の役割

　乳児は大人の身体の動きに反応し，また大人の発話に対しても同期した身体反応を起こす。子どもは他者と「身体を通してつながることができる」ことを知り，また徐々に「身体を通してコミュニケーションできる」ことを知っていく。この，他者を意識し他者と交流するという認知的なプロセスが，言語習得の重要な第一歩となる。次段階に，口蓋や筋肉の発達に伴い，大人の発声を模倣できるようになることが言葉の始まりだからである。子どもは言葉を繰り返すことで正確に発音できるようになり，完全な発語の運動イ

メージを作り上げる（Penfield & Roberts, 1965）。この発語と運動群パターン（ニューロン・パターン）は声の制御作用に関係した脳の皮質分野にあるのではなく，他でもない言語野に存在している。

　小学校英語が開始したことで，小学生が「モデルを聞いたままにそっくりに模倣できる」ことが改めて浮き彫りとなった。母語と異なる韻律を再現することに対する照れや抵抗感のない年齢であるという心理的な理由も考えられるが，それ以上に大きな要因は，無意識に模倣する子どもの身体性である。未知の韻律を聞くと，手や上半身をそれに同期させて動かしながら口々に発音したがるのは，模倣したいという本能の表れである。尼ヶ崎（1990）によると，子どもの模倣は，単に同じものを再現しようとする操作活動ではなく，「相手の心身をなぞることで相手を理解する」ための反復運動である。この段階の身体運動も，やはり他者と交流するためのプロセスなのである。

　言葉による交流が可能になった後も身体を通した相手との交流は続く。コミュニケーションにおいて聞き手と話し手の微細な身体運動は同期している（これを Condon & Sander（1974）は，「相互シンクロニー」と呼んだ）。この相互作用の同期性（synchronicity）は人間だけに見られ，乳児が同期して身体反応を示すのは，人間の声に限られることを Bower（1978）は報告している。テレビに子守をさせていても言語習得が促進されないのは，相手の存在を認識すること，心身を通した相手とのつながりが言語習得の始まりである以上，当然なのである。このように，大人のモデルは子どもの言語習得において大きな役割を果たしている。

　生活全般を通して習得する母語の場合は，当然子どもの周囲には有効なモデルがあふれている。一方，学校の授業の中で習得する英語の場合，説明文や前後との脈絡のない例文など，聞き手が身体反応をしにくいモデル提示になりがちである。限られた授業時間内でのインプット自体の不足も避けられない。そのような制限があるからこそ，同期性を意識した教師のモデル提示は重要となる。生徒が話し手を理解したいと思える内容のある Oral Interaction や Oral Introduction，そしてスピーチやストーリー・テリングがその代表的なものである。小学校段階では Yamamoto（2009）が報告するように，子ども向けに強調されたライムや物語展開に対して，文字通り身体運動が同期する形で学習者は反応する。その小学校英語を受け，中学・高校では，より実際の言語使用場面に近い形で相互シンクロニーを継続していくことが理想的な連携指導になろう。

11.9.4 他者と自分を身体でつなぐミラーニューロン

　戸塚（2008）は，小学校における国語指導の経験より，題材を劇仕立てにして演じた瞬間に，生徒が登場人物への理解や共感を深める過程を分析し，「模倣や動作化」が他者への理解・他者への共感を促進するとした。ロールプレイが，教科や道徳の授業において長く活用されているのも，学校現場がその効果を体験的に実感していたからであろう。近年，実際の身体運動でなく，仮想的な運動でも同様の効果があることがわかってきた。月本（2008）によると，他者とのコミュニケーションにおいて，相手の振る舞いやしぐさを見るだけで自分の中で仮想的身体運動が起こる。例えば相手が発話するのを見ると，人間はその口の動きと同じ動きを仮想的に行う。それにより自分の心が相手の心と同様の状態になる。それが「他人を理解できる」ということなのである。相手を理解したり相手に共感したりする力には当然個人差があるが，それがまったくできない人間は存在しない。本来人間に備わった力なのである。戸塚（2008）は，脳の一部を損傷した患者が，何も後遺症がないのに，むごいシーンを見てそれがむごいシーンであることを理解しているにも関わらず，それを自分のことのように悲しく感じる感情のみが欠落している事例を挙げた。この事例は，脳には，相手と同じ身体・同じ心になれる働きを行う部位が存在することを示している。

　本人が行動を起こす時，あるいは他者の行動を見る時，それぞれに脳の活性化される部位を調べることで，その仕組みがわかる。例えば，自分が食べ物を落とした時と，他者が食べ物を落とした時では，脳の同じ部位の神経細胞群（ニューロン）が反応すると考えられている。他者の行為を自分の行為として仮想的になぞり，その人は悲しいであろうことが実感として理解でき，その結果，他者の悲しみを自分のことのように悲しむことができるのである。

　このように，自分の行動と他人の行動を，あたかも鏡に映したかのように反映して活動する神経細胞が，ミラー

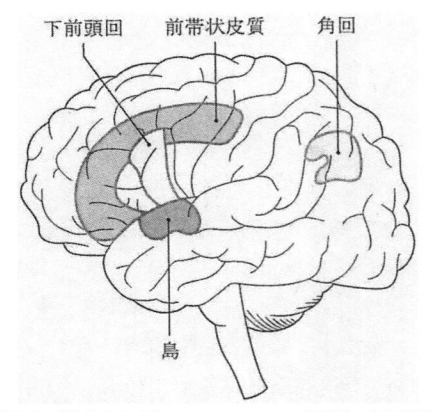

図27　脳内のミラーニューロン（戸塚，2008）

ニューロンである（茂木，2007a）。ミラーニューロンシステムを発見したRizzalattiらのチーム（2006）は，ミラーニューロンが脳の運動前野や前帯状皮質に存在することを報告した。図27は，それを基に戸塚（2008）が改変したものである。あるモデルを見た時に模倣という反応を起こすのもミラーニューロンの働きである。他者の存在を意識し始めた時から始まる子どもの模倣が，最終的には相手の心を理解するための重要なプロセスであることがわかる。

11.9.5 教師の役割と教師によるオーラル・インタープリテーションの意義

　教師のモデルに対する小学生の身体反応は確かに顕著である。しかし小学生に限らず，人間は他者による語りを聞く時，うなずいたりまばたきしたりといった微細な身体反応を行っている。heavyという語彙を聞くと，実際に重いものを持ち上げた身体的記憶を自分の中でたどり仮想的に再現しながら，その重みを感じる手の感覚が脳内で活性化する。犬が好きな人は，dogと聞くと自覚のない眼球運動が起こる。学習者の年齢に関係なく，心身の反応を呼び起こし教師とのsynchronicityへつなげるという点でオーラル・インタープリテーションは効果的であると考えられる。

　オーラル・インタープリテーションと聞くと，特別な技能を伴う演劇的な朗読を連想し，しり込みされる先生もいる。しかし，学習者のsynchronicityは目に見えて表出してこない仮想的身体運動で十分なのである。語り手である教師の側が，まず語りの内容を自分自身のものとし，自ら仮想的身体運動を伴いながら伝えることができれば，それは立派なオーラル・インタープリテーションであると言える。オーラル・インタープリテーションに関する本を読み自己研修するという方法もあるが，それ以外に自己研修としてできることは，教師自身が内容を自分のものとできるよう，題材を深く知ることである。5.3で紹介した「物語文」を例に挙げれば，物語が書かれた背景や著者の星新一について調べ，原作を始めとする著作を数冊読み，覚えるほど何度も音読することで，教師の語りは劇的に変わるはずである。そのようにしても興味が持てる題材がない場合は，教師個人の趣味に応じて，詩・物語・スピーチなど他の題材を投げ込み教材として探してくることもできる。

　筆者は授業の中で，当時教室で起こったある事件について英語で語った際，表面上は無反応の生徒たちが，実は内面では激しく反応していることを実感したことがある。気持ちを抑えた穏やかな低い声での訥々とした語りが，か

えって語り手の怒りや悲しみを伝えるということもある。要は，どんなに面白いストーリーであっても，語り手自身がそれに興味を抱き共感していなければ，聞き手は共感できないのである。教師が素のままの感情や身体感覚に任せて示すモデルは，表面上の身体反応でない，情動を含む生徒の様々な感覚をも活性化させることができる。中学・高校以上の指導においてはむしろそれが大切であろう。相手を意識し相手と交流するために言葉が存在することを，教師自らが示すことが，最高のモデル提示となる。ぜひオーラル・インタープリテーションに挑戦していただきたいと考える。

11.10 音読・シャドーイングをベースにした第二言語習得理論の構築にむけて

この節ではまず，第二言語習得に影響する変数をいくつか取り上げ，その上で現存の第二言語習得理論についてその概要を簡単に紹介する。そして，音読やシャドーイングをベースにした第二言語処理や習得の研究を実施していく上で，現時点で有望な理論的枠組みである The Associative-Cognitive CREED モデルについてその概要をまとめ，今後の展望を述べる。

11.10.1 第二言語習得に影響する変数

第二言語習得（second language acquisition：SLA）研究は，第二言語の学習者が，習得しようとする対象言語（target language）をいかにして身につけていくかそのプロセスについて検証しようとする学問分野である。門田（2007c）は，第二言語の学習・教育における解決すべき検討課題は，基本的に，①言語インプットの量と質をどのようにして確保するかと，②言語学習システムをいかにして効果的に作動させるかという2つに集約されると述べている。

これらのうち，②について，その成否に大きく影響する変数には一般に次のようなものがあると考えられる。

(a) 学習法（あるいは教授法）

学習法（教授法）をどうするかは，インプット言語をいかに知覚・理解して，記憶・内在化させるかに直接関係する問題である。

(b) 学習環境

どのような環境の中で第二言語の習得を行うのかという変数である。特に，英国，北米など学習対象言語が母語として使用されている状況の中で学ぶの

か，それとも日本のように，学校教育の一環として教室で学習するのかといった変数である。

(c) 母語と第二言語の間の言語上の距離 (linguistic distance)

一般に，スペイン人学習者が英語を習得しようとするより，日本人学習者が英語を習得しようとする方がはるかに難しい。これは，スペイン語と英語よりも，日本語と英語の方が，言語間距離がはるかに大きいことが主な理由である。このように大きな言語間距離は，学習者にも大きな認知負荷をもたらすことが木下 (2008) による，脳血流量を測定した研究によって明らかにされている。すなわち，TOEIC の平均スコアが等しい，①母語が印欧語族（ポーランド語，スペイン語，ポルトガル語）に属する英語学習者と，②母語が非印欧語族（日本語，中国語）に属する英語学習者に，英語のリスニングを課し，光トポグラフィによる脳血流測定を実施した。その結果，②の学習者の場合には，①の場合よりも，英語力は同等でも，言語間距離の大きさだけで，血流量が有意に多く，認知的負荷が高くなるということが分かったのである。

次に問題となるのは，学習者への言語インプットとアウトプット活動をどのようにバランスよく調整するかという問題である。実はこの問題に関しては，現在，第二言語習得研究において，大きく分けてインプットを重視する考え方 (Asher, 2009；Krashen, 1985；VanPatten, 2004など) と，アウトプット活動（スピーキング，ライティングなど）を重視する立場 (Swain, 1995など) の2つが対立している。

インプットの役割については，第二言語の学習・教育における主たる検討課題の一つとして認識されている（門田，2007c）。そこでは，アウトプット活動は，学習システムを効率的に運用させるための明示的な方法であると考えられる。ただ，Asher, Krashen などによるインプット重視の考え方では，学習者は特にアウトプットを強制されなくても自然に，第二言語インプットの知覚・理解・記憶・内在化が可能であると仮定されてきた。そこでは明示的なアウトプット活動は特に必要ないと考えられてきたのである。実際に，インプット処理に集中し，それでその学習者の持つ認知資源 (cognitive resources) 容量の大半が占拠されているような状態では，アウトプット活動を強制することはかえってインプット処理を妨害する要因になるとも言える。ただ，Asher (2009) などは，スピーキング・ライティングに代わって，動作 (physical response) を聴き取りと平行して用いることは，インプット

の処理に干渉するどころか,プラスの補足的役割を果たし,積極的に長期記憶への学習事項の内在化に貢献すると考えた。この観点から,Asher は全身反応アプローチ（total physical response approach：TPR）を提唱したのである。これは,わが国でも現在,京都外国語大学の鈴木寿一氏などによる大規模な実践研究が行われ,その効果がかなりの程度明らかにされている教授法でもある。

しかしながら,黙々と動作を行うこのアプローチにおいても,実は学習者は心の中で発話のリハーサル,すなわち音韻ループにおける内語反復や内的発声を行っているのではないかと考えられる。これが一種の内的アウトプット活動として,明示的なアウトプット活動の代用になると考えられる。学習者の認知資源容量の大半が,インプット処理に向けられるような状況では実施困難であるが,学習を継続していると,やがて内語反復のための認知資源容量に余裕が出てくるようになる。そうすると,心の中で復唱する内語反復や,さらには自身の発話の準備となる内語発声といった内的なアウトプット活動が積極的に行われるようになる。これが,明示的なスピーキングやライティングの活動を受け入れる準備ができあがった状態である。このような状況において,Swain (1995) のいうアウトプット活動が効果を発揮し,学習項目の内在化に有効な手段となることが想定できる。以上の考察は,一種の仮説段階ではあるが,インプット理論とアウトプット理論をいかに統合するかについて一定の展望を与えてくれるものではないかと考えられる。

11.10.2 第二言語習得理論の現状

投野 (2007, 2008) は, VanPatten & Williams (2007) の分類に従い, 現在の主要な第二言語習得理論として次の9つがあると述べている。

(1) UG-based SLA
(2) Concept-Oriented Theory
(3) Associative-Cognitive CREED Framework
(4) Skill Acquisition Theory
(5) Input Processing Theory
(6) Processibility Theory
(7) Autonomous Induction Theory
(8) Interaction Framework
(9) Vygotskian Sociocultural Theory

これらを大きく分類すると，Chomsky 等の生成文法の枠組みにもとづくもの＜(1)，(7)＞，言語処理過程をもとにしてモデル化を試みたもの＜(4)，(5)，(6)＞，コネクショニズムに代表される最近の認知学習理論の知見を利用したもの＜(2)＞，時制や相など概念・機能面から習得の記述・説明をするもの＜(3)＞，教室内でのインタラクションを中心にモデル化したもの＜(8)＞，Vygotsky のいう社会文化理論（socio-cultural theory）にもとづくもの＜(9)＞などに分けられるという（投野，2007；2008）。

　本書は特に上掲のうちいずれか特定の理論を意識して執筆されたものではない。しかし，(4)(5)(6)の言語処理という観点は，音読・シャドーイング指導の前提としてその成立要件になっていることは確かであろう。また，本書では，生得的な普遍文法を仮定することは一切していない。むしろ，言語インプットの重要性を基盤に，教室内でどのような学習タスクを課すかという (8) の観点を主眼にしていると言える。

11.10.3 今後の理論的展望

　どのような枠組みを持つことが，音読・シャドーイングをベースにした第二言語習得研究にとって今後有用であろうか。その候補として，The Associative-Cognitive CREED をもとに筆者なりの展望を述べておきたい。

　まず，Associative-Cognitive という用語であるが，この理論では，言語学習を他のスキルの学習と区別した特別な存在とは捉えていない。言語の学習も他のスキル（*e.g.* ピアノ，スポーツなど）の学習と原理的に同一の方法で習得すると考える。すなわち，人の一般的な認知的学習システム（門田・野呂・氏木，2010：219を参照）を利用しつつ，現在でも学習の原理的枠組みを提供している行動主義的な連合学習（associative learning）が基本になるという（Ellis, 2006；2007）。この連合学習とは，古典的条件付け（classical conditioning）とオペラント条件付け（operant conditioning）にもとづいた刺激（stimulus）－反応（response）－強化（reinforcement）という行動主義心理学の枠組みで，動物から人間まですべての学習活動に当てはまる学習理論（learning principle）だと考えられたものである（門田，2003等参照）。この考え方は一時衰退したが，現在では，学習における一切の生得性（innateness）を否定するコネクショニストの学習観に受け継がれている（Elman, et al., 1996）。

　また，第二言語学習は，CREED，すなわち5つの頭文字によって表され

る概念である．(1) 構文ベース（C：construction-based），(2) 合理性（R：rational），(3) 実例駆動（E：exemplar-driven），(4) 相互作用的な創発性（E：emergent），(5) 論理性（D：dialectic）によって説明できるという（Ellis, 2006；2007）。

　まず，言語を表象する心の中の基本ユニットは，単語ではなく構文であるという考え方がある。例えば，p.374でも述べたように，フォーミュラ連鎖（プレハブ表現）がこの構文に相当し，それを活用することで言語学習がとても効率的になると考えられる（門田，2008）＜construction-based＞。

　また，そのような構文の抽出は，繰り返し遭遇することにより，パターン（規則性）を帰納することによってなされるという。その際，頻度の高い構文は，低い構文よりも，それだけ学習（知覚・理解・記憶・内在化）がされやすいので，構文の生起頻度が重要である。一般に，インプットの中の実例に照らして，より多くの事例に当てはまる典型的な構文（プロトタイプ事例：prototype case）の方が，類似したもの（フレンズ：friends）が少ない，典型より逸脱した構文よりも，素早く処理・学習されることはよく知られた事実である＜exemplar-driven＞。

　さらに，第二言語の構文の学習においては，その頻度（frequency），新近性（recency：近い過去に出現したか），文脈（context）といった情報にもとづき，合理性（rationality）をもった形で，学習されるという＜rational＞。

　最後に，第二言語習得は，遺伝的な要因にもとづく演繹的な性質（deduction）を持つものではなく，確率的な情報にもとづいて構文の抽出を創発的に行う＜emergent＞，論理的な帰納（induction）のプロセス＜dialectic＞であるという。この CREED によってうまく説明がつく成果に，否定文や疑問文の形成といった，第二言語における文法形態素の獲得順序の普遍性という現象がある（Ellis, 2007）。

　以前から，子どもが両親などまわりの発話から受け取るインプットとしての言語データは，その子どもが最終的に獲得する個別言語の文法能力を構築するにはまったく不十分な量と質でしかないというプラトンの問題（＝刺激の貧困問題）が，幼児による第一言語習得において，指摘されてきた。そしてこれこそが，普遍文法や，汎用的問題解決機構など，何らかの生得的機構を仮定する根拠になってきた。この点については，門田・池村（2006：240）に簡単な解説があるので参照されたい。第二言語習得においても，このような入力と出力のギャップは，やはり同様に存在する。生得的なメカニ

ズムを仮定する考え方でこのギャップを説明しようとするアプローチに対し，確率的な要因にもとづく抽出を重視する，かつての行動主義を彷彿とさせるこの考え方が，どこまでこのインプットとアウトプットとのギャップ，すなわちプラトンの問題を解決するための説明を与えることができるのだろうか。そして，この考え方との関連で，音読・シャドーイングを中心にしたアプローチがどのような解決策を提供できるか，今後の重要な課題としたい。

　さらに，第二言語の文処理研究の今後と関連して，第一言語における文処理研究といかに連携をとって今後の研究を進めていくのかという問題もある。

　従来の見方では，第二言語処理装置（L2 processor）のモデル化を行うことで，英語など第二言語の学習法・教育法への示唆を与えることが主たる研究の動機であった。このような視点もむろん重要である。ただ，筆者としては，もうひとつ別の重要な視点があると考えている。本節の冒頭でも触れたが，第二言語処理は，第二言語の獲得を前提にした処理である。これは，文の意味内容の理解までをモデル化することで，その役割を完了する第一言語処理装置（L1 processor）とは明らかに異なる性質を持つと考えられる。

　最後に，かねてより，筆者は第二言語獲得の研究は，それを通じて，

(1) 第二言語ということばの仕組みを研究するのか，

それとも，

(2) 第二言語の研究を通じて，それを可能にしてくれる人の認知システムの研究をするのか，

明確な見通しが立ちにくいと思ってきた。(1)の言語自体の研究であるとすれば，第二言語の獲得研究は，完成された言語に至らない，不完全な中間言語（interlanguage）の研究である。言語の研究としては，不完全な中間的なシステムの分析にしかならない。しかし，もし，第二言語の獲得を可能にする，人の認知システムの研究であるとすれば，第二言語は第一言語と匹敵するデータを供給するというより，むしろさらに綿密で有用なデータを提供できるのではないかと考える。筆者は，この(2)の立場を支持したい。

　本節の冒頭では，第二言語処理モデル（L2 processing model）は，言語処理の最終状態モデルではなく，熟達度を変数にした発達モデルだという性質を持つことを指摘した。このことは，最終状態の言語認知過程を研究する以上に，それだけより綿密で詳細なデータを認知プロセス研究に対して提供できる可能性を秘めているのではないかと思われる。

　かつて，Chomsky（1964）は，人の一般言語理論（general linguistic

theory）の構築に，幼児の第一言語獲得が重要な展望を示す可能性を指摘した。第一言語獲得研究が，このような一般言語理論の構築に資することはむろんのこと，さらに人の認知発達の研究としても，今後も重要な領域であり続ける。このことは論を俟たない。ただ，実際には幼児から適切なデータの収集に困ることも多い。研究者の意図にそぐわないケースも多い。その点，成人の外国語学習者は，その認知システムじたいはほぼ最終状態（final state）に達しているが，言語の熟達度が中間段階にあるという状態である。言語の熟達度に対応する形で，いかに言語に関わる人の認知システムが働き出すのかを調べる上で，実は格好の材料を提供してくれるのではないかと思われる。

　言語獲得を前提にした処理がいかにして行われるかについての研究を，第二言語習得研究は含んでいる。従来の SLA（second language acquisition）研究という言い方に対して，これを SLPA（second language processing and acquisition）研究と呼ぶ必要があるかもしれない。これまでの名称である SLA では，獲得（acquisition：習得）の前提となる，学習対象言語の処理（processing）という観点が入っていないのではないかとも考えられる。

　学習者は何度も「処理したこと」「理解したこと」を習得する。「処理していないこと」，「理解していないこと」は習得しない。英文和訳や文法操作ではなく，「ことば」として処理するという体験を多く積むことではじめて「ことば」の習得は生じるのである。この当然とも言える原理を念頭に，今後の実践，さらには理論的枠組みの探求を行うことが必須であると思われる。

参考文献

欧文文献

Achiba, M., and Y. Kuromiya. 1983. Rhetorical patterns extant in the English compositions of Japanese students. *JALT Journal* 5 : 1-13.

Adams, M. J. 1990. *Beginning to read : Thinking and learning about print.* Cambridge, MA : MIT Press.

Asher, J. J. 2009. *Learning another language through actions.* 7th ed. Los Gatos, CA : Sky Oaks Productions.

AT&T Labs. 2011. AT&T Natural Voices® Text-to-Speech Demo. http://public.research.att.com/~ttsweb/tts/demo.php

Baddeley, A. D. 1986. *Working memory.* Oxford, UK : Oxford University Press.

Baddeley, A. D. 2000. The episodic buffer : A new component of working memory? *Trends in Cognitive Science* 4 : 417-23.

Baddeley, A. D. 2002. Is working memory still working? *European Psychologist* 7 : 85-97.

Bailey, R. W., and L. M. Bailey. 1999. Reading speeds using RSVP, User Interface Update-1999. http://www.humanfactors.com/library/feb99.asp

Barsalou, L. W. 2008. Grounded cognition. *Annual Review of Psychology* 59 : 617-45.

Bates, M., and T. Dudley-Evans. 2005. *General Science.* Tokyo : Nan'undo.

Bock, J. K. 1986. Syntactic persistence in language production. *Cognitive Psychology* 18 : 355-87.

Bock, J. K., and Z. M. Griffin. 2000. The persistence of structural priming : Transient activation or implicit learning? *Journal of Experimental Psychology, General* 129 : 177-92.

Bower, T. 1978. *Human development.* San Francisco, CA : W. H. Freeman and Company.

Bransford, J. D., B. S. Stein, and T. Shelton. 1984. Learning from the perspective of the comprehender. In *Reading in a foreign language,* ed. J. C. Alderson, and A. H. Urquhart, 28-47. London, UK : Longman.

Canale, M., and M. Swain. 1980. Theoretical basis of communicative approaches to second language teaching and testing. *Applied Linguistics* 1 : 1-47.

Carrell, P. L. 1985. Facilitating ESL reading by teaching text structure. *TESOL Quarterly* 19 : 727-52.

Carrell, P. L., and J. C. Eisterhold. 1983. Schema theory and ESL reading pedagogy. *TESOL Quarterly* 17 : 553-73.

Chall, J. S. 1967. *Learning to read : The great debate.* New York, NY : McGraw-Hill.

Chomsky, N. 1964. *Aspects of the theory of syntax.* Cambridge, MA : MIT Press.

Clahsen, H., and C. Felser. 2006. Grammatical processing in language learners. *Applied Psycholinguistics* 27 : 3-42.

Clarke, M. A. 1980. The short-circuit hypothesis of ESL reading : Or when language competence interferes with reading performance. *The Modern Language Journal* 64 : 203-09.

Condon, W. S., and L. W. Sander. 1974. Synchrony demonstrated between movements of the neonate and adult speech. *Child Development* 45 : 456-62.

Cowan, N. 2001. The magical number 4 in short-term memory : A reconsideration of mental storage capacity. *Behavioral Brain Science* 24 : 87-185.

Damasio, A. 2003. *Looking for Spinoza : Joy, sorrow, and the feeling brain.* New York, NY : Harcourt, Inc.

Daneman, M. and P. A. Carpenter. 1980. Individual differences in working memory and reading. *Journal of Verbal Learning and Verbal Behavior* 19 : 450-66.

Daneman, M., and P. M. Merikle. 1996. Working memory and language comprehension : A meta-analysis. *Psychonomic Bulletin and Review* 3 : 422-33.

Day, R., and J. Bamford. 1998. *Extensive reading in the second language classroom.* Cambridge, UK : Cambridge University Press.

DeRenzi, E., and P. Nichelli. 1975. Verbal and non-verbal short-term memory impairment following hemispheric damage. *Cortex* 11 : 341-54.

Dussias, P. E. 2003. Syntactic Ambiguity Resolution in L2 Learners : Some Effects of Bilinguality on L1 and L2 Processing Strategies. *Studies in Second Language Acquisition* 25 : 529-57.

Ehri, L. C. 1998. Grapheme-phoneme knowledge is essential for learning to read words in English. In *Word recognition in beginning literacy,* ed. J. L. Metsala, and L. C. Ehri, 3-40. Mahwah, NJ : Lawrence Erlbaum Associates.

Ellis, C. N., M. Natsume, K. Stavropoulou, L. Hoxhallari, V. H. P. VanDaal, N. Polyzoe, M. Tsipa, and M. Petalas. 2004. The effects of orthographic depth on learning to read alphabetic, syllabic, and logographic scripts. *Reading Research Quarterly* 39（4）: 438-68.

Ellis, N. 2006. Cognitive perspectives on SLA : The associative-cognitive CREED. *AILA Review* 19 : 100-121.

Ellis, N. 2007. The associative-cognitive CREED. In *Theories in second language acquisition : An introduction,* ed. B. VanPatten and J. Williams, 77-95. Mahwah, NJ : Lawrence Erlbaum Associates.

Elman, J., E. A. Bates, M. H. Johnson, A. Karmiloff-Smith, D. Parisi, and K. Plunkett. 1996. *Rethinking innateness : A connectionist perspective on development.* Cambridge, MA : The MIT Press.（乾 敏郎・今井むつみ・山下博志［訳］1998.『認知発達と生得性：心はどこから来るのか』東京：共立出版）

Felser, C., T. Marinis, and H. Clahsen. 2003. Children's processing of ambiguous sentences : A study of relative clause attachment. *Language Acquisition* 11 : 127-63.

Felser, C., L. Roberts, R. Gross, and T. Marinis. 2003. The processing of ambiguous sentences by first and second language learners of English. *Applied Psycholinguistics* 24 : 453-89.

Fiebach, C. J., M. Schlesewsky, and A. D. Friederici. 2002. Separating syntactic memory costs and syntactic integration costs during parsing : the processing of German WH-questions.

Journal of Memory and Language 47 : 250-72.

Foorman, B. R., D. J. Francis, J. M. Fletcher, C. Schatschneider, and P. Mehta. 1998. The role of instruction in learning to read : Preventing reading failure in at-risk children. *Journal of Educational Psychology* 90 (1) : 37-55.

Fromkin, V.A. 1971. The non-anomalous nature of anomalous utterances. *Language* 47 : 27-52.

Fromkin, V. A., and N. B. Ratner. 1998. Speech production. In *Pscysholinguistics*. 2nd ed., ed. J. B. Gleason and N. B. Ratner, 309-46. Orlando, FL : Harcourt Brace.

Fujii, T. 1998. Neural correlates of working memory. *Japanese Psychological Review* 2 : 157-71.

Garrett, M. 1975. The analysis of sentence production. In *Psychology of learning and motivation*. Vol. 9, ed. G. Bower, 505-29. New York, NY : Academic Press.

Garrett, M. 1984. The organization of processing structure for language production. In *Biological perspectives on language,* ed. D. Caplan, A. R. Lecours and A. Smith, 69-96. Cambridge, MA : MIT Press.

Gathercole, S. E., and A. D. Baddeley. 1989. The role of phonological memory in the development of complex verbal skills. In *Brain and reading,* ed. C. von Euler, 245-56. London, UK : Macmillan Press.

Geva, E., and E. B. Ryan. 1993. Linguistic and cognitive correlates of academic skills in first and second languages. *Language Learning* 43 : 5-42.

Goodman, K. S. 1967. Reading : A psycholinguistic guessing game. *Journal of the Reading Specialist* 6 : 126-35.

Grabe, W. 1991. Current developments in second language reading research. *TESOL Quarterly* 25 : 375-406.

Hamada, M., and K. Koda. 2008. Influence of first language orthographic experience on second language decoding and word learning. *Language Learning* 58 : 1-31.

Harley, T. 2001. *The psychology of language : From data to theory*. 2nd ed., Hove, UK : Psychology Press.

Harrington, M., and M. Sawyer. 1992. L2 working memory capacity and L2 reading skill. *Studies in Second Language Acquisition* 14 : 25-38.

Hase, N. 2009. How to paraphrase reading materials for successful EFL reading comprehension.『言語と文化（関西学院大学言語教育研究センター）』12 : 99-110.

Heilman, A.W. 1976. *Phonics in proper perspective*. Wooster, OH : Bell & Howell.（松香洋子［監修訳］1981.『フォニックス指導の実際』東京：玉川大学出版部）

Hood, M. 2007. *Dynamic presentation*. Tokyo : Kirihara Shoten.

Hori, T. 2008. *Exploring shadowing as a method of English pronunciation training*. A Doctoral Dissertation Presented to The Graduate School of Language, Communication, and Culture. Nishinomiya : Kwansei Gakuin University.

Ikemura, D. 2005. The role of word bodies in accessing lexical phonology : Mediating between the whole word pronunciation and spelling-sound rules. A Paper Presented at 14th AILA World Congress of Applied Linguistics. Madison, WI : University of Wisconsin.

Imanishi, T. 2010. *A comparative study between oral interpretation and the melodious approach*. A MA Thesis Presented to the Graduate School of Kyoto University of Education. Kyoto : Kyoto University of Education.

Ishikawa, S., and Y. Ishikawa. 2008. L2 proficiency and word perception : An fMRI-based

study. *ARELE* 19 : 131-40.
Johnson, P. 1992. Effects on reading comprehension of building background knowledge. *TESOL Quarterly* 16 : 503-16.
Johnson, W., T. J. Bouchard Jr., N. L. Segal, M. Keyes, and J. Samuels. 2003. The stroop color-word test : genetic and environmental influences ; reading, mental ability, and personality correlates. *Journal of Educational Psychology* 95 : 58-65.
Just, M. A., and P. A. Carpenter. 1992. A capacity theory of comprehension : Individual differences in working memory. *Psychological Review* 99 : 122-49.
Kadota, S. 1984. Subvocalization and processing units in silent reading. *Journal of Assumption Junior College* 11 : 29-58.
Kadota, S., O. Shiki, N. Hase, M. Kawasaki, K. Kazai, Y. Nakano, H. Nakanishi, and T. Noro. 2012. The effect of shadowing on the subvocal process in L2 reading : A behavioral experiment for Japanese EFL students. A Paper Presented at AAAL (American Association for Applied Linguistics) 2012 Conference. Sheraton Hotel : Boston.
Kane, M. J., D. Z. Hambrick, S. W. Tuholski, O. Wilhelm, T. W. Payne, and R. W. Engle. 2004. The generality of working memory capacity : A latent-variable approach to verbal and visuospatial memory span and reasoning. *Journal of Experimental Psychology, General* 133 : 189-217.
Kang, H. 1992. Cultural interference in second language reading. *International Journal of Applied Linguistics* 2 : 95-119.
Kaplan, R. 1966. Cultural thought patterns in inter-cultural education. *Language Learning* 16 : 1-20.
Kato, S. 2003. Examining relationships between phonological / orthographic processing efficiency, working memory capacity, and overall reading performance : Implications for developmental changes in L2 reading proficiency. *JACET Bulletin* 37 : 31-48.
Kawasaki, M. 2009a. Correlations between phonological processing and comprehension. *ARELE* 20 : 1-10.
Kawasaki, M. 2009b. Influence of word onset, vowel spelling and Romanized Japanese knowledge on English nonword decoding.『第 35 回全国英語教育学会鳥取研究大会発表予稿集』: 192-93.
Kawasaki, M. 2009c. Towards understanding decoding difficulties for Japanese EFL learners. Oral Presentation, 1st Annual Conference of Japan Society of Speech Science. Osaka, November 2009.
Kawasaki, M. 2010. Reading-aloud and repetition training for learning to decode English words : An experiment on Japanese EFL learners.『外国語教育メディア学会 50 周年記念全国研究大会発表要項』: 176-77.
Kawasaki, M. 2011. Effect of decoding practice : The effect of decoding practice : A comparison between older and younger learners. *Journal of Japan Society for Speech Sciences,* 12.
Koda, K. 2005. *Insights into second language reading : A cross-linguistic approach.* Cambridge, UK : Cambridge University Press.
Kormos, J. 2006. *Speech production and second language acquisition.* Mahwah, NJ : Lawrence Erlbaum Associates.

Krashen, S. D. 1985. *The input hypothesis : Issues and implications*. New York, NY : Longnan.
Kroll, J. F. 1993. Accessing conceptual representations for words in a second language. In *The bilingual lexicon*, ed. R. Schreuder and B. Weltens, 53-58. Amsterdam : John Benjamins.
LaBerge, D., and S. J. Samuels. 1974. Toward a theory of automatic information processing in reading. *Cognitive Psychology* 6 : 293-323.
Levelt, W. J. M. 1989. *Speaking : From intention to articulation*. Cambridge, MA : MIT Press.
Levelt, W. J. M. 1993. The architecture of normal spoken language use. In *Linguistic disorders and pathologies : An international handbook*, ed. G. Blanken, E. Dittman, H. Grimm, J. Marshall, and C. Wallesch, 1-15. Berlin : Walter de Gruyter.
Lewis, M., J. M. Haviland-Jones, and L. F. Barrett. 2010. *Handbook of emotions*. 3rd ed. New York, NY : The Guilford Press.
Liberman, A. M., F. S. Cooper, K. S. Harris, and P. F. MacNeilage. 1963. A motor theory of speech perception. *Proceedings of the symposium on speech communication seminar*. Vol. 2, Paper D3. Stockholm : Royal Institute of Technology.
Liberman, A. M., and I. G. Mattingly. 1989. A specialization for speech perception. *Science* 243 : 489-94.
Lieberman, P. 1967. *Intonation, perception and language*. Cambridge, MA : The MIT Press.
Lighthouse, Inc. 2006. *SpeaK! 3.0*
Mazzoni, D. 2010. *Audacity* [http://audacity.sourceforge.net/] よりダウンロード可能.
McDonough, K., and P. Trofimovich. 2009. *Using priming methods in second language research*. New York, NY : Routledge.
Meltzoff, A. N., and J. Decety. 2003. What imitation tells us about social cognition : A rapprochement between developmental psychology and cognitive neuroscience. *Philosophical Transactions of the Royal Society of London B* 358 : 491-500.
Meltzoff, A. N., and M. K. Moore. 1977. Imitation of facial and manual gestures by human neonates. *Science* 198 : 75-78.
Lubetsky, M., C. Lebeau, D. Harrington. 2000. *Discover debate*. Santa Barbara, CA : Language Solution Inc.
Miyake, A., and N. P. Friedman. 1998. Individual differences in second language proficiency : Working memory as language aptitude. In *Foreign language learning*, ed. A. F. Healy, L. E. Bourne, Jr, 339-64. Mahwah, NJ : Lawrence Erlbaum Association.
Miyake, A., N. P. Friedman, M. J. Emerson, A. H. Witzki, and A. Howerter. 2000. The unity and diversity of executive functions and their contributions to complex 'Frontal Lobe' tasks : A latent variable analysis. *Cognitive Psychology* 41 : 49-100.
Miyake, A., N. P. Friedman, D. A. Rettinger, P. Shah, and M. Hegarty. 2001. How are visuospatial working memory, executive functioning, and spatial abilities related? A latent-variable analysis. *Journal of Experimental Psychology, General* 130 : 621-40.
Miyake, A., M. A. Just, and P. A. Carpenter. 1994. Working memory constraints on the resolution of lexical ambiguity : Maintaining multiple interpretations in neutral contexts. *Journal of Memory and Language* 33 : 175-202.
Miyake, S. 2009. Cognitive processes in phrase shadowing : Focusing on articulation rate and shadowing latency. *JACET Journal* 48 : 15-28.
Miyasako, N. 2008. Is the Oral Reading Hypothesis valid? *Language Education and*

Technology 45 : 15-34.
Nakanishi, H. 2005. How memory spans for reading, listening and spatial thinking are related with reading and listening comprehension for Japanese EFL learners. *Language Communication and Culture* 3 : 123-37. Kwansei Gakuin University Graduate School, The Society of Language, Communication, and Culture.
Nakanishi, H. 2006. The relationships between the central executive tasks and the spans for sentences and spatial rotations : Psycholinguistic experiment for Japanese EFL learners. *Journal of the Japan Society for Speech Sciences* 7 : 1-18.
Nakanishi, H. 2007. How L2 working memory capacity for Japanese EFL Learners are related with processing of garden path sentences. *ARELE* 18 : 191-200.
Nakanishi, H. 2008. How L2 working memory capacity in Japanese EFL Learners is related to the processing of filler-gap sentences. *ARELE* 19 : 191-200.
Nakanishi, H. 2012a. The contribution of working memory capacity to processing sentences with prepositional phrases for Japanese EFL Learners. *ARELE* 23 : 281-96.
Nakanishi, H. 2012b. How Japanese EFL Learners make use of semantic information within their working memory capacity in the parsing of prepositional phrases. *The Tohoku English Language Education Society* 32 : 69-81.
Nakanishi, H., and H. Yokokawa. 2011. Determinant processing factors of recall performance in reading span tests : An empirical study of Japanese EFL learners. *JACET* 53 : 93-108.
Nation, I. S. P. 2001. *Learning vocabulary in another language*. Cambridge, UK : Cambridge University Press.
National Reading Panel. 2000. *Teaching children to read : An evidence-based assessment of the scientific research literature and its implications for reading instruction*. Washington, DC : National Institute of Child Health and Human Development. http://www.nichd.nih.gov/publications/nrp/smallbook.cfm.
Nevills, P. A. 2011. *Build the brain for reading : Grades 4-12*. Thousand Oaks, CA : Corwin Press.
Nomura, Y. 1983. *Pinch & ouch : Introductory course*. Tokyo : Lingual House Publishing Company.
Omi, M. 2000. Intentional language input : Through oral interpretation and mode conversion. *Nanzan Junior College Journal* 27 : 147-70.
Penfield, P., and L. Roberts. 1965. *Speech and brain mechanism*. New Jersey, NJ : Princeton University Press.
Pickering, M. J. 2003. Parsing. In *Encyclopedia of cognitive Science*, ed. L. Nadel, 462-65. London, UK : Nature Publishing Group.
Pickering, M. J., and H. P. Branigan. 1998. The representation of verbs : Evidence from syntactic priming in language production. *Journal of Memory and Language* 39 : 633-51.
Pino 2008. *Rip!AudiCO* [http://pino.to/audico/] よりダウンロード可能.
Pino 2008.「♪超録-パソコン長時間録音機フリーウェア版 v1.28A」[http://pino.to/choroku/download.htm] よりダウンロード可能.
Rasinski, T. V., and N. D. Padak. 2008. *From phonics to fluency*. Boston, MA : Pearson Education.
Raymond, P. M. 1993. The effects of structure strategy training on the recall of expository

prose for university students reading French as a second language. *The Modern Language Journal* 77 : 445-58.

Richards, J., J. Platt, and H. Platt. 1992. *Longman dictionary of language teaching and applied linguistics*. Essex, UK : Longman.

Rizzolatti, G., L. Fadiga, L. Fogassi, and V. Gallese. 2002. From mirror neurons to imitation, facts, and speculations. In *The imitative mind : Development, evolution, and brain bases*, ed. A. N. Meltzoff and W. Prinz, 247-66. Cambridge, UK : Cambridge University Press.

Rizzolatti, G., L. Fadiga, V. Gallese, and L. Fogassi. 1996. Premotor cortex and the recognition of motor actions. *Cognitive Brain Research* 3 : 131-41.

Rizzolatti, G., L. Fogassi, and V. Gallese. 2002. Motor and cognitive functions of the ventral premotor cortex. *Current Opinion in Neurobiology* 12 : 149-54.

Rizzolatti, G., L. Fogassi, and V. Gollese. 2006. Mirrors in the mind. *Science American*, 295 (5) : 54-61. (佐藤弥 [訳] 2007. 「他人を映す脳の鏡」『日経サイエンス』37 (2) : 18-26.)

Rizzolatti, G., and C. Sinigaglia. *So quel che fai : Il cervello che agisce e i neuroni specchio*. Milano : Raffaello Cortina Editore. (茂木健一郎・柴田裕之 [訳] 2009. 『ミラーニューロン』東京 : 紀伊国屋書店)

Robinson, P., and N. C. Ellis. 2008. *Handbook of cognitive linguistics and second language acquisition*. New York, NY : Routledge.

Roelofs, A. 1992. A spreading-activation theory of lemma retrieval in speaking. *Cognition* 42 : 107-42.

Roelofs, A. 1993. Testing a non-decompositional theory of lemma retrieval in speaking : Retrieval of verbs. *Cognition* 47 : 59-87.

Sakuma, Y., and Y. Ushiro. 2001. The different loads in reading and listening span tests : The relationship between processing and retention. *JLTA Journal* 4 : 21-37.

Schmitt, N. 2000. *Vocabulary in language teaching*. Cambridge, UK : Cambridge University Press.

Scovel, T. 1988. *A time to speak : Psycholinguistic inquiry into the critical period for human speech*. Rowley, MA : Newbury House.

Segalowitz, N. 2005. Automaticity and second languages. In *The handbook of second language acquisition*, ed. C. Doughty and M. H. Long, 382-408. Oxford, UK : Blackwell.

Seymour, P., M. Aro, and J. M. Erskine. 2003. Foundation literacy acquisition in European languages. *British Journal of Psychology* 94 : 143-74.

Shah, P., and A. Miyake. 1996. The separability of working memory resources for spatial thinking and language processing : An individual differences approach. *Journal of Experimental Psychology, General* 125 : 4-27.

Simensen, A. M. 1987. Adapted readers : How are they adapted? *Reading in a Foreign Language* 4 (1) : 41-57.

Smith, E. E. and J. Jonides. 1997. Working memory : A view from neuroimaging. *Cognitive Psychology* 33 : 5-42.

Smith, E. E., and J. Jonides. 1999. Storage and executive processes in the frontal lobes. *Science* 283 : 1657-61.

Sousa, D. A. 2005. *How the brain learns to read*. Thousand Oaks, CA : Corwin Press.

Stanovich, K. E. 1980. Toward an interactive-compensatory model of individual differences in

the development of reading fluency. *Reading Research Quarterly* 16 : 32-71.
Steffensen, M. S., C. Joag-Dev, and R. Anderson. 1979. A cross-cultural perspective on reading comprehension. *Reading Research Quarterly* 1 : 10-29.
Steffensen, M. S., and C. Joag-Dev. 1984. Cultural knowledge and reading. In *Reading in a foreign language*, ed. J. C. Alderson and A. H. Urquhart, 48-64. London, UK : Longman.
Suzuki, J. 1991. An empirical study on a remedial approach to the development of listening fluency : The effectiveness of pausing on students' listening comprehension ability. *Language Laboratory* 28 : 31-46.
Suzuki, J. 1999. An effective method for developing students' listening comprehension ability and their reading speed : An empirical study on the effectiveness of pauses in the listening materials. In *Pragmatics and pedagogy : Proceedings of the 3rd pacific second language research forum*. Vol. 2, ed. N. O. Jungheim and P. Robinson, 277-290. PacSLRF.
Suzuki, J. 2001. A reappraisal of the effectiveness of pausing on the development of students' listening comprehension ability and reading speed. In *FLEAT IV : Proceedings of the 4th International Conference on Foreign Language Education and Technology*, ed. J. White, et al., 562-70. Kobe : FLEAT.
Swain, M. 1995. Three functions of output in second language learning. In *Principle and practice in applied linguistics*, ed. G. Cook and B. Seidlhofer, 125-44. Cambridge, UK : Cambridge University Press.
Swain, M. 2005. The output hypothesis : Theory and research. In *Handbook of research in second language teaching and learning*, ed. E. Hinkel, 471-783. Mahwah, NJ : Lawrence Erlbaum Associates.
Thomas, M., H. Reinders, and M. Warschauer. 2013. *Contemporary computer-assisted language learning*. New York, NY: Bloomsbury.
Ullman, M. 2001. The neural basis of lexicon and grammar in first and second language : The declarative/procedural model. *Bilingualism : Language and Cognition* 4 : 105-22.
Ushiro, Y., M. Shimizu, R. Koizumi, Y. In'nami, and Y. Hijikata. 2004. Which affects EFL reading comprehension more, background knowledge or reading proficiency. *ARELE* 15 : 149-58.
Van Dijk, T. A. and Kintsch, W. 1983. *Strategies of discourse comprehension*. New York, NY : Academic Press.
VanPatten, B. 2004. Input processing in second language acquisition. In *Processing instruction : Theory, research, and commentary*, ed. B. VanPatten, 5-31. Mahwah, NJ : Lawrence Erlbaum Associates.
VanPatten, B., and J. Williams. 2007. *Theories in second language acquisition : An introduction*. Mahwah, NJ : Lawrence Erlbaum Associates.
Via, R. A. 1976. *English in three acts*. Honolulu, HI : East-West Center University Press of Hawaii.
Wada, N. 2007. Verification of the stability of English expressions using read and look-up. Unpublished Master's Theses, Kyoto University of Education.
Warschauer, M. 2011. Transforming digital reading with visual-syntactic text formatting. *jaltcalljournal* 7 (3) : 255-270.
West, M. 1953. *A general service list of English words : With semantic frequencies and a*

supplementary word-list for the writing of popular science and technology. Harlow, UK : Longman.
Wilson, S. M., A. P. Saygin, M. I. Sereno, and M. Iacoboni. 2004. Listening to speech activates motor areas involved in speech production. *Nature Neuroscience* 7 : 701-2.
Wydell, T. N., and B. Butterworth. 1999. An English-Japanese bilingual with monolingual dyslexia. *Cognition* 70 : 273-305.
Yamamoto, R. 2009. How learners process meaning through storytelling. *Studies in English Language Teaching* 32 : 1-10.
Yoshida, M. 2003. Working memory capacity and the use of inference in L2 reading. *JACET Bulletin* 36 : 1-17.
Yoshikawa, H. 2006. Processing aural and visual embedded wh-sentences : An empirical study for EFL learners. A MA Thesis Presented to the Graduate School of Language, Communication and Culture, Kwansei Gakuin University.
Ziemke, T., J. Zlatev, and R. M. Frank. 2007. *Body, language and mind, Vol. 1 : Embodiment.* The Hague : Mouton.

和文文献

東淳一・野村和宏・山根繁.1984.「英語教育特集:Readingの見直しを Ⅲ.Readingに関する実証研究」『語法研究と英語教育』7:103-109.
藤井俊勝.2000.「ワーキングメモリの神経基盤」『脳とワーキングメモリ』苧阪直行(編),93-114.京都:京都大学学術出版会.
二谷廣二.1999.『教え方が「かわる・わかる」』東京:学芸図書株式会社.
御領謙・菊地正・江草浩幸.1993.『最新認知心理学への招待:心の働きとしくみを探る』東京:サイエンス社.
本多敏幸.2009.「語彙」『英語授業ハンドブック<中学校編>』金谷憲(編代),141-147.東京:大修館書店.
井狩幸男.2008.「脳科学から見たことばの習得」『英語教育』56(11):25.
今西竜也.2010.「明日から始めるオーラル・インタープリテーション:インクの染みからの脱却」外国語教育メディア学会関西支部春季研究大会ワークショップ資料,兵庫:関西国際大学.
石川慎一郎.2007.「高頻度語彙の理解をめぐって」第3回ことばの科学オープンフォーラムシンポジウム・第二言語メンタルレキシコンと英語語彙指導,大阪:関西学院大学大阪梅田キャンパス.
石川慎一郎.2008.「上級学習は語彙をどのように理解しているか:反応時間と脳賦活から考える」『英語教育』56(11):21-24.
伊藤治己(編著).2008.『アウトプット重視の英語授業』東京:教育出版.
樫葉みつ子.2009.『英語で伝えあう力を鍛える!1分間チャット&スピーチ・ミニディベート28』東京:明治図書.
門田修平.2002.『英語の書きことばと話しことばはいかに関係しているか』東京:くろしお出版.
門田修平(編著).2003.『英語のメンタルレキシコン:語彙の獲得・処理・学習』東京:松柏社.
門田修平.2006a.「語彙はいかに蓄えられているか」『英語語彙指導ハンドブック』門田修平・池村大一郎(編),226-238.東京:大修館書店.
門田修平.2006b.『第二言語理解の認知メカニズム:英語の書きことばの処理と音韻の役割』東京:くろしお出版.

門田修平. 2007a.「文処理のメカニズム」『ことばと認知のしくみ』河野守夫（編集主幹），321-340. 東京：三省堂.
門田修平. 2007b.『日本人英語学習者によるガーデンパス文の処理メカニズム：眼球運動データに基づく検討』（平成16年度～平成18年度科学研究費補助金研究成果報告書）.
門田修平. 2007c.『シャドーイングと音読の科学』東京：コスモピア.
門田修平. 2008.「多読と多聴のリンク編：アウトプットへの近道は『シャドーイング』と『音読』」『多聴多読マガジン』7：128-132.
門田修平. 2009a.「インプットとアウトプットをいかにつなぐか」『英語教育』57（12）：10-13.
門田修平. 2009b.「ボトムアップ・シャドーイング vs. トップダウン・シャドーイング」『英語教育』57（12）：24.
門田修平 2009c.「インプットとアウトプットをつなぐシャドーイング・音読」『第35回全国英語教育学会鳥取研究大会予稿集』：69-71. 全国英語教育学会.
門田修平. 2010.『SLA研究入門』東京：くろしお出版.
門田修平. 2012.『シャドーイング・音読と英語習得の科学』東京：コスモピア.
門田修平・池村大一郎（編著）. 2006.『英語語彙指導ハンドブック』東京：大修館書店.
門田修平・野呂忠司（編著）. 2001.『英語リーディングの認知メカニズム』東京：くろしお出版.
門田修平・野呂忠司. 2001.「読みの研究はこれまでいかに推移したか：ボトムアップ理論からスキーマ理論を経て相互作用理論まで」『英語リーディングの認知メカニズム』門田修平・野呂忠司（編），7-22. 東京：くろしお出版.
門田修平・野呂忠司・氏木道人（編著）. 2010.『英語リーディング指導ハンドブック』東京：大修館書店.
門田修平・高田哲郎・溝畑保之. 2007.『シャドーイングと音読：英語トレーニング』東京：コスモピア.
門田修平・玉井健. 2004.『決定版英語シャドーイング』東京：コスモピア.
金谷憲（編）. 2001.『高校英語教育改造論 プロジェクトIF』東京：開隆堂.
川崎眞理子. 2010.「単語中の文字強調提示と音声提示を利用した単語認識力向上」『第36回全国英語教育学会大阪研究大会発表予稿集』：130-131.
川島隆太. 2003a.『高次機能のブレインイメージング』東京：医学書院.
川島隆太. 2003b.『脳を育て、夢をかなえる』東京：くもん出版.
川島隆太・安達忠夫. 2004.『脳と音読』（講談社現代新書）東京：講談社.
木下 徹. 2008.「母語が違うと英語の情報処理時の負荷が異なるか」『英語教育』56（11）：26-28.
京都教育大学附属京都小中学校. 2009.『英語教育改善のための調査研究事業研究協議会冊子』：7-16, 46-48.
河野守夫. 1992.『英語授業の改造』（改訂版）東京：東京書籍.
河野守夫. 1993.「人は音の流れをどのようにして理解するのか」『英語のヒアリングとその指導』小池生夫（編著），東京：大修館書店.
小松栄太. 2000.「Read and Look-Up が中学校3年生におけるキーセンテンスの定着に及ぼす効果についての実証的研究」『第3回卒論・修論研究発表セミナー発表論文集』：87-91. 関西英語教育学会.
國弘正雄. 1999.『國弘流 英語の話し方』東京：たちばな出版.
レオンチェフ, A. N. 1973.「心理学における活動の問題」（黒田直実・小島広光［訳］）『ソビエト心理学研究』16：1-28.
松井孝彦. 2009.「音読力を高める中学校におけるシャドーイング活動」中部地区英語教育学会愛知地区リーディング・語彙研究会発表. 名古屋：愛知学院大学.
松香洋子・宮清子. 2001.『Active Phonics』東京：松香フォニックス研究所.
松本元・小野武年（編）. 2002.『情と意の脳科学』東京：培風館.

松本茂・鈴木健・青沼智．2009．『英語ディベート：理論と実践』東京：玉川大学出版部．
薬袋洋子．1993．『リーディングの指導　英語教師の四十八手5』東京：研究社出版．
三宅晶・齊藤智．2001．「作動記憶研究の現状と展望」『心理学研究』72：336-350．
三宅滋．2009a．「日本人英語学習者の復唱における再生率と発話速度の変化の考察」『ことばの科学研究』10：51-69．
三宅滋．2009b．「日本人英語学習者の復唱に関する考察」JACET リーディング研究会・関西学院大学大学院言語コミュニケーション文化研究科共催講演会，大阪：関西学院大学．
水谷仁（編）．2006．『ここまで解明された脳と心のしくみ』東京：ニュートンプレス．
望月正道．1998．日本字学習者のための語彙サイズテスト『財団法人語学教育研究所紀要』12：27-53．
望月正道・投野由紀夫・相澤一美．2005．『英語語彙の指導マニュアル』東京：大修館書店．
茂木健一郎．2007a．『感動する脳』東京：PHP研究所．
茂木健一郎．2007b．『脳を活かす学習法』東京：PHP研究所．
文部科学省．2002．「通常の学級に在籍する特別な教育的支援を必要とする児童生徒に関する全国実態調査」調査結果 http://www.mext.go.jp/b_menu/public/2002/021004c.htm
文部科学省．2007．「学校における教育の情報化の実態等に関する調査結果」http://www.mext.go.jp/b_menu/toukei/001/index16.htm
森下美和・中野陽子・門田修平・磯辺ゆかり・斎藤倫子・平井愛．2011．「授与動詞構文の産出における日本人英語学習者の統語計画：絵描写課題に基づく検討」『JACET Kansai Journal』13：50-61．
長井克己．2009．「フリーソフトウェアによる音声編集（Audacityでリスニングテスト編集）と音声分析（praatで発音を見てみる）」外国語教育メディア学会第49回全国研究大会ワークショップ．
中嶋洋一．2000．『学習集団をエンパワーする30の技』東京：明治図書．
中嶋洋一．2009．『英語のディベート授業30の技』東京：明治図書．
日本通訳協会（編）．2007．『英語通訳への道』（改訂新版）東京：大修館書店．
野口ジュディー．1995．『Judy先生の耳から学ぶ科学英語』東京：講談社．
野口ジュディー・幸重美津子．2007．『理系英語のプレゼンテーション』東京：アルク．
大石晴美．2007．「脳内を最適に活性化する英語教授法とは」『英語教育』56（11）：10-13
岡本敏雄・香山瑞恵・小松秀國．2004．『eラーニングの理論と実際：システム技術から，教え・学び，ビジネスとの統合まで』（情報教育シリーズ）東京：丸善．
大石晴美．2003．「英語学習者の言語情報処理過程における脳内メカニズムの解明：光トポグラフィによる脳機能計測より」名古屋大学大学院国際開発研究科博士論文．
大石晴美．2008．「脳内を最適に活性化する英語教授法とは」『英語教育』56（11）：10-13．
近江誠．1988．『頭とこころと体を使う英語の学び方』東京：研究社出版．
近江誠．1996．『英語コミュニケーションの理論と実際：スピーチ学からの提言』東京：研究社出版．
近江誠．2003a．『感動する英語！』東京：文藝春秋．
近江誠．2003b．「オーラル・インタープリテーション」『応用言語学事典』小池生夫（編），53．東京：研究社出版．
近江誠．2009．「オーラル・インタープリテーションで鍛えるスピーチ力」『英語教育』58（4）：32-33．
小野義正．2003．『英語口頭発表の心得』東京：丸善株式会社．
尼ヶ崎彬．1990．『ことばと身体』東京：勁草書房．
苧阪直行．2002．「中央実行系の脳内表現」『心理学評論』45：227-40．
ピネル，J. P. J．2005．『ピネルバイオサイコロジー：脳－心と行動の神経科学』（佐藤敬・若林孝一・泉井亮・飛鳥井望（訳）東京：西村書店
羅徳安・下村直也・峯松信明・山内豊・広瀬啓吉．2008．「外国語学習を対象としたシャドーイング音声

の自動評定法に関する検討」『信学技報』SP 2088-29：55-60. 社団法人電子情報通信学会.
斎藤栄二 2003.『基礎学力をつける英語の授業』東京：三省堂
斎藤栄二 2008.『自己表現力をつける英語の授業』東京：三省堂
斎藤栄二 2011.『生徒の間違いを減らす英語指導法：インテイク・リーディングのすすめ』東京：三省堂.
斎藤栄二・鈴木寿一（編著）. 2000.『より良い英語授業を目指して：教師の疑問と悩みにこたえる』東京：大修館書店.
齊藤智・三宅晶. 2000.「リーディングスパン・テストをめぐる6つの仮説の比較検討」『心理学評論』43：387-410.
斉藤孝. 2003.『からだを揺さぶる英語入門』東京：角川書店.
佐藤久美子・兼築清恵. 2005.「無意味語反復でわかる，こどもの語彙能力」日本赤ちゃん学会第5回学術集会口頭発表 http://www.crn.or.jp/LABO/BABY/SCIENCE/SATO-KANECHIKU/index.html
シェイウィッツ, S. M. D. 2006.『読み書き障害（ディスレクシア）のすべて：頭はいいのに，本が読めない』（藤田あきよ［訳］）東京：PHP研究所.
七野真希. 2006.「実証的研究：パッセージの繰り返し提示と音読練習による重要語句・フレーズの再生への効果」『第46回外国語教育メディア学会全国研究大会発表論文集』：103-109.
志村史夫. 2005.『理科系のための英語リスニング』東京：ジャパンタイムズ.
白畑知彦・冨田祐一・村野井仁・若林茂則. 1999.『英語教育用語辞典』東京：大修館書店.
白井恭弘. 2004.『外国語学習に成功する人，しない人』東京：岩波書店.
靜哲人. 1999.『英語授業の大技・小技』東京：研究社出版.
相馬芳明. 1997.「音韻性（構音性）ループの神経基盤」『失語症研究』17：149-54.
染谷泰正. 2008.「プロダクション能力養成のための訓練法：通訳訓練法の創造的応用事例およびその理論的背景：シャドーイング・ディクトグロスを中心に」 聖トマス大学 CALL ワークショップ 2008, 尼崎：聖トマス大学.
鈴木寿一. 1991.「音声を併用した速読指導法の有効性に関する実証的研究」『英語教育研究』14：86-91. 日本英語教育学会関西支部.
鈴木寿一. 1997.「進学校の英語教育：教材選択に関する教師の思い込みを検討する」『現代英語教育』33（12）：10-13.
鈴木寿一. 1998a.「音声教材中のポーズがリーディングスピードに及ぼす影響に関する実証的研究」『ことばの心理と学習：河野守夫教授退職記念論文集』ことばの科学研究会（編），311-328. 東京：金星堂.
鈴木寿一. 1998b.「音読指導再評価：音読指導に関する実証的研究」『LLA関西支部研究集録』7：13-28. 語学ラボラトリー学会関西支部.
鈴木寿一. 2000.「コミュニケーション能力の育成を目指す授業で，大学入試に対応する学力を養成できる！」『より良い英語授業をめざして：教師の疑問と悩みにこたえる』齋藤栄二・鈴木寿一（編），20-33. 東京：大修館書店.
鈴木寿一. 2005.「英語教育理論と実践の融合：基礎力が不十分な学生の英語力を引き上げるには」第50回関西英語英米文学会講演，西宮：関西学院大学.
鈴木寿一. 2007.「コミュニケーションのための基礎力と入試に対応できる英語力を育成するための効果的な指導法－ラウンド制指導法－」『平成18年度 Super English Language High School 研究開発実施報告書』：71-84. 京都外大西高等学校.
多聴多読マガジン編集部. 2009.「ただいま開発中　TOEICテストスコアが予測可能?!　シャドーイング自動評定システム」『多聴多読マガジン』17：30-32.

高橋愛紗．2006．「音声を併用したフレーズ・リーディングと音読が言語産出に及ぼす影響」『第46回外国語教育メディア学会全国研究大会発表論文集』：173-180．

高橋愛紗．2007．「音声を併用したフレーズ・リーディングと音読が言語再生と保持に与える影響」『英語教育研究』30：61-69．関西英語教育学会．

髙橋一幸．2003．『授業づくりと改善の視点：よりコミュニティカティブな授業をめざして』（英語授業ライブラリー）東京：教育出版．

高野陽太郎．2002．「外国語を使うとき：思考力の一時的な低下」『日本語教育のための心理学』海保博・柏崎秀子（編），15-28．京都：北大路書房．

玉井健．2005．『リスニング指導法としてのシャドーイングの効果に関する研究』東京：風間書房．

玉井健．2008．『決定版 英語シャドーイング（超入門）』東京：コスモピア．

田中武夫・田中知聡．2003．『「自己表現活動」を取り入れた英語授業』東京：大修館書店．

寺尾康．2002．『言い間違いはどうして起こる』東京：開拓社．

東後勝明（監修）・御園和夫（編著）．2009．『必携英語発音指導マニュアル』東京：北星堂．

トマセロ，M．2006．『心とことばの起源を探る：文化と認知』（大堀壽夫・中澤 恒子・西村義樹・本多啓［訳］）東京：勁草書房．

投野由紀夫．2007．「コーパス言語学と第2言語習得研究：英語メンタル・レキシコンを中心に」第3回ことばの科学オープンフォーラム・第二言語メンタルレキシコンと英語語彙指導，大阪：関西学院大学

投野由紀夫．2008．「コーパス言語学と第2言語習得研究：英語メンタル・レキシコンを中心に」『ことばの科学研究』9：3-7．

戸塚滝登．2008．『子どもの脳と仮想社会』東京：岩波書店．

津田塾大学言語文化研究所．2005．『英文読解のプロセスと指導』東京：大修館書店．

月本洋．2008．『日本人の脳に主語はいらない』東京：講談社．

ヴィゴツキー，L．S．2001．『新訳版 思考と言語』（柴田義松［訳］）東京：新読書社．

ヴィゴツキー，L．S．2005．『文化的－歴史的精神発達の理論』（柴田義松［監訳］）東京：学文社．

渡辺浩行．1990．「音読再考：黙読の速読化を促す音読指導の意義と在り方」*Leo* 19：101-130．東京学芸大学大学院英語研究会

ウェスト，M．P．1968．『困難な状況のもとにおける英語の教え方』（小川芳男［訳］）東京：英潮社．

山鳥重．1998．『ヒトはなぜことばを使えるか：脳と心のふしぎ』（講談社現代新書）東京：講談社．

山本玲子．2008．『保護者・担任と共に行う「基礎学力充実」のための英語指導』東書教育賞入選論文．

安木真一．2001．「フレーズ音読の効果と問題点」*STEP BULLETIN* 13：84-93．日本英語検定協会．

安木真一．2010．『英語力がぐんぐん身につく驚異の音読指導法54』東京：明治図書．

八幡道子・西埇妙子・松香洋子．2007．「フォニックスで教科書の何％が読めるのか」*The Front* 17．東京：松香フォニックス研究所

横川博一．2003．「言語理解とメンタルレキシコン」『英語のメンタルレキシコン』門田修平（編著），151-71．東京：松柏社．

吉田研作・白井恭弘．2007．『はじめての英語日記』東京：コスモピア．

吉田信介．2001．「WWWサイト評価基準の作成と英語教育への活用」『立命館大学政策科学外国語教育研究特集第3号』：63-71．

教科書

石田雅近ほか．2007．*Hello there! Oral Communication* I．東京：東京書籍．

岡秀夫ほか. 2007. *Departure Oral Communication* I Revised Edition. 東京：大修館書店.
笠島準一ほか. 2006. *New Horizon English Course* 2. 東京：東京書籍.
小林健ほか. 2008. *Revised Expressways* II. 東京：開隆堂.
霜崎實ほか. 2007. *Crown English Series* I New Edition. 東京：三省堂.
鈴木寿一ほか. 2007. *Mainstream English Course* I 2nd edition. 大阪：増進堂.
高橋貞雄ほか. 2006. *New Crown English Series* 1 New Edition. 東京：三省堂.
高橋貞雄ほか. 2006. *New Crown English Series* 2 New Edition. 東京：三省堂.
高橋貞雄ほか. 2006. *New Crown English Series* 3 New Edition. 東京：三省堂.
橋内武ほか. 2007. *Polestar English Course* I Revised Edition. 東京：数研出版.
原口庄輔ほか. 2007. *PRO-VISION English Course* I New Edition. 東京：桐原書店.
堀口俊一ほか. 2006. *TOTAL ENGLISH* 3. 東京：学校図書.
南出康世ほか. 2008. *Revised Polestar Writing Course*. 東京：数研出版.
米山朝二ほか. 2007. *Genius English Course* I Revised. 東京：大修館書店.

索引

※太字の語句は音読指導法

あ

アウトプット仮説（output hypothesis） 356
アウトプット活動 22, 298
穴埋めテスト（fill-in-the-blank test） 305
意味記憶（semantic memory） 373
意味処理 298
意味処理課題（semantic perception task：SPT） 322
意味表象（semantic representation） 321
意味プライミング 270
インテイク・リーディング 54
インプット仮説（input hypothesis） 326, 356
韻律依存性 329
英問英答 150, 151
英問（概要を問う） 175
英問（詳細を問う） 169, 176
エッセイ・ライティング 215
エピソード記憶（episodic memory） 373
エピソード・バッファー（episodic buffer） 333
エラーフリー得点（error-free score） 343
鉛筆置き音読 51
オーバーラッピング（overlapping） 39
オーラル・インタープリテーション 74, 160
オーラル・イントロダクション 153, 169
オーラル・コミュニケーション 217
追っかけ読み 86
オフラインデータ（off-line data） 305
オペラント条件付け（operant conditioning） 385
音韻処理課題（phonological perception task：PPT） 322
音韻認識（phonological awareness） 135

音韻表象（phonological representation） 321
音韻符号化（phonological coding） 18, 286, 320
音韻符号化ルート 322
音韻ループ 333
音声化 298
音声工房 273, 311
音声知覚 260
音声知覚の運動理論（motor theory of speech perception） 365
音声表象（phonetic representation） 6, 320
音声符号化（phonetic encoding） 373
音節法 317
音素認識（phonemic awareness） 135
音読潜時 275
音読練習 251, 254
オンラインデータ（on-line data） 305

か

ガーデンパス文（garden-path sentence） 328, 345
下位処理 268
解析規則（parsing rule） 331
外的リハーサル（vocal rehearsal） 369
概念化装置（conceptualizer） 372
概念媒介（concept mediation） 325
概要理解 248
会話文作成 158
仮想インタビュー 187
カタカナ 291
簡易アナライザ 143
キーワード付き音読 65, 285
記憶定着 260

記憶負荷（memory load） 332
聞き取り作文 211
聴き取り単位 260
機能的磁気共鳴画像（functional magnetic resonance imaging : fMRI） 310
Q and A 音読 72
基本周波数［Hz］ 313
基本的対人伝達能力（Basic Interpersonal Communicative Skills : BICS） 127
強化（reinforcement） 385
近赤外線分光法（NIRS） 354
近赤外線分光法測定装置（near-infrared spectroscopy） 310
クイック・レスポンス 110, 128, 132
空間性ワーキング・メモリ容量 335
空所補充音読 49, 158, 285
クラスタリング 318
クローズテスト（cloze test） 305
形式化装置（formulator） 372
形式スキーマ（formal schema） 255
継続時間［sec.］ 313
形態・音韻コード化（morpho- phonological encoding） 373
言語閾値説 256
言語間マッピング操作（inter-language mapping） 325
言語産出（language production） 370
言語性ワーキング・メモリ容量 335
顕在学習（explicit learning） 110
語彙アクセスの自動性 307
語彙依存性 330
語彙サイズ測定テスト 306
語彙指導 246
語彙プライミング（lexical priming） 307
語彙・文法コード化（lexico-grammatical encoding） 373
語彙リスト 248
語彙連結（word association） 325
構音リハーサル機構 334
高次処理 268
構文ベース（C : construction-based） 386
合理性（R : rational） 386
古典的条件付け（classical conditioning） 385
誤読率 275
コミュニケーション能力 304
コンテンツ・シャドーイング 19, 102, 260
コンテンツ・パラレル・リーディング 99

さ

再構築的実験作業（reconstructive experimentation） 359
再生得点（recall score） 343
再認（recognition） 305
逆さま音読 87
サマリー 199
視覚探索（visual search） 305
視空間スケッチパッド 333
視空間スパンテスト（Spatial Span Test : SST） 335, 336
刺激（stimulus） 385
自己表現 242
自己表現活動 233
事象関連電位（event-related potentials : ERPs） 329
実例駆動（E : exemplar-driven） 386
自動化（automatic） 5, 289
シナプス 289
四方読み 96
絞り読み（narrow reading） 354
社会言語学能力（sociolinguistic competence） 304
社会文化理論（socio-cultural theory） 385
シャドーイング（shadowing） 17, 41, 146, 157
修辞法（rhetoric） 257
習得（acquisition） 326
主語変換音読 73
状況設定音読 82
状況モデル（situation model） 256
情動（emotion） 360
処理（processing） 321, 326
処理効率得点（processing efficiency score） 343
処理の相互依存性（interactive processing）

328
処理のパラレル性（parallel processing）328
処理のローカル性　331
神経イメージングデータ（neuro-imaging data）　310
身体性（embodiment）　360
心的表象　256
心理言語学（psycholinguistics）　306
心理言語学能力（psycholinguistic competence）　304
スキーマ（schema）　255
スキーマの活性化　169
スキット　219
スキャニング音読　92
ストーリー・リテリング　168, 173
ストーリー・リプロダクション　67
ストリーミング　288
スピード・リーディング・アラウド　68
スラッシュ　295
スラッシュ対訳シート　170
正確な知識（accuracy）　5
政策論題（Propositions of Policy）　193, 198
正書法表象（orthographic representation）　321
精緻化リハーサル（elaborate rehearsal）　370
生得性（innateness）　385
宣言的知識（declarative knowledge）　5
潜在学習（implicit learning）　110
全身反応アプローチ（total physical response approach：TPR）　384
センテンス・シャドーイング　261, 266
総合による分析（analysis by synthesis）　364
相互作用的な創発性（E：emergent）　386
相互補完モデル（interactive compensatory model）　332
そして，何もなくなった（and then there were none）　70, 285

た

第二言語習得（second language acquisition）6
対訳シート　179
高さ（pitch）　313, 373
多聴（extensive listening）　14
多読（extensive reading）　14
単語探し　119
単語認知　12
談話能力（discourse competence）　304
チェックポイント法　317
知覚　268
チャンク　295
チャンツ　116
中央実行系　333
調音運動イメージ（articulatory motor image）　373
調音装置（articulator）　372
長期記憶（long-term memory）　5, 334
チョーク・ディベート　195
沈黙期（silent period）　355
つっこみ音読　88
強さ（intensity）　313, 373
ディクトグロス（dictogloss）　111
ディコーディング　268, 274
ディベート　193
ディレード・シャドーイング（delayed shadowing）　43, 285
ディレード・リピーティング　55
テキストベース（propositional text base）　256
統語プライミング　271
トーク・アンド・リッスン（talk and listen）　108
トップダウン・シャドーイング（top-down shadowing）　272
トランスクリプション　111

な

内語反復　320, 355
内在化（言語材料の）　260
内的音声（internal speech）　373
内的リハーサル（subvocal rehearsal）　320, 369

内容スキーマ（content schema） 255
内容理解（要点・細部） 250
長さ（duration） 313, 373
仲間探し 117
二次的ルート（secondary route） 324
日英通訳演習 63, 148, 156
ニューロン 289
認知・学習言語能力（Cognitive Academic Language Proficiency：CALP） 127
認知心理学（cognitive psychology） 306
ネイティブ・ピッタシ音読 83
脳科学（neuro science） 310
脳磁図（magnetoencephalography：MEG） 310
脳電図（electroencephalography） 310

は

背景知識（background information） 354
ハイパーリンク 286
バズ・リーディング 95, 180
バックワード・イチゴ読み 33
バックワード・デザイン 185
バックワード・ビルドアップ 35, 285
パッセージ・シャドーイング 261, 267
発話速度 260
発話プロトコル（think-aloud protocol） 305
パラフレージング 111
パラレル・リーディング（parallel reading） 17, 39, 145, 157
バランスト・アプローチ（balanced approach） 136
パワー［dB］ 313
パワーポイント 283
判断論題（Propositions of Judgment） 193
反応（response） 385
反応時間（reaction time） 306
反応潜時（reaction latency） 306
反復（repetition） 359
反復プライミング 270
光トポグラフィ（optical topography） 310, 354
非単語の音読（naming） 321

表音文字（phonography） 321
表語文字（logography） 321
表象（representation） 321
表層構造（surface structure） 256
ピンポン・ディベート 196
フォーミュラ連鎖（formulaic sequence） 352
フォルマント（formant） 316
フォニックス（phonics） 23, 114, 134
フォニックス・アプローチ（phonics approach） 135
フォニックス・アルファベット・ジングル 118
フォニックス・ルール 119, 140
復習 254
複数文リード・アンド・ルックアップ 47
プラス・ワン・ダイアローグ 152
フラッシュカード 130, 154, 177
フレーズ・シャドーイング 260, 265
フレーズ単位日英通訳演習 62
プレゼンテーションソフト 288
プロソディ・シャドーイング 18
文の構造解析（parsing） 329
文法能力（grammatical competence） 304
ペアワーク 151
妨害読み 85
方略指導 259
方略的能力（strategic competence） 304
ホール・ランゲージ・アプローチ（whole language approach） 136
ボトムアップ・シャドーイング（bottom-up shadowing） 260, 272
本文の穴埋め音読 49

ま

マイクロ・ディベート 202
マッピング・シート 243
ミラーニューロン 369
メタ認知的方略 259
メモ取り 111
メモリー・リーディング 57
メンタルレキシコン（mental lexicon） 325

模写（copy） 359
戻り読み（regression） 286
模倣（imitation） 359

や

役割別音読 91
陽電子放射断層撮影（positron emission tomography : PET） 310
予測-検証（prediction-testing） 364

ら

リーディング・スパンテスト（Reading Span Test : RST） 335, 336
リード・アラウド・リッスン・アンド・リピート 38, 144, 291, 298
リード・アラウド・リッスン・アンド・リピート＋メモリー・リーディング 59
リード・アンド・ルックアップ（read and look up） 44, 147, 172
リード・アンド・ルックアップ＋メモリー・リーディング 60, 156
リスニング・スパンテスト（Listening Span Test : LST） 336
リッスン・アンド・リピート（listen and repeat） 36, 144, 155
リハーサル 355
リハーサル能力 260
リピーティング（repeating） 53
リプロダクション 111
流暢性（fluency） 5
リレー音読 89, 181
輪読 94
連合学習（associative learning） 385
論理性（D : dialectic） 386

わ

ワーキング・メモリ 334
和文英訳 211

欧文

A Vocabulary Levels Test（VLT） 306
Associative-Cognitive 385
Audacity 262, 380, 311
BICS（Basic Interpersonal Communicative Skills） 127
CALP（Cognitive Academic Language Proficiency） 127
CELP（Computer-based Lexical Processing）テスト 307
CREED（construction-based, rational, exemplar-driven, emergent, dialectic） 385, 386
EEG（electroencephalography） 310
E-Prime 307
Flash 288
fMRI（functional magnetic resonance imaging） 310
Global Voice English 273
Goodness of Pronunciation（GOP） 318
Hot Potatoes 288
iTunes 279
i＋1 326
MEG（magnetoencephalography） 310
Microsoft Producer 288
PDF 文書作成ソフト 288
PET（positron emission tomography） 310
PPT（phonological perception task） 322
Praat 262, 311
pre-reading activity 259
Project Gutenberg 288
Psyscope 308
Rip!AudiCO 280
RST（Reading Span Test） 335
RSVP（Rapid Serial Visual Presentation） 286
SLA（second language acquisition） 388
SLPA（second language processing and acquisition） 388
SP4WIN Custom 311
SP4WIN Pro 311
SpeaK!® 282

SPT（semantic perception task） 322
SQ3R（survey, question, read, recall review） 259
SSH 校（Super Science High School） 216
SST（Spatial Span Test） 335
SuperLab Pro 307

T or F Quiz（Reading and Correction） 149
The General Service List 306
TPR（total physical response approach） 384
TTS（text-to-speech） 273, 288
Wavesurfer 311
Windows Media Player 261

[編著者紹介]

鈴木寿一（すずきじゅいち）京都教育大学名誉教授・英語指導コンサルタント
26年間，4つの公私立の中学高校で本当に生徒のためになる英語授業を実証的に追求後，京都教育大学・京都外国語大学・桃山学院教育大学で教員養成に25年間携わる。4技能・文法・語彙の指導法を研究。退職後も，中学高校からの依頼による授業改善のための助言，ボランティアでZOOMによる英語指導相談，「英語授業自己診断テスト」の開発などに取り組んでいる。主な著書に，『英語指導法ハンドブック』，『より良い英語授業を目指して』，『英語リスニング指導ハンドブック』（大修館書店）などがある。

門田修平（かどたしゅうへい）関西学院大学名誉教授・TORAIZフェロー（顧問）
博士（応用言語学）。第二言語習得の認知的・社会認知的しくみについて研究。主な著書に，『英語リスニング指導ハンドブック』などの「英語指導ハンドブック」シリーズ（大修館書店），『外国語を話せるようになるしくみ』（SB サイエンス・アイ新書），*Shadowing as a Practice in Second Language Acquisition*（Routledge），『社会脳インタラクションを活かした英語の学習・教育』（大修館書店），『AIフル活用！英語発信力トレーニング』（コスモピア）などがある。

〈フォニックスからシャドーイングまで〉
英語音読指導ハンドブック
©Juichi Suzuki & Shuhei Kadota, 2012　　　　　　NDC375／viii, 408p／21cm

初版第1刷	2012年10月20日
第4刷	2024年9月1日
編著者	鈴木寿一・門田修平
発行者	鈴木一行
発行所	株式会社 大修館書店
	〒113-8541 東京都文京区湯島 2-1-1
	電話 03-3868-2651（営業部）　03-3868-2292（編集部）
	振替 00190-7-40504
	[出版情報] https://www.taishukan.co.jp
装丁者	内藤創造
印刷所	広研印刷
製本所	牧製本

ISBN978-4-469-24572-1　Printed in Japan
Ⓡ本書のコピー，スキャン，デジタル化等の無断複製は著作権法上での例外を除き禁じられています。本書を代行業者等の第三者に依頼してスキャンやデジタル化することは，たとえ個人や家庭内での利用であっても著作権法上認められておりません。

英語リーディング指導ハンドブック

門田修平・野呂忠司・氏木道人●編著

リーディング指導の悩みに答える！

●A5判・426頁

- ●和訳中心の授業に**変化**をつけたい
- ●授業に**オーラルイントロダクション**を取り入れたい
- ●授業スタイルに**メリハリ**をつけたい
- ●授業に**多読**を導入したい
- ●**和訳先渡し授業**をしてみたい
- ●**リーディング**授業に**速読**指導を取り入れたい
- ●**大学入試**に効果的なリーディング指導をしたい

…など、現場の要望に応える一冊。

主要目次──【第I部 実践編】教科書を用いたリーディング指導 (1) pre-reading 活動、(2) while-reading 活動、(3) post-reading 活動、リーディング授業の具体的な流れ、多読・速読指導、リーディング指導の諸相 【第II部 理論編】書かれた語や文はいかに処理されるか、第二言語読解研究の方法

大修館書店　書店にない場合やお急ぎの方は、直接ご注文ください。☎03-3934-5131

英語語彙指導ハンドブック

門田修平・池村大一郎（編著）

語彙指導のバイブル誕生！

「オーラルイントロダクションで語彙を導入したい」「訳語を用いて語彙を導入したい」「単語集を用いて語彙指導をどのように行うか」…それぞれの場面で効果的な語彙指導の手順と導入方法を示す。また、なぜ、その語彙指導が効果的なのかという疑問にデータを交えながら解説していく。

●A5判・338頁

◆主要目次
- 第1章　効果的な語彙の導入(1)
- 第2章　効果的な語彙の導入(2)
- 第3章　語彙の定着を図る指導
- 第4章　語彙を増やす指導
- 第5章　さまざまな語彙指導
- 第6章　入門期・再入門期の語彙指導
- 第7章　語彙のテスティング
- 第8章　語彙はいかにして蓄えられているか
- 第9章　語彙習得のモデル
- 第10章　語彙と文法はいかに関連しているか
- 第11章　バイリンガルレキシコン
- 第12章　コンピュータの活用法
- おわりに　課題と展望

大修館書店　書店にない場合やお急ぎの方は、直接ご注文ください。☎03-3934-5131